Monika Huesmann

Arbeitszeugnisse aus personalpolitischer Perspektive

GABLER EDITION WISSENSCHAFT

Betriebliche Personalpolitik

Herausgegeben von
Professorin Dr. Gertraude Krell und Professorin Dr. Barbara Sieben

Die Schriftenreihe dient der Publikation von Dissertationen und anderen richtungsweisenden Forschungsarbeiten. Die einzelnen Beiträge greifen die vielfältigen Fragestellungen im Bereich der betrieblichen Personalpolitik auf und vermitteln sowohl PraktikerInnen als auch WissenschaftlerInnen theoretische Orientierungen und handlungsrelevantes Wissen.

Monika Huesmann

Arbeitszeugnisse aus personalpolitischer Perspektive

Gestaltung, Einsatz und Wahrnehmungen

Mit einem Geleitwort von Prof. Dr. Gertraude Krell

GABLER EDITION WISSENSCHAFT

Bibliografische Information Der Deutschen Nationalbibliothek
Die Deutsche Nationalbibliothek verzeichnet diese Publikation in der
Deutschen Nationalbibliografie; detaillierte bibliografische Daten sind im Internet über
<http://dnb.d-nb.de> abrufbar.

Dissertation Freie Universität Berlin, 2007

1. Auflage 2008

Alle Rechte vorbehalten
© Betriebswirtschaftlicher Verlag Dr. Th. Gabler | GWV Fachverlage GmbH, Wiesbaden 2008

Lektorat: Frauke Schindler / Stefanie Loyal

Der Gabler Verlag ist ein Unternehmen von Springer Science+Business Media.
www.gabler.de

Umschlaggestaltung: Regine Zimmer, Dipl.-Designerin, Frankfurt/Main

ISBN 978-3-8349-0979-4

Geleitwort

Arbeitszeugnisse sind in Deutschland weit verbreitet, und ihre Bedeutung sowohl für Arbeitgebende als auch für Arbeitnehmende ist unbestritten. Dennoch werden Arbeitszeugnisse in der Betriebswirtschafts- bzw. Personallehre eher selten zum Forschungsgegenstand erhoben.

Dieser Aufgabe nimmt sich Monika Huesmann in ihrer Dissertation an. Sie betrachtet Arbeitszeugnisse aus einer personalpolitischen Perspektive. Zum einen berücksichtigt sie die Sicht von Arbeitgebenden bzw. Führungskräften, die Arbeitnehmenden bei Beendigung eines Arbeitsverhältnisses ein Zeugnis ausstellen und im Zuge der Personalauswahl die Zeugnisse von Bewerbern und Bewerberinnen analysieren. Zum anderen fokussiert sie auf die Sicht von Arbeitnehmenden, die beim Ausscheiden aus einer Organisation das Arbeitszeugnis als abschließende Leistungs- und Verhaltensbeurteilung erhalten und vor allem für Bewerbungen verwenden.

Zunächst wird der Stand der Forschung in verschiedenen Disziplinen (Rechtsgeschichte und -soziologie, Sprachwissenschaft und Betriebswirtschaftslehre) und verschiedenen Ländern aufgearbeitet. Daran anknüpfend führt die Autorin eine Reihe von empirischen Teilstudien durch (unter anderem befragt sie 488 Personen und analysiert einen Korpus von 411 Arbeitzeugnissen). Verfolgt werden in der multidisziplinären Analyse und im empirischen Teil insbesondere auch die Fragen nach dem Verständnis der Zeugnissprache, dem Stellenwert von Geheimcodes und dem Disziplinierungs- und Diskriminierungspotenzial von Arbeitszeugnissen.

Das Werk besticht durch den breit angelegten Zugang zum Thema, mit dem Monika Huesmann ihre hohe fachliche und methodische Kompetenz und nicht zuletzt einen großen Ideenreichtum beweist. Dadurch ermöglicht dieses Buch vielfältige spannende Einblicke in die Wahrnehmung von und den Umgang mit Arbeitszeugnissen. Von seiner Lektüre profitieren können sowohl Praktikerinnen und Praktiker als auch Forschende, Lehrende und Studierende.

Gertraude Krell

Vorwort

Ich möchte mich bei den Menschen bedanken, ohne die dieses Buch sicherlich nie fertig geworden wäre. An erster Stelle möchte ich Thomas Staudacher danken, der mich die ganze Entstehungszeit über mit Neugier, Rat und Tat unterstützt und auch ökotrophologisch begleitet hat.

Gertraude Krell und Christoph Haehling von Lanzenauer danke ich für die Betreuung meiner Arbeit, die anregenden Diskussionen und die Mut machende Unterstützung. Barbara Sieben danke ich vor allem für geduldige Genauigkeit, die mich zwar immer wieder sehr gefordert hat, meiner Arbeit aber in hohem Maße zuträglich war. Heike Pantelmann und Birgit Voge danke ich für Entlastung im Universitätsalltag.

Ansonsten haben mich viele Freundinnen und Freunde unterstützt und mit mir diskutiert. Ohne diese zahlreichen Küchentischdebatten wären viele Ideen weder entstanden noch umgesetzt worden. Dann war Emilienfelde oft der Ort, an dem ich gut nachdenken konnte und zum Arbeiten gezwungen war. Speziell danken möchte ich auch Anette Huesmann, Bettina Rienth und Claudia Haas, für die Geduld und Genauigkeit bei den umfangreichen Datenbank- und Korrekturarbeiten. Nicht zuletzt haben meine Eltern zur Finanzierung dieses Buches beigetragen.

Monika Huesmann

Inhaltsverzeichnis

Inhaltsverzeichnis IX
Abbildungsverzeichnis XIII
Tabellenverzeichnis XV

1. Einleitung 1

2. Entwicklung des Forschungsdesigns 5
2.1   Vorbemerkungen zur Forschung mit mehreren disziplinären Zugängen 5
2.2   Die grundlegende personalpolitische Perspektive 8
2.3   Die Erkenntnisbeiträge der Rechtswissenschaft und der
        Sprachwissenschaft zum Thema Arbeitszeugnisse 10
2.4   Forschungsablauf 13

3. Betrachtung von Arbeitszeugnissen aus Sicht verschiedener
     wissenschaftlicher Disziplinen 18
3.1   Aus rechtshistorischer Sicht: Die Entwicklung von Arbeitszeugnissen 18
3.1.1   Vorbemerkungen zur rechtshistorischen Sicht 18
3.1.2   Die historische Entwicklung von Arbeitszeugnissen
           in Deutschland 21
3.1.2.1   Das Mittelalter 21
3.1.2.2   Die Frühe Neuzeit 25
3.1.2.3   Die Neuzeit und die Weimarer Republik 30
3.1.2.4   Das Nationalsozialistische Deutschland 33
3.1.2.5   Die Deutsche Demokratische Republik 34
3.1.2.6   Die Bundesrepublik bis 1989 37
3.1.2.7   Die Bundesrepublik ab 1990 38
3.1.3   Zusammenfassung 39

3.2   Aus rechtssoziologischer Sicht: Arbeitszeugnisse heute 40
3.2.1   Vorbemerkungen zur rechtssoziologischen Sicht 40
3.2.2   Rechtliche Grundlagen 42
3.2.2.1   Gesetzliche Regelungen zu Arbeitszeugnissen 42
3.2.2.2   Anspruch auf ein Arbeitszeugnis 45
3.2.2.3   Zeugniswahrheit und Zeugnisklarheit 46
3.2.2.4   Zeugnisarten 48
3.2.3   Anforderungen an die Form 50
3.2.4   Anforderungen an den Inhalt 53
3.2.4.1   Grundlegendes zur inhaltlichen Ausgestaltung 53
3.2.4.2   Beurteilung von Leistung und Verhalten 55
3.2.4.3   Erfordernisse zu einzelnen Zeugnisangaben 58
3.2.4.4   Geheimcodes in Arbeitszeugnissen 61
3.2.5   Begrenzung des Zeugnisanspruchs und Änderungsrechte 62
3.2.6   Auskunftsrechte und Schadensersatzansprüche 64
3.2.7   Rechtliche Regelungen zu Arbeitszeugnissen als Norm aus
           rechtssoziologischer Sicht 66

3.3   Aus sprachwissenschaftlicher Sicht: Textstruktur und Textfunktion von Arbeitszeugnissen 70
3.3.1   Vorbemerkungen zur sprachwissenschaftlichen Sicht................... 70
3.3.2   Stand der sprachwissenschaftlichen Forschung zu Arbeitszeugnissen 73
3.3.3   Formulierungstechniken 77
3.3.4   Geheimcodes in Arbeitszeugnissen 79

3.4   Aus betriebswirtschaftlicher Sicht: Arbeitszeugnisse als Beurteilungsinstrument im Rahmen der betrieblichen Personalpolitik........ 85
3.4.1   Vorbemerkungen zur betriebswirtschaftlichen Sicht 85
3.4.2   Stand der betriebswirtschaftlichen Forschung zu Arbeitszeugnissen 86
3.4.3   Arbeitszeugnisse als Instrument der Personalbeurteilung............. 91
3.4.4   Einsatz im Handlungsfeld Personalfreisetzung............................. 96
3.4.5   Einsatz im Handlungsfeld Personalauswahl.................................. 99
3.4.6   Diskriminierungspotenzial von Arbeitszeugnissen....................... 108
3.4.6.1   Vorbemerkungen 108
3.4.6.2   Formen der Diskriminierung im Umgang mit Arbeitszeugnissen ... 110
3.4.6.3   Implizite Beurteilungen in Arbeitszeugnissen 113
3.4.7   Arbeitszeugnisse im internationalen Kontext............................... 120
3.4.7.1   Begriffliches und Fragestellung 120
3.4.7.2   Stand der Forschung zu Referenzen... 123
3.4.7.3   Referenzen und/oder Arbeitszeugnisse in ausgewählten Ländern 126

4.   Empirische Mischstudie... 135
4.1   Vorbemerkungen und Aufbau der Mischstudie 135

4.2   Teilstudie A: Ökonomische Relevanz von Arbeitszeugnissen................ 136
4.2.1   Fragestellung und Forschungsansatz.. 136
4.2.2   Auswahl und Analyse des Datenmaterials 137

4.3   Teilstudie B: Anwendung des Zeugnisrechts 143
4.3.1   Fragestellung und Forschungsansatz.. 143
4.3.2   Auswahl und Analyse des Datenmaterials 143

4.4   Teilstudie C: Fragen an Expert/inn/en zu Arbeitszeugnissen 147
4.4.1   Fragestellung und Forschungsansatz.. 147
4.4.1.1   Grundlegendes.. 147
4.4.1.2   Studiendesign und methodisches Vorgehen 150
4.4.1.3   Ablauf der Studie und Entwicklung eines Kategoriensystems 151
4.4.2   Darstellung der Ergebnisse 152

4.5   Teilstudie D: Befragung zu Meinungen und Erfahrungen zu Arbeitszeugnissen 156
4.5.1   Fragestellung und Forschungsansatz.. 156
4.5.1.1   Grundlegendes.. 156
4.5.1.2   Befragungsdesign... 158
4.5.1.3   Ablauf der Befragung.. 160
4.5.1.4   Für die Auswertung verwendete statistische Verfahren................ 161

4.5.2   Darstellung der Ergebnisse 163
4.5.2.1   Teilnehmende Personen 164
4.5.2.2   Verbreitung von Arbeitszeugnissen und Wartezeiten 166
4.5.2.3   Einschätzung von Arbeitszeugnissen 169
4.5.2.4   Einsatz und Bedeutsamkeit von Arbeitszeugnissen 172
4.5.2.5   Erstellung von Arbeitszeugnissen 179
4.5.2.6   Geheimcodes in Arbeitszeugnissen 182
4.5.3   Zusammenfassung der Ergebnisse 184

4.6   Teilstudie E: Inhaltsanalyse von Arbeitszeugnissen 185
4.6.1   Fragestellung und Forschungsansatz 185
4.6.1.1   Fragen zur Replikation von Studienergebnissen 185
4.6.1.2   Hypothesen zum Diskriminierungspotenzial
           von Arbeitszeugnissen 188
4.6.1.3   Auswahl und Beschaffung der Arbeitszeugnisse 190
4.6.1.4   Methodisches Vorgehen bei der Inhaltsanalyse 193
4.6.2   Darstellung der Ergebnisse 195
4.6.2.1   Beschreibung der analysierten Arbeitszeugnisse 195
4.6.2.2   Auswertung zu den Replikationsfragen 203
4.6.2.3   Prüfung der Hypothesen zum Diskriminierungspotenzial 212
4.6.3   Zusammenfassung der Ergebnisse 224

4.7   Teilstudie F: Printmedienanalyse zu Geheimcodes
        in Arbeitszeugnissen 225
4.7.1   Fragestellung und Forschungsansatz 225
4.7.2   Analyse von Ratgeberliteratur 226
4.7.3   Analyse von Zeitungsartikeln 230
4.7.4   Zusammenfassung der Ergebnisse 231

5. Zusammenführung der Ergebnisse und Konsequenzen für die Praxis 232
5.1   Zusammenführung der Ergebnisse 232
5.1.1   Rechtliche Regelungen als Rahmenbedingungen 232
5.1.2   Zentrale Akteure und ihre Interessen 234
5.1.2.1   Arbeitgeber/innen und ihre Interessen 235
5.1.2.2   Arbeitnehmer/innen und ihre Interessen 238
5.1.2.3   Organe der betrieblichen Mitbestimmung und ihre Interessen 240
5.1.2.4   Personalberater/innen und Rechtsanwält/inn/e/n
           und ihre Interessen 241
5.1.2.5   Akteure in der Wissenschaft und ihre Interessen 242
5.1.2.6   Verlage und ihre Interessen 244
5.1.3   Arbeitszeugnisse als Ergebnis von Aushandlungsprozessen 245

5.2   Konsequenzen für die betriebliche Praxis 247

6. Schluss 255
Literaturverzeichnis 259

Abbildungsverzeichnis

Abbildung 2.4.1: Forschungsablauf.. 17

Abbildung 3.3.1: Two-step-flow-Kommunikationsmodell
für Arbeitszeugnisse 74

Abbildung 4.3.1: Vergleich der Kündigungs- und Zeugnisrechtsstreite in
den alten Bundesländern von 1961 bis 2001 144

Abbildung 4.3.2: Vergleich der Kündigungs- und Zeugnisrechtsstreite
in der BRD von 1995 bis 2005 145

Abbildung 4.3.3: Streitgegenstände in Arbeitsgerichtsverfahren
im Jahr 2005 147

Abbildung 4.4.1: Inhaltsanalytisches Ablaufmodell der Teilstudie C
Fragen an Expert/inn/en zu Arbeitszeugnissen............... 149

Abbildung 4.5.1: Erfahrungen der Befragten mit Arbeitszeugnissen........... 165

Abbildung 4.5.2: Häufigkeitsverteilung der Anzahl von Arbeitsstellen
pro Person 167

Abbildung 4.5.3: Vergleich der Wartezeiten auf ein Arbeitszeugnis............. 168

Abbildung 4.5.4: Meinungsbild zu der Frage: Sind Leistung und
Verhalten in Arbeitszeugnissen zutreffend beschrieben? . 169

Abbildung 4.5.5: Meinungsbild zu der Frage: Sollen auch
negative Beurteilungen Zeugnisinhalt sein?..................... 170

Abbildung 4.5.6: Einschätzung der Notenstufen von Zeugnisformeln......... 171

Abbildung 4.5.7: Verwendung von Arbeitszeugnissen............................... 173

Abbildung 4.5.8: Bedeutsamkeit von Arbeitszeugnissen bei
Bewerbungen um eine neue Stelle 173

Abbildung 4.5.9: Bedeutsamkeit von Arbeitszeugnissen als
Leistungsbeurteilung durch die früheren
Arbeitgeber/innen 174

Abbildung 4.5.10: Einschätzung der Bedeutsamkeit von
Arbeitszeugnissen für Arbeitgeber/innen 174

Abbildung 4.5.11: Differenz zwischen notwendiger und tatsächlich
aufgewendeter Zeit für die Zeugniserstellung 175

Abbildung 4.5.12: Verwendung von Arbeitszeugnissen in Organisationen 176

Abbildung 4.5.13: Einschätzung der Bedeutsamkeit (Ist und Soll)
der einzelnen Bewerbungsunterlagen............................... 178

Abbildung 4.5.14: Mitwirkung bei der Erstellung der eigenen
Arbeitszeugnisse... 179

Abbildung 4.5.15: Erstellende von Arbeitszeugnissen 180

Abbildung 4.5.16: Einsatz von Hilfsmitteln.. 181

Abbildung 4.6.1: Verteilung von Männern und Frauen in den
ausgewählten Berufen 192

Abbildung 4.6.2: Gruppierte Ausstellungsdaten der
analysierten Zeugnisse 196

Abbildung 4.6.3: Altersgruppen der beurteilten Personen zum Zeitpunkt
der Zeugnisausstellung 196

Abbildung 4.6.4:   Dauer der den Zeugnissen zugrundeliegenden
                   Arbeitsverhältnisse 197
Abbildung 4.6.5:   Anzahl der Zeugnisse nach Branchen 198
Abbildung 4.6.6:   Anzahl der Zeugnisse nach Berufsgruppen 199
Abbildung 4.6.7:   Länge der Zeugnisse in Seiten 201
Abbildung 4.6.8:   Position der Beurteilten in der Organisationshierarchie ... 202
Abbildung 4.6.9:   In den Zeugnissen angegebene Beendigungsgründe 205
Abbildung 4.6.10: Notenstufen der zusammenfassenden
                   Leistungsbeurteilung 206
Abbildung 4.6.11: Notenstufen der zusammenfassenden
                   Verhaltensbeurteilung 207
Abbildung 4.6.12: Notenstufungen der zusammenfassenden
                   Leistungsbeurteilung im Vergleich der
                   Studie Weuster und der Studie Huesmann 208
Abbildung 4.6.13: Gesamteindruck der Formelverwendung 209
Abbildung 4.6.14: Verteilung der Zeugnisse nach Geschlecht und Berufen .. 214
Abbildung 4.7.1:   Anzahl an Zeitungsartikeln zum Thema Arbeitszeugnis
                   pro Jahr 231

Tabellenverzeichnis

Tabelle 3.2.1: Übliche Gliederungspunkte von Arbeitszeugnissen nach dem LAG Hamm 52

Tabelle 3.2.2: Positiv-Skala der Leistungsbeurteilung 56

Tabelle 3.2.3: Positiv-Skala der Verhaltensbeurteilung 58

Tabelle 3.3.1: Geheimcodes in Arbeitszeugnissen 82

Tabelle 3.4.1: Geschlechterstereotype Merkmalszuschreibungen 117

Tabelle 3.4.2: Altersstereotype Merkmalszuschreibungen 119

Tabelle 3.4.3: Die Verfahren „Analyse von Bewerbungsunterlagen" und „zusätzliche Referenzen" im Ländervergleich 131

Tabelle 3.4.4: Die Verwendung von Referenzen bei der Personalauswahl im Ländervergleich 132

Tabelle 3.4.5: Übliche Zusammensetzung der Bewerbungsunterlagen in verschiedenen Ländern 134

Tabelle 4.2.1: Verwendete Daten und Ergebnisse zur ökonomischen Relevanz von Arbeitszeugnissen 142

Tabelle 4.4.1: Kategoriensystem für die qualitative Inhaltsanalyse der Anfragen zum Thema Arbeitszeugnis 152

Tabelle 4.4.2: Zuordnung der Fragen zu den Unterkategorien 153

Tabelle 4.5.1: Charakterisierung der für die Auswertung verwendeten Verfahren 163

Tabelle 4.6.1: Vergleich der Zielgruppen von Berufen (Soll) und den erreichten Berufsgruppen (Ist) 200

Tabelle 4.6.2: Einfluss des Geschlechts auf die Beurteilung nach Berufen .. 215

Tabelle 4.6.3: Geschlechterstereotype Attribute aus der Variablenliste in Tabelle 3.4.1 und den Variablen dieser Studie 217

Tabelle 4.6.4: Die ersten 30 Rangplätze im Vergleich der Attribute von Männern und Frauen 218

Tabelle 4.6.5: Vergleich der Rangplätze der geschlechterstereotypen Zuschreibungen 219

Tabelle 4.6.6: Vergleich der Rangplätze der Zuschreibungen nach Beruf und Geschlecht 220

Tabelle 4.6.7: Altersstereotype Attribute aus der Variablenliste in Tabelle 3.5.2 und den Variablen dieser Studie 221

Tabelle 4.6.8: Die ersten 30 Rangplätze im Vergleich der Attribute von jüngeren und älteren Arbeitnehmer/inne/n 222

Tabelle 4.6.9: Vergleich der Rangplätze der altersstereotypen Zuschreibungen 223

Tabelle 4.7.1: In die Analyse einbezogene Ratgeber 227

Tabelle 4.7.2: Thematisierung von Geheimcodes auf verschiedenen Ebenen 228

1. Einleitung

Arbeitszeugnisse sind eine typisch deutsche Erscheinung. Von den deutschsprachigen Ländern Deutschland, Österreich und der Schweiz abgesehen, in denen Arbeitszeugnisse verbreitet sind, werden sie in dieser Form in keinem anderen Land verwendet. Auf der „prejudice map" ist Deutschland mit den Labeln „genau", „pünktlich" und „bürokratisch" versehen (vgl. google blogoscoped 2006). Eine Einschätzung in diese Richtung wird auch häufig in Bezug auf Arbeitszeugnisse getroffen: sie gelten als bürokratisch, genau und dazu noch verstaubt. Wird das Thema Arbeitszeugnisse angeschnitten, löst dies nicht selten kontroverse Diskussionen aus (vgl. z.B. Huber 2006 sowie die in Abschnitt 4.4 referierten Fragen in einem Expert/inn/en-Forum), deren Diskussionslinien zwischen den Polen *„Arbeitszeugnisse sollten durch Referenzen ersetzt werden, da Arbeitszeugnisse völlig antiquiert sind"* und *„wenn die Arbeitgeber Arbeitszeugnisse vernünftig schreiben würden, gäbe es keine Probleme"* verlaufen.

Sehr häufig ist der Aspekt der Geheimcodes untrennbar mit der Auseinandersetzung mit Arbeitszeugnissen verwoben (vgl. z.B. Schwarb 1996, S. 5). So untersuchen Arbeitnehmer/innen bei der Beendigung eines Arbeitsverhältnisses ihre Arbeitszeugnisse auf möglicherweise darin versteckte Geheimcodes. In Ratgebern und Zeitungsartikeln kursieren vielfach Gerüchte über Geheimcodes und ihre „Übersetzung". Ein typisches Beispiel liefert ein Artikel in der BZ Berlin mit dem Titel „Die Geheimsprache der Personalchefs" (ohne Verfasser (o.V.) 2005). In diesem halbseitigen Artikel werden 12 Formulierungen und ihre Bedeutungen genannt. So heißt es z.B.: „Sind Sie ‚wegen ihrer Geselligkeit beliebt', dann hält der Chef Sie für eine Tratschtante" oder „‚war stets pünktlich': Eine solche Bemerkung findet sich nur, wenn sonst nichts Positives über den Mitarbeiter zu sagen ist" (o.V. 2005, S. 14). Zur Diskussion über das Thema Arbeitszeugnisse können die meisten Personen etwas beitragen, da fast alle Erwachsenen Erfahrungen mit Arbeitszeugnissen gemacht haben, egal ob als Arbeitnehmer/innen oder als Arbeitgeber/innen. Dabei nehmen die Einschätzungen welche Bedeutsamkeit Arbeitszeugnisse haben, die gesamte Bandbreite von *„sind für den gesamten weiteren Lebensverlauf entscheidend"* bis hin zu *„werden ohnehin nicht ernst genommen"* ein.

Arbeitszeugnisse als wissenschaftlicher Forschungsgegenstand können der Betriebswirtschaftslehre, Rechtswissenschaft und Sprachwissenschaft zugeordnet werden. In der betrieblichen Personalpraxis nehmen Arbeitszeugnisse eine wichtige Rolle ein, da sie einerseits als Beurteilung für ausscheidende Arbeitnehmer/innen erstellt werden und andererseits als Instrument der betrieblichen Personalpolitik im Rahmen der Personalauswahl genutzt werden. In der Sprachwissenschaft sind Arbeitszeugnisse aufgrund ihrer Eigenschaft als Texte Gegenstand der Forschung. Auf dem Gebiet der Rechtswissenschaft schließlich werden Arbeitszeugnisse diskutiert, weil sie vor allem durch rechtliche Regelungen und Vorgaben bestimmt sind. Zudem finden Auseinandersetzungen über Arbeitszeugnisse in wesentlichen Teilen auf rechtlicher Ebene statt.

Im Rahmen der betriebswirtschaftlichen Forschung sind daher sowohl die rechtlichen als auch die sprachlichen Aspekte von Arbeitszeugnissen einzubeziehen. Daher werden in diesem Buch Zugänge aus diesen Disziplinen genutzt, um ein vertieftes Verständnis von Arbeitszeugnissen als Instrument der betrieblichen Personalpolitik zu gewinnen. Die Analyse von Arbeitszeugnissen mit wechselnden wissenschaftlichen Zugängen ermöglicht die Entwicklung von spezifischen Forschungsfragen. Betriebswirtschaftliche Fragen sind dabei die Bewertung von Arbeitszeugnissen bei der Personalauswahl und –freisetzung, das Diskriminierungspotenzial von Arbeitszeugnissen und eine Einschätzung der Effizienzwirkungen, wenn Arbeitszeugnisse anders als bisher gestaltet und eingesetzt werden. Der rechtliche Zugang erlaubt es, die rechtlichen Rahmenbedingungen einschätzen zu können und die mediale und gesellschaftliche Diskussion in Bezug auf die rechtlichen Anforderungen zu analysieren. Der sprachwissenschaftliche Zugang ermöglicht es, die Verwendung von Formeln und Geheimcodes und deren Wahrnehmung in den Blick zu nehmen. Diese Bandbreite von Forschungsfragen führt zum Entwurf einer qualitativ-quantitativen Mischstudie zu Gestaltung, zum Einsatz und zur Wahrnehmung von Arbeitszeugnissen.

Bestehend aus sechs Teilstudien können im Rahmen der Mischstudie die oben ausgeführten Fragen mit unterschiedlichen qualitativen und quantitativen Methoden beleuchtet werden. Die Ergebnisse der einzelnen Analyseschritte werden mithilfe des Bildes einer personalpolitischen Arena zusammengeführt. Sowohl deskriptive als auch darauf aufbauend kausal erklärende Betrachtungen zu Arbeitszeugnissen können durch diese Herangehensweise angestellt werden. Auf dieser Basis können Konsequenzen für den Umgang mit Arbeitszeugnissen in der Praxis aufgezeigt werden. Die Frage nach dem Diskriminierungspotenzial von Arbeitszeugnissen ist sowohl aus betriebswirtschaftlicher als auch aus rechtswissenschaftlicher Sicht ein wesentlicher Aspekt. In Deutschland trat am 18.8.2006 das Allgemeine Gleichbehandlungsgesetz (AGG) in Kraft (vgl. BGBl. 2006). Ziel des AGG ist es, im Verhältnis zwischen Arbeitgeber/innen und Arbeitnehmer/innen Gleichbehandlung umzusetzen (vgl. Deutscher Bundestag 2006, S. 1). Aufgrund der wichtigen Rolle, die Arbeitszeugnisse sowohl für Arbeitgeber/innen als auch für Arbeitnehmer/innen spielen, sind Wahrnehmungen über die Gestaltung von Arbeitszeugnissen und ihren Einsatz für beide Akteure relevant. Arbeitszeugnisse wirken ihrerseits auch auf das Verhältnis dieser zentralen Akteure. Das AGG stellt mit neuem Nachdruck gerade für die Gestaltung dieses Verhältnisses Anforderungen an die Gleichbehandlung. Die Analyse des Diskriminierungspotenzials von Arbeitszeugnissen ist hier daher ein Schwerpunkt. In diesem umfassenden Sinn werden Gestaltung, Einsatz und Wahrnehmung von Arbeitszeugnissen aus personalpolitischer Perspektive analysiert. Dieses Ziel umfasst viele Facetten, da sowohl bei der Gestaltung als auch beim Einsatz unterschiedliche Akteure mit ihren jeweiligen Interessen und Ressourcen beteiligt sind. Entsprechend sind auch die Wahrnehmungen der Akteure interessengeleitet. Eine personalpolitische Analyse bietet sich hierfür als Rahmen an, da die jeweiligen Interessen der Akteure die Gestaltung und den Einsatz von Arbeitszeugnissen maßgeblich beeinflussen. Auf diese Weise können die Analyseergebnisse der Betrachtung von Arbeitszeugnissen aus verschiedenen disziplinären Perspektiven sowie die in der Mischstudie gewonnenen Erkenntnisse zusammengeführt werden. Auf dieser Basis werden dann Konsequenzen für die betriebliche Praxis in Bezug auf die Gestaltung und den Einsatz von Arbeitszeugnissen unter Berücksichtigung verschiedener Interessen erarbeitet.

Kapitel 2 dient der schrittweisen Entwicklung des Forschungsdesigns. Es wird zunächst der Ansatz einer Analyse mit verschiedenen disziplinären Zugängen begründet. Grundlegend für die Arbeit ist die in Abschnitt 2.2 vorgestellte Analyse aus personalpolitischer Perspektive. Die Erkenntnisbeiträge aus Rechts- und Sprachwissenschaft werden in Abschnitt 2.3 umrissen. Das Kapitel schließt mit der zusammenfassenden Darstellung des Forschungsablaufs.

Kapitel 3 betrachtet Arbeitszeugnisse aus den unterschiedlichen disziplinären Perspektiven. Der bestimmende Charakter der rechtlichen Rahmenbedingungen für Form und Inhalt von Arbeitszeugnissen erfordert die umfassende Darstellung über den rechtlichen Zugang. Die Entwicklung von Arbeitszeugnissen wird in Abschnitt 3.1 aus rechtshistorischer Sicht analysiert. Hierdurch wird vor allem das Verständnis für die Einbettung von Arbeitszeugnissen in Rechtssystem und Gesellschaft vertieft. Dieses Verständnis ist für die in Abschnitt 3.2 vorgenommene rechtssoziologische Analyse grundlegend. Diese rechtswissenschaftlichen Analysen beleuchten die rechtlichen Regelungen als Handlungsrahmen, der Handeln der Akteure auf betrieblicher Ebene zugleich ermöglicht und einschränkt. Der sprachwissen-schaftliche Zugang in Abschnitt 3.3 liefert Einsichten und Erkenntnisse zur Funktion und Struktur von Arbeitszeugnissen als Texte. Davon ausgehend werden sprachliche Zeichen und ihre mögliche Verwendung als Geheimcode in Arbeitszeugnissen einer weitergehenden Analyse unterzogen. Sprache wird dabei als Ressource der Akteure zur Machtausübung und -beschränkung betrachtet.

Aus betriebswirtschaftlicher Sicht werden in Abschnitt 3.4 Arbeitszeugnisse als Beurteilungsinstrument der betrieblichen Personalpolitik fokussiert. Nach der Darstellung des Standes der Forschung zu Arbeitszeugnissen werden Arbeitszeugnisse als

Instrument der Personalbeurteilung charakterisiert. Eine nähere Betrachtung der Handlungsfelder Personalfreisetzung und Personalauswahl in deren Rahmen Arbeitszeugnisse erstellt und eingesetzt werden, schließt sich an. Vor diesem Hintergrund wird das Diskriminierungspotenzial von Arbeitszeugnissen erarbeitet. Abschnitt 3.4 endet mit einem länderübergreifenden Vergleich von abschließenden Arbeitsbeurteilungen bzw. der für Bewerbungen üblichen Unterlagen. Funktionsgleiche bzw. -ähnliche Instrumente, die in anderen Ländern eingesetzt werden, können so identifiziert und ausführlicher beschrieben werden. Damit wird die Grundlage für die in Abschnitt 5.2 vorzunehmende Bewertung dieser Instrumente geschaffen.

Im dritten Kapitel werden Fragen im Rahmen der drei disziplinären Betrachtungen herausgearbeitet. Diese bilden den Ausgangspunkt für die in Kapitel 4 vorgestellte qualitativ-quantitative Mischstudie, die aus sechs Teilstudien besteht. Im Rahmen von Teilstudie A wird die ökonomische Relevanz von Arbeitszeugnissen erörtert. Dazu wird anhand von Daten über die Zahl der in Deutschland erstellten und eingesetzten Arbeitszeugnisse der damit zusammenhängende Gesamtaufwand geschätzt. Teilstudie B ist der Frage gewidmet, ob Zeugnisrecht als lebendes Recht kategorisiert werden kann und welchen faktischen Einfluss es hat. Hierzu dient eine quantitative Einschätzung der Anwendung und Durchsetzung des Zeugnisrechts. Die qualitative Teilstudie C analysiert die Fragen von Personen, die diese an Expert/inn/en im Themenbereich Arbeitszeugnisse stellen. Ziel dieser explorativen Studie ist es, die konkreten Probleme im Umgang mit Arbeitszeugnissen zu erkennen und das Thema so näher einzugrenzen. Teilstudie D stellt eine Befragung mit dem Ziel dar, Meinungen zu und Erfahrungen mit Arbeitszeugnissen zu erfassen. Eine Inhaltsanalyse von Arbeitszeugnissen schließt sich als Teilstudie E an. Diese ermöglicht sowohl Aussagen zu Form und Inhalt von Arbeitszeugnissen als auch die Überprüfung von Hypothesen zu deren Diskriminierungspotenzial. Aus den vorhergehenden Teilstudien D und E ergibt sich, dass die Verbindung der Themen Arbeitszeugnis und Geheimcodes interessante Hinweise für die Interpretation liefern kann. Diese Themenverbindung wird daher abschließend in Teilstudie F anhand einer Printmedienanalyse beleuchtet, um die Rolle von Printmedien in diesem Feld näher zu bestimmen. Die im dritten und vierten Kapitel gewonnenen Ergebnisse und Erkenntnisse werden in Kapitel 5 zusammengeführt und interpretiert. Anhand der Analyse der Interessen, der unterschiedlichen Ressourcen und Durchsetzungsmöglichkeiten der verschiedenen Akteure können in Abschnitt 5.2 Konsequenzen für die Gestaltung und den Einsatz von Arbeitszeugnissen erarbeitet werden. Dabei werden auch Vor- und Nachteile von funktionsgleichen bzw. -ähnlichen Instrumenten im Vergleich mit Arbeitszeugnissen betrachtet.

Zusammenfassende Schlussbetrachtungen erfolgen in Kapitel 6.

4

2. Entwicklung des Forschungsdesigns

2.1 Vorbemerkungen zur Forschung mit mehreren disziplinären Zugängen

Im diesem Buch werden Gestaltung und Einsatz von Arbeitszeugnissen aus personalpolitischer Perspektive analysiert. Während Arbeitszeugnisse von früheren Arbeitgeber/inne/n erstellt werden, setzen Arbeitnehmer/innen sie vor allem für Bewerbungen ein. Potenzielle Arbeitgeber/innen versuchen anhand von Arbeitszeugnissen das Potenzial von Bewerber/inne/n zu prognostizieren. Die jeweiligen Akteure können mit Arbeitszeugnissen unterschiedliche Interessen verfolgen. Wahrnehmungen sind interessengeleitet (vgl. Watzlawick u.a. 2003, S. 28), und so werden auch Arbeitszeugnisse unterschiedlich wahrgenommen. Die unterschiedlichen Interessen und Wahrnehmungen der Akteure und deren Ressourcen prägen maßgeblich Gestaltung und Einsatz von Arbeitszeugnissen. Es bietet sich daher eine personalpolitische Analyse als Rahmen an. Darin können Analysen und Erkenntnisse aus verschiedenen disziplinären Zugängen zusammengeführt werden und Konsequenzen für die Gestaltung und den Einsatz von Arbeitszeugnissen unter Berücksichtigung verschiedener Akteursinteressen erarbeitet werden.

Der Begriff Arbeitszeugnisse bezeichnet hier qualifizierte Zeugnisse, die aufgrund der Beendigung des Arbeitsverhältnisses einer abhängig beschäftigten Person ausgestellt werden. Andere Arten von Zeugnissen wie z.B. Zwischenzeugnisse oder Praktikumszeugnisse werden in der Regel in Anlehnung an Arbeitszeugnisse erstellt. Arbeitszeugnisse sind daher auch für andere Arten von Zeugnissen maßgeblich.

Um ein umfassendes Verständnis von Arbeitszeugnissen als Instrument der betrieblichen Personalpolitik zu gewinnen, ist eine Analyse mit verschiedenen disziplinären Zugängen geeignet. Denn der Umgang mit Arbeitszeugnissen und deren Gestaltung sind in hohem Maße durch Rechtsregeln und Rechtsprechung beeinflusst bzw. bestimmt. Arbeitszeugnisse wirken sich auch als verschriftlichte Sprache auf Kommunikation und Handeln aus. Gleichzeitig dient Sprache auch als Ressource der Machtausübung. Damit sind neben der Betriebswirtschaftslehre die Wissenschaftsdisziplinen Rechtswissenschaft und Sprachwissenschaft wesentlich für eine Analyse von Arbeitszeugnissen.

Es wird von einer Analyse mit verschiedenen disziplinären Zugängen ausgegangen und daher liegt ein multidisziplinärer Ansatz zugrunde. Dies sollte aber von einem interdisziplinären Ansatz unterschieden werden. Auch wenn es keine feststehende Definition von Interdisziplinarität gibt, wird in diesem Buch in folgender Weise zwischen multidisziplinärer und interdisziplinärer Forschung unterschieden. Bei einem multidisziplinären Ansatz fließen Erkenntnisse, Methoden und Interpretationsmuster aus verschiedenen wissenschaftlichen Disziplinen ein und ergänzen sich gegenseitig. Bei einem interdisziplinärem Ansatz hingegen wird eine gemeinsam entwickelte Theorieebene, eine Übertragung und Anpassung von Methoden und ein gemeinsames Ergebnis erwartet (vgl. für eine Diskussion der Begriffe Ullrich/Wilke 2006, S. 3f.). Im vorliegenden Buch werden Erkenntnisse und Interpretationswege der disziplinären Zugänge der Betriebswirtschaftslehre sowie der Rechts- und Sprachwissenschaft eingesetzt. Diese Disziplinen sind zwar voneinander unabhängige Fachgebiete, haben jedoch zahlreiche gemeinsame Forschungsgegenstände und -methoden. Es werden eine Vielzahl von Methoden und Ansätzen verwendet, die nicht nur einem Fachgebiet zuzuordnen sind. Vor allem die hier verwendeten empirischen Methoden wie z.b. Befragungen und Inhaltsanalysen werden in allen drei Disziplinen eingesetzt. Letztere unterscheiden sich vor allem hinsichtlich der Erkenntnisziele und damit der Forschungsfragen. Daher ist eine Methodenübertragung bzw. Methodenanpassung nicht erforderlich. Gleichwohl ist zu beachten, dass zwar verschiedene disziplinäre Zugänge berücksichtigt werden, die zentrale Methode jedoch eine personalpolitische Analyse ist. Aus dieser werden am Ende Konsequenzen für die Gestaltung und den Einsatz von Arbeitszeugnissen als Instrument der betrieblichen Personalpolitik entwickelt. Es liegt damit letztlich eine klare betriebswirtschaftliche Zielsetzung zugrunde.

Wie Sieben in Anlehnung an Deetz (1996) zeigt, lassen sich die verschiedenen betriebswirtschaftlichen Forschungen nach dem Forschungsweg, der Herkunft von Forschungskonzepten und -fragen (lokal/emergent oder vorab definiert), dem Forschungsziel und der vorrangigen Intention der Forschungsfragen (erhaltend oder politisierend) unterscheiden (vgl. Sieben 2007, S. 108ff.). Siebens Konzeptualisierung von Forschungsperspektiven folgend lässt sich die vorgenommene Analyse als multiparadigmatisch charakterisieren, und zwar insbesondere als eine Kombination aus ideologiekritisch und funktionalistisch orientierten Forschungsfragen.

Die grundlegende Perspektive, die im nächsten Abschnitt näher erläutert wird, ist dabei zunächst eine personalpolitische, die nach Sieben (2007, S. 98f.) als ideologiekritisch charakterisiert werden kann. Der Umgang mit Arbeitszeugnissen in Organisationen und darüber hinaus wird hier als eine politische Arena betrachtet, in der verschiedene Akteure ihre Interessen aushandeln und verfolgen. Dieses Buch hat insofern eine politisierende Intention, als damit asymmetrische Machtverhältnisse und Mechanismen der Dominanz bestimmter Interessen in Frage gestellt werden. Ein wichtiges daran gekoppeltes Ziel ist, potenzielle Diskriminierungen aufzudecken, die an die Erstellung bzw. den Umgang mit Arbeitszeugnissen geknüpft sein können. Im Hinblick auf den Forschungsweg werden dabei die Forschungsfragen und -konzepte, die an die Analyse von Arbeitszeugnissen angelegt werden, vorrangig vorab definiert. Dies bedeutet hier, dass sie aus einer Zusammenschau der breit gefächerten Literatur zum Thema gewonnen werden. Dies ist sowohl für ideologiekritische als

6

auch für funktionalistische Analysen typisch. In einzelnen Analyseschritten wird jedoch auch ein für interpretativ orientierte Analysen (vgl. Sieben 2007, S. 97f.) charakteristischer Forschungsweg gewählt, wenn in Auseinandersetzung mit den Befragten bzw. mit dem Textmaterial untersucht wird, welcher Sinn Arbeitszeugnissen zugeschrieben wird bzw. welche Fragen an sie herangetragen werden.

Die Ergebnisse all dieser Arbeitsschritte dienen ebenso wie bei der grundlegenden personalpolitischen Analyse bereits angesprochen, dem zentralen Ziel, die Gestaltung und den Einsatz von Arbeitszeugnissen sowie deren Wahrnehmungen umfassend zu beschreiben, d.h. unter Berücksichtigung konfligierender Interessen sowie möglichen Diskriminierungspotenzials. Daraus sollen dann Konsequenzen zur Verbesserung der Gestaltung und des Einsatzes von Arbeitszeugnissen abgeleitet werden. Vor diesem Hintergrund lässt sich die vorrangige Intention letztlich als erhaltend kennzeichnen, denn ihr zentrales Ziel ist auf den Erhalt von Funktionsfähigkeit und Effizienz bzw. deren Verbesserung gerichtet. Dies wiederum ist laut Sieben (vgl. 2007, S. 105) charakteristisch für funktionalistische Analysen. Dies gilt ebenso für die durchgängig eingenommene diskriminierungssensible Perspektive, denn auch daran knüpft die funktionalistisch orientierte Intention an, gegebenenfalls Wege aufzuzeigen, wie entsprechende Diskriminierungen abgebaut und verhindert werden können.

Die Einschätzung des Diskriminierungspotenzials von Arbeitszeugnissen ist vor allem aus den folgenden Gründen wichtig: Arbeitszeugnisse sind ein Instrument der Personalbeurteilung, das als solches, wie in Abschnitt 3.4.6 ausgeführt wird, Diskriminierungspotenzial entfalten kann. Während Arbeitszeugnisse als wichtiges Instrument bei der Personalauswahl eingeschätzt werden, legt das AGG fest, dass Kriterien für die Personalauswahl nicht diskriminierend sein dürfen (vgl. § 7 in Verbindung mit § 2 Abs. 2 Nr. 1 AGG). Daher liegt eine Einschätzung des Diskriminierungspotenzials im Interesse von Organisationen, um einerseits den rechtlichen Anforderungen des AGG zu entsprechen und andererseits dieses Wissen in ökonomische Überlegungen einfließen zu lassen. Im Interesse von Arbeitnehmer/inne/n ist Wissen über das Diskriminierungspotenzial von Arbeitszeugnissen wichtig, da dieses sich über die Personalauswahl auf Arbeits- und Karrierechancen auswirken kann. Die Einschätzung des Diskriminierungspotenzials ist also für verschiedene Akteure wichtig. Ein weiterer wichtiger Aspekt ist, dass die rechtlichen Regelungen zu beachten sind, wenn Konsequenzen für die betriebliche Praxis abgeleitet werden. Dies gilt sowohl für die Einhaltung der durch die bisherige Rechtsprechung gesetzten Anforderungen, die in Abschnitt 3.2 ausführlich erläutert werden, als auch für die Regelungen des AGG, die in Abschnitt 3.4.6 vorgestellt werden. Ein wesentlicher Aspekt ist demzufolge, Gestaltung und Einsatz von Arbeitszeugnissen auf ihr Diskriminierungspotenzial hin zu überprüfen.

Eine diskriminierungssensible Analyse erfordert es, die Frage nach Diskriminierungspotenzialen von Arbeitszeugnissen als Querschnittsfrage in allen Disziplinen und empirischen Analysen zu stellen. Dieser Ansatz ermöglicht es, für die betriebliche Praxis begründet und gezielt Konsequenzen für eine diskriminierungsfreiere Gestaltung von Arbeitszeugnissen und einen nicht diskriminierenden Umgang mit ihnen abzuleiten.

Im Folgenden wird zunächst der Begriff einer personalpolitischen Analyse und die Vorgehensweisen und Möglichkeiten dieses Ansatzes erläutert. Daran schließt sich eine kurze Darstellung der rechts- und sprachwissenschaftlichen Erkenntnisbeiträge in Bezug auf das Thema Arbeitszeugnisse an. Eine chronologische bzw. systematische Vorstellung des Forschungsablaufs schließt das Kapitel ab.

2.2 Die grundlegende personalpolitische Perspektive

Arbeitszeugnisse erfüllen in Deutschland im Wesentlichen zwei Funktionen: Einerseits sollen sie Arbeitnehmer/inne/n einen Nachweis ihrer Leistungen und ihres Verhaltens als abhängig Beschäftigte ermöglichen. Andererseits sollen sie Arbeitgeber/innen, die Arbeitnehmer/innen einstellen wollen, Informationen über deren bisher erbrachte Leistungen und das bisher gezeigte Verhalten liefern. Damit haben Arbeitszeugnisse eine Werbefunktion für Arbeitnehmer/innen und eine Informationsfunktion für potenzielle Arbeitgeber/innen. Diese Funktionen im betrieblichen Kontext machen Arbeitszeugnisse zum Forschungsgegenstand der Betriebswirtschaftslehre. Sie werden dabei vor allem im Kontext der betrieblichen Personalpolitik thematisiert.

In Betrieben werden Arbeitszeugnisse für die dort ausscheidenden Arbeitnehmer/innen im Rahmen der Personalfreisetzung erstellt und Arbeitszeugnisse können als Teil der Bewerbungsunterlagen Entscheidungsgrundlage für die Personalauswahl sein. In Bezug auf diese personalpolitischen Handlungsfelder können die Funktionen und die Einsatzmöglichkeiten von Arbeitszeugnissen sowie der Umgang mit ihnen genauer betrachtet werden.

Sowohl Arbeitnehmer/innen als auch Arbeitgeber/innen haben mit Arbeitszeugnissen in unterschiedlichster Weise Erfahrungen gemacht und nehmen sie auch auf unterschiedliche Weise wahr. Dabei fällt auf, dass dieses Thema teils sehr emotional diskutiert wird und die Meinungen dazu konträr verlaufen (vgl. dazu die Abschnitte 4.4 und 4.5). Um diese divergierenden Wahrnehmungen von Arbeitszeugnissen, die beteiligten Akteure und deren Interessen angemessen berücksichtigen zu können, ist die vorliegende Arbeit als eine personalpolitische Analyse angelegt. Krell betont, dass eine personalpolitische Analyse es erfordert, die zwei grundlegenden Aspekte von Organisationen als interessenpluralistische Gebilde und als Herrschaftsgebilde zu sehen (vgl. Krell 1996, S. 26f.). Ihre Konzeption von Personalpolitik in Organisationen entwickelt Sandners Verständnis von Politik als Interessenrealisierung und Herrschaftsausübung weiter (vgl. Sandner 1989, S. 63ff.).

Organisationen als soziale Gebilde werden von Sandner als Gebilde, „in denen und mit denen Akteure ihre Interessen zu realisieren versuchen" beschrieben (Sandner 1989, S. 63). Daher bezeichnet Krell Organisationen als interessenpluralistisch und betrachtet die jeweils beteiligten Akteure und deren individuelle und kollektive Interessen sowie die Rahmenbedingungen der Personalpolitik in Bezug auf die verschiedenen Handlungsfelder der Personalpolitik (vgl. Krell 1996, S. 29f.). Auf diese Weise können die „in personalpolitischen Instrumenten und Verfahren geronnenen Interessen spezifischer Akteursgruppen" (vgl. Krell 1999, S. 136) fokussiert werden. Die Gruppe der personalpolitisch relevanten Akteure werden von Krell ausgesprochen weit gefasst. Dadurch lässt sich der Kreis der in eine Analyse einbezogenen Akteure anhand der Identifizierung der Beteiligten an Aushandlungsprozessen und ihrer Interessen sowohl organisationsintern als auch -extern abstecken. Sowohl die Organisationsleitung, leitende Angestellte, Organe der Interessenvertretung der Arbeitnehmer/innen und individuelle Organisationsmitglieder lassen sich so betrachten, wie auch externe Institutionen, Gruppen oder Einzelpersonen (vgl. Krell 1996, S. 30). Dabei ist zu beachten, dass die Interessenrealisierung verschiedener Akteure nicht in einem machtleeren Raum geschieht. Vielmehr wird „mit Herrschaft jener Rahmen gesetzt [...], innerhalb dessen die Organisation ihren Mitgliedern zugesteht, ihre individuellen Interessen zu verfolgen" (Sandner 1989, S. 69). In diesem Sinne begrenzen und beeinflussen sich die beiden Aspekte der Interessenrealisierung und der Herrschaftsausübung gegenseitig. Organisationen sind in eine Gesellschaft eingebunden und damit Teil und Ergebnis der Gesellschaft und ihrer historischen Entwicklung (vgl. Türk 1989, S. 122). Nach Ortlieb agieren Organisationen im Rahmen ihrer gesellschaftlichen und historischen Einbettung und formen diesen Rahmen auch gleichzeitig (vgl. Ortlieb 2002, S. 64).

Die personalpolitische Analyse bedient sich häufig des Bildes der politischen Arena. Türk beschreibt Organisationen als Arenen, in denen Akteure interessengeleitet handeln (vgl. Türk 1989, S. 122). Indem sie Kiesers Analyse von Moden als personalpolitische Arenen aufgegriffen hat (vgl. Kieser 1996, S. 23), konnte Ortlieb den Begriff der personalpolitischen Arena auch auf weniger lokalisierbare Phänomene ausweiten (vgl. Ortlieb 2002, S. 65). In diesem Sinne wird das Bild der Arena auch hier unterlegt. So werden in Anlehnung an Ortlieb der Umgang mit Arbeitszeugnissen und die Rede über sie als personalpolitische Arena aufgefasst. In dieser Arena haben Akteure (z.B. Arbeitgeber/innen, Arbeitnehmer/innen, deren Interessenvertretungen, Herausgeber/innen von Ratgebern etc.) unterschiedliche oder auch gleiche Interessen. Wenn sie ihre Interessen im Umgang mit Arbeitszeugnissen und der Gestaltung von Arbeitszeugnissen umzusetzen versuchen, verfügen sie über mehr oder weniger

Ressourcen um sich durchzusetzen. Diese Arena ist wiederum eingebettet in einen gesellschaftlichen Kontext, der im Fall von Arbeitszeugnissen vor allem durch Rechtsetzung und Rechtsprechung bestimmt ist.

Bei einer personalpolitischen Analyse von Arbeitszeugnissen ist es daher in einem ersten Schritt erforderlich, diese Rahmenbedingungen zu beschreiben. Diese umfassen sowohl die geschichtliche Entwicklung von Arbeitszeugnissen als auch Anwendung der rechtlichen Regelungen. In einem zweiten Schritt werden die zentralen Akteure und deren Interessen identifiziert. Dabei werden Sprache und deren Effekte als Ressource zur Machtausübung der verschiedenen Akteure einbezogen. Im dritten Schritt gilt es, die in dem personalpolitischen Instrument Arbeitszeugnis geronnenen Interessen zu analysieren. Auf dieser Basis ist es abschließend möglich, Konsequenzen für die Praxis unter Berücksichtigung von Spannungsfeldern und unterschiedlichen oder auch gleichen Interessenlagen zu entwickeln. Neben der Berücksichtigung von verschiedenen Interessen und Machtressourcen der Akteursgruppen hält eine personalpolitische Analyse darüber hinaus dazu an, andere soziale Ordnungsvorstellungen zur Beurteilung heranzuziehen bzw. auch zu entwickeln (vgl. Krell 1996, S. 31f.). Dies betrifft die Querschnittsfrage nach dem Diskriminierungspotenzial von Arbeitszeugnissen, die sich aus der Frage nach den Interessen zentraler Akteursgruppen und den rechtlichen Rahmenbedingungen ergibt. Dabei kann davon ausgegangen werden, dass eine Minimierung von Diskriminierung unter anderem das Anliegen von Gesetzgebung, potenziellen Arbeitgeber/inne/n und eventuell betroffenen Arbeitnehmer/inne/n ist.

An dieser Stelle sei angemerkt, dass der Entwicklung und Begründung der Konsequenzen für die Praxis in Abschnitt 5.2 auf den ersten Blick nur wenig Platz eingeräumt wurde. Der Umfang dieses Abschnitts spiegelt aber nicht dessen Bedeutung wider. Die Kürze dieser Ausführungen zeigt vor allem, dass die Basis, die durch eine personalpolitische Analyse geschaffen wird, die Entwicklung und Begründung von Konsequenzen für die Praxis gut vorbereitet. Einerseits wird durchgehend der Blick auf konfligierende und gleiche Interessen der Akteure und ihrer Ressourcen gelenkt. Andererseits ermöglicht die Analyse der Rahmenbedingungen, der Dynamik in der Arena und der Analyse von Machtstrukturen und Herrschaftsausübung die Umsetzungsmöglichkeiten und die Veränderungsmöglichkeiten einzuschätzen. Dies erlaubt eine Fokussierung auf umsetzbare Konsequenzen mit einschätzbaren Effizienzwirkungen.

2.3 Die Erkenntnisbeiträge der Rechtswissenschaft und der Sprachwissenschaft zum Thema Arbeitszeugnisse

Im Folgenden werden die Disziplinen Rechtswissenschaft und Sprachwissenschaft kurz skizziert. Es wird dabei dargestellt, welchen Erkenntnisbeitrag eine Analyse mit dem entsprechenden disziplinären Zugang zu der am Anfang dieses Kapitels formulierten Zielsetzung leisten kann.

Aus der Sicht der Rechtswissenschaft lassen sich vor allem rechtliche Normen bzw. ihre Anwendung als Rahmenbedingungen für die Gestaltung und den Einsatz von Arbeitszeugnissen analysieren. Form und Inhalt von Arbeitszeugnissen sowie der Anspruch auf Arbeitszeugnisse sind in Deutschland gesetzlich geregelt und Gegenstand umfangreicher Rechtsprechung. Für ein rechtliches Verständnis von Arbeitszeugnissen sind die Disziplinen Rechtsgeschichte und Rechtssoziologie von besonderer Bedeutung. Beide Disziplinen sind in Deutschland in der Regel dem Wissenschaftsbereich Recht als Hilfswissenschaften angegliedert. Ihre Fragestellungen entstammen allerdings eher den Wissenschaftsgebieten Soziologie bzw. Geschichte (vgl. Köbler 1996, S. 2 und S. 228). Im Folgenden wird zuerst auf den Zugang über die Rechtsgeschichte und anschließend auf den der Rechtssoziologie eingegangen.

Wirkungskräfte im individuellen und kollektiven Leben sind nicht einfach zu bestimmen. Eine Schwierigkeit ergibt sich insbesondere daraus, dass Geschichte und Gesellschaft durch mehr oder weniger absichtsvolle Handlungen von Individuen „gemacht" werden. Diese individuellen Handlungen sind wiederum durch Geschichte und Gesellschaft geprägt und auch zum Teil vorbestimmt. Menschen gestalten ihre eigene Geschichte aber nur unter bestimmten Bedingungen und Umständen, denn das Individuum handelt in einer Welt voller Regeln, welche es selbst schafft: „[W]e are creatures of rules, the rules are our creations: we make our own world – the world confronts us as an implacable and autonomous system of social facts" (Abrams 1982, S. XIV).

Charakteristisch für eine historische Betrachtung ist die Einbeziehung des Faktors Zeit. Auf diese Weise lässt sich die Prozesshaftigkeit von Struktur und Handlung nachvollziehen: Eine Analyse heutiger Strukturen unter Beachtung der Geschichte zeigt, dass Struktur nicht ein für allemal gegeben, sondern das Ergebnis einer Entwicklung ist. Deshalb ermöglicht eine historische Analyse auch das Verständnis der bestehenden Strukturen (vgl. Abrams 1982, S. XVI). Eine historisch orientierte Analyse sieht so die Zweiseitigkeit der sozialen Welt, die einerseits durch die Handlungen von Individuen konstruiert wird, und deren Konstruktion andererseits die Handlungsmöglichkeiten dieser Individuen beschränkt (vgl. hierzu auch die Idee der Dualität von Struktur und Handlung nach Giddens 1979). Die Einbeziehung des Faktors Zeit berücksichtigt, dass aus Handlungen Institutionen werden und diese wiederum durch Handlungen bestätigt und verändert werden.

Damit kann eine historische Analyse einen Beitrag dazu liefern, zu verstehen, warum die Welt so ist, wie sie ist (vgl. Abrams 1982, S. 2ff.). Eine so verstandene historische Analyse liefert nicht nur den historischen Hintergrund momentaner Phänomene, sondern versucht den Zusammenhang zwischen individuellen Handlungen und sozialer

Organisation als kontinuierlichen Prozess nachzuzeichnen (vgl. Abrams 1982, S. 16f.). In diesem Sinne ist der Forschungsgegenstand der Rechtsgeschichte die Vergangenheit des Rechts bzw. die Entwicklung von Rechtsordnungen (vgl. Rehbinder 2003, S. 133).

Erkenntnisziele sind in der Regel, entweder durch die Betrachtung der Rechtsentwicklung einen Erklärungsbeitrag für die Entwicklung der Gesellschaft zu leisten oder für Rechtsanwendung und Rechtspolitik Basisinformationen zu generieren (vgl. Rehbinder 2003, S. 135).

Die Rechtssoziologie sieht Recht als „ein Phänomen der gesellschaftlichen Wirklichkeit" (Raiser 1987, S. 7, im Original hervorgehoben). Raiser unterscheidet drei Richtungen rechtssoziologischer Analysen: Erstens können im Rahmen der empirischen Rechtssoziologie die für das Recht zentralen Fakten mithilfe von geschichtlichen und/oder statistischen Analysen beschrieben und interpretiert werden. Zweitens können mithilfe der theoretischen Rechtssoziologie generelle Theorien über den Zusammenhang von Gesellschaft und Recht erarbeitet werden. Drittens kann im Rahmen der kritischen Rechtssoziologie nach den ideologischen Voraussetzungen von Recht gefragt werden sowie nach dem Einfluss von Vorurteilen, Werten und Macht (vgl. Raiser 1987, S. 8). In der Rechtssoziologie wird also das Zusammenspiel von Recht und Gesellschaft betrachtet (vgl. Rehbinder 2003, S. 134). Ziele der Analysen sind in der Regel, entweder soziales Handeln bzw. soziale Systeme in ihren Funktionsweisen generell besser verstehen zu können oder auch, wie in der Rechtsgeschichte, Informationen für Rechtsanwendung und Rechtspolitik bereitzustellen (vgl. Rehbinder 2003, S. 136). Dies verdeutlicht, dass sich die grundlegenden Annahmen und Ziele der Rechtsgeschichte und der Rechtssoziologie nicht wesentlich unterscheiden.

Die Frage, worin dennoch ein Unterschied zwischen Rechtssoziologie und Rechtsgeschichte besteht, kann analog zur Unterscheidung der Wissenschaftsgebiete Soziologie und Geschichte beantwortet werden. Beide Wissenschaften haben die Gesellschaft als Gegenstand (vgl. Nöth 1993, S. 1). Als übliche Arbeitsteilung zwischen diesen Gebieten wird der Geschichte eine Betrachtung der Vergangenheit zugeordnet und der Soziologie eine Betrachtung der Gegenwart. Dabei können hier keine Zeitbereiche unterschieden werden, da Gegenwart bereits mit dem Erleben Vergangenheit wird. Vielmehr werden darunter verschiedene Aspekte eines Zeitraums verstanden. Die Gegenwart ist „dann der Horizont der Zeitgenossen, das, was im Selbstverständnis der Zeitgenossen als vertraut, als zur eigenen Gesellschaft oder Epoche gehörig angesehen wird" (Borowsky u.a. 1989, S. 20). Entsprechend wird Vergangenheit als das Fremde im Vergleich zum eigenen Horizont gesehen (vgl. Borowsky u.a. 1989, S. 21). Geschichtliche und soziologische Betrachtungen gehen aus diesem Grund häufig ineinander über (vgl. Raiser 1987, S. 9).

Über den Zugang der Rechtsgeschichte lässt sich die historische Entwicklung von Arbeitszeugnissen betrachten. Dies ermöglicht es, Gestaltung, Einsatz und Wahrnehmungen von heutigen Arbeitszeugnissen zu verstehen, und liefert damit einen Erkenntnisbeitrag dazu, wie sich diese Institution herausgebildet hat. Über den Zugang der Rechtssoziologie können Anwendung und Bedeutung von Recht in seiner Wechselwirkung mit der Gesellschaft fokussiert werden. Dies liefert einen Erkenntnisbeitrag zu Wahrnehmungen, zur Gestaltung und zum Einsatz von Arbeitszeugnissen.

Aus der Sicht der Sprachwissenschaft kann vor allem die Gestalt von Arbeitszeugnissen analysiert werden. Die Sprachwissenschaft beschäftigt sich ganz allgemein mit dem Gegenstand Sprache, sowohl mit gesprochener als auch geschriebener Sprache. Dabei können in der Sprachwissenschaft bzw. Linguistik zwei Hauptbereiche unterschieden werden, die Systemlinguistik und die Pragmalinguistik. In der Systemlinguistik wird das System einer Sprache beforscht, ihre Bestandteile, die Grammatik und der Aufbau von Texten und Gesprächen. Die Pragmalinguistik befasst sich mit dem Sprachhandeln. Es wird untersucht, wie Sprache im Zusammenhang mit Handlungen eingesetzt wird und dabei auch der Kommunikation dient, was Sprache bewirkt und welcher Sinn transportiert wird (vgl. z.B. Brinker 2005, S. 14ff.). Dabei bereichern sich die System- und Pragmalinguistik gegenseitig. Wenn sprachliche Phänomene über den Zugang der Pragmalinguistik betrachtet werden, dann können auch systemlinguistische Faktoren in den Blick kommen und die Interpretationen und die Einordnung dieser Phänomene ergänzen (vgl. Ernst 2002, S. 18f.). Damit ist die Pragmalinguistik diejenige linguistische Disziplin, die sprachliches Handeln und die Verwendung von Sprache erforscht (vgl. Schmidt 1973, S. 10ff.). Bei näherer Betrachtung der Verwendung von Sprache ist wichtig, dass Kommunikation als System von Beziehungen und Rückbeziehungen zu denken ist. Im Hinblick auf Arbeitszeugnisse können so auch die Machtpositionen bei der Zeugniserstellung und deren Auswirkungen fokussiert werden (vgl. Presch/Ellerbrock 1978, S. 270).

Über den Zugang der Pragmalinguistik kann daher näher beleuchtet werden, wie das Werkzeug Sprache in Arbeitszeugnissen verwendet wird und welche Wirkungen davon ausgehen. Damit kann über diesen Zugang ein Erkenntnisbeitrag zu Aspekten der Form, des Inhalts und der Wirkungen von Arbeitszeugnissen erarbeitet werden.

2.4 Forschungsablauf

In Kapitel 3 wird über die verschiedenen disziplinären Zugänge ein möglichst umfassendes Bild von Arbeitszeugnissen erarbeitet. Dazu werden die spezifischen auf Arbeitszeugnisse bezogenen Themen der jeweiligen Wissenschaftsgebiete vorgestellt, der Stand der Forschung zusammengefasst und offene Fragen aufgezeigt.

Aus rechtshistorischer Sicht (Abschnitt 3.1) wird die Entstehung und Entwicklung von Arbeitszeugnissen im deutschen Sprachraum aufgezeigt. Anschließend wird aus rechtssoziologischer Sicht (Abschnitt 3.2) die Anwendung von Zeugnisrecht in der Bundesrepublik Deutschland betrachtet. Aus sprachwissenschaftlicher Sicht (Abschnitt 3.3) werden Textfunktion und Textstruktur von Arbeitszeugnissen unter Beachtung der Machtpositionen der beteiligten Akteure näher beleuchtet. Aus betriebswirtschaftlicher Sicht (Abschnitt 3.4) werden Arbeitszeugnisse als Instrument der betrieblichen Personalpolitik analysiert. Hier werden die Rolle von Arbeitszeugnissen bei der Personalfreisetzung und der Personalauswahl näher beleuchtet. Darauf aufbauend wird das Diskriminierungspotential von Arbeitszeugnissen diskutiert. Den Abschluss dieses Abschnitts bilden die internationale Einordnung von Arbeitszeugnissen und die vergleichende Darstellung mit Instrumenten entsprechender Funktion. Die offenen Fragen aus rechtlicher, sprachwissenschaftlicher und betriebswirtschaftlicher Sicht in diesem Themengebiet erfordert es, auch die empirische Analyse vielfältig und umfassend anzulegen. Wie oben bereits ausgeführt, bietet es sich als empirische Grundlage für diese Analyse an, verschiedene empirische Methoden einzusetzen. In Kapitel 4 erfolgt daher eine empirische Mischstudie mit sechs Teilstudien. Der Begriff Mischstudie bezeichnet dabei ein Forschungsdesign, in dem qualitative und quantitative Vorgehensweisen miteinander kombiniert werden. Durch eine solche Integration und Verschränkung qualitativer und quantitativer Analyseschritte wird eine übergeordnete Fragestellung mit unterschiedlichen Methoden angegangen. Damit können umfasendere Einsichten gewonnen werden als mithilfe einer einzigen Methode bzw. eines rein auf quantitative oder qualitative Analysen orientierten Forschungsdesigns (vgl. Mayring 2001, S. 7f.).

Zunächst wird der Gesamtaufbau der Mischstudie dargestellt und ein kurzer Überblick über die einzelnen Teilstudien gegeben (Abschnitt 4.1). Daran anschließend werden in je einem Unterkapitel die sechs Teilstudien vorgestellt. Dabei werden jeweils Forschungsansatz, die Fragestellungen und die Auswahl der Methode begründet. Es schließt sich die Schilderung des jeweiligen Studiendesigns und -ablaufs sowie die Darstellung der Ergebnisse an (Abschnitte 4.2 bis 4.7).

Teilstudie A geht der ökonomischen Relevanz von Arbeitszeugnissen nach. Anhand der Anzahl der in Deutschland erstellten und verwendeten Arbeitszeugnisse wird der Gesamtaufwand der Gestaltung und des Einsatzes von Arbeitszeugnissen eingeschätzt. Die Ergebnisse dieser Teilstudie ermöglichen eine Beurteilung, welche Effizienzwirkungen Veränderungen in diesem Bereich haben können. Teilstudie B zur Anwendung des Zeugnisrechts widmet sich der Frage, ob Zeugnisrecht lebendes Recht ist. Rechtsregeln werden dann als lebend bezeichnet, wenn sie angewandt werden und sie Teil des Rechtsgefühls der Mitglieder einer Gesellschaft sind (vgl. Hirsch 1966, S. 340). Diese Frage wird anhand von Daten zu gerichtlichen Zeugnisstreitigkeiten erörtert. Die Ergebnisse dieser Teilstudie erlauben eine Aussage über die Bedeutung des Zeugnisrechts und ob der Befolgung dieser Rechtsregeln Bedeutung beigemessen wird. Anhand der beiden ersten Teilstudien kann die Relevanz von Arbeitszeugnissen, einerseits im Hinblick auf den Aufwand für Organisationen und andererseits auf die gesellschaftliche Bedeutung des Zeugnisrechts, eingeschätzt werden.

Teilstudie C befasst sich mit Fragen an Expert/inn/en zu Arbeitszeugnissen. Mithilfe einer qualitativen Inhaltsanalyse wird untersucht, welche Fragen sich Personen im Umgang mit Arbeitszeugnissen stellen. Grundlage ist eine Sammlung von Fragen zum Thema Arbeitszeugnisse, die von Zeugnisempfänger/inne/n an ein Expert/inn/en-Forum gestellt wurden. Diese explorative Teilstudie dient dazu, das Thema einzugrenzen und auf dieser Basis Forschungsfragen gezielter zu stellen. Der qualitative Ansatz stellt dabei sicher, dass tradierte Sichtweisen und vorherrschende Meinungen nicht forschungsleitend werden. Vielmehr kann analysiert werden, welche konkreten Probleme sich im Umgang mit Arbeitszeugnissen herauskristallisieren.

Teilstudie D lässt im Rahmen einer Befragung eine Vielzahl von Akteuren zu Wort kommen. Anhand eines Fragebogens zum Thema Arbeitszeugnisse konnten Meinungen und Erfahrungen von 488 Personen erhoben werden. Die Auswertung erlaubt es, unterschiedliche Erfahrungen und die Vielfalt von Meinungen zu Arbeitszeugnissen systematisch zu erfassen und auszuwerten.

Teilstudie E untersucht Arbeitszeugnisse anhand einer qualitativen und quantitativen Inhaltsanalyse. Sie basiert auf einem eigens für diese Studie zusammengestellten Korpus von 411 Arbeitszeugnissen. Form und Inhalt von Arbeitszeugnissen werden anhand verschiedener Kriterien kategorisiert und beurteilt. Bei dieser Analyse wird überprüft, ob und wie sich Arbeitszeugnisse im Vergleich zu entsprechenden Ergebnissen früherer Studien verändert haben. Außerdem wird untersucht, inwieweit Zeugnisse den rechtlichen Anforderungen an Form und Inhalt genügen. Ein weiterer Schwerpunkt dieser Analyse ist die Frage, ob und in welcher Hinsicht der Inhalt von Arbeitszeugnissen diskriminierend ist.

Durchgehend zeigt sich, dass die Themen Arbeitszeugnisse und Geheimcodes häufig eng verbunden werden. Dies wird zum Anlass genommen, in Teilstudie F eine Printmedienanalyse zu Geheimcodes in Arbeitszeugnissen durchzuführen. Diese Teilstudie gliedert sich in zwei Teilschritte: eine Analyse der gerade im Bereich Arbeitszeugnisse weit verbreiteten Ratgeberliteratur, sowie eine Analyse von Artikeln in Tageszeitungen. In beiden Schritten wird mithilfe einer Dokumentenanalyse die mediale Diskussion um Geheimcodes nachgezeichnet und analysiert.

In Kapitel 5 werden die Ergebnisse der verschiedenen Analysen zusammengeführt und interpretiert. Diese Diskussion wird auf der Grundlage des Bildes der personalpolitischen Arena geführt. Dies ermöglicht, eine Vielzahl von Facetten des Themas sichtbar zu machen. Zunächst werden die rechtlichen Regelungen als Rahmenbedingungen betrachtet gefolgt von einer Darstellung der zentralen Akteure und ihrer Interessen. Darauf aufbauend werden Arbeitszeugnisse als Ergebnis von Aushandlungsprozessen diskutiert. Am Ende dieses Kapitels werden Konsequenzen für die Praxis erörtert. Zunächst werden die konfligierenden und gleichen Interessen der verschiedenen Akteure zusammengefasst. Dann werden die Konsequenzen für die betriebliche Praxis in drei Schritten erarbeitet. Im ersten Schritt wird die heutige Bedeutung der Funktionen von Arbeitszeugnissen kurz zusammengefasst. Im zweiten Schritt werden die Vor- und Nachteile von funktionsgleichen bzw. -ähnlichen Instrumenten im Vergleich zu Arbeitszeugnissen analysiert. Im dritten Schritt werden vier Ansatzpunkte für Veränderungen der Gestaltung und des Einsatzes von Arbeitszeugnissen diskutiert. Die grafische Darstellung des Forschungsablaufs in Abbildung 2.4.1 soll einen schnellen Überblick gewährleisten.

Abbildung 2.4.1: Forschungsablauf

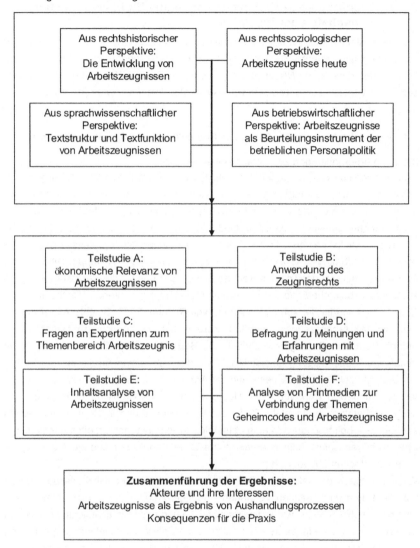

3. Betrachtung von Arbeitszeugnissen aus Sicht verschiedener wissenschaftlicher Disziplinen

Ziel dieses Kapitels ist es, möglichst umfassend Arbeitszeugnisse aus Sicht der verschiedenen disziplinären Zugänge darzustellen. Dazu werden der Stand der Forschung der jeweiligen Wissenschaftsgebiete zusammengefasst, und die spezifischen, dort bearbeiteten Themen vorgestellt. Des Weiteren werden offene Fragen aufgezeigt.

3.1 Aus rechtshistorischer Sicht: Die Entwicklung von Arbeitszeugnissen

3.1.1 Vorbemerkungen zur rechtshistorischen Sicht

Arbeitszeugnisse sind eingebettet in das Rechtssystem Deutschlands. Anspruchsgrundlagen, Durchsetzungswege und -möglichkeiten sind anhand von Gesetzen geregelt. Die formale und die inhaltliche Ausgestaltung sind weitgehend durch die Rechtsprechung bestimmt (vgl. Abschnitt 3.2). Die Entwicklung eines Rechtssystems ist Produkt vielfältiger historischer Faktoren. Die Ausgestaltung dieses Systems ist sowohl kulturabhängig, als auch zeit- und kontextabhängig (vgl. Hepple 1986, S. 4f.). Das Arbeitsrecht ist der Teil des Rechtssystems, der das für die Rechtsbeziehungen zwischen Arbeitgeber/inne/n und Arbeitnehmer/inne/n geltende Recht umfasst. Grundtatbestand ist die abhängige Arbeit (vgl. Richardi 2006, S. XIII). Alle Regelungen, die das Arbeitszeugnis betreffen, werden dem Teilbereich Arbeitsrecht zugeordnet. Denn Arbeitszeugnisse stellen eine Beurteilung bzw. Bescheinigung der in abhängiger Beschäftigung geleisteten Arbeit dar. Abhängige Arbeit, in Abgrenzung zur Subsistenzwirtschaft, zu selbständiger Arbeit und Sklaverei, hat sich in den letzten Jahrhunderten stark verbreitet. Heute ist abhängige Arbeit die dominante Form der Erwerbstätigkeit. Ungefähr 89 % der Erwerbspersonen in Deutschland leisten abhängige Arbeit bzw. suchen eine abhängige Arbeit, dagegen arbeiten nur 11 % der Erwerbstätigen selbständig oder als mithelfende Familienangehörige (vgl. Statistisches Bundesamt 2005b, S. 82).

Wie im Rahmen des letzten Kapitels erläutert, dient eine rechtshistorische Analyse vor allem dem umfassenden Verständnis heutiger Regelungen. Entsprechend zeigt eine historische Analyse, wie sich wirtschaftliche und nichtwirtschaftliche Institutionen herausbilden, wie sie im Laufe einer historischen Entwicklung ineinander greifen und sich verändern. Das ist eine wichtige Hilfe, um Regelungen der Gegenwart zu begreifen (vgl. Schumpeter 1965, S. 42ff.). So ermöglicht es die historische Analyse, Beschränkungen und Freiheiten, Institutionen, Normen und Werte der heutigen Gesellschaft besser zu verstehen. Auf dieser Grundlage können Vorhersagen zu Veränderungsmöglichkeiten bzw. ihrem Beharrungsvermögen getroffen werden (vgl. Abrams 1982, S. 333ff.). Eine historische Analyse der Entwicklung von Arbeitszeugnissen dient dementsprechend dazu, Form und Inhalt von Arbeitszeugnissen aus heutiger Sicht besser zu verstehen und Veränderungsmöglichkeiten einzuschätzen.

In der historischen Soziologie werden drei zentrale Perspektiven von historischen Analysen unterschieden. Aus der ersten Perspektive steht der Wandel von Gesellschaftsformen, wie z.b. der Wechsel der Agrar- zur Industriegesellschaft im Mittelpunkt. Aus der zweiten Perspektive werden die in den gesellschaftlichen Wandel eingebetteten Muster von Freiheit und Beschränkung, Macht und Ohnmacht der Individuen in ihrem täglichen sozialen Leben betrachtet. Schließlich werden aus der dritten Perspektive die Beziehungen zwischen Individuen und der Gesellschaft in den Blick genommen. Dabei wird angenommen, dass Individuen mit ihren Zielen, Erwartungen und Motiven auf eine Gesellschaft mit deren Institutionen, Werten und Normen treffen und dass die Individuen gleichzeitig die Gesellschaft bilden (vgl. Abrams 1982, S. 7ff.). Eine Analyse aus allen drei Perspektiven stellt sicher, dass die gesellschaftliche Ebene, die individuelle Ebene und die Wechselwirkungen zwischen diesen Ebenen in die Analyse einbezogen werden. Dies bewirkt, dass nicht nur eine einfache chronologische Abfolge nachgezeichnet wird, sondern auch Wirkungen und Wechselwirkungen auf gesellschaftlicher und individueller Ebene festgestellt werden können.

Arbeitsrecht kann aus diesen historischen Perspektiven gesehen werden als „outcome of a process of struggle between different social groups – monarchy, bureaucracy and middle-class; bourgeoisie and aristocracy; bourgeoisie and working-class; townspeople and countryfolk – and of competing ideologies of conservatives, liberals and socialist, and of religious and secular groups" (Hepple 1986, S. 4). Aber was jede dieser Gruppen durchsetzen kann, „is not just a matter of what they choose to want but of what they can force or persuade other groups to let them have" (Abrams 1982, S. 15). Eine historische Analyse muss deshalb durchgängig Machtverhältnisse und Interessendurchsetzung fokussieren, um Entwicklungen möglichst vollständig zu erfassen.

Recht ist ein Teil der gesellschaftlichen Struktur und somit eingebunden in das historische Gebilde der gesellschaftlichen Struktur einer bestimmten Epoche (vgl. z.B. Landau 1985, S. 20). Deshalb muss die rechtshistorische Forschung die historische Interpretation eines Rechtstextes im Zusammenhang mit seiner Entstehungszeit sehen. Rechtsgeschichte ist damit ein Teilgebiet der historischen Forschung, die von Zeiträumen ausgeht und nicht von großen Ereignissen. Sie ermöglicht, eine Entwicklung von Rechtsinstituten in Abhängigkeit von gesellschaftlichen Strukturen und Entwicklungen nachzuzeichnen. Diese Entwicklungen verlaufen zwar nicht gradlinig, sind aber dennoch auf der Grundlage einer historischen Analyse nachvollziehbar. Die Rechtsgeschichte kann zwar nicht vorhersagen, wie Rechtsinstitute in der Gegenwart sind oder Zukunft sein werden. Sie kann aber der Rechtssoziologie Material für das Verständnis und die Interpretation von Rechtsinstituten liefern (vgl. Landau 1985, S. 21ff.).

Luhmann (vgl. 1983, S. 192f.) betont, dass Gesetzgebung keine Erfindung der Neuzeit ist. Er plädiert für einen Abbau der Barrieren zwischen Rechtsgeschichte und Rechtssoziologie (vgl. Luhmann 1983, S. 145). In diesem Sinne werden im Folgenden Arbeitszeugnisse zwar zunächst getrennt aus rechtshistorischer und rechtssoziologischer Perspektive analysiert, aber auch die Verbindungen dieser Perspektiven aufgezeigt. Und zwar wird im vorliegenden Abschnitt 3.1 eine historische Analyse der Entwicklung von Arbeitszeugnissen vorgenommen und am Ende dieses Abschnitts kurz zusammengefasst. Im darauf folgenden Abschnitt 3.2 werden gegenwärtige Regelungen zu Arbeitszeugnissen und Umgehensweisen damit nachgezeichnet. In die zusammenfassenden Betrachtungen in Abschnitt 3.2.7 fließen dann die Erkenntnisse beider Perspektiven ein.

Diese Analyse der Entwicklung von Arbeitszeugnissen aus rechtshistorischer (3.1) und rechtssoziologischer (3.2) Perspektive hat drei Ziele: Erstens wird ein umfassendes Verständnis für die Form und den Inhalt von aktuellen Arbeitszeugnissen entwickelt. Zweitens soll nachvollziehbar gemacht werden, wie heute mit Arbeitszeugnissen umgegangen wird. Drittens dienen diese Erkenntnisse in der Folge als Interpretations- und Verständnishilfe für die Wahrnehmungen der verschiedenen Akteure. Darauf aufbauend lassen sich Entwicklungs- bzw. Beharrungstendenzen von Arbeitszeugnissen und des Umgangs mit ihnen einschätzen. Damit kann fundiert beurteilt werden, ob und wie sowohl die Form als auch der Inhalt von Arbeitszeugnissen verändert werden können und welche Gestaltungsspielräume im Umgang mit Arbeitszeugnissen vorhanden sind.

Im Bereich der Rechtswissenschaften wurden vor allem vor und kurz nach der Kodifizierung des Bürgerlichen Gesetzbuchs (BGB) um 1900, also ungefähr zwischen 1850 und 1910, verschiedene Werke über Arbeitszeugnisse verfasst. In dieser Zeit entstanden zu vielen juristischen Themen Überblicke und Vergleiche, die als Grundlage für den Entwurf eines übergeordneten, überregionalen BGB dienten. Entsprechend entstanden historische Aufarbeitungen und Überblicke über die verschiedensten Rechtsquellen (vgl. z.B. Hecht 1905 zum Dienstzeugnis, Lotmar 1902 zum Arbeitsvertrag und Wuttke 1893 zu Gesindeordnungen und Gesindezwangsdienst).

Im Folgenden wird die historische Entwicklung von Regelungen zu Arbeitszeugnissen nachgezeichnet. Dabei werden die Entwicklungen in Deutschland bzw. in den deutschen Ländern und dem Deutschen Reich fokussiert. Arbeitszeugnisse in Deutschland unterscheiden sich deutlich von entsprechenden Instrumenten anderer Länder (vgl. dazu Abschnitt 3.4.7). Daher ist es sinnvoll, die betrachtete Region einzuschränken.

In Anlehnung an Köbler (1996) erfolgt die rechtshistorische Betrachtung entlang der folgenden Epochen:

- Mittelalter: Frühmittelalter ca. 5.-11. Jahrhundert und Hoch- und Spätmittelalter ca. 12.-15. Jahrhundert
- Frühe Neuzeit: ca. 16.-18. Jahrhundert
- Neuzeit und Weimarer Republik: Deutscher Bund von 1815-1866, Zweites Kaiserreich von 1871-1918 und Weimarer Republik von 1919-1933
- Nationalsozialistisches Deutschland: 1933-1945
- Frühe Bundesrepublik und Deutsche Demokratische Republik: 1946-1989
- Vereinte Bundesrepublik: ab 1990.

Diese epochale Gliederung der Analyse erlaubt es, den Wandel von Arbeitszeugnissen im Zusammenhang mit gesellschaftlichen und wirtschaftlichen Veränderungen darzustellen.

3.1.2 Die historische Entwicklung von Arbeitszeugnissen in Deutschland

3.1.2.1 Das Mittelalter

Die deutschen Länder waren im Mittelalter in verschiedene Herrschaftsgebiete zersplittert. Daher sind entsprechend viele Rechtsquellen vorhanden, so vor allem Volksrechte, Landrechte, Stadtrechte usw. Die Rechtsprechung beruhte allerdings überwiegend nicht auf schriftlich fixierten Gesetzen, sondern darauf, „dass die Urteile nicht nach Geschriebenem, sondern nach überlieferter Sitte, nach dem Billigen und Guten verkündet wurden" (Conring 1994, Übersetzung des Originals aus dem Jahr 1643, S. 166). Auch das Heilige Römische Reich Deutscher Nation hatte keine verbindliche einheitliche Rechtsordnung. Allerdings haben viele der in den deutschen Ländern angewandten Rechtstexte ihren Ursprung im römischen Recht. Zudem hatten auch überregionale Rechtserkenntnisquellen allgemeine Geltung, wenn sie auch nicht verbindlich waren. Die Bekanntesten dürften der Sachsenspiegel, entstanden ca. zwischen 1221 und 1224, sowie der Schwabenspiegel, entstanden ca. zu Beginn des 17. Jahrhunderts, sein (vgl. Köbler 1996, S. 100ff.). Somit bestanden zum Teil enge Beziehungen zwischen den Rechtssystemen der verschiedenen Herrschaftsgebiete, die spezifischen Ausgestaltungen und Auslegungen unterschieden sich jedoch erheblich (vgl. Hepple 1986, S. 1ff.).

Das Wirtschaftsleben in den deutschen Ländern war vor dem Mittelalter durch die einfache Warenproduktion geprägt: Eine Person stellte eine Ware her, verkaufte sie und profitierte vom Erlös. Diese Person leistete auch die Arbeit, häufig unterstützt von Familienmitgliedern oder auch von Sklav/inn/en. Nur selten waren bezahlte Arbeitskräfte beteiligt (vgl. Marx 1957, S. 55ff.). Im frühen Mittelalter nahm im römischen und im deutschen Rechtsraum die Bedeutung der Arbeitstätigkeit von Sklav/inn/en ab. Es bildete sich eine stetig wachsende Klasse der freien Arbeiter/innen bzw. der freien Landarbeiter/innen (vgl. Inama-Sternegg 1899, S. 677ff.). Vor allem im Bergbau, dem ältesten industriellen Produktionszweig Deutschlands, entwickelten sich bereits im 11. Jahrhundert kapitalistische Strukturen. Bereits Ende des 11. Jahrhunderts wurde von Bergleuten berichtet, die einen Arbeitslohn in Geld erhielten, auf Zeit beschäftigt waren und Freizügigkeit genossen. Damit wiesen sie alle Merkmale einer freien Arbeitskraft in abhängiger Beschäftigung auf (vgl. Zycha 1900, S. 446ff.). Mit der Zunahme der industriellen Produktion und damit der wachsenden Bedeutung der abhängigen Arbeit nahm auch die Bedeutung des Arbeitsvertrages zu. Da aber zu der damaligen Zeit die Arbeitgeber/innen eher selten gewechselt wurden, war das Bedürfnis nach einem Zeugnis bzw. nach einer gesetzlichen Regelung des Anspruchs darauf oder auf dessen Ausgestaltung nur gering. Entsprechend sind weder im römischen Recht noch in älteren deutschen Rechtssammlungen Regelungen zu Dienst- bzw. Arbeitszeugnissen zu finden (vgl. Kley 1921, S. 14). Die Arbeit in Bergwerken war der erste Bereich, der vor allem über abhängige Arbeit organisiert wurde. Die Bedeutung von abhängiger Arbeit nahm aber auch im Handwerk und in Haus- und Landwirtschaft zu. Die zeugnisrechtlichen Regelungen zu Bergbau, Handwerk und Haus- und Landwirtschaft unterscheiden sich für das Mittelalter jedoch deutlich, so dass diese in drei Bereiche getrennt voneinander beschrieben werden.

Im Hochmittelalter fand eine umfassende Neuordnung des Arbeits- und Wirtschaftslebens statt: weg von den persönlichen Abhängigkeitsstrukturen und den unfreien Arbeitsverhältnissen der feudalen Systeme, hin zu wirtschaftlichen Abhängigkeiten und Lohnarbeit. Vorreiter war dabei der Bergbau. Bereits Ende des 12. Jahrhunderts entwickelte sich ein System von Bergrechten, in denen auch Dienst- und Arbeitsverhältnisse geregelt waren. Nach Kley tauchte dort erstmalig ein Arbeitszeugnis in Form einer Urkunde auf, denn „so bestimmte die Salzburger Bergordnung von 1532 (§ 22): ‚auf das man eines yeden Wesen und Wandel destbesser Wissen empfahl, so solle nach keiner auf unseren Bergwerchen zu Arbeit mer geführdert werden, er habe denn ein Pasporten oder Urkundt dass er an anderer Ort redlich abgeschiden und rechtfertigt sey.'" (Kley 1921, S. 15). Eine entsprechende Regelung enthält auch die deutsch-ungarische Bergordnung von 1575, nach der „kein Amtmann oder Arbeiter, so in Bergstätterkreis von einem Ort zum anderen Arbeit sucht, soll aufgenommen werden, er habe denn eine Kundschaft, wie er sich zuvor verhalten" (Zycha 1900, S. 457). Diese „Kundschaften" bzw. „Pasporte" können als Arbeitszeugnisse angesehen werden, da sie am Ende eines Arbeitsverhältnisses von Arbeitgeber/inne/n und nicht von einer Behörde ausgestellt wurden.

Auch im preußischen Bergrecht ist im Mittelalter ein Recht auf einen Abkehrschein und/oder ein Führungszeugnis festgeschrieben (§ 83 Abs. 1 Preußisches Bergrecht, zitiert nach Müller-Erzbach 1916, S. 420, ohne exakte Zeitangabe). Hier wird zum ersten Mal das Anbringen geheimer Zeichen explizit verboten: „Auf die Abkehrscheine dürfen nicht geheime Zeichen gesetzt werden, um mißliebig gewordene Bergleute zu kennzeichnen. Das verbietet das Gesetz bei hoher Strafe" (Müller-Erzbach 1916, S. 421). Das Arbeitszeugnis diente im Bergbau vor allem dem Schutz der Arbeitgeber/innen. Die Arbeitnehmer/innen bekamen ihr Zeugnis nur, wenn sie die Arbeitsstelle im Einvernehmen mit den Arbeitgeber/inne/n bzw. ohne weitere Forderungen oder Ansprüche verließen. Allerdings werden auch die Arbeitnehmer/innen geschützt, und zwar durch das Verbot der geheimen Zeichen. Denn diese wurden angebracht, um Arbeitnehmer/inne/n die Aufnahme einer neuen Arbeit zu erschweren.

Das Handwerk wurde im Mittelalter zunehmend in Zünften organisiert. In den meisten Zünften waren die Mitglieder fast ausschließlich Männer. Die Macht der Zünfte lag klar in der Hand der meist vermögenden Meister. Die Zünfte regelten in den Zunftordnungen selbst die Zulassungen zu ihren Handwerken, Ausbildungsmöglichkeiten und -verträge, Wanderregelungen sowie Sanktionen für Verstöße. Die bedeutenden Zünfte, und damit in der Regel die wohlhabenden Handwerker, stellten auch häufig die Mitglieder der Stadtversammlungen, so dass die Macht der Zünfte über ihr eigenes Handwerk hinausging. Die Zünfte hatten eine monopolistische Machtstellung und kontrollierten die Wanderbewegungen der Gesellen und Lehrlinge. Sie konnten die Arbeitszulassungen in den Städten und Verstöße gegen die Zunftregeln sanktionieren (vgl. Hepple 1986, S. 37f.). Die von den Zunftmeistern entwickelten Zunftordnungen enthielten häufig Regelungen, die auch heute noch typisch für Arbeitsverträge sind, so z.B. zu Arbeitszeit und Lohn. Das Ziel dieser Regelungen war aber nicht vorrangig der Schutz der abhängig Beschäftigten. Vielmehr sollte vor allem die Konkurrenz unter den Zunftmitgliedern reguliert werden (vgl. Frohme 1905, S. 215f.).

Im zünftigen Handwerk entwickelte sich in erster Linie für Lehrlinge und Gesellen, die auf Wanderschaft gingen, mehr und mehr ein Bedarf an Zeugnissen. Für Meister gab es hingegen in der Regel keine Arbeitszeugnisse, da sie durch die Zunftregeln an einen Ort bzw. einen Landkreis gebunden waren. Oft verloren sie das Meisterrecht, wenn sie längere Zeit nicht an ihren Ausgangsort zurückkehrten (vgl. Stahl 1874, S. 345f.). Im späten Mittelalter nahm das Gesellenwandern zu, da einerseits viele Zunftordnungen das Wandern der Gesellen erlaubten und zum Teil auch zur Erlangung eines Meisterbriefes verlangten. Andererseits beschäftigten bereits im 14. und 15. Jahrhundert die meisten Handwerksbetriebe drei bis vier Lehrlinge, Gesellen oder Hilfsarbeiter. Diese wechselten relativ häufig die Arbeitsstelle, da die Zahl der Beschäftigten direkt von der Auftragslage abhängig war (vgl. Inama-Sternegg 1899 S. 96).

Anfangs reichte es aus, sich als Geselle durch einen nur der entsprechenden Zunft bekannten Gesellengruß gegenüber dem Altgesellen auszuweisen. Dieser suchte dann für den Wandergesellen Arbeit und empfahl ihn den Meistern (vgl. Stahl 1874,

S. 346). Der Abschied von einer Arbeitsstelle hatte in weitgehend allen zünftigen Handwerken festen Ritualen zu folgen: Der Meister und der scheidende Geselle führten ein öffentliches Zwiegespräch, dessen Wortlaut vorgeschrieben war. Es endete z.B. bei Schneidergesellen mit den Worten: „[W]isst ihr etwas, das Euch oder mir zuwider ist, so könnt ihr es sagen, weil wir jetzund beisammen sein, oder hernach stillschweigen" (Stahl 1874, S. 370). Diese öffentliche Bezeugung, dass alle Ansprüche erfüllt und alle geschuldeten Leistungen erbracht worden waren, sollten Geselle und Meister entlasten und Auseinandersetzungen vorbeugen.

Falls ein Geselle den Meister verlassen und gegen die Zunftregeln verstoßen hatte, wurde ihm ein Beschwerdebrief nachgesandt. Dieser führte dazu, dass er bei seiner neuen Arbeitsstelle sofort entlassen wurde und zu seinem alten Meister zurückkehren musste, um seine Angelegenheiten in Ordnung zu bringen (vgl. Kley 1921, S. 16). Dieses Vorgehen wurde jedoch bei der zunehmenden Verbreitung von Zünften und der stetig wachsenden Zahl an Handwerksmeistern unpraktikabel. Bisher waren Gesellen zumeist freiwillig gewandert. Nun fingen aber viele Städte und Zünfte an, diejenigen Gesellen zur Wanderung zu zwingen, die einen Meistertitel erwerben wollten (vgl. Stahl 1874, S. 358f.). Damit nahm auch die Zahl der wandernden Gesellen weiter zu. Bereits im 15. Jahrhundert wurde von den wandernden Gesellen gefordert, den Nachweis zu erbringen, dass sie ihren letzten Meister ordnungsgemäß verlassen hatten (vgl. Proesler 1954, S. 70f.). Eine Pflicht zum Nachweis war in den Zunftordnungen allerdings in der Regel nicht vorgegeben. Eine einheitliche Regelung wurde erst 1731 im Gutachten des Reichstags beschrieben. Diese Regelung basiert auf verschiedenen Zunftregeln, die sich laut Proesler im Mittelalter entwickelt haben (vgl. Proesler 1954, S. 556f.) Danach musste jeder wandernde Geselle ein Attestat von seinem Meister erhalten. Der Wortlaut war z.B. wie folgend festgelegt und musste entsprechend ergänzt bzw. gekennzeichnet werden:

> „Wir geschworne Vor- und andere Meister des Handwerks derer … in der Stadt … bescheinigen hiemit, daß gegenwärtiger Gesell / Namens … von … gebürtig / so … Jahr alt / und von Statur … auch haaren … ist / den uns allhier … Jahre … Wochen in Arbeit gestanden / uns sich solche Zeit über treu / fleißig / stille / friedsam und ehrlich / wie einem jeglichen Handwercks-Burschen gebührt, verhalten hat / welches wir also attestiren / und deßfalls unsere sämtliche Mit-Meistere / diesen Gesellen nach Handwercks-Gebrauch überall zu fördern / geziemend ersuchen wollen. … den etc. … als Meister, wo obiger Gesell in Arbeit gestanden" (Gutachten des Reichs-Tags, wegen der Handwercker-Mißbräuche, Regenspurg, 14.VIII.1731, 25a Abs. II, abgedruckt in Proesler 1954, S. 55f.).

Verweigerte ein Meister das Attestat, konnte der Geselle seinen Anspruch darauf bei der entsprechenden Zunft anmelden. Er musste aber auch belegen können, dass der Meister keine weiteren Forderungen an ihn hat.

Somit diente auch im Handwerk das Arbeitszeugnis vor allem dazu, den früheren Arbeitgeber/inne/n ein Druckmittel an die Hand zu geben: Gesellen konnten nur gehen, wenn es die Arbeitgeber/innen zuließen. Zugleich wurde Sicherheit für die neuen Arbeitgeber/innen geschaffen. Für die Gesellen diente das Arbeitszeugnis vor allem als Nachweis für den einvernehmlichen Abschied. Erst in zweiter Linie war es ein Beleg ihrer Handwerksqualifikation.

Die abhängig Beschäftigten in Haus- und Landwirtschaft wurden als Gesinde bezeichnet. Regelungen bezüglich eines Arbeitszeugnisses waren auch hier in vielfältiger Weise festgeschrieben. So bezeichnet Könneke (1912, S. 860ff.) die Gesindeordnung von 1445 für die niedersächsischen Territorien Hildesheim, Braunschweig und Lüneburg als eines der frühesten Gesetze, in denen Arbeitszeugnisse erwähnt sind. Die darin niedergelegten Regelungen verlangten von den neuen Arbeitgeber/inne/n, nur solches Gesinde einzustellen, das ein Zeugnis oder einen anderen Beweis vorlegen konnte, ohne Vertragsbruch gegangen zu haben, also von den vorhergehenden Arbeitgeber/inne/n freigegeben worden zu sein. Auch hier stand demnach der Schutz der alten Arbeitgeber/innen vor dem Verlassen durch Gesinde im Vordergrund.

Damit kann zusammenfassend festgestellt werden, dass Arbeitszeugnisse im Mittelalter zunächst zum Schutz der früheren Arbeitgeber/innen und damit als deren Macht- und Kontrollmittel entstanden. Erst später wurden einzelne Schutzbestimmungen für die Arbeitnehmer/innen formuliert, so das Verbot von geheimen Zeichen und das Verbot unwahrer Beschuldigungen. Trotzdem dienten Arbeitszeugnisse weiterhin vor allem der Disziplinierung von Arbeitnehmer/inne/n. Den Arbeitgeber/inne/n wurden nur Grenzen der eigenen Machtausübung bzw. des Missbrauchs aufgezeigt.

3.1.2.2 Die Frühe Neuzeit

Die frühe Neuzeit umfasst die Epoche vom Ende des Mittelalters bis zum Ende des Heiligen Römischen Reichs Deutscher Nation. Diese Zeit ist vor allem durch Religionskriege geprägt. Handel und Gewerbe treten gegenüber der Landwirtschaft immer stärker in den Vordergrund. Der Staat greift zunehmend bewusst in das wirtschaftspolitische Geschehen ein. Die Wirtschaft soll den Reichtum und die Macht des Staates stärken. In dieser Phase des Merkantilismus strebt der Staat eine aktive Handelsbilanz an. Dazu wurden ausländische Produkte mit hohen Zöllen abgewehrt und die eigene Ausfuhr durch Subventionen unterstützt (vgl. Köbler 1996, S. 133ff.).

Ordnungsrechtliche Begründungen für die Existenz von Arbeitszeugnissen und deren flächendeckende Verbreitung beruhten vor allem darauf, dass der Staat Interesse daran hatte, Kontrolle über die Wanderbewegungen der abhängig Beschäftigten zu erlangen und zu erhalten. In diesem Zusammenhang dienten Arbeitszeugnisse dazu, nicht ortsansässige Personen kontrollieren und sie dem Inhalt des Arbeitszeugnisses entsprechend beurteilen und behandeln zu können. Überdies sollte vermieden werden, dass handwerkliches Fachwissen außer Landes getragen wird (vgl. Menger 1904, S. 166).

Das Recht des Gesindes auf ein Zeugnis wurde zum ersten Mal 1810 in § 171 der Preußischen Gesinde-Ordnung festgeschrieben: „Bei dem Abzuge ist die Herrschaft dem Gesinde einen schriftlichen Abschied und ein der Wahrheit gemäßes Zeugnis über seine geleisteten Dienste zu ertheilen schuldig" (vgl. Kley 1921, S. 18). Laut der hannöverschen Dienstbotenverordnung konnte die Polizei ein Dienstbotenzeugnis, welches nachweislich Unwahrheiten enthielt, ersetzen: „Wenn nämlich in demselben [Dienstzeugnis M.H.] gegen das Gesinde Beschuldigungen ausgesprochen werden, die sein weiters Fortkommen zu hindern geeignet sind, so kann das Gesinde auf polizeiliche Untersuchung antragen. Ergibt sich hierbei die Unwahrheit der Beschuldigung, so hat die Polizei auf Kosten der Herrschaft ein neues Zeugnis auszufertigen und ihr fernere üble Nachrede bei namhafter Geldstrafe zu untersagen" (Bornhak 1892, S. 180). Hier sollen die Arbeitgeber/innen dazu verpflichtet werden, Arbeitszeugnisse nicht zu missbrauchen. Eine disziplinarische Absicht gegenüber den Arbeitnehmer/innen wird in § 2 der Gesinde-Taglöhner-und-Handwercksordnung für Sachsen vom 24. Mai 1651 formuliert: „§ 2.[…] so ordnen wir hiermit, dass forthin die Herren ihrem abziehenden Dienst-Gesinde Kundschafften der Wahrheit gemäß mit ausdrücklicher Benennung ihres ubel- oder Wohlverhaltens unweigerlich aushändigen sollen, der Meinung, hierdurch das Gesinde von ihrem Frevel und Boßheit abzuhalten, und zu mehrerem Fleiß und Treue anzutreiben" (Codex Augusteus, abgedruckt in Presch 1985, S. 341).

Könnecke zeigt in seiner Rechtsgeschichte des Gesindes den engen Zusammenhang zwischen Reichspolizeiordnungen und dem Gesinderecht (vgl. Könnecke 1912, S. 857f.). So wurde in vielen Städten und Gemeinden von Dienstboten verlangt, Arbeitszeugnisse vorzulegen um sich dort aufhalten zu dürfen. Diese bescheinigten, dass die Dienstboten die letzten Arbeitgeber/innen ohne Vertragsbruch verlassen hatten. Falls ein Zeugnis nicht vorgelegt werden konnte, wurde in vielen Fällen eine mündliche Erkundigung bei den vorhergehenden Arbeitgeber/inne/n angeordnet. Damit war das Arbeitszeugnis nicht nur für eine neue Arbeitsstelle von Bedeutung, sondern auch für das Recht, sich frei bewegen zu dürfen.

Entsprechend war in einzelnen Polizeiordnungen eine Pflicht zur Ausstellung von Zeugnissen für Gesinde durch die Arbeitgeber/innen verankert. So hieß es z.B., „weigert sich der Herr, dann mag ihn der Knecht mit zwei Mannen beschicken und das Zeugnis fordern lassen; hilft das auch nicht, dann stellt die Obrigkeit den Schein aus" (Könneke 1912, S. 861). Die Wolfenbütteler Gesindeordnung von 1748 fordert jährlich wiederkehrende Zeugnisvisitationen. Dabei sieht sie Strafen sowohl für das Gesinde vor, das keine Zeugnisse vorlegen kann, als auch für Arbeitgeber/innen, die

Dienstboten ohne Vorlage eines Zeugnisses angestellt haben (vgl. Könneke 1912, S. 872f.).

Von einer einheitlichen Regelung kann daher nicht gesprochen werden. In einzelnen Regionen wurden so genannte Dienstbotenbücher eingeführt, Schriftstücke, in denen Arbeitszeugnisse chronologisch und vollständig gesammelt wurden. Menger benennt das Dienstbotenbuch als eine der wichtigsten polizeilichen Maßregeln, die auf die Kontrolle der Arbeitnehmer/innen ausgerichtet waren. Die Eintragungen in das Dienstbotenbuch basieren nur auf der Grundlage der Einschätzung von Arbeitgeber/innen. Eine Kontrolle der inhaltlichen Richtigkeit der Eintragungen wurde nur dann vorgenommen, wenn Arbeitnehmer/innen fehlerhafte Einträge belegen konnten (vgl. Menger 1904, S. 166f.). Menger sieht im Dienstbotenbuch einen Beleg dafür, dass „die besitzlosen Volksklassen den höheren Bevölkerungsschichten von vornherein zu Gehorsam und Unterwürfigkeit verpflichtet sind" (Menger 1904, S. 166).

Insgesamt ist festzustellen, dass Arbeitszeugnisse nicht nur wie im Mittelalter die Kontrollmöglichkeiten der Arbeitgeber/innen verbessern sollten. Vielmehr wurden sie darüber hinaus auch für die staatliche Machtausübung eingesetzt. Seitens des Staates wurden dabei nicht nur Arbeitnehmer/innen anhand von Arbeitszeugnissen kontrollierbar gemacht, sondern auch die Arbeitgeber/innen. In vielen Rechtsordnungen wurde zudem der Inhalt von Zeugnissen explizit festgelegt. So verlangt die Verordnung des ober- und niedersächsischen Kreistages von 1655 nicht nur ein einfaches Zeugnis, sondern ein Zeugnis über Wohl- und Missverhalten der Dienstboten (vgl. Wuttke 1893, S. 106).

Die mit Arbeitszeugnissen verbundenen disziplinarischen Wirkungen werden also vielfältiger. Disziplinarische Wirkungen auf Arbeitgeber/innen sieht Wuttke (1893, S. 23f.) vor allem in der Verpflichtung zum wahrheitsgemäßen Zeugnis unter Androhung von Schadensersatz. Die früheren Arbeitgeber/innen müssen danach den neuen Arbeitgeber/inne/n den Schaden ersetzen, der durch ein unwahres Zeugnis entstanden ist. Dieser Anspruch auf Schadensersatz bestand allerdings nur, wenn den Dienstboten ein zu günstiges Zeugnis ausgeschrieben wurde. Ein zu ungünstiges Zeugnis hingegen konnte von den Dienstboten nicht beanstandet werden, es sei denn, sie konnten die Fehler im Arbeitszeugnis belegen. Disziplinierend auf neue Arbeitgeber/innen wirken Regelungen, die Arbeitszeugnisse als Einstellungsbedingung vorschreiben. So genießen Arbeitgeber/innen üblicherweise Rechtsschutz gegen Arbeitnehmer/innen, z.B. im Fall von deren Untreue. Diesen Rechtsschutz verlieren sie jedoch laut der Hessischen Verordnung von 1736, wenn sie Gesinde ohne Zeugnis einstellen.

Disziplinarische Wirkungen auf Arbeitnehmer/innen sieht Könneke (1912, S. 866ff.) vor allem in der ständigen Bedrohung, kein Zeugnis zu bekommen und so keine neue Arbeitsstelle erhalten zu können. Hatten Arbeitnehmer/innen sich gesetzwidrig verhalten, so erhielten sie in der Regel kein Arbeitszeugnis. Dadurch bestand für sie ein weit reichender Zwang, die Arbeitsstelle nur einvernehmlich zu wechseln. Zudem wurde verhindert, dass Gesinde von anderen Haushalten abgeworben wurde (vgl. Könneke 1912, S. 869). Allerdings sahen verschiedene Polizeiordnungen vor, dass Zeugnisse ersatzweise auch von den Behörden ausgestellt werden konnten, wenn kein nachweisbares Fehlverhalten der Arbeitnehmer/innen vorlag. Fehlende Arbeitszeugnisse führten ansonsten häufig dazu, dass arbeitssuchende Arbeitnehmer/innen in einzelnen Gebieten ihren Rechtsschutz verloren. Sie konnten des Landes verwiesen werden oder auch zur Überprüfung ihrer Papiere in Haft genommen werden. Sie konnten nur schwer eine neue Stelle finden, mussten auch schlecht bezahlte Stellen akzeptieren oder schlechte Arbeitsbedingungen hinnehmen (vgl. Menger 1904, S. 204ff.).

Dem Druck zu Wohlverhalten und Einvernehmlichkeit waren Arbeitnehmer/innen noch stärker ausgesetzt, als zunehmend Verhaltenszeugnisse vorgeschrieben bzw. notwendig wurden. Diese Formvorschrift für Zeugnisse nahm vor allem ab dem 18. Jahrhundert in den Gesindeordnungen zu. Könneke zitiert als Beispiel die Ritterordnung der sechs Orte in Franken von 1710. Darin wurde verlangt, dass niemand einen Knecht anstellt, es sei denn, er konnte durch „seine gnugsame und unverfälschte Passporten [zeigen], dass er seinem vorigen Herrn, ehrlich, treulich und wol ausgedienet, wie auch mit dessen guten Wissen und Willen ehrlich abgeschieden [sei]" (Reichs ohnmittelbahrer Freyer Ritterschafft der sechs Ort in Francken erneuerte Ordnung 1710, abgedruckt in Könneke 1912, S. 868). „Das Verhaltenszeugnis ist die Waffe der Gesindegesetzgeber des 18. Jhdts.", urteilt Könneke (1912, S. 867). Denn aus dem Umstand, dass jetzt nicht mehr nur ein Verstoß gegen Gesetze oder Regeln geahndet, sondern das Maß des Wohlverhaltens beurteilt wurde, ergebe sich eine massive disziplinarische Wirkung auf das Gesinde (vgl. Könneke 1912, S. 867f.).

Die Ansprüche an die Form von Zeugnissen waren weder einheitlich noch eindeutig. In den meisten Zunftverordnungen und Bergwerksgesetzen wurden schriftlich niedergelegte Zeugnisse verlangt. Dies war in Anbetracht der Wanderwege und Entfernungen zwischen verschiedenen Bergwerksgebieten auch zweckdienlich. Hinzu kommt, dass Bergwerksbesitzer/innen die Kulturtechniken wie Lesen und Schreiben zumeist beherrschten (vgl. Zycha 1900, S. 458f.). Vorgedruckte Formulare für die Zeugnisausstellung wurden ab ca. 1730 in vielen Handwerkszünften verwendet. Diese so genannten Handwerkskundschaften wurden zwischen 1800 und 1850 flächendeckend durch Wanderbücher ersetzt. Als Mindestvorgabe galt für die Handwerkskundschaften und auch die Wanderbücher, dass die Zünftigkeit der Gesellen, die Arbeitsdauer, das Betragen und die ordnungsgemäße Kündigung vermerkt wurden. In einigen Zünften waren Zeugnisformulare in den Wanderbüchern zum ausfüllen vorgedruckt (vgl. Stopp 1982, S. 3ff.). Mündliche Zeugnisse bzw. das Recht auf mündliche Erkundigungen waren hingegen vor allem im Gesinderecht verbreitet bzw. möglich. Dies begründet Könneke (vgl. 1912, S. 870ff.) unter anderem mit der hohen Analphabetenrate unter Bauern und einfachen Gutsbesitzer/inne/n.

Zeugnisformulare wurden später für das Gesinde übernommen. So wurden mit der Gesindeordnung von Wolfenbüttel 1768 vorgedruckte bzw. vorformulierte Zeugnisformulare eingeführt (vgl. Könneke 1912, S. 871). In der Gesindeordnung der Oberpfalz von 1781 waren für diesen Zweck drei verschiedene Formulare vorgesehen: das der guten Kundschaft, der mittelmäßigen Kundschaft und der schlechten Aufführung. Das letztgenannte Formular enthielt nur die Dienstdauer und keine Beschreibung von Eigenschaften. Die beiden anderen Formulare enthielten Eigenschafts- und Verhaltensbeschreibungen mit unterschiedlicher Gewichtung (vgl. Könneke 1912, S. 875).

Wanderbücher können als Sammlung von Zeugnissen angesehen werden. Alle Arbeitgeber/innen, bei denen die wandernden Gesellen in Stellung waren, schrieben ihnen ein Zeugnis in dieses Buch. Entsprechend gab es auch in einzelnen Ländern Gesindebücher bzw. Lohnbücher. Ihr Zweck wurde vor allem damit begründet, dass ansonsten, im Falle der Sammlung einzelner Blätter, ungünstige Zeugnisse leichter von den Arbeitskräften vernichtet werden konnten (vgl. Könneke 1912, S. 878ff.).

Bei Formularen war der Inhalt starr vorgegeben, sie waren aber nur in einzelnen Berufsbereichen bzw. Regionen verbreitet. Bei frei geschriebenen Arbeitszeugnissen war der Inhalt in der Regel weder klar vorgeschrieben noch eindeutig. Die Interpretierbarkeit der Inhaltsregeln lässt sich an der Gesindeordnung Cleves von 1769 gut zeigen. Hier wird eine Verhaltensbescheinigung eingefordert; diese soll „ohne Leidenschafften, Rachgier oder auch unzeitiges Mitleiden" (Könneke 1912, S. 646) geschrieben werden. Ein weiteres Beispiel bietet der Formulierungsvorschlag von Verhaltensaspekten für das Zeugnis eines Jägers aus dem Jahre 1735. Er ist den Loshäuser Registern, St.A.Marburg, entnommen: „in währender Zeit aber sich treu und fleissig auff der Jagdt, auf dass er in solcher profession und darbey im Schiessen wohlerfahren und geschicket, bezeiget" (Könneke 1912, S. 881f.). Erste Regelungen zum wohlwollenden Inhalt tauchen mit der Verbesserung der Rechte des Gesindes im 18. und 19. Jahrhundert auf. So wurde in der Gesindeordnung von 1769 verlangt, in den Abgangszeugnissen nur grobe Verbrechen wie Untreue, Diebstahl oder Trunkenheit zu beschreiben. Kleinere Fehler und Vergehen sollten nicht erwähnt werden, um dem Gesinde die Suche nach einem neuen Arbeitsplatz nicht unnötig zu erschweren (vgl. Könneke 1912, S. 880).

Damit wurde in der frühen Neuzeit das Arbeitszeugnis vor allem als Kontrollinstrument sowohl des Staates als auch der Arbeitgeber/innen eingesetzt. Für Arbeitnehmer/innen war es wichtig, ihre Beschäftigungsverhältnisse möglichst lückenlos durch

Arbeitszeugnisse nachweisen zu können, um sich in einem Gebiet aufhalten zu können bzw. dort auch Arbeit zu finden.

3.1.2.3 Die Neuzeit und die Weimarer Republik

Die Neuzeit ist durch den Deutschen Bund geprägt, einem Zusammenschluss von verschiedenen Staaten, die sich den Grundsätzen „der Legitimität, Legalität und Stabilität als Voraussetzungen für den Bestand des Staates" verpflichtet sehen (Köbler 1996, S. 179). Im Zuge der Aufklärung und revolutionären Bestrebungen zeigen sich im Deutschen Bund bald liberale Bestrebungen. Als eine wichtige Voraussetzung wird die Rechtssicherheit und -klarheit gesehen, eine Zusammenführung der vielen zersplitterten Rechtsregelungen wird als Ziel formuliert. Das 19. Jahrhundert gilt insgesamt als das Zeitalter der umfassenden Kodifikationen, so dass immer mehr überregionale bzw. übergreifend gültige Gesetzeswerke entstehen, wie z.b. das BGB (vgl. Knieper 1996, S. 23f.).

Im Laufe des 18. und 19. Jahrhunderts wurde Handarbeit zunehmend durch Maschinenarbeit ersetzt und Arbeit in Manufakturen verrichtet. Diese wirtschaftlichen Umwälzungen führten auch zu großen sozialen Veränderungen. So nahm die Zahl der selbständigen Handwerker/innen stetig ab und die der Lohnarbeiter/innen beständig zu (vgl. Köbler 1996, S. 174ff.). Der Berufsstand der gewerblichen Arbeitnehmer/innen bildete sich noch stärker heraus; diese bildeten nun eine der größten Bevölkerungsgruppen Deutschlands. Zugleich trat in dem Verhältnis zwischen Arbeitgeber/inne/n und gewerblichen Arbeitnehmer/inne/n die Machtasymmetrie immer deutlicher hervor. Die Arbeitnehmer/innen waren von den Arbeitgeber/inne/n abhängig und hatten nur in sehr geringem Maß Mittel, um sich gegen diese zu wehren (vgl. Marx 1941, S. 29f.).

Das Verhältnis zwischen Arbeitgeber/inne/n und Arbeitnehmer/inne/n wurde als Gegenstand freier Übereinkunft angesehen. Es wurde 1811 als Recht des freien Arbeitsvertrags im Gesetz über die polizeilichen Verhältnisse der Gewerbe gesetzlich fixiert (vgl. Hedemann 1910, S. 7).

Im Zusammenhang mit der Beseitigung des Zunftzwanges und der Gewerbefreiheit wird dies auch als Beginn der modernen Arbeitsverfassung in Deutschland gesehen (vgl. z.B. Richardi 2002, S. 24). Im Laufe der Zeit wurde das Recht auf einen freien Arbeitsvertrag auf alle Bereiche des wirtschaftlichen Lebens übertragen und gesetzlich geregelt. Doch gerade die Freiheit des Arbeitsvertrags führte häufig zu einem massiven Ungleichgewicht von Macht und Ressourcen. Während die Arbeitgeber/innen die Arbeitskraft immer besser ausnutzen wollten, waren die Arbeitnehmer/innen vollständig von ihrer Lohnarbeit abhängig. Die Arbeitnehmer/innen hatten selten Wahlmöglichkeiten und waren den Bedingungen der Arbeitgeber/innen ausgeliefert (vgl. Pauer 1933, S. 1ff.). Herkner sah in den Arbeitsnachweisen, die einzelne Arbeitgeberverbände verlangten, ein wirkungsvolles Mittel, um Arbeitnehmer/innen zu kontrollieren und zu bevormunden. Sie konnten nur noch die Arbeitsstelle wechseln, wenn ihre Arbeitgeber/innen ihnen einen Entlassungsschein ausstellten. Denn kein/e Arbeitgeber/in durfte eine Arbeitskraft ohne die Vorlage eines solchen Scheins anstellen (vgl. Herkner 1921, S. 440ff.). Diese Arbeitsnachweise entsprachen in der Funktion weitgehend den Zeugnissen, wie sie sich im Mittelalter entwickelt hatten.

In der länderübergreifenden Bergordnung von 1892 wurde das Recht auf ein Arbeitszeugnis dahingehend erweitert, dass Bergleute ein Zeugnis nicht nur über ihre Führung, sondern auch über ihre Leistungen verlangen konnten. Auch diese Ordnung enthielt das Verbot, geheime Merkmale anzubringen (vgl. Kley 1921, S. 19f.). Auch in vielen anderen Bereichen des wirtschaftlichen Lebens existierte ein rechtlicher Anspruch der Arbeitnehmer/innen auf ein Zeugnis, so z.B. laut § 73 des Handelsgesetzbuchs (HGB) von 1898 oder auch nach den §§ 113 und 114 der Gewerbeordnung (GewO) von 1869.

Auf die unterschiedlichen Interessen und Motive beim Verfassen von Zeugnissen geht Ebhardt bereits 1878 in seinem Handbuch „Der gute Ton in allen Lebenslagen" ein. Darin sieht er die Dienstherrin im Konflikt: Einerseits möchte sie die Dienstboten nicht auf ihrem weiteren Berufsweg behindern; darum sei sie geneigt, ein zu gutes Zeugnis ausstellen, das nicht der Wahrheit entspricht. Andererseits möchte sie andere vor „unbrauchbaren Dienstboten" schützen (Ebhardt 1878, S. 115).

Der Schutz vor zu guten Zeugnissen wurde in der Preußischen Gesinde-Ordnung geregelt, die als Sonderregelung für das Gesinde bis 1918 gültig blieb. In § 174 wurde eine mögliche Schadensersatz-Anspruchsgrundlage verankert: „[H]at die Herrschaft einem Gesinde, welches sich grober Laster und Veruntreuungen schuldig gemacht hat, das Gegentheil wider besseres Wissen bezeugt, so muß sie für alle einem Dritten daraus entstehenden Schaden haften!". Der Schutz vor zu schlechten Zeugnissen war hingegen nicht gesetzlich geregelt. Im Ergebnis wurden zwar Arbeitgeber/innen vor zu gut beurteilten Arbeitskräften geschützt, die Arbeitnehmer/innen jedoch genossen kaum Rechtsschutz vor zu schlechten Zeugnissen. Diese jedoch konnten ihnen erhebliche Probleme bei der Stellensuche verursachen.

Die Auflösung des Deutschen Bundes führte zum Deutschen Reich, das 1871 proklamiert wurde. Die bis dahin vorhandene Rechtszersplitterung widersprach dem wachsenden Nationalgefühl und behinderte Industrie und Handel (vgl. Köhler 2004, S. XI). Mit der Entstehung des Deutschen Reiches begann darum auch eine tief greifende Vereinheitlichung des Rechts, die außer einer Verfassung auch die Gewerbeordnung, das Strafgesetzbuch, das Handelsgesetzbuch, die Reichsjustizgesetze, die Sozialversicherungsgesetze und das Bürgerliche Gesetzbuch zur Folge hatte (vgl. Köbler 1996, S. 182ff.). In der Gewerbeordnung von 1869 wurde in § 113 ein Zeugnisanspruch für gewerbliche Arbeitskräfte geregelt. Danach hatten Arbeitgeber/innen die Verpflichtung, ein wahrheitsgemäßes Zeugnis auszustellen. Allerdings waren Arbeitgeber/innen nicht mehr verpflichtet, nur Arbeitskräfte mit Zeugnissen einzustellen. Außerdem gab es keine Rechtsgrundlagen mehr, um Arbeitszeugnisse polizeilich überprüfen zu lassen. Aber auch andere Rechte, wie z.b. Aufenthaltsrechte, waren nicht mehr an Arbeitszeugnisse gebunden.

Bei Schaffung des BGB wurde diskutiert, ob der Arbeitszeugnisanspruch laut § 113 der Gewerbeordnung ausreichend sei. Dies wurde im Ergebnis verneint. Denn die häusliche Dienstleistung falle nicht in den Regelungsbereich der Gewerbeordnung. Es sei jedoch im öffentlichen Interesse, dass alle Dienstleistenden einen Anspruch auf ein Arbeitszeugnis aus einem dauerhaften Dienstverhältnis haben (vgl. Mugdan 1899 Protokolle, S. 916f.).

Das Deutsche Reich setzte 1873 eine Kommission ein, die einen Entwurf für ein BGB vorlegen sollte. Dabei war eine Vereinheitlichungskodifikation geplant, eine Reformierung von Gesetzen war nicht vorgesehen (vgl. Schröder 2001, S. 7). In dieser Zeit (von ca. 1870-1910) wurde eine Vielzahl von rechtlichen Schriften verfasst. Deren Zweck war es in erster Linie, thematisch aus unterschiedlichsten Rechtsquellen Informationen zusammenzutragen und zu vergleichen (vgl. Schröder 2001, S. 10). Aufgrund der Menge an Überblicksliteratur und historischen Erläuterungen, die dabei entstand, werden auch für diesen historischen Überblick vor allem Werke aus dieser Zeitspanne verwendet.

Die Gesetzesverfasser/innen schufen das BGB mit dem unausgesprochenen Leitbild der vernünftigen und urteilsfähigen Bürger/innen, die ihre Interessen selbst vertreten können. Dementsprechend liegen dem BGB die Prinzipien der Vertragsfreiheit, der Eigentumsfreiheit und der Testierfreiheit zugrunde (vgl. Köhler 2004, S. XIII). Demgegenüber gab es keinen grundsätzlichen Schutz der Bürger/innen vor den Bürger/inne/n, also vor dem Missbrauch dieser Prinzipien. Ein solcher Schutz wurde nur in Einzelregelungen verankert. Eine dieser Regelungen ist die Anerkennung des Zeugnisanspruchs für alle abhängigen Arbeitsverhältnisse (vgl. Köhler 2004, S. XIII). Die Besonderheit war, dass der Gesetzgeber zunehmend die Schutzbedürftigkeit der in einem Abhängigkeitsverhältnis stehenden Personengruppen erkannte. Als § 566c des BGB wurde daraufhin folgende Bestimmung vorgeschlagen: „Bei der Beendigung eines dauernden Dienstverhältnisses kann der Dienstleistende von dem anderen Theile ein schriftliches Zeugnis über das Dienstverhältnis und dessen Dauer fordern. Das Zeugnis ist auf Verlangen des Dienstleistenden auf seine Leistungen und seine Führung auszudehnen" (Mugdan 1899, S. 916). Wie von Landmann ausführt, darf allerdings Arbeitnehmer/inne/n ein solches Zeugnis auch nicht aufgedrängt werden. Außerdem darf sich die Beurteilung der Führung nicht auf die außerdienstliche Führung erstrecken, außer „wenn dieselbe die Brauchbarkeit des Arbeiters im Dienste beeinflußt, wie z.B. Trunksucht, Liederlichkeit" (Landmann 1932, S. 351).

32

Ein weiterer Regelungsvorschlag bezog sich auf die Einführung eines Arbeitsbuchs für alle Arbeitskräfte. Das Arbeitsbuch „sollte ein Mittel sein, den Vertragsbruch zu verhindern. Würde es obligatorisch gemacht und würde gesetzlich bestimmt, daß die Unternehmer einen Arbeiter ohne ein solches Buch nicht in Arbeit nehmen dürfen, so wäre der Arbeiter an den so genannten freien ‚Vertrag', d.h. an die willkürliche Festsetzung der Arbeitsbedingungen durch die Unternehmer gebunden; der Unternehmer hätte das Buch für die Dauer des ‚Vertrags' zu bewahren und damit die Möglichkeit, den Arbeiter in schlimmster Weise zu schikanieren" (Frohme 1905, S. 227). Ein Arbeitsbuch war nach § 107 GewO für minderjährige gewerbliche Arbeitnehmer/innen vorgeschrieben, damit sowohl Sorgeberechtigte als auch Polizeibehörden die Arbeitsverhältnisse von Minderjährigen kontrollieren konnten (vgl. Prenner 1902, S. 36f.). Die Einführung eines Arbeitsbuchs für alle Arbeitnehmer/innen wurde jedoch von der Mehrheit des Reichstags abgelehnt.

Das BGB trat im Jahre 1900 in Kraft. Der § 566c zum Recht auf ein Arbeitszeugnis wurde wie oben ausgeführt in das BGB aufgenommen (vgl. Mugdan 1899, S. 916). Dennoch blieben die Regelungen im Handelsgesetzbuch, der Gewerbeordnung und dem preußischen allgemeinen Bergrecht bestehen, da sie Zusatzbestimmungen z.b. über kostenlose Beglaubigungen oder die Aushändigung an gesetzliche Vertreter enthielten (vgl. Kley 1921, S. 18ff.).

In der Weimarer Republik galt das Bürgerliche Gesetzbuch weitgehend unverändert. Die wirtschaftlichen und sozialen Notstände führten zwar zu umfangreichen Veränderungen des Miet-, Arbeits- und Grundstücksrechts, das Recht auf ein Arbeitszeugnis blieb jedoch unverändert bestehen (vgl. Köhler 2004, S. XX).

Insgesamt wurde während der Neuzeit und der Weimarer Republik die polizeiliche Kontrolle anhand von Arbeitszeugnissen auf Minderjährige beschränkt. Arbeitnehmer/innen erhielten einen Rechtsanspruch auf ein Zeugnis. Arbeitnehmer/innen mussten aber Wohlverhalten zeigen, da sie ein gutes Zeugnis brauchten und sie kein Recht haben, sich gegen ein schlechtes zu wehren. Des Weiteren konnten Arbeitgeber/innen Zeugnisse dazu einsetzen, neue Arbeitnehmer/innen auszuwählen. Arbeitgeber/innen waren zwar verpflichtet, Zeugnisse auszustellen, sie mussten sich aber nicht mehr Zeugnisse bei der Einstellung vorlegen lassen.

3.1.2.4 Das Nationalsozialistische Deutschland

Das BGB beruhte auf den Prinzipien der Freiheit und Gleichheit aller Bürger/innen. Die nationalsozialistische Ideologie basierte hingegen auf dem Führerprinzip und der Gemeinschaft. Entsprechend war geplant, das BGB durch ein Volksgesetzbuch abzulösen. Dieses wurde allerdings nie vollendet. Es gab durchgehend Rechtsbereiche, in denen keine neuen nationalsozialistischen Gesetze erlassen wurden. Es gab jedoch die Weisung an Richter/innen, das BGB entsprechend der Ideologie anzuwenden bzw. auszulegen (vgl. Köhler 2004, S. XV).

Das Verhältnis von Arbeitgeber/inne/n und Arbeitnehmer/inne/n wurde im Gesetz zur Ordnung der Nationalen Arbeit geregelt (RGBl. 1934). In dem im Januar 1934 erlassenen Gesetz heißt es in § 1: „Im Betriebe arbeiten der Unternehmer als Führer des Betriebes, die Angestellten und Arbeiter als Gefolgschaft gemeinsam zur Förderung der Betriebszwecke und zum gemeinsamen Nutzen von Volk und Staat". Ein Gesetz über die Einführung eines Arbeitsbuches wurde im Februar 1935 erlassen (RBGl. 1935a). Ziel dieser Einführung war es gemäß § 1 Abs. 1, „die zweckentsprechende Verteilung der Arbeitskräfte in der deutschen Wirtschaft zu gewährleisten". Nach § 3 Abs. 1 waren die Arbeitsbücher von den Arbeitsämtern auszustellen. Inhaltlich wurde das Arbeitsbuch so bestimmt, dass es „über die Berufsausbildung und die berufliche Entwicklung seines Inhabers Auskunft" zu geben hatte (Herschel 1940, S. 145). Laut § 2 dieses Gesetzes durften Arbeitgeber/innen ab dem Zeitpunkt der Einführung des Arbeitsbuches nur noch Arbeitnehmer/innen beschäftigen, die ein ordnungsgemäß geführtes Arbeitsbuch besaßen (vgl. RGBl. 1935a). Von diesen Regelungen wurden alle Personen ausgenommen, die im Nationalsozialismus weitgehend rechtlos gestellt wurden. Sie erhielten kein Arbeitsbuch und wurden im Arbeitsverhältnis weitgehend rechtlos gestellt. Das galt vor allem für Personen bestimmter Rassen und Religionen.

Die staatliche Lenkung der Arbeitskräfte wurde später darauf ausgedehnt, dass nur die Reichsanstalt für Arbeitsvermittlung und Arbeitslosenversicherung Arbeits- und Lehrstellen vermitteln und Berufsberatung betreiben durfte (RGBl. 1935b). Das entsprechende Gesetz über Arbeitsvermittlung, Berufsberatung und Lehrstellenvermittlung regelte, dass dabei bestimmte Personengruppen bevorzugt werden konnten (vgl. RGBl. 1935b, § 1 Abs. 1 und 5, § 2). In einzelnen Wirtschaftszweigen, vor allem den kriegswichtigen, waren Kündigungen sowohl seitens der Unternehmer/innen als auch der Arbeitnehmer/innen nur noch statthaft, wenn das Arbeitsamt zustimmte (vgl. Peppler 1940, S. 277). Insgesamt sollten das Arbeitsbuch und die Kündigungsbeschränkungen dazu dienen, die wirtschaftliche Mobilmachung zu erleichtern (vgl. Hachtmann 1989, S. 43).

Die rechtlichen Regelungen des BGB wurden somit während des Nationalsozialismus um die Pflicht ergänzt, ein Arbeitsbuch zu führen. Es sollte vor allem die staatliche Lenkung der Arbeitskräfte erleichtert werden. Die Arbeitnehmer/innen waren damit einer rigiden Kontrolle ihrer Arbeitsplatzbewegungen unterworfen.

3.1.2.5 Die Deutsche Demokratische Republik

In der DDR wurde das BGB 1966 im Bereich des Arbeitsrechts zunächst durch das Gesetzbuch der Arbeit (GBA) abgelöst. Dieses wurde wiederum 1977 durch das Arbeitsgesetzbuch der DDR (AGB) abgelöst, das bis zur Wiedervereinigung gültig blieb (vgl. Köhler 2004, S. XXIII).

Für das Selbstverständnis der DDR als sozialistischer Staat hatte die Arbeit und damit auch das Arbeitsrecht eine wichtige Bedeutung. Aus Sicht der DDR trug das Arbeitsrecht dem „historischen Entwicklungsprozeß, den tiefgreifenden gesellschaftlichen Veränderungen im Staat umfassend Rechnung. Als [...] Magna Charta der Arbeit dient es der weiteren Ausprägung der führenden Rolle der Arbeiterklasse und der Verwirklichung der Hauptaufgabe" (Bundesvorstand des Freien Deutschen Gewerkschaftsbundes 1977, S. 10). Im Arbeitsrecht waren vor allem Abschluss, Änderung und Auflösung des Arbeitsvertrages geregelt. Denn im Vordergrund stand, dass „der Arbeitsvertrag das arbeitsrechtlich ausgestaltete Mittel [ist], mit dessen Hilfe der einzelne Werktätige einen von ihm frei erwählten, den gesellschaftlichen Erfordernissen und seiner persönlichen Qualifikation entsprechenden Arbeitsplatz einnimmt, um im Rahmen eines Arbeitsrechtsverhältnisses die von ihm erwartete gesellschaftlich nützliche Tätigkeit zu leisten" (Kaiser u.a. 1974, S. 8).

In § 38 GBA waren Anfertigung, Inhalt und gerichtliche Prüfbarkeit der Abschlussbeurteilung geregelt. In der Richtlinie 21 des Plenums des Obersten Gerichts der DDR zur Anwendung des § 38 GBA wird das Ziel folgendermaßen formuliert: Die Abschlussbeurteilung „berechtigt den Werktätigen, sich auf die Einschätzung seiner Tätigkeit, seiner Leistungen und seines Verhaltens gegenüber anderen Betrieben zu berufen" (GBl. 1966, S. 707).

Arbeitsverhältnisse wurden als zweiseitige Vertragsverhältnisse begründet. Es gab keine direktiven Arbeitsplatzzuweisungen, die Betriebe unterlagen jedoch aufgrund der Anforderungen durch die Planung des Faktors Arbeit in der zentral geleiteten Wirtschaft vielfältigen Einschränkungen in der Freiheit von Vertragsabschlüssen (vgl. Lohmann 1987, S. 29).

Die Regelungen des AGB beruhen auf den Bestimmungen des GBA. Sie wurden vor allem durch gesetzliche Normen erweitert, die bis dahin entwickelte betriebliche Gepflogenheiten aufnahmen und regelten. So waren z.B. Aufhebungsverträge in der betrieblichen Praxis weit verbreitet. In das AGB wurden deshalb umfangreichere und genauere Regelungen zu der Form, den Fristen und der Gültigkeit von Aufhebungsverträgen aufgenommen (vgl. Bundesvorstand des Freien Deutschen Gewerkschaftsbundes 1977, S. 7f.). Die Regelungen über Beurteilungen (§ 38 GBA, §§ 67, 68, 69 AGB) sind weitgehend gleich, sie wurden im AGB vor allem genauer und umfassender formuliert. Daher wird im Folgenden nur auf die Regelungen des AGB Bezug genommen. Die letzte Änderung des AGB erfolgte am 16.6.1977, diese Fassung wird hier zugrunde gelegt.

Die Arbeitnehmer/innen konnten nach § 53 Abs. 1 AGB einseitig fristgemäß kündigen. Diese Form der Kündigung wurde jedoch gesellschaftlich negativ bewertet. In der betrieblichen Praxis war der in § 51 AGB geregelte Aufhebungsvertrag weit verbreitet. Dieser sollte zeigen, dass die Aufhebung aufgrund einer Übereinstimmung der Interessen der Arbeitnehmer/innen und des Betriebes zustande gekommen ist (vgl. Lohmann 1987, S. 37). Die Arbeitnehmer/innen konnten gemäß § 67 Abs. 1 und 2 AGB eine Beurteilung von ihrem Betrieb verlangen, wenn das Arbeitsverhältnis fristgemäß auslief oder beendet wurde und sie ein berechtigtes Interesse nachweisen konnten. Nach § 68 Abs. 1 AGB mussten in dieser Beurteilung eine Tätigkeitsbeschreibung und eine Beurteilung der Entwicklungen und Leistungen enthalten sein. Nach Abs. 2 hatten die Arbeitnehmer/innen dabei das Recht, an der Beratung über ihre Beurteilung teilzunehmen. Bei dieser Beratung war auch der Vertrauensmann der Gewerkschaft anwesend. Seine Aufgabe war die „Mitarbeit bei der Formulierung von Beurteilungen und der Diskussion darüber im Kollektiv" (Graser/Kriegel 1983, S. 40).

In der DDR wurde laut Artikel 92 der Verfassung die Rechtssprechung „durch das Oberste Gericht, die Bezirksgerichte, die Kreisgerichte und die gesellschaftliche Gerichte [...] ausgeübt". Die gesellschaftlichen Gerichte waren Schiedskommissionen oder Konfliktkommissionen, die in Betrieben ab 50 Arbeitskräften durch Wahl gebildet wurden. Dabei sollte die Zusammensetzung der Belegschaft den betrieblichen Bedingungen entsprechen (§ 3 Abs. 3 Konfliktkommissionsordnung KKO). Waren Arbeitnehmer/innen mit ihrer Beurteilung nicht einverstanden und führte ein Gespräch mit der zuständigen Betriebsleitung nicht zu den gewünschten Änderungen, so konnten sie nach § 69 AGB bei der Konfliktkommission Einspruch einlegen. Als Richtlinie galt für die Konfliktkommission Folgendes: „[D]ie Beurteilung des Werktätigen spielt eine wesentliche Rolle bei der Herausbildung sozialistischer Persönlichkeiten im Arbeitsprozeß, in dem der Werktätige seine schöpferischen Fähigkeiten allseitig entwickelt. Dem tragen die Regelungen über die Beurteilung im Arbeitsgesetzbuch Rechnung" (Otte u.a. 1978, S. 56ff.). Führte der Beschluss der Konfliktkommission nicht zur Einigung, dann konnten die betroffenen Arbeitnehmer/innen beim Kreisgericht Klage einlegen, bei der Kammer für Arbeitsrechtssachen. Ein Einspruch gegen den Inhalt der Beurteilung war innerhalb einer Frist von drei Monaten nach Aushändigung der Beurteilung möglich (vgl. Rudelt u.a. 1987, S. 4).

Hinsichtlich des Inhalts von Abschlussbeurteilungen hatten die Gerichte vor allem die folgenden sechs Gesichtspunkte zu prüfen (vgl. Otte u.a. 1978, S. 304ff.):

- Erstens musste die Abschlussbeurteilung über Tätigkeit, Leistungen und Verhalten wahrheitsgemäß berichten.
- Zweitens musste sie aussagen, was und wie die Person gearbeitet hatte, welche Leistungen vollbracht wurden und welche Entwicklungen zu sehen waren. Prognosen über die weitere Entwicklung gehörten nicht in die Abschlussbeurteilung.
- Drittens sollten nur charakteristische und typische Verhaltensweisen aufgenommen werden.

- Im vierten Schritt sollte überprüft werden, ob „gerechte Proportionen" gewahrt wurden und „ihre Darstellung den Werktätigen nicht diskriminieren" (Otte u.a. 1978, S. 305).
- Entsprechend durften fünftens erloschene und gestrichene Disziplinarmaßnahmen nicht aufgenommen werden.
- Der sechste Punkt betraf die gesellschaftliche Tätigkeit. Diese durfte nur in der Abschlussbeurteilung erwähnt werden, wenn sie in Beziehung mit dem Arbeitsverhältnis stand. Auch ein fehlendes gesellschaftliches Engagement durfte nur bei einem klaren beruflichen Zusammenhang benannt werden.

3.1.2.6 Die Bundesrepublik bis 1989

Die Arbeitsrechtsverfassung der BRD knüpft an die Gesetze der Weimarer Republik an (vgl. Sünner 2001, S. 184). Die Ausrichtung des bürgerlichen Rechts auf das Grundgesetz der BRD erfolgt vor allem auf dem Weg der „verfassungskonformen Auslegung" (Köhler 2004, S. XXIV). Dabei werden im Gesetz allgemeine Regeln zur Entscheidung aufgestellt, die Richter/innen entscheiden dann im Einzelfall. Daraus ergibt sich ein Spannungsverhältnis zwischen Gesetzgebung und Rechtsprechung (vgl. Köhler 2004, S. XXXI). In der BRD gilt die Herrschaft des Grundgesetzes. Richter/innen sind an „Gesetz und Recht" (Art. 20 Abs. 3 GG) gebunden. Sie sind aber auch zur Auslegung und damit Fortbildung des Gesetzes berechtigt und verpflichtet (vgl. Köhler 2004, S. XXXI). Der Sinngehalt eines Gesetzes kann sich im Laufe der Zeit wandeln. Der Wille des Gesetzgebers ist damit nicht allein maßgeblich für die Auffassung der Gesetze. Die Rechtssprechung kann sich vielmehr aufgrund von wirtschaftlichen, sozialen, rechtlichen und politischen Entwicklungen ändern (vgl. Köhler 2004, S. XXXII).

Als Mittel der Auslegung von Gesetzen wurden und werden üblicherweise vier Methoden angewendet: Die historische Auslegung fragt nach den ursprünglichen, historisch gewachsenen Zwecken und Vorstellungen, die der Gesetzgebung unterliegen. Die grammatische Auslegung fragt nach dem Wortsinn und legt damit die Grenzen der Auslegung fest. Die systematische Auslegung fragt nach dem Bedeutungszusammenhang der Gesetze, zu dem auch die verfassungskonforme Auslegung gehört. Diese bezieht sich, wie oben bereits erwähnt, auf das Grundgesetz der BRD. Die teleologische Auslegung fragt nach dem Zweck eines Gesetzes und dem zugrunde liegenden Interessenkonflikt. Darauf basierend können auch Erwägungen der Vernunft angestellt werden (vgl. Köhler 2004, S. XXXII). Jede Auslegung von Gesetzen durch Richter/innen ist nicht nur Rechtsfindung, sondern auch Rechtsetzung. Richter/innen haben einen Beurteilungsspielraum, und sie müssen ihre Entscheidungen begründen. Daran zeigt sich, dass mit dem gesellschaftlichen Wandel auch der Inhalt von Gesetzen wandelbar ist. Mit Blick auf Arbeitszeugnisse sind in dieser Hinsicht Zeugnisstreitigkeiten bedeutsam, denn in ihrem Rahmen werden Entscheidungen getroffen, die das geltende Recht beeinflussen. Die entsprechende Rechtsprechung in ihrem historischen Wandel ab der Gründung der BRD bis heute wird in Abschnitt 3.2 ausgewertet. Denn dort liegt der analytische Schwerpunkt auf der rechtssoziologischen Perspektive, aus der heraus insbesondere das Ineinandergreifen gesellschaftlichen Wandels mit der Veränderung des geltenden Rechts in den Blick genommen werden kann. Dies lässt dann auch die aktuell gültigen rechtlichen Rahmenbedingungen für Arbeitszeugnisse in Deutschland besser nachvollziehen.

Das BGB galt sowohl in der Weimarer Republik wie auch in der BRD. Die Auslegung dieser Gesetze und die Rechtssetzung durch Gerichtsurteil führten aber zu deutlichen Unterschieden der rechtlichen Wertung und Deutung.

Das Recht auf Zeugniserteilung in § 630 BGB entspricht dabei weitgehend wortgleich der Ursprungsfassung, die in den Protokollen formuliert und als § 566c in das BGB aufgenommen wurde. Ein entsprechender Zeugnisanspruch ergab sich für kaufmännische Angestellte aus § 73 HGB, für gewerbliche Arbeitnehmer/innen aus § 113 GewO, für Seeleute aus § 19 Seemannsgesetz (SeemG) und für Auszubildende aus § 8 Berufsbildungsgesetz (BBiG). Wesentliche Unterschiede aufgrund der verschiedenen Anspruchsgrundlagen gab es in der Zeit bis 1989 für diese Arbeitnehmer/innen-Gruppen nicht.

3.1.2.7 Die Bundesrepublik ab 1990

Mit dem Beitritt der DDR zur BRD am 3.10.1990 gilt aufgrund des Einigungsvertrages das Recht der BRD und damit vor allem das BGB auch im Bereich der früheren DDR (vgl. Köhler 2004, S. XXIII). Ein einheitliches Arbeitsgesetzbuch oder eine übergreifende Rechtskonzeption Arbeitsverhältnisse betreffend wurde nach wie vor nicht geschaffen, obwohl es in Artikel 30 Abs. 1 des Einigungsvertrag über die Herstellung der Einheit Deutschlands vorgesehen ist (vgl. dazu Abschnitt 3.2.2.1). Die zuvor in der BRD geltenden Regelungen werden vielmehr mit einigen Novellierungen fortgeführt. So brachte die Novellierung der Gewerbeordnung in der Fassung vom 24.8.2002 Veränderungen des Rechts auf ein Arbeitszeugnis mit sich. Die Rechte und Pflichten bei der Zeugniserteilung richten sich ab diesem Zeitpunkt ausschließlich nach § 109 GewO. Diese Regelung lehnt sich inhaltlich an § 113 GewO an und ist wortgleich mit § 630 Satz 3 BGB. Dem § 630 BGB wird der Satz angefügt: „Wenn der Verpflichtete ein Arbeitnehmer ist, findet § 109 der Gewerbeordnung Anwendung". Da sich jedoch keine inhaltlichen Änderungen ergaben, konnte auch ab 1990 auf die bisherige Rechtsprechung und Literatur zum Zeugnisrecht der BRD zurückgegriffen werden (vgl. Schöne 2002, S. 829ff.). Wie sich die Rechtslage Arbeitszeugnisse betreffend aufgrund der Rechtssprechung in dieser Zeit entwickelte und wie sie sich aktuell darstellt, wird wie gesagt in Abschnitt 3.2 ausführlich aufbereitet.

3.1.3 Zusammenfassung

In Deutschland waren Arbeitszeugnisse bereits im frühen Mittelalter in vielen Arbeitsbereichen weit verbreitet. Sie sind damit ausgesprochen lange ein Teil des Arbeitslebens. Arbeitszeugnisse haben sich zumindest in den letzten Jahrzehnten nicht wesentlich verändert. Betrachtet man im Vergleich dazu den Wandel von z.B. Arbeitsorganisation, Entlohnung oder Arbeitszeit, so ist die Beständigkeit von Arbeitszeugnissen auffallend. Trotzdem wurden Arbeitszeugnisse im Laufe der Zeit mit sich verändernden und immer wieder neu kombinierten Zielsetzungen eingesetzt. Dabei spielen vor allem ordnungsrechtliche, disziplinarische und vertragliche Gründe eine Rolle.

Die ordnungsrechtlichen Gründe fanden sich vor allem im Polizeirecht. Wandernde Gesellen und Lehrlinge wurden anhand der Arbeitszeugnisse polizeilich kontrolliert, ihre Wanderbewegungen beobachtet und zum Teil kanalisiert.

Disziplinarische Gründe für Arbeitszeugnisse gab es sowohl im Hinblick auf Arbeitgeber/innen als auch auf Arbeitnehmer/innen. Arbeitgeber/inne/n war es untersagt, Zeugnisse durch die Verwendung geheimer Zeichen zu missbrauchen. Sie konnten Zeugnisse ohne rechtliche Begründung nicht verweigern und durften Arbeitnehmer/innen ohne Zeugnisse nicht anstellen. Den Arbeitnehmer/inne/n hingegen wird sowohl das Verlassen einer Arbeitsstelle erschwert als auch die Suche einer neuen Arbeitsstelle. Damit hat das Zeugnis für Arbeitnehmer/innen in vielerlei Hinsicht eine weit reichende Bedeutung. Es war ein Beleg für den ordnungsgemäßen Abschied von alten Arbeitgeber/inne/n sowie eine Referenz für neue. Nicht zuletzt diente es als Berechtigungsschein gegenüber Ordnungskräften; denn Arbeitszeugnisse ermöglichten es den Arbeitnehmer/innen, zu wandern und sich in bestimmten Regionen aufzuhalten.

Die vertraglichen Gründe für Arbeitszeugnisse wurden vor allem in der Rechtssicherheit für Arbeitgeber/innen und Arbeitnehmer/innen gesehen. Die Machtasymmetrie zwischen Arbeitgeber/inne/n und Arbeitnehmer/inne/n wurde nur durch wenige Regelungen ausgeglichen, so z.B. durch das Recht auf Erlangung eines Zeugnisses. Erstmals während der Kodifizierung des BGB tauchte die Begründung auf, dass das Recht auf ein Arbeitszeugnis eine Schutzregelung für abhängig Beschäftigte sei. Das Recht auf ein Arbeitszeugnis soll verhindern, dass Arbeitgeber/innen die Ausstellung eines Arbeitszeugnisses willkürlich verweigern. Damit wird dieses Instrument, das zur Kontrolle der Arbeitnehmer/innen geschaffen und gestaltet wurde, zum ersten Mal als Schutzregelung für diese Gruppe interpretiert.

Die historische Analyse zeigt, dass Form und Inhalt von Arbeitszeugnissen seit langem Gegenstand von Rechtsregelungen und Rechtsprechung sind. Formale und inhaltliche Regelungen haben sich seit dem Mittelalter immer stärker in Richtung einer einheitlichen Gestaltung entwickelt. Bemerkenswert ist, dass die gesellschaftliche und arbeitsrechtliche Begründung für Arbeitszeugnisse im Laufe der Zeit immer wieder wechselt. So unterlag es einem ständigen Wandel, auf wen sich die disziplinarische Wirkung des Zeugnisses richtet und wer mithilfe des Arbeitszeugnisses geschützt werden soll. Der Schutz konnte sich auf Arbeitnehmer/innen, frühere Arbeitgeber/innen oder neue Arbeitgeber/innen beziehen. Damit wird deutlich, dass Arbeitszeugnisse auch zur Ausübung von Macht eingesetzt wurden. Das belegen insbesondere die Verbote, diese Macht zu missbrauchen. Dazu gehören beispielsweise das Verbot von Geheimzeichen und das Wahrheitsgebot. Arbeitszeugnisse haben sich in den vergangenen Jahrhunderten weitgehend stabil zur heute üblichen Form entwickelt. Das muss bei der Einschätzung der Entwicklungsmöglichkeiten bzw. Beharrungstendenzen berücksichtigt werden. Diese Überlegungen werden in Kapitel 5 bei der Erarbeitung der Konsequenzen für die Praxis wieder aufgenommen.

Eine weitere Frage bleibt nach dieser historischen Betrachtung offen. Heute werden die Regelungen zum Arbeitszeugnis vor allem als Schutzregelungen für Arbeitnehmer/innen ausgelegt. Interessant ist aber, ob die disziplinarischen Interpretationen gegen Arbeitnehmer/innen im allgemeinen Verständnis von Arbeitszeugnissen noch vorkommen und falls dies der Fall ist, in welcher Form. Diese Frage wird in Kapitel 5 wieder aufgenommen.

3.2 Aus rechtssoziologischer Sicht: Arbeitszeugnisse heute

3.2.1 Vorbemerkungen zur rechtssoziologischen Sicht

Die Entwicklung und Einbettung eines Rechtssystems in die Gesellschaft kann, wie in den Abschnitten 2.3 und 3.1.1 näher erläutert, anhand einer rechtshistorischen Analyse genauer betrachtet werden. Die Rechtssoziologie betrachtet darauf aufbauend das Rechtssystem als Teil der gegenwärtigen Gesellschaft. In der Rechtssoziologie wird davon ausgegangen, dass Recht den Handlungsrahmen von Individuen gestaltet und zugleich die Möglichkeit des Handelns von Gruppen und Individuen einschränkt. Die Rechtssoziologie versteht damit Recht als Ergebnis gesellschaftlicher Prozesse und als Einflussfaktor gesellschaftlichen Handelns (vgl. Nöth 1993, S. 2). In diesem Sinn werden soziologische Argumentationen auch für die Begründung von Gerichtsurteilen eingesetzt, dies zeigt sich vor allem daran, wenn eine veränderte Rechtsprechung auf gesellschaftlichen Wandel zurückgeführt wird (vgl. Ramm 1970, S. 161).

Je nach Zweck einer Analyse kann der soziologische Rechtsbegriff als pluralistisch oder monistisch definiert werden (vgl. Nöth 1993, S. 23ff.). Ein monistischer Rechtsbegriff betrachtet ausschließlich das staatliche Recht, ein pluralistischer Rechtsbegriff berücksichtigt auch andere Rechtsquellen wie Gewohnheitsrecht und Vereinbarungen. Laut Nöth muss eine Analyse, die die Entstehung von Recht als gesellschaftlichen Prozess analysiert und die Einwirkungen des Rechts auf die Gesellschaft betrachtet, den Rechtsbegriff möglichst eng fassen. Das heißt, der Rechtsbegriff muss monistisch definiert werden, um das Recht von anderen gesellschaftlichen Entwicklungen und Wirkungen abgrenzen zu können (vgl. Nöth 1993, S. 23f.). Mit einem monistischen Rechtsbegriff werden einerseits verschiedene staatliche Rechtsquellen und andererseits Gerichtsentscheidungen als „Mechanismen der Rechtsverwirklichung" in die Analyse einbezogen (Nöth 1993, S. 24). Urteilsbegründungen und die Art und Weise der Urteilsfindung gehen dabei ebenfalls in die Analyse ein. In der folgenden Darstellung aus rechtssoziologischer Sicht wird deshalb ein monistischer Rechtsbegriff zugrunde gelegt, d.h. es werden die rechtlichen Regelungen und die Rechtssprechung zu Arbeitszeugnissen dargestellt.

Das Zeugnisrecht als Teilbereich des Arbeitsrechts gehört zu den Rechtsregeln bezüglich der in abhängiger Beschäftigung geleisteten Arbeit (vgl. z.B. Richardi 2006, S. XIII). Eine zentrale Aufgabe des Arbeitsrechts in Deutschland ist die Absicherung der Arbeitnehmer/innen „gegen Nachteile und Gefahren", die die abhängige Beschäftigung mit sich bringen kann (Zöllner 1977, S. 1). Wie in Abschnitt 3.1 ausgeführt, gibt es in der BRD derzeit kein einheitliches Arbeitsgesetzbuch bzw. keine übergreifende Rechtskodifikation. Gesetze, die einzelne Rechtsbeziehungen im Arbeitsleben regeln, sind häufig in Gesetzen mit anderen Regelungsschwerpunkten enthalten (so z.B. BGB, Sozialgesetzbuch IX, Mutterschutzgesetz, Arbeitszeitgesetz usw.). Andere Bereiche, wie z.B. das Arbeitskampfrecht, sind nicht gesetzlich geregelt (vgl. Richardi 2006, S. XVIII). Für Arbeitszeugnisse gibt es zwar rechtliche Normen, diese sind aber nur sehr knapp und allgemein formuliert. In den Bereichen, in denen die gesetzlichen Grundlagen entweder in einem anderen Zusammenhang stehen oder nur in geringem Maße oder gar nicht gesetzlich geregelt sind, hat das Richterrecht eine große Bedeutung (vgl. Löw 2005, S. 3605). Daher liegt der Schwerpunkt der folgenden Darstellung auf den wichtigsten Entscheidungen im Rahmen der Rechtsprechung zu Arbeitszeugnissen.

Die zur Darstellung der Rechtslage zitierten Urteile werden dabei wie in der juristischen Fachliteratur üblich belegt: gerichtliche Entscheidung, Gericht, evtl. Spruchkörper, Datum, Aktenzeichen. Bei Urteilszitaten sind keine Fundstellen angegeben, da die vorgenannten Angaben das Auffinden der Urteile in gängigen Datenbanken wie juris oder auch in anderen Urteilssammlungen erlauben. Auch bei Verweisen auf Gesetzesbegründungen, Urteilszusammenfassungen und -leitsätze, die im Bundesgesetzblatt (BGBl.), den Bundestagsdrucksachen (BT-Dr.) oder in juristischen Fachzeitschriften ohne Nennung von Autor/inn/en erscheinen, wird die in der juristischen Fachliteratur übliche Zitierweise verwendet: Abkürzung der Zeitschrift, Jahr, evtl. Nummer oder Heft und Seitenangabe. Zudem werden, ebenso abweichend von der üblichen Zitierweise in dieser Arbeit, die Zitiervorschriften für Gesetzeskommentare übernommen, die in den entsprechenden Werken (wie z.B. dem Münchner Anwaltshandbuch Arbeitsrecht 2005) zu finden sind. Darum sind diese auch im Literaturver-zeichnis, abweichend von der dort ansonsten üblichen Belegweise, entsprechend (unter Münchner ... statt unter dem Namen der Herausgeber/innen) erfasst.

In juristischen Texten ist es üblich, vor allem bzw. zuerst die jüngsten Gesetzesfas-sungen und aktuellsten Urteile anzuführen. Diese Vorgehensweise ist sinnvoll, wenn die aktuelle Rechtsbeurteilung im Mittelpunkt steht. In dieser Arbeit wird jedoch von der juristisch üblichen Vorgehensweise abgewichen und eine chronologische Rei-henfolge gewählt, nämlich von der Gründung der BRD bis heute. Das hat den Vorteil, dass wie in Abschnitt 3.1 die Entwicklung von Gesetzen und Rechtsprechung nach-vollzogen werden kann.

Zur Begrifflichkeit sei erwähnt, dass in vielen Gesetzesfassungen und Urteilen das Begriffspaar „Führung und Leistung" verwendet wurde. Im Rahmen der Modernisie-rung der Gesetzessprache wurden diese Begriffe weitgehend in „Verhalten und Leis-tung" geändert, beispielsweise in § 109 GewO und § 16 BBiG. Die Begriffe Führung und Verhalten werden synonym verwendet, wie in der Gesetzesbegründung zum Berufsbildungsgesetz ausgeführt wird (vgl. Deutscher Bundestag 2004, 15/3980, S. 46). Lediglich in § 630 BGB bleibt weiterhin das Begriffspaar Führung und Leistung. Im Folgenden wird von direkten Zitaten abgesehen durchgehend der Begriff Verhal-ten verwendet.

In dieser Weise werden nun in den Abschnitten 3.2.2 bis 3.2.6 rechtliche Regelungen zu Arbeitszeugnissen systematisch erläutert. Eine rechtssoziologische Interpretation wird unter Einbeziehung der historischen Entwicklung in Abschnitt 3.2.7 vorgenom-men.

3.2.2   Rechtliche Grundlagen

In diesem Abschnitt werden zunächst die unmittelbaren gesetzlich vorgegebenen Regelungen zu Arbeitszeugnissen chronologisch betrachtet. Im Anschluss daran werden ergänzende Aspekte aus der Rechtsprechung zum Anspruch auf ein Arbeits-zeugnis dargelegt. Es folgen maßgebliche Regelungen zu den Grundsätzen, die bei der rechtlichen Beurteilung eines Arbeitszeugnisses anzuwenden sind, sowie zur Abgrenzung verschiedener Zeugnisarten. Rechtsgrundlagen zu spezielleren Aspek-ten wie z.B. Form und Inhalt von Zeugnissen folgen dann in den nächsten Abschnit-ten.

3.2.2.1 Gesetzliche Regelungen zu Arbeitszeugnissen

Die für das Arbeitsrecht relevanten Einzelregelungen sind in unterschiedlichen Ge-setzen enthalten. Vor der Novellierung der Gewerbeordnung im Jahr 2002 galt dies auch für die Regelungen im Bereich des Arbeitszeugnisses. Im Folgenden werden die gesetzlichen Regelungen vor und nach der Novellierung chronologisch darge-stellt. Da sich durch die Novellierung keine wichtigen inhaltlichen Änderungen ergaben, kann auf die bisherige Rechtsprechung und Literatur zurückgegriffen werden (vgl. dazu auch Schöne 2002, S. 832).

Zunächst zu den vor 2002 geltenden gesetzlichen Regelungen für verschiedene Gruppen von Beschäftigten:

- *Gewerbliche Arbeitnehmer/innen* konnten auf der Grundlage des § 113 GewO ein Arbeitszeugnis über Art und Dauer der Beschäftigung fordern. Sie konnten zudem verlangen, dass das Zeugnis auf Verhalten und Leistung ausgedehnt wird (vgl. § 113 Abs. 1, 2 GewO in der Fassung vom 22.2.1999, BGBl. 1999, Nr. 9, S. 202). Den Arbeitgeber/inne/n war untersagt „die Zeugnisse mit Merkmalen zu versehen, welche den Zweck haben, den Arbeitnehmer in einer aus dem Wortlaut des Zeugnisses nicht ersichtlichen Weise zu kennzeichnen" (§ 113 Abs. 3 GewO).

- *Kaufmännische Angestellte* konnten auf der Grundlage des § 73 Handelsgesetzbuch (HGB) ein Zeugnis über Art und Dauer der Beschäftigung verlangen. Auch dieses musste auf Wunsch auf Verhalten und Leistung ausgedehnt werden. In der Fassung vom 1.8.2001 (BGBl. 2001, Nr. 35, S. 1542) wurde § 73 Abs. 1 Satz 3 HGB hinzugefügt, der die Erteilung des Zeugnisses in elektronischer Form ausschloss. § 73 HGB wurde jedoch dann mit Novellierung der Gewerbeordnung mit Wirkung zum 1.1.2003 aufgehoben (vgl. BGBl. 2002, Nr. 62, S. 3412, Gesetz vom 24.8.2001 mit Wirkung zum 1.1.2003).

- Für *Auszubildende* war nach § 8 Berufsbildungsgesetz (BBiG) 1969 die Zeugniserteilung geregelt. In der Reform des BBiG von 2005 ist das Recht auf Zeugniserteilung um eine Regelung zum Ausschluss der elektronischen Form ergänzt, im Übrigen jedoch unverändert in § 16 BBiG (BGBl. 2005, Nr. 20, S. 931) übernommen worden. Während Arbeitgeber/innen bei anderen Arbeitsverhältnissen nur auf Verlangen ein Zeugnis ausstellen müssen, ist dies für Auszubildende nach Beendigung der Ausbildung in jedem Fall vorgeschrieben.

- *Seeleute* haben nach § 19 SeemG (BGBl. 1957, ohne Nummer, S. 713, unverändert vor und nach der Novellierung 2002) den Anspruch darauf, dass der Kapitän oder ein von ihm bevollmächtigter Schiffsoffizier vor der Abmusterung die Art und Dauer des geleisteten Schiffsdienstes im Seefahrtsbuch bescheinigt.

- *Beamt/inn/e/n* haben gemäß § 92 Bundesbeamtengesetz (BBG) Anspruch auf Erteilung eines Dienstzeugnisses. Sie können es nach Ende ihres Arbeitsverhältnisses auf Antrag von ihren letzten Dienstvorgesetzten verlangen.

- Für *alle anderen Arbeitsverhältnisse*, vor allem für Angestellte im öffentlichen Dienst, galt bis zur Reform der Gewerbeordnung 2002 der § 630 BGB. Im Gegensatz zum § 113 GewO und § 73 HGB bestand ein Zeugnisanspruch nur bei Beendigung eines dauernden Arbeitsverhältnisses. Dabei wurde der Begriff des dauernden Arbeitsverhältnisses nicht eng ausgelegt. Das heißt, von einem dauernden Arbeitsverhältnis wurde ausgegangen, wenn die Zeit für eine Beurteilung der fachlichen und persönlichen Qualitäten der Arbeitnehmer/innen ausreichend war (vgl. Palme 1979, S. 262).

Eine derartige Zersplitterung der Normen ist im Arbeitsrecht für viele Bereiche typisch. Im Bereich des Zeugnisrechts wurden im Jahr 2002 im Rahmen einer Novellierung der Gewerbeordnung die gesetzlichen Regelungen zum Arbeitszeugnis zentral in der Gewerbeordnung verankert. Lediglich für die Zeugnisse von Auszubildenden und Seeleuten bleiben die gesonderten Regelungen in Kraft. Grundlage dieser Novellierung ist Artikel 30 Abs. 1 Nr. 1 des Vertrags über die Herstellung der Einheit Deutschlands. Dieser legt fest, dass „das Arbeitsvertragsrecht sowie das öffentlich-rechtliche Arbeitszeitrecht einschließlich der Zulässigkeit von Sonn- und Feiertagsarbeit und dem besonderen Frauenarbeitsschutz möglichst bald einheitlich neu zu kodifizieren" ist. Im Zuge dessen wurde am 7.6.2002 der Gesetzentwurf zum „Entwurf eines Dritten Gesetzes zur Änderung der Gewerbeordnung und sonstiger gewerberechtlicher Vorschriften" (Deutscher Bundestag 2002, 14/8796) verabschiedet. Das Gesetz wurde am 24.8.2002 verkündet und trat zum 1.1.2003 in Kraft. Damit wurden in der Gewerbeordnung allgemeine arbeitsrechtliche Grundsätze kodifiziert (vgl. Schöne 2002, S. 830). Titel VII der Gewerbeordnung trägt nunmehr die Überschrift „Arbeitnehmer"; die Überschrift von Titel VII, Abschnitt I lautet „allgemeine arbeitsrechtliche Grundsätze". § 2 Abs. 2 GewO regelt, dass die Bestimmungen des Abschnitts I des Titels VII auf alle Arbeitnehmer/innen Anwendung finden. Die Vorschriften der §§ 105-110 umfassen die allgemeinen Grundsätze zur Gestaltung des Arbeitsvertrags, außerdem das Weisungsrecht der Arbeitgeber/innen, die Zahlung und Berechnung des Arbeitsentgelts, das Arbeitszeugnis und das Wettbewerbsverbot. Das Arbeitszeugnis ist in § 109 GewO geregelt:

„§ 109 Zeugnis

(1) Der Arbeitnehmer hat bei Beendigung eines Arbeitsverhältnisses Anspruch auf ein schriftliches Zeugnis. Das Zeugnis muss mindestens Angaben zu Art und Dauer der Tätigkeit (einfaches Zeugnis) enthalten. Der Arbeitnehmer kann verlangen, dass sich die Angaben darüber hinaus auf Leistung und Verhalten im Arbeitsverhältnis (qualifiziertes Zeugnis) erstrecken.

(2) Das Zeugnis muss klar und verständlich formuliert sein. Es darf keine Merkmale oder Formulierungen enthalten, die den Zweck haben, eine andere als aus der äußeren Form oder aus dem Wortlaut ersichtliche Aussage über den Arbeitnehmer zu treffen.

(3) Die Erteilung des Zeugnisses in elektronischer Form ist ausgeschlossen."

§ 109 GewO regelt nun also eigenständig und abschließend den Anspruch von Arbeitnehmer/inne/n auf ein Arbeitszeugnis. § 73 HGB zu kaufmännischen Angestellten entfällt und § 630 BGB gilt nur noch für Dienstverhältnisse, die nicht Arbeitsverhältnisse sind, so z.b. für Geschäftsführer/innen einer GmbH, die nicht Gesellschafter/innen sind (vgl. Palandt/Weidenkaff 2005, § 630 BGB Rn. 4). Entsprechend wurde § 630 Satz 4 BGB angefügt. Dieser regelt, dass § 109 GewO Anwendung findet, wenn die Verpflichteten Arbeitnehmer/innen sind (vgl. Palandt/Weidenkaff 2005, Anhang zu § 630 Rn. 1). In der Gesetzesbegründung wird für die neue Fassung des § 109 GewO ausgeführt:

> „Die Vorschriften der Absätze 1 und 2 entsprechen den bisherigen Regelungen des § 113 Abs. 1 bis 3 GewO. Das Zeugnis ermöglicht Arbeitnehmerinnen und Arbeitnehmern den Nachweis über Art und Dauer ihrer bisherigen Tätigkeiten. Es dient ihnen als Bewerbungsunterlage und ist für ihr berufliches Fortkommen von großer Bedeutung. Andererseits besteht ein schutzwürdiges Interesse der einstellenden Arbeitgeber an einer möglichst wahrheitsgemäßen Unterrichtung über die fachlichen und persönlichen Qualifikationen. Daraus ergibt sich die Verpflichtung zur sorgfältigen Abfassung eines schriftlichen Zeugnisses" (Deutscher Bundestag 2002, 14/8796, S. 25).

3.2.2.2 Anspruch auf ein Arbeitszeugnis

Anspruch auf ein Zeugnis haben Arbeitnehmer/innen. Dies sind nach der Gesetzesdefinition in § 622 Abs. 1 BGB Arbeiter/innen oder Angestellte. Nach der Rechtsprechung haben damit auch leitende Angestellte einen Anspruch auf ein Zeugnis (vgl. Urteil des LAG Hamm 4. Kammer, 12.7.1994, 4 Sa 192/94). Zentral für den Anspruch auf ein Arbeitszeugnis ist die abhängige Beschäftigung. Entsprechend haben GmbH-Geschäftsführer/innen, die nicht Gesellschafter/innen sind, Anspruch auf ein Arbeitszeugnis (vgl. Urteil des BGH 2. Zivilsenat, 9.11.1967, II ZR 64/67, Leitsatz 1), dagegen haben selbständige Handelsvertreter/innen diesen Anspruch nicht (vgl. Urteil OLG Celle, 23.5.1967, 11 U 270/66, Leitsatz 1).

Den Anspruch auf ein Zeugnis müssen die Arbeitgeber/innen erfüllen, dabei können sie Vertreter/innen für die Ausstellung des Zeugnisses bestimmen. Die Arbeitnehmer/innen können nicht darauf bestehen, dass eine bestimmte Person das Zeugnis unterzeichnet (vgl. Urteil des LAG Hamm 4. Kammer, 27.2.1997, 4 Sa 1691/96, Leitsatz 7). Die Verpflichtung der Arbeitgeber/innen zur Zeugniserteilung geht nach deren Tod auf ihre Erb/inn/en über. Die Erb/inn/en müssen sich eigenes Wissen über das Arbeitsverhältnis, die Dauer und, bei einem qualifizierten Zeugnis, über Leistung und Verhalten verschaffen (vgl. Urteil des ArbG Münster 3. Kammer, 10.4.1990, 3 Ca 2109/89). Die Arbeitnehmer/innen können auch von Konkursverwalter/inne/n ein Zeugnis über Verhalten und Leistung auch für die Zeit vor der Konkurseröffnung verlangen (vgl. Urteil des BAG 5. Senat, 30.1.1991, 5 AZR 32/90).

Der Anspruch auf ein Arbeitszeugnis entsteht in der Regel nach Beendigung eines Arbeitsverhältnisses (vgl. Anwaltformulare/Pauly-Steinweg 2002, S. 177 Rn. 417f.). Arbeitnehmer/innen können während eines Arbeitsverhältnisses ein Zwischenzeugnis verlangen. Ein Rechtsanspruch darauf besteht aber nur in Ausnahmefällen, z.B. wenn dieser Anspruch im Tarifvertrag festgelegt wurde. Eckhoff geht davon aus, dass in besonderen Fällen, wie z.B. Vorgesetztenwechsel oder Betriebsübergang, der Anspruch auf ein Zwischenzeugnis allgemein anerkannt ist (vgl. Münchner Anwaltshandbuch Arbeitsrecht/Eckhoff 2005, S. 1591f.). Der Anspruch auf ein Zeugnis entsteht spätestens mit Ablauf der Kündigungsfrist oder beim tatsächlichen Ausscheiden der Arbeitnehmer/innen. Dieses gilt auch dann, wenn noch ein Kündigungsschutzprozess läuft (vgl. Urteil des BAG 5. Senat, 27.2.1987, 5 AZR 710/85). Mit dem Ende des Arbeitsverhältnisses haben die Arbeitnehmer/innen den Anspruch auf ein endgültiges Zeugnis. Dieser Anspruch besteht unabhängig davon, aus welchem Grund das Arbeitsverhältnis endet, ob durch Zeitablauf, Kündigung, Aufhebungsvertrag oder Urteil (vgl. Palandt/Weidenkaff 2005, Anhang zu § 630 Rn. 3). Wenn Arbeitnehmer/innen nach der Kündigung noch weiterbeschäftigt werden, so haben sie mit der Bekanntgabe der Kündigungsabsicht nach herrschender Meinung einen Anspruch auf ein vorläufiges Zeugnis. Die Arbeitgeber/innen sind verpflichtet, den Arbeitnehmer/inne/n bereits ab Zugang der Kündigung ein Zeugnis zu erteilen. Dieser Anspruch entsteht aus dem Gebot der vertraglichen Rücksichtnahme nach § 241 Abs. 2 BGB (vgl. Schleßmann 1988, S. 1321). Nach einer nur kurzzeitigen Beschäftigung haben die Arbeitnehmer/innen nur Anspruch auf ein Zeugnis, in dem die wesentlichen Tätigkeiten ausgeführt werden. Als kurzzeitig gilt eine Beschäftigung von bis zu 4 Monaten (vgl. Urteil des ArbG Frankfurt 7. Kammer, 8.8.2001, 7 Ca 8000/00). Der Anspruch auf Zeugniserteilung ist eine Holschuld: Arbeitnehmer/innen müssen das Zeugnis grundsätzlich bei ihren Arbeitgeber/inne/n abholen (vgl. Urteil des BAG 5. Senat, 8.3.1995, 5 AZR 848/93). Nur wenn die Abholung aufgrund z.B. der Entfernung unzumutbar ist oder die Arbeitgeber/innen im Verzug sind, können diese zur Übersendung verpflichtet sein (vgl. Löw 2005, S. 3607). Arbeitgeber/inne/n steht kein Zurückbehaltungsrecht zu, auch dann nicht, wenn die Arbeitnehmer/innen einen Vertragsbruch zu verantworten haben (vgl. Löw 2005, S. 3607f.).

3.2.2.3 Zeugniswahrheit und Zeugnisklarheit

Der gesetzlich geschuldete Inhalt des Arbeitszeugnisses bestimmt sich nach den mit dem Arbeitszeugnis üblicherweise verfolgten Zwecken. Der 5. Senat des Bundesarbeitsgerichts (BAG) formulierte am 23.6.1960 die Grundsätze für die Beurteilung von Arbeitszeugnissen:

> „Das Zeugnis soll einerseits dem Arbeitnehmer als Unterlage für eine neue Bewerbung dienen, andererseits einen Dritten, der die Einstel-

lung des Zeugnisinhabers erwägt, unterrichten. Es muß alle wesentlichen Tatsachen und Bewertungen enthalten, die für die Gesamtbeurteilung des Arbeitnehmers von Bedeutung und für den Dritten von Interesse sind. Einmalige Vorfälle oder Umstände, die für den Arbeitnehmer, seine Führung und Leistung nicht charakteristisch sind – seien sie für ihn vorteilhaft oder nachteilig – gehören nicht in das Zeugnis. Weder Wortwahl noch Satzstellung noch Auslassungen dürfen dazu führen, daß bei Dritten der Wahrheit nicht entsprechende Vorstellungen entstehen" (Urteil des BAG 5. Senat, 23.6.1960, 5 AZR 560/58, Leitsatz 1).

Diese Grundsätze sind bis heute zentral und werden in vielen Urteilen zitiert (z.B. Urteil des BAG 5. Senat, 23.9.1992, 5 AZR 573/91 oder Urteil des BAG 9. Senat, 14.10.2003, 9 AZR 12/03). Sie unterstreichen, dass Arbeitnehmer/innen ein großes Interesse am Inhalt ihrer Arbeitszeugnisse haben. Diese sind ein Teil ihrer Bewerbungspapiere und werden von möglichen künftigen Arbeitgeber/inne/n für die Personalauswahl verwendet. Zudem können Arbeitnehmer/innen im Arbeitszeugnis lesen, wie Arbeitgeber/innen ihre vergangenen Leistungen und ihr Verhalten beurteilen. Andererseits haben auch künftige Arbeitgeber/innen ein Interesse am Inhalt des Arbeitszeugnisses, da es eine Grundlage ihrer Personalauswahlentscheidung sein kann. Die Interessen der Arbeitnehmer/innen und der zukünftigen Arbeitgeber/innen können widerstreitend sein. Denn die Interessen der Arbeitnehmer/innen sind gefährdet, wenn sie unterbewertet werden. Die Interessen der zukünftigen Arbeitgeber/innen hingegen sind gefährdet, wenn die Arbeitnehmer/innen überbewertet wurden. In der Rechtsprechung wurden unter Berücksichtigung der verschiedenen Interessen inhaltliche Anforderungen an ein Arbeitszeugnis entwickelt: das Gebot der Zeugniswahrheit und der Zeugnisklarheit. Zu diesen beiden Anforderungen im Einzelnen (vgl. dazu auch die Darstellung der Entwicklung im Urteil des BAG 9. Senat, 14.10.2003, 9 AZR 12/03, Rn. 24):

Zeugniswahrheit bedeutet, dass das Arbeitszeugnis alle wesentlichen Tatsachen und Bewertungen enthalten muss, die für die Gesamtbeurteilung der Arbeitnehmer/innen von Bedeutung sind (vgl. Urteil des BAG 5. Senat, 23.6.1960, 5 AZR 560/58, Rn. 38). Das Zeugnis soll auch hier den unterschiedlichen Interessen gerecht werden: Der Inhalt muss der Wahrheit entsprechen und dennoch von verständigem Wohlwollen gegenüber den Arbeitnehmer/inne/n getragen sein. Er darf ihnen das weitere Fortkommen nicht ungerechtfertigt erschweren (vgl. Urteil des BAG 5. Senat, 3.3.1993, 5 AZR 182/92, Rn. 11).

Die Zeugniswahrheit ist der oberste Grundsatz. Mit ihm soll zwischen verständigem Wohlwollen und zuverlässiger Unterrichtung ausgeglichen werden (vgl. Urteil des LAG Hamm 4. Kammer, 17.12.1998, 4 Sa 630/98, Rn. 64). Arbeitgeber/innen stehen daher bei der Abfassung eines Arbeitszeugnisses stets zwischen Wahrheitspflicht und Wohlwollen (vgl. Hunold 2001, S. 116), wobei die Wahrheitspflicht durch Wohlwollen nicht aufgehoben wird. Der Vorrang der Wahrheitspflicht zeigt sich beispielsweise in einem Urteil des Landesarbeitsgerichts Bremen. Hier wurde eine fristlose Kündigung als rechtsmissbräuchlich und damit unwirksam angesehen, weil der Arbeitgeber dem Arbeitnehmer direkt davor ein wohlwollendes Zeugnis ausgestellt hatte (vgl. Urteil des LAG Bremen 4. Kammer, 22.11.1983, 4 Sa 167/82).

Dem Grundsatz der Wahrheitspflicht entsprechend dürfen Arbeitgeber/innen keine getrennten Zeugnisse für unterschiedliche Funktionen der Arbeitnehmer/innen ausstellen, auch wenn die Arbeitnehmer/innen eine gemischte Tätigkeit ausüben (vgl. Urteil des LAG Hessen 5. Kammer, 23.1.1968, 5 Sa 373/67). Auch die Beschränkung auf einen bestimmten Zeitraum eines Arbeitsverhältnisses ist nicht möglich (vgl. Urteil des LAG Hessen 13. Kammer, 14.9.1984, 13 Sa 64/84).

Der Anspruch der *Zeugnisklarheit* besagt, dass der Inhalt eines Arbeitszeugnisses nicht aufgrund von Formulierungen, Satzstellung oder Auslassungen zu Mehrdeutigkeiten, Irrtümern oder falschen Schlüssen Dritter führen darf (Urteil des LAG Hamm 5. Kammer, 27.5.1966, 5 Sa 747/65). Das Gericht hat bei der Beurteilung des Zeugnisses die Grundsätze zu beachten, die „ein verständiger und gerecht denkender Arbeitgeber angewandt hätte, wenn er den Arbeitnehmer zu beurteilen gehabt hätte" (vgl. Urteil des LAG Hamm 4. Kammer, 17.12.1998, 4 Sa 630/98, Rn. 63). Der Grundsatz der Zeugnisklarheit ist seit der Novellierung in § 109 Abs. 2 Satz 1 GewO ausdrücklich gesetzlich geregelt.

3.2.2.4 Zeugnisarten

Wie erwähnt wird im Zeugnisrecht grundlegend zwischen einfachen und qualifizierten Zeugnissen unterschieden. Arbeitnehmer/innen müssen sich für eine Zeugnisart entscheiden, da Arbeitgeber/innen für eine Tätigkeit nur eine Zeugnisart ausstellen dürfen. Arbeitnehmer/innen, die ein einfaches Zeugnis verlangen und erhalten haben, können nicht nachträglich ein qualifiziertes Zeugnis verlangen. Sie haben ihr Wahlrecht bereits ausgeübt und nur das gewählte Zeugnis stellt die geschuldete Leistung dar (vgl. Urteil des LAG Sachsen 2. Kammer, 26.3.2003, 2 Sa 875/02).

Ein *einfaches Zeugnis* enthält Angaben zu Art und Dauer der Tätigkeit. Dabei ist die Art der Tätigkeit genau und vollständig zu beschreiben, um dem Grundsatz der Zeugniswahrheit zu entsprechen. Wenn Arbeitnehmer/innen es verlangen, müssen nach § 109 Abs. 1 GewO die Arbeitgeber/innen stattdessen ein qualifiziertes Zeugnis ausstellen. Ein *qualifiziertes Zeugnis* enthält zusätzlich zu den Angaben über Art und Dauer der Tätigkeit Angaben über Leistung und Verhalten der Arbeitnehmer/innen (vgl. Urteil des LAG Hamm 4. Kammer, 27.2.1997, 4 Sa 1691/96). Bei der Novellierung der Gewerbeordnung 2002 wurde das einfache Zeugnis in § 109 Abs. 1 Satz 2 GewO und das qualifizierte Zeugnis in § 109 Abs. 1 Satz 3 GewO entsprechend gesetzlich definiert. Die Arbeitgeber/innen dürfen aufgrund ihrer Wahrheitspflicht keine Zwischenform zwischen einfachem und qualifiziertem Zeugnis ausstellen (vgl. Urteil des LAG Köln 4. Kammer, 30.3.2001, 4 Sa 1485/00). Auch wenn Arbeitnehmer/innen es wünschen, dürfen Arbeitgeber/innen das Zeugnis nicht auf Verhalten oder Leistung beschränken (vgl. Urteil des LAG Hamm 4. Kammer, 17.12.1998, 4 Sa 630/98, Rn. 71). Ein weiterer Unterschied betrifft, wie oben ausgeführt, verschiedene Gruppen von Beschäftigten. Auszubildende sowie Volontär/inn/e/n und Praktikant/inn/en haben Anspruch auf ein Ausbildungszeugnis, Beamt/inn/e/n auf ein Dienstzeugnis, Seeleute auf einen Eintrag in das Seefahrtbuch und alle übrigen Beschäftigten auf ein Arbeitszeugnis (vgl. Schleßmann 1988, S. 1320). Bei einem Dienstzeugnis für Angestellte im öffentlichen Dienst sind nach Rechtsprechung des Bundesarbeitsgerichts die für die Privatwirtschaft entwickelten Rechtssätze auch auf ein Zeugnis anzuwenden, das die Arbeitgeber/innen des öffentlichen Dienstes schulden (vgl. Urteil des BAG 9. Senat, 4.10.2005, 9 AZR 507/04, Rn. 18).

Grundlegend ist die Unterscheidung von Zwischenzeugnissen, Endzeugnissen und Referenzen:

- Ein *Zwischenzeugnis* steht nicht in direktem Zusammenhang mit der Beendigung des Arbeitsverhältnisses, einen Anspruch darauf gibt es in der Regel nicht (vgl. Meyer 2004, S. 131f.). Ein rechtlicher Anspruch kann zum Teil in Tarifverträgen festgeschrieben sein, wie z.B. in § 61 Abs. 2 BAT. Dieser spricht Arbeitnehmer/inne/n aus „triftigem Grund" den Anspruch auf ein Zwischenzeugnis zu. Als triftige Gründe werden z.B. die Einberufung zu Wehr- oder Zivildienst, der Wechsel der bisherigen Arbeitgeber/innen durch Konkurs oder neue direkte Vorgesetzte gesehen (vgl. Münchner Anwaltshandbuch Arbeitsrecht/Eckhoff 2005, S. 1591).

- Ein *Endzeugnis* wird nach Beendigung eines Arbeitsverhältnisses erteilt. Auf diese Form des Zeugnisses beziehen sich fast alle rechtlichen Regelungen. In dieser Arbeit wird, wie in Kapitel 2 ausgeführt, auf qualifizierte Endzeugnisse fokussiert. Es wird an dieser Stelle deutlich, dass Endzeugnisse von grundlegender Bedeutung sind. So werden von den rechtlichen Regelungen zu Endzeugnissen Vorgaben zu Inhalt und Gestaltung der anderen Zeugnisarten abgeleitet.

- Eine *Referenz* ist kein Zeugnis im Sinne des Gesetzes. Den Arbeitgeber/inne/n steht es frei, ob sie Referenzen ausstellen (vgl. Schleßmann 1988, S. 1322). Wenn allerdings Arbeitnehmer/innen Anspruch auf ein Zeugnis haben und der Inhalt eines Schriftstücks einem Zeugnis entspricht, entbindet die Verwendung der Überschrift „Referenz" die Arbeitgeber/innen nicht von den Anforderungen an ein Zeugnis. In vielen angelsächsischen Ländern (z.B. U-SA, Großbritannien, vgl. Abschnitt 3.4.7) gibt es keine dem Arbeitszeugnis exakt entsprechende Institution. Verbreitet sind dort freiwillige Referenzen von vertrauten Personen bzw. von früheren Arbeitgeber/inne/n, um in Bewerbungsverfahren die Eignung für eine neue Stelle belegen zu können. Problematisch und manchmal auch irreführend ist in diesem Fall, dass Arbeitszeugnisse mit dem Wort *reference* ins Englische übersetzt werden. Das englische Wort *reference* kann allerdings sowohl Referenz als auch Arbeitszeugnis bedeuten. Eine entsprechende Unschärfe wird z.b. bei Schuler u.a. (vgl. 1993, S. 14) deutlich: Dort wird bei der Übersetzung der Ergebnisse über Untersuchungen zu freiwilligen Referenzen in den USA fälschlicherweise der deutsche Begriff Arbeitszeugnisse verwendet und in der Interpretation Referenzen und Arbeitszeugnisse gleichgesetzt.

3.2.3 Anforderungen an die Form

Hinsichtlich der Anforderungen an die Form von Arbeitszeugnissen werden Regelungen zur äußeren Form (wie Erscheinungsbild etc.) und Regelungen zur rechtlichen Form (die Legitimation, Fristerfüllung etc. betreffend) unterschieden.

Zunächst zu den Anforderungen an die *äußere Form*: Wenn im Geschäftsbereich der Arbeitgeber/innen üblicherweise Firmenbögen benutzt werden, muss auch ein Arbeitszeugnis auf dem Firmenbogen geschrieben werden (vgl. Urteil des BAG 5. Senat, 3.3.1993, 5 AZR 182/92). Die äußere Form darf nicht so gestaltet sein, dass das Zeugnis sinnentstellend interpretiert wird oder die Leser/innen den Eindruck bekommen, die Arbeitgeber/innen distanzierten sich von dem Zeugnis (vgl. Urteil des BAG 5. Senat, 3.3.1993, 5 AZR 182/92, Rn. 12). Dies bedeutet auch, dass ein Zeugnis auf Papier mit guter Qualität in einheitlicher Schrift ohne Flecken, Radierungen, Verbesserungen, Streichungen oder Ähnlichem geschrieben sein muss (vgl. Löw 2005, S. 3605). Ein Zeugnis darf jedoch zweimal gefaltet sein, um in einen Umschlag üblicher Größe zu passen. Wenn das Zeugnis kopierfähig ist und die Knicke sich nicht durch Schwärzungen abzeichnen, erfüllen die Arbeitgeber/innen damit ihre Sorgfaltspflicht (vgl. Urteil des BAG 9. Senat, 21.9.1999, 9 AZR 893/98).

Die Verwendung von Formblättern ist unzulässig, da der Eindruck entstehen könnte, es handle sich nicht um ein persönliches Urteil der Arbeitgeber/innen (vgl. Urteil des LAG Hamm 4. Kammer, 21.12.1993, 4 Sa 880/93). Als Grundelemente der äußeren Form eines qualifizierten Zeugnisses benennt das LAG Hamm Briefpapier mit einem Firmenbriefkopf, eine Überschrift mit der entsprechenden Bezeichnung wie *Zwischenzeugnis* oder *Zeugnis*, die genaue Bezeichnung der Zeugnisaussteller/innen sowie Datum und Unterschrift. Das LAG argumentiert, dass sich diese Punkte als gebräuchlich durchgesetzt haben (vgl. Urteil des LAG Hamm 4. Kammer, 1.12.1994, 4 Sa 1631/94, Leitsatz 5). Das LAG Hamm geht so weit, dass es die Angabe der Anschrift im Zeugnis der Arbeitnehmer/innen als überflüssig bzw. negativ interpretierbar beurteilt. Sie dürfe nicht im üblichen Adressfeld stehen, da dies den Anschein erwecken könne, das Zeugnis sei nach einer Auseinandersetzung postalisch zugestellt worden (vgl. Urteil des LAG Hamm, 4. Kammer, 27.2.1997, 4 Sa 1691/96, Leitsatz 3).

Eine weitere Vorgabe besagt, dass ein Zeugnis in der dritten Person abzufassen ist (vgl. Urteil des LAG Düsseldorf 3. Kammer, 23.5.1995, 3 Sa 253/95). Zudem dürfen Arbeitgeber/innen, wenn sie den Inhalt eines Zeugnisses berichtigen müssen, die äußere Form nicht willkürlich verändern. Änderungen müssen sie plausibel und nachvollziehbar erklären können (vgl. Urteil des LAG Hamm 4. Kammer, 21.12.1993, 4 Sa 880/93, Rn. 62).

Zu den Anforderungen an die *rechtliche Form* werden die folgenden Punkte gezählt: Zunächst müssen Zeugnisse schriftlich abgefasst werden, und zwar sowohl einfache als auch qualifizierte (vgl. Urteil des LAG Hamm 4. Kammer, 21.12.1993, 4 Sa 880/93, Rn. 57). Das Erfordernis der Schriftform wurde, wie vorher in § 73 Abs. 1 HGB für Handlungsgehilf/inn/en verlangt, mit der Novellierung der Gewerbeordnung 2002 nun allgemein in § 109 Abs. 1 Satz 1 GewO geregelt. Per E-Mail, Fax oder Telegramm verfasste und/oder zugestellte Zeugnisse entsprechen dieser Formerfordernis nicht (vgl. Löw 2005, S. 3606). Arbeitgeber/innen können das Arbeitszeugnis selbst schreiben oder auch durch eine leitende, den Arbeitnehmer/inne/n vorgesetzte Person aus dem Betrieb ausstellen lassen (vgl. Urteil des LAG Hessen 6. Kammer, 30.6.1992, 6 Sa 106/92). Die Ausstellung durch freiberuflich tätige Rechtsanwält/inn/e/n ist jedoch nicht zulässig (Urteil des LAG Hamm 3. Kammer, 2.11.1966, 3 Ta 72/66). Die Zeugnisaussteller/innen müssen das Original mit einem dokumentenechten Stift unterschreiben. Eine kopierte oder faksimilierte Unterschrift genügt der Schrifterfordernis in der Regel nicht (vgl. Münchner Anwaltshandbuch Arbeitsrecht/Eckhoff 2005, S. 1592).

Zeugnisse müssen mit einem Ausstellungsdatum versehen sein. Wird ein Zeugnis berichtigt, so muss das berichtigte Zeugnis das Datum des ursprünglichen Zeugnisses tragen (Urteil des LAG Bremen 4. Kammer, 23.6.1989, 4 Sa 320/88). Nach einem Urteil des 5. Senats des BAG kann ein Ausstellungsdatum, das weit nach dem Datum des Ausscheidens liegt, den Eindruck erwecken, das Zeugnis sei erst nach längeren Auseinandersetzungen ausgestellt worden. Mit der Verwendung des ursprünglichen Datums sollen somit Nachteile für die Arbeitnehmer/innen vermieden werden. Zudem, so die Begründung, erwachsen für die Arbeitgeber/innen aus dieser Vorgabe keine ersichtlichen Nachteile (Urteil des BAG 5. Senat, 9.9.1992, 5 AZR 509/91).

Nach § 126 Abs. 1 BGB erfordert es die Schriftform, dass ein Zeugnis eigenhändig unterzeichnet sein muss (vgl. auch Hunold 2001, S. 113). Zusätzlich muss es eine maschinengeschriebene Namensangabe enthalten, damit die Unterschrift sicher dem Namen zugeordnet werden kann (vgl. Urteil des LAG Hamm 4. Kammer, 28.3.2000, 4 Sa 1588/99). Nach einer Entscheidung des LAG Nürnberg darf die Unterschrift selbst keine außergewöhnlichen Auffälligkeiten aufweisen. Das Interesse der Arbeitnehmer/innen an einem ordnungsgemäßen Zeugnis wird dabei gewichtiger eingeschätzt als die Freiheit, eine Unterschrift beliebig zu gestalten. Dem liegt ein Fall zugrunde, in dem die Unterschrift des Arbeitgebers ca. ½ Seite einnahm und nur aus ausgesprochen gleichmäßigen Auf- und Abwärtslinien bestand. Eine solche überdimensionierte und in ihrer Form auffällige Unterschrift kann den Verdacht aufkommen lassen, dass der Arbeitgeber sich vom Zeugnisinhalt distanziert (vgl. Beschluss des LAG Nürnberg 4. Kammer, 3.8.2005, 4 Ta 153/05). Die Person, die das Zeugnis unterschreibt, muss auf jeden Fall in der betrieblichen Hierarchie über den Zeugnisinhaber/inne/n stehen (vgl. Urteil des LAG Hamm 4. Kammer, 28.3.2000, 4 Sa 775/99).

Tabelle 3.2.1: Übliche Gliederungspunkte von Arbeitszeugnissen nach dem LAG Hamm

Überschrift	Zeugnis, Schlusszeugnis, Zwischenzeugnis, Ausbildungszeugnis oder Praktikant/inn/enzeugnis
Eingangsformel	Personalien der Arbeitnehmer/innen, akademische Titel
Dauer des Arbeitsverhältnisses	Ausbildungszeiten, Unterbrechungen der Beschäftigung, gesamter Zeitraum der Beschäftigung
Art der Tätigkeit	Aufgabenbeschreibung, hierarchische Position und Berufsbezeichnung, Kompetenzen und Verantwortung, Aufgabengebiet, Art der Tätigkeit, berufliche Entwicklung
Leistungsbeurteilung	Arbeitsbefähigung (Können), Arbeitsbereitschaft (Wollen), Arbeitsvermögen (Ausdauer), Arbeitsweise (Einsatz), Arbeitsergebnis (Erfolg), Arbeitserwartung (Potenzial), herausragende Erfolge und Ergebnisse (Verbesserungen, Patente), zusammenfassende Leistungsbeurteilung (Zufriedenheitsaussage, Erwartungshaltung)
Verhaltensbeurteilung:	Vertrauenswürdigkeit (Loyalität, Ehrlichkeit), Verantwortungsbewusstsein (Pflichtbewusstsein, Gewissenhaftigkeit), Sozialverhalten, zusammenfassende Führungsbeurteilung, Kooperations- und Kompromissbereitschaft, Verhalten zu Vorgesetzten, Gleichgestellten, Untergebenen und Dritten wie z.B. Kund/inn/en
Verhaltensbeurteilung: Führungsleistung bei Führungskräften	Abteilungsleistung, Mitarbeiter/innen-Motivation, Gruppenleistung, Betriebsklima, dazu sind von Bedeutung der individuelle Führungsstil, Umfang der Delegation von Aufgaben und Verantwortung, Erfolge bei der Mitarbeiter/innen-Auswahl und die Verbindung von Spezialist/inn/en zu einem Team
Beendigungsmodalität	Nur bei Schlusszeugnis
Zeugnisvergabegrund	Nur bei Zwischenzeugnis
Schlussformel	Nur bei Schlusszeugnis: Dankes-Bedauern-Formel, Zukunftswünsche, evtl. Wiedereinstellungszusage, Einstellungsempfehlung
Aussteller/in	Ort, Datum, Unterschrift, ggf. Vertretungsbefugnis

Quelle: zusammengestellt nach LAG Hamm 4. Kammer, 27.4.2000, 4 Sa 1018/99

Zu den rechtlichen Formerfordernissen zählen schließlich auch inhaltliche Vorgaben, welche Aspekte ein Zeugnis beinhalten sollte und in welcher Reihenfolge diese anzusprechen sind. So verlangt das LAG Hamm, dass Zeugnisse weitgehend standardisiert aufgebaut werden: „Arbeitgeber und Gerichte haben nicht nur die Zeugnissprache, sondern auch die gebräuchliche Gliederung eines qualifizierten Zeugnisses zu beachten, denn diese hat sich inzwischen weitgehend standardisiert" (LAG Hamm, 4. Kammer, 27.4.2000, 4 Sa 1018/99, Rn. 78). Das BAG betont hingegen die Gestaltungsfreiheit der Arbeitgeber/innen (vgl. Urteil des BAG, 9. Senat, 20.2.2001, 9 AZR 44/00).

Da die vom LAG Hamm benannten Gliederungspunkte einen guten Überblick über verschiedene Elemente von Arbeitszeugnissen geben, sind sie in der folgenden Tabelle 3.2.1 zusammengefasst. Hinsichtlich dieser Elemente unterscheiden sich wiederum einfache und qualifizierte Zeugnisse: Die für ein einfaches Zeugnis üblichen Gliederungspunkte sind Überschrift, Eingangsformel, Dauer des Arbeitsverhältnisses, Art der Tätigkeit, Beendigungsmodalität, Zeugnisvergabegrund, Schlussformel und Aussteller/in (vgl. z.B. Schleßmann 1988, S. 1322). Ein qualifiziertes Zeugnis muss zusätzlich eine Leistungsbeurteilung und eine Verhaltensbeurteilung enthalten, bei Führungskräften auch eine Beurteilung ihrer Führungsleistung. Die inhaltliche Ausgestaltung dieser Aspekte wird im nun folgenden Gliederungspunkt dargestellt.

3.2.4   Anforderungen an den Inhalt
Im Folgenden werden zunächst rechtliche Grundüberlegungen und -entscheidungen zum Inhalt von Arbeitszeugnissen dargestellt. Daran anschließend folgen Ausführungen zur Beurteilung der Leistung und des Verhaltens der Arbeitnehmer/innen, zu einzelnen Angaben, die ein Arbeitszeugnis enthalten kann bzw. muss oder nicht darf, sowie zur Rechtsprechung zu Geheimcodes in Arbeitszeugnissen.

3.2.4.1 Grundlegendes zur inhaltlichen Ausgestaltung
Die Formulierung des Arbeitszeugnisses ist die Aufgabe der Arbeitgeber/innen. Arbeitnehmer/innen haben kein Recht auf bestimmte Formulierungen (vgl. Urteil des LAG München, 30.4.1959, 583/59 IV, Leitsatz 1; entsprechend das Urteil des LAG Düsseldorf 9. Kammer, 2.7.1976, 9 Sa 727/76). Nach einem Urteil des 3. Senats des BAG kann die Formulierung von Werturteilen nicht vorgeschrieben werden, ein Beurteilungsspielraum ist vielmehr unvermeidlich (vgl. Urteil des BAG 3. Senat, 12.8.1976, 3 AZR 720/75). Ein Beurteilungsspielraum besteht vor allem bei der Beurteilung von Leistung und Verhalten. Die Anforderungen an die Tätigkeitsbeschreibung sind hingegen genauer bestimmt. So müssen die Arbeitgeber/innen die Tätigkeiten vollständig und präzise beschreiben, nur Unwesentliches darf verschwiegen werden. Dies soll bewirken, dass sich die neuen Arbeitgeber/innen ein klares Bild machen können (vgl. Urteil des BAG 3. Senat, 12.8.1976, 3 AZR 720/75).

Das Recht, das Zeugnis zu formulieren, verlieren die Arbeitgeber/innen an das Gericht, wenn sie ihrer Verpflichtung nicht oder nicht angemessen nachkommen (vgl.

Urteil des LAG München 6. Kammer, 14.9.1976, 6 Sa 584/76). Bei der Beurteilung eines Arbeitszeugnisses kommt es auf dessen objektiven Aussagegehalt an. Was sich die Verfasser/innen dabei gedacht haben, ist unerheblich (vgl. Urteil des ArbG Bayreuth 1. Kammer, 26.11.1991, 1 Ca 669/91). Inhaltsgleiche Pauschalzeugnisse erfüllen den Zeugnisanspruch im Fall von hochqualifizierten Arbeitnehmer/inne/n nicht (vgl. Urteil des ArbG Berlin 84. Kammer, 4.11.2003, 84 Ca 17498/03). Von der Beurteilung in einem Zwischenzeugnis dürfen die Arbeitgeber/innen nur bei triftigem Grund abweichen (vgl. Urteil des LAG München 6. Kammer, 14.9.1976, 6 Sa 584/76). Zudem soll das Zeugnis in sich stimmig sein: Wenn Arbeitgeber/innen alle im Zeugnis beurteilten Aspekte der Arbeitsleistung und des Arbeitsverhaltens mit „sehr gut" bewerten, muss auch die abschließende Beurteilung damit übereinstimmen (vgl. Urteil des BAG 5. Senat, 23.9.1992, 5 AZR 573/91).

In seinem Leitsatz zum Urteil vom 29.7.1971 (2 AZR 250/70) führt der 2. Senat des BAG aus, dass der/die Arbeitgeber/in frei ist „bei seiner Entscheidung, welche Leistungen und Eigenschaften seines Arbeitnehmers er mehr hervorheben oder zurücktreten lassen will. Das Zeugnis muß nur wahr sein und darf auch dort keine Auslassungen enthalten, wo der Leser eine positive Hervorhebung erwartet" (BAG 2. Senat, 29.7.1971, 2 AZR 250/70).

Den Arbeitgeber/inne/n steht es frei, wie sie beurteilen. Es muss den Zeugnisleser/inne/n nur klar sein, wie die Arbeitgeber/innen die Leistung der Arbeitnehmer/innen einschätzen. Wenn die Arbeitgeber/innen auf ein übliches Beurteilungssystem zurückgreifen, dann ist es so zu verwenden, wie es der Üblichkeit entspricht (BAG 9. Senat, 14.10.2003, 9 AZR 12/03, Rn. 24f.). Die Beurteilung von Leistung und Verhalten muss auf konkreten Vorfällen beruhen, die sich auf die Arbeit ausgewirkt haben, und für die die Arbeitgeber/innen die Darlegungs- und Beweislast tragen (vgl. Urteil des LAG München 6. Kammer, 14.9.1976, 6 Sa 584/76).

Ein Arbeitszeugnis muss nach § 109 Abs. 2 Satz 1 GewO klar und verständlich formuliert sein. Das LAG Hamm vertritt die Auffassung, dass Arbeitgeber/innen zwar grundsätzlich in ihrer Ausdrucksweise frei seien, sich jedoch der in der Praxis üblichen Zeugnissprache bedienen müssen (vgl. Urteil des LAG Hamm 4. Kammer, 12.7.1994, 4 Sa 192/94). Eine andere Auffassung vertritt das BAG: Den Arbeitgeber/inne/n sei nicht vorgegeben, welche Formulierungen sie verwenden sollen (vgl. Urteil des BAG 9. Senat, 14.10.2003, 9 AZR 12/03, Rn. 25). Auch hier ist die Rechtsprechung also nicht einheitlich.

Mit der in der Praxis üblichen Zeugnissprache sind vor allem die so genannten Positiv-Skalen für die Leistungs- und Verhaltensbewertung gemeint. Ihr Entstehen ist auf den Grundsatz des Wohlwollens zurückzuführen, der bei der Formulierung von Beurteilungen in Arbeitszeugnissen anzuwenden ist. Diese Skalen wurden in verschiedenen sprachwissenschaftlichen Untersuchungen analysiert (vgl. vor allem Presch

1980a, S. 245f.) und dann durch die Rechtsprechung festgeschrieben bzw. festgestellt. Es handelt sich dabei um graduell abgestufte formelhafte Ausdrücke, die mit Adjektiven der Dauer (z.B. stets, immer) und des Umfangs (z.B. voll, vollste) in bestimmter Weise kombiniert werden (vgl. dazu die Zusammenstellungen in den Tabellen 3.2.2 und 3.2.3). Die Positiv-Skalen zeichnen sich dadurch aus, dass die gesamte Rangfolge der Schulnoten von 1 (sehr gut) bis 6 (unzureichend) durch positiv formulierte Bewertungen ausgedrückt werden kann (vgl. Möller 1990, S. 264f.).

Die Positiv-Skalen werden in der Rechtsprechung aber auch kritisch gesehen. Als Problem wurde vor allem Folgendes thematisiert: Je geringer das Vorwissen der Leser/innen ist, desto eher wird die alltagssprachliche Bedeutung des Begriffes angenommen. Besser informierte Leser/innen hingegen können die mit der Begriffsverwendung verbundene Kritik verstehen. Das Beispiel der Leistungsbeurteilung zeigt den Unterschied: Die schlechteste Beurteilung wird u.a. mit der Formulierung „hat die Aufgaben kennengelernt" ausgedrückt; sie entspricht der Notenstufe 6. Das Wort „kennengelernt" drückt im Rahmen der Positiv-Skala nach Meinung des LAG Hamm das Nichtvorhandensein der aufgeführten Fähigkeit aus. In der alltagssprachlichen Verwendung hingegen wird mit dieser Formulierung keine Kritik geübt (vgl. Urteil des LAG Hamm 4. Kammer, 28.3.2000, 4 Sa 648/99). Diese einzelnen Punkte dürfen aber nicht isoliert voneinander gesehen werden, da ein Zeugnis immer in seiner Gesamtheit bewertet werden muss.

> „Das Zeugnis ist ein einheitliches Ganzes; seine Teile können nicht ohne Gefahr der Sinnentstellung auseinander gerissen werden. Daher sind die Gerichte befugt, gegebenenfalls das gesamte Zeugnis zu überprüfen und unter Umständen selbst neu zu formulieren" (Urteil des BAG 5. Senat, 23.6.1960, 5 AZR 560/58, Leitsatz 3).

Eine positive Hervorhebung von bestimmten Leistungs- bzw. Verhaltenskriterien kann die Gesamtbewertung insgesamt aufwerten, entsprechend kann durch Auslassungen eine Abwertung geschehen (vgl. Urteil des BAG 2. Senat, 29.7.1971, 2 AZR 250/70).

3.2.4.2 Beurteilung von Leistung und Verhalten

Im Folgenden wird auf die beiden Beurteilungsbereiche der Leistung und des Verhaltens genauer eingegangen. Die getrennte Betrachtung dieser Bereiche dient dem besseren Verständnis und der analytischen Klarheit. Für die Gesamtbeurteilung eines Zeugnisses müssen aber wie oben ausgeführt nicht nur die Bewertungen der einzelnen Bereiche, sondern auch immer der Zusammenhang und das Ganze gesehen werden.

Zunächst zu den rechtlichen Maßgaben zur Beurteilung der Leistung: Der Begriff der Leistung ist nicht einheitlich definiert (ausführlicher zur Vielfalt des Leistungsbegriffs vgl. Becker 2003, S. 11ff.). Im Hinblick auf die in Arbeitszeugnissen zu beurteilende Leistung verwendet das LAG Hamm eine umfassende Definition:

> „Unter Leistung ist die berufliche Verwendbarkeit des Arbeitnehmers zu verstehen. Sie umfaßt sechs Hauptmerkmale: Arbeitsbefähigung (Können), Arbeitsbereitschaft (Wollen), Arbeitsvermögen (Ausdauer), Arbeitsweise (Einsatz), Arbeitsergebnis (Erfolg), Arbeitserwartung (Potenzial), bei Vorgesetzten auch die sog. Führungsleistung. Die Einzelheiten müssen stets berufsbezogen sein" (Urteil des LAG Hamm 4. Kammer, 27.2.1997, 4 Sa 1691/96, Leitsatz 5).

In der üblichen Zeugnissprache wird die Leistungsbeurteilung über die Zufriedenheit mit der Aufgabenerledigung ausgedrückt. Mit dem Begriff der Zufriedenheit äußern die Arbeitgeber/innen nicht ihr subjektives Empfinden, sie vergeben vielmehr aus der Sicht von verständig denkenden Arbeitgeber/inne/n eine Note (vgl. Urteil des LAG Düsseldorf 12. Kammer, 11.6.2003, 12 Sa 354/03, Rn. 30). In Tabelle 3.2.2 ist eine Positiv-Skala der Leistungsbeurteilung zusammengestellt.

Tabelle 3.2.2: Positiv-Skala der Leistungsbeurteilung

Er/Sie hat die ihm/ihr übertragenen Aufgaben …	Beurteilung (Notenstufe)
… stets zu unserer vollsten Zufriedenheit erledigt.	Sehr gute Leistungen (1)
… stets zu unserer vollen Zufriedenheit erledigt.	Gute Leistungen (2)
… zu unserer vollen Zufriedenheit erledigt. … stets zu unserer Zufriedenheit erledigt.	Befriedigende (bzw. voll befriedigende) Leistungen (3 bzw. 3+)
… zu unserer Zufriedenheit erledigt	Ausreichende Leistungen (4)
… im Großen und Ganzen zu unserer Zufriedenheit erledigt.	Mangelhafte Leistungen (5)
… zu unserer Zufriedenheit zu erledigen versucht. … kennen gelernt. Er/Sie hat sich bemüht die ihm/ihr übertragenen Aufgaben zu erledigen. Er/Sie führte die übertragenen Aufgaben mit großem Fleiß und Interesse durch.	Unzureichende Leistungen (6)

Quellen: zusammengestellt nach Urteil des LAG Hamm 4. Kammer, 27.4.2000, 4 Sa 1018/99, Rn. 102; Urteil des BAG, 24.31977, 3 AZR 232/76, Zeugnis Entsch 20 und Urteil des LAG Bremen, 9.11.2000, 4 Sa 101/00 mit Verweis auf Presch/Gloy (1976) und Presch (1985).

Beispielsweise ist es aus der Sicht des LAG Hamm angebracht, Leistungen mit „sehr gut" zu bewerten, wenn die Arbeit ohne jede Beanstandung erbracht wurde und die Arbeitnehmer/innen sich besonders auszeichnen, beispielsweise durch neue Ideen oder Schnelligkeit (vgl. Urteil des LAG Hamm 4. Kammer, 12.7.1994, 4 Sa 192/94). Immer wieder Anlass zur Diskussion bietet der Ausdruck „stets zur vollsten Zufriedenheit", der der Notenstufe 1 entspricht. Das BAG hat festgestellt, dass Arbeitgeber/innen, die die Notenstufe 1 vergeben wollen und das grammatikalisch unrichtige Wort „vollste" vermeiden möchten, eine sehr gute Leistung mit anderen Worten beschreiben müssen. Denn die Formulierung „zur vollen Zufriedenheit" entspricht nur einer guten Bewertung (vgl. Urteil des BAG 5. Senat, 23.9.1992, 5 AZR 573/91). Die Arbeitnehmer/innen sind nach § 243 Abs. 1 BGB vertraglich zu einer Leistung von mittlerer Art und Güte verpflichtet. Die Arbeitgeber/innen tragen die Beweislast für die Bescheinigung unterdurchschnittlicher Leistungen (vgl. Urteil des LAG Bremen 4. Kammer, 9.11.2000, 4 Sa 101/00). Bei der Beschreibung der Tätigkeiten und den Bewertungen durch Dritte (z.b. Wertschätzung durch die Kund/inn/en) sind die Arbeitnehmer/innen darlegungs- und beweispflichtig. Im bewertenden Teil des Arbeitszeugnisses haben die Arbeitnehmer/innen Anspruch auf eine gute Beurteilung, wenn die Arbeitgeber/innen Defizite nicht begründet darlegen und gegebenenfalls beweisen können. Leistungsmängel, die auf einem Nebengebiet festgestellt wurden und nicht für das gesamte Leistungsbild wichtig waren, dürfen nach Ansicht der 6. Kammer des Arbeitsgerichts Hamburg im Zeugnis nicht entscheidend hervorgehoben werden (vgl. Urteil des AG Hamburg 6. Kammer, 18.1.1965, 6 Ca 435/64). Wenn die Arbeitnehmer/innen überdurchschnittlich gute Bewertungen fordern, dann sind sie selbst darlegungs- und beweispflichtig (vgl. Urteil des LAG Köln 11. Kammer, 26.4.1996, 11(13) Sa 1231/95). In diesem Zusammenhang hat das Arbeitsgericht Frankfurt eine weit überdurchschnittlich erfolgreiche Karriere als Anscheinsbeweis anerkannt, der eine Beurteilung der Leistung als „sehr gut" rechtfertigt (vgl. Urteil des ArbG Frankfurt 2. Kammer, 25.8.1999, 2 Ca 2584/99).

Nun zum Beurteilungsbereich Verhalten (bzw. Führung): Unter dem Begriff Verhalten werden in diesem Zusammenhang sowohl das allgemeine Verhalten als auch die Fähigkeit mit anderen zusammenzuarbeiten verstanden, außerdem Vertrauenswürdigkeit, Verantwortungsbereitschaft und die Einhaltung der betrieblichen Ordnung (vgl. Urteil des LAG Hamm 4. Kammer, 12.7.1994, 4 Sa 192/94) sowie bei Führungskräften die Personalführung (vgl. Schleßmann 1988, S. 1325). In der Gewerbeordnung wird seit der Novellierung 2002 der Begriff des Verhaltens verwendet. Im BGB hingegen wird bedeutungsgleich der Begriff Führung benutzt. Für den Teilbereich der Personalführung ist laut dem LAG Hamm sowohl die Auswirkung der Personalführung auf die Motivation (Betriebsklima) als auch auf die Abteilungsleistung wichtig. Auch die Durchsetzungskraft eines Vorgesetzten sei immer zu beurteilen (vgl. Urteil des LAG Hamm 4. Kammer, 27.4.2000, 4 Sa 1018/99).

Auch im Bereich der Verhaltensbeurteilung sind wohlwollende Formulierungen die Norm. In Tabelle 3.2.3 ist eine entsprechende Positiv-Skala zusammengestellt. Zu beachten ist, dass Auslassungen und Nichterwähnung (z.B. einer Verhaltensrichtung wie „zu den Kollegen") als Verhaltens-, Anpassungs-, Kontakt- oder Führungsschwierigkeiten interpretiert werden können (vgl. Urteil des LAG Hamm 4. Kammer, 27.4.2000, 4 Sa 1018/99, Rn. 115).

Tabelle 3.2.3: Positiv-Skala der Verhaltensbeurteilung

Das Verhalten zu Vorgesetzen, Arbeitskolleg/inn/en, ggf. Untergebenen und Kund/inn/en ...	Beurteilung (Notenstufe)
... war stets (jederzeit, immer) vorbildlich.	Sehr gutes Verhalten (1)
... war vorbildlich.	Gutes Verhalten (2)
... war stets einwandfrei. ... war einwandfrei (war korrekt).	Voll befriedigendes Verhalten (3+) bzw. befriedigendes Verhalten (3)
... war ohne Tadel.	Ausreichendes Verhalten (4)
... gab zu keiner Klage Anlass.	Mangelhaftes Verhalten (5)
Über ... ist uns nichts Nachteiliges bekannt geworden.	Unzureichendes Verhalten (6)

Quelle: zusammengestellt nach dem Urteil des LAG Hamm 4. Kammer, 17.12.1998, 4 Sa 630/98, Rn. 76 mit Verweis auf Presch/Gloy (1976) und Presch (1985)

Der Bundesgerichtshof (BGH) hat in diesem Zusammenhang von „beredtem Schweigen" gesprochen. Allerdings kann nur dann ein beredtes Schweigen vorliegen, wenn die Erwähnung eines bestimmten Verhaltens absolut üblich ist, diese Erwähnung aber fehlt, wie z.b. Ehrlichkeit bei Kassierer/inne/n (Urteil des BGH, 22.9.1970, IV ZR 193/69, vgl. auch Urteil des BAG, 29.7.1971 2 AZR 250/70). Eine Erwähnung der Ehrlichkeit kann daher von Arbeitnehmer/inne/n gefordert werden, wenn branchenüblich davon ausgegangen wird, dass bei Fehlen des Wortes an der Ehrlichkeit gezweifelt wird. Dies ist z.b. bei Kassierer/inne/n, Hotelpersonal und Ladenverkäufer/inne/n der Fall (vgl. Urteil des LAG Hamm 4. Kammer, 27.12.1998, 4 Sa 630/98, Rn. 74).

3.2.4.3 Erfordernisse zu einzelnen Zeugnisangaben

Die gesetzlichen Regelungen sehen vor, dass auf Verlangen der Arbeitnehmer/innen Angaben zu Leistung und Verhalten im Zeugnis gemacht werden. Welche Angaben genau darunter zu verstehen sind und vor allem, welche Angaben den Grundsätzen des Zeugnisrechts entgegenlaufen, wird aufgrund von Klagen durch die Rechtsprechung im Einzelfall entschieden. Der Systematik folgend soll zunächst das Allgemeine und dann das Besondere dargestellt werden. Die hier erfolgende Entscheidungssammlung kann nicht abschließend sein. Es kann jedoch ein Überblick über die bisherige Rechtsprechung gewonnen werden, um den rechtlichen Rahmen von Arbeitszeugnissen einschätzen zu können.

Angaben über den Gesundheitszustand der Arbeitnehmer/innen sind nur dann in ein Arbeitszeugnis aufzunehmen, wenn dieser Zustand den Arbeitseinsatz grundsätzlich beeinflusst (vgl. Urteil des ArbG Hagen 2. Kammer, 17.4.1969, 2 Ca 1160/68). Eine Krankheit darf im Zeugnis nicht vermerkt werden, auch wenn sie der Kündigungsgrund ist (vgl. Urteil des LAG Sachsen 5. Kammer, 30.1.1996, 5 Sa 996/95).

Da die Funktion als Betriebsratsmitglied nichts mit der Art des Arbeitsverhältnisses zu tun hat, gehören in das Arbeitszeugnis keine Angaben dazu (vgl. Urteil des LAG

Hamm 9. Kammer, 12.4.1976, 9 Sa 29/76). Nur wenn die Arbeitnehmer/innen es ausdrücklich wünschen, können Angaben über gewerkschaftliche Tätigkeiten und Betriebsratsarbeit in das Zeugnis aufgenommen werden (vgl. Urteil des ArbG Ludwigshafen 2. Kammer, 18.3.1987, 2 Ca 281/87). Die Erwähnung der Freistellung ist im Prinzip nicht zulässig (vgl. Urteil des ArbG Augsburg 5. Kammer, 12.4.2006, 5 Ca 166/06). Wenn jedoch Arbeitnehmer/innen lange Zeit für den Betriebsrat freigestellt waren und die Arbeitgeber/innen Leistung und Verhalten nicht mehr beurteilen können, dann kann etwas anderes gelten (vgl. Urteil des LAG Hessen 6. Kammer, 10.3.1977, 6 Sa 779/76).

Das Privatleben der Arbeitnehmer/innen gehört nicht in das Arbeitszeugnis (vgl. Urteil des LAG München 6. Kammer, 14.9.1976, 6 Sa 584/76). Vorstrafen oder Verdächtigungen gegen Arbeitnehmer/innen dürfen nicht in ein Arbeitszeugnis aufgenommen werden. Nur nachgewiesene Straftaten, die in einem direkten Zusammenhang mit der Tätigkeit stehen, sind im Zeugnis aufzunehmen (vgl. Urteil des ArbG Düsseldorf 7. Kammer, 15.12.2003, 7 Ca 9224/03).

Ein arbeitsgerichtliches Verfahren wegen einer Kündigung darf im Zeugnis nicht erwähnt werden (vgl. Urteil des LAG München 6. Kammer, 14.9.1976, 6 Sa 584/76). Ein laufendes staatsanwaltliches Ermittlungsverfahren ist grundsätzlich nicht ins Zeugnis aufzunehmen, da es sich in diesem Moment noch um einen Verdacht handelt. Die Aufnahme eines Verdachts einer strafbaren Handlung in das Zeugnis ist im Allgemeinen mit Treu und Glauben nicht vereinbar und daher unzulässig (vgl. Urteil des LAG Hamm 4. Kammer, 27.2.1997, 4 Sa 1691/96, Leitsatz 7). Falls nach Ende des Arbeitsverhältnisses eine strafbare Handlung bekannt wird, die in einem wesentlichen Zusammenhang mit den Tätigkeiten der Arbeitnehmer/innen steht bzw. stand, können die Arbeitgeber/innen das Zeugnis widerrufen, um Schadensersatzansprüche von neuen Arbeitgeber/inne/n zu vermeiden (vgl. Urteil des ArbG Düsseldorf 7. Kammer, 15.12.2003, 7 Ca 9224/03).

Wenn die Arbeitnehmer/innen in ihrem Beruf straffällig wurden, können die Arbeitgeber/innen dies im Zeugnis vermerken. Für die Abwägung, welche Tatsachen in Arbeitszeugnisse aufgenommen werden sollten, gilt folgendes:

> „Ein Zeugnis muß die wesentlichen Tatsachen enthalten, die für die Gesamtbeurteilung des Arbeitnehmers von Bedeutung und für den künftigen Arbeitgeber von Interesse sind. Das Zeugnis soll zwar von verständigem Wohlwollen getragen sein und das weitere Fortkommen des Angestellten nicht unnötig erschweren. Die Rücksichtnahme auf das weitere Fortkommen des Arbeitnehmers findet aber dort ihre Grenze, wo sich das Interesse des künftigen Arbeitgebers an der Zuverlässigkeit der Grundlagen für die Beurteilung des Arbeitssuchenden ohne weiteres aufdrängt und das Verschweigen bestimmter für die Führung im Dienst bedeutsamer Vorkommnisse die für die Beurteilung des Arbeitnehmers wesentliche Gesamtbewertung in er-

heblichem Maße als unrichtig erscheinen läßt (Urteil des BGH 6. Zivilsenat, 22.9.1970, VI ZR 193/69, Rn. 18).

Das Verschweigen von strafbaren Handlungen kann als vorsätzliche Schadenszufügung nach § 826 BGB gesehen werden, damit kann es einen Schadensersatzanspruch der neuen Arbeitgeber/innen gegen die Zeugnis ausstellenden Arbeitgeber/innen begründen.

Die Elternzeit von Arbeitnehmer/inne/n darf im Zeugnis nur erwähnt werden, wenn die Ausfallzeit eine wesentliche tatsächliche Unterbrechung der Beschäftigung darstellte (vgl. Urteil des BAG 9. Senat, 10.5.2005, 9 AZR 261/04). Im vorliegenden Fall dauerte das Arbeitsverhältnis vertraglich 4 ½ Jahre; der Arbeitnehmer übte die Tätigkeit aber tatsächlich nur 4 ½ Monate aus. Da nach Ansicht des Gerichts der beurteilende Arbeitgeber den Arbeitnehmer aufgrund der Ausfallzeiten nicht objektiv beurteilen konnte, war es gerechtfertigt, die Ausfallzeiten zu erwähnen.

Die Formulierung, dass Arbeitnehmer/innen ihre Arbeitszeit korrekt genutzt haben, bringt zum Ausdruck, dass die Arbeitnehmer/innen ungeachtet des Bedarfs ihre Arbeit immer pünktlich eingestellt hat. Sie ist nur dann zulässig, wenn dieser Sachverhalt zutrifft (vgl. Urteil des ArbG Neubrandenburg 1. Kammer, 12.2.2003, 1 Ca 1579/02).

Weitere Regelungen betreffen den Schlussteil des Zeugnisses. Dazu ist zunächst festzuhalten, dass es nicht üblich und auch grundsätzlich nicht zulässig ist, im Arbeitszeugnis darauf hinzuweisen, wer gekündigt hat und welche Beendigungsgründe vorlagen (vgl. Urteil des LAG Köln 10. Kammer, 29.11.1990, 10 Sa 801/90, Rn. 63). Wenn aber Arbeitnehmer/innen selbst gekündigt haben, stellt es aus der Sicht des 5. Senats des BAG keine unzumutbare Belastung dar, dies in das Zeugnis aufzunehmen. Denn diese Angabe sei für zukünftige Bewerbungen von besonderer Bedeutung (vgl. Urteil des BAG 5. Senat, 23.6.1960, 5 AZR 560/58, Rn. 42). In dem Fall, dass Arbeitgeber/innnen eine fristlose Kündigung ausgesprochen haben, dürfen sie dies im Zeugnis dann nicht erwähnen, wenn das Datum der Beendigung des Arbeitsverhältnisses im Zeugnis angegeben ist (vgl. Urteil des LAG Düsseldorf 2. Kammer, 22.1.1988, 2 Sa 1654/87).

Auf die allgemein üblichen Schlussformeln, z.B. „Wir bedauern sein Ausscheiden und wünschen ihm für die Zukunft alles Gute", haben die Arbeitnehmer/innen keinen Anspruch. Dies begründet der 9. Senat des BAG in seinem Urteil vom 20.2.2001 (9 AZR 44/00, Leitsatz 6) damit, dass die Arbeitgeber/innen grundsätzlich in ihren Formulierungen frei sind, solange das Zeugnis nichts Falsches enthält. Zudem könne ein Zeugnis auch ohne Schlusssätze vollständig sein. Das BAG betont damit ausdrücklich die Gestaltungsfreiheit der Arbeitgeber/innen (vgl. Urteil des BAG 9. Senat, 20.2.2001, 9 AZR 44/00, Rn. 24). Schlusssätze können dazu verwendet werden, Akzente zu setzen bzw. das Bild von Arbeitnehmer/inne/n abzurunden. Daher müssen sie mit dem übrigen Zeugnis in Einklang stehen; „unterlassene negative Werturteile dürfen nicht versteckt mit einer knappen ‚lieblosen' Schlußformel nachgeholt werden" (Urteil des LAG Hamm 4. Kammer, 12.7.1994, 4 Sa 192/94, Leitsatz 6). Dennoch wird davon ausgegangen, dass Schlusssätze in Zeugnissen üblicherweise verwendet werden. So enthalten nach einer Untersuchung von Weuster (vgl. 1994, S. 250f.) 94,9 % aller Zeugnisse Zukunftswünsche und 49,5 % aller Zeugnisse Dankes- bzw. Bedauern-Formeln. Mit diesem Umstand begründet das Arbeitsgericht Berlin abweichend von der Rechtsprechung des BAG einen Rechtsanspruch der Arbeitnehmer/innen auf die „sogenannte Dankes- und Zukunftsformel" (Urteil des ArbG Berlin 88. Kammer, 7.3.2003, 88 Ca 604/03). Diese Formeln seien allgemein verbreitet, es bestehe daher die Gefahr, dass der Gesamteindruck eines Zeugnisses ohne diese Formeln in nicht kontrollierbarer Weise entwertet werde.

3.2.4.4 Geheimcodes in Arbeitszeugnissen

Ein Zeugnis darf „keine Merkmale oder Formulierungen enthalten, die den Zweck haben, eine andere als aus der äußeren Form oder aus dem Wortlaut ersichtliche Aussage über den Arbeitnehmer zu treffen" (§ 109 Abs. 2 Satz 2 GewO). Das gesetzliche Verbot von Geheimcodes und deren Beurteilung ist immer wieder Gegenstand der Rechtsprechung, was im Folgenden dargestellt wird. Das Thema Geheimcodes wird auch ausführlich in Abschnitt 3.3 aus Sicht der Sprachwissenschaft behandelt und in der eigenen empirischen Studie aufgegriffen.

Als Geheimcodes sieht das LAG Hamm Merkmale an, die die Arbeitnehmer/innen in einer nicht aus dem Wortlaut ersichtlichen Art charakterisieren. Ein Zeugnis darf nicht in sich widersprüchlich sein, auch darf durch doppelbödige Zeugnisformulierungen keine Herabsetzung der Verhaltensbeurteilung erfolgen. Kommen Geheimcodes in einem Zeugnis vor, so sind sie ersatzlos zu streichen (vgl. Urteil des LAG Hamm 4. Kammer, 17.12.1998, 4 Sa 630/98, Leitsatz 3). Als Beispiel für Geheimcodes führt das LAG Formulierungen mit ihren vermeintlichen Bedeutungen an. Dazu gehören u.a.: „er verfügt über Sprachwissen und hat ein gesundes Selbstvertrauen" mit der vermeintlichen Bedeutung: „er klopft große Sprüche um mangelndes Fachwissen zu überspielen, oder „wir lernten sie als umgängliche Kollegin kennen" mit der vermeintlichen Bedeutung „viele Mitarbeiter sahen sie lieber von hinten als von vorn" (vgl. Urteil des LAG Hamm 4. Kammer, 17.12.1998, 4 Sa 630/98, Leitsätze 3 und 4).

Ein unzulässiger Geheimcode kann auch im Auslassen eines an sich erwarteten Zeugnisinhalts gesehen werden (vgl. Urteil des BAG 9. Senat, 20.2.2001, 9 AZR 44/00, Rn. 18). Nicht nur Auslassungen, sondern auch Wortwahl, Satzstellungen und Interpunktion können zu einer falschen Vorstellung der Leser/innen führen. So entschied das Arbeitsgericht Bochum, dass ein Ausrufungszeichen nach der Benotung „Führung und Leistung waren ausreichend" dazu führen kann, dass die Leser/innen das „ausreichend" mit Vorsicht bzw. als schlechter interpretieren. Insofern kann es dazu kommen, dass die Beurteilung dem Wortlaut nicht entspricht bzw. falsch ist (vgl. Urteil des ArbG Bochum 2. Kammer, 21.8.1969, 2 Ca 618/69). Zur Umkehrung der Wortreihenfolge bei der zusammenfassenden Verhaltensbewertung, z.b. von „Vorgesetzte und Kolleg/inn/en" in „Kolleg/inn/en und Vorgesetzte", gibt es wiederum widersprüchliche Einschätzungen. Schlussfolgerungen daraus wurden vom Arbeitsgericht Saarbrücken als gekünstelt bewertet; eine Umkehrung sei nicht zwingend bedeutsam (vgl. Urteil des ArbG Saarbrücken 6a. Kammer, 12.4.2001, 6a Ca 47/01). Eckhoff hingegen weist darauf hin, dass in der betrieblichen Praxis auf die Reihenfolge geachtet wird und sie daher eingehalten werden sollte (vgl. Münchner Anwaltshandbuch Arbeitsrecht/Eckhoff 2005, S. 1597).

3.2.5 Begrenzung des Zeugnisanspruchs und Änderungsrechte

In diesem Abschnitt geht es zum einen um Bestimmungen dazu, wann der Anspruch auf ein Arbeitszeugnis erlischt bzw. darauf verzichtet wird. So besteht der Anspruch auf ein Zeugnis grundsätzlich nicht mehr, wenn das Zeugnis bereits richtig erteilt wurde, auf den Anspruch verzichtet wurde oder der Anspruch verjährt, verwirkt oder durch eine tarifliche Ausschlussfrist ausgeschlossen ist. Zum anderen werden Regelungen zur nachträglichen Veränderung eines ausgestellten Zeugnisses dargelegt. So kommen in bestimmten Fällen die Berichtigung, der Widerruf oder die Neuerteilung eines Zeugnisses in Betracht.

Zur Begrenzung des Zeugnisanspruchs ist zunächst festzuhalten, dass Arbeitnehmer/innen nicht im Voraus auf ein Zeugnis verzichten können, da § 630 BGB eine zwingende gesetzliche Vorschrift ist. Zudem können Arbeitgeber/innen einen Verzicht nicht einfach unterstellen. So dürfen allgemein formulierte Ausgleichsklauseln in Vergleichen (z.B. „Damit sind sämtliche gegenseitige Ansprüche erledigt") nicht so ausgelegt werden, dass die Arbeitnehmer/innen keinen Anspruch mehr auf ein qualifiziertes Zeugnis haben bzw. erheben (vgl. Urteil des BAG 5. Senat, 16.9.1974, 5 AZR 255/74). Arbeitnehmer/innen können jedoch von sich aus bei Beendigung eines Arbeitsverhältnisses auf den Anspruch auf ein Zeugnis verzichten (vgl. Urteil des LAG Köln 4. Kammer, 17.6.1994, 4 Sa 185/94).

Der Anspruch auf Erteilung eines Zeugnisses verjährt gemäß § 195 BGB nach drei Jahren. Der Anspruch unterliegt darüber hinaus wie alle schuldrechtlichen Ansprüche der Verwirkung. Im Einzelfall wird geprüft, ob die Arbeitnehmer/innen ihr Recht längere Zeit nicht ausgeübt haben und die Arbeitgeber/innen somit überzeugt waren, dass das Recht nicht mehr geltend gemacht wird. Zudem müssen die Arbeitgeber/innen den Eindruck haben, dass die Arbeitnehmer/innen kein Zeugnis mehr wollen. Wichtig ist auch, ob die Erteilung des Zeugnisses den Arbeitgeber/inne/n nach Treu und Glauben noch zumutbar ist (vgl. Urteil des BAG 5. Senat, 17.2.1988, 5 AZR 638/86). Wenn das Verhalten der Arbeitnehmer/innen nach dem Ausscheiden so aufgefasst werden kann, dass sie dem ausgestellten Zeugnis keine besondere Bedeutung beimessen, dann können sie nach fünf Monaten keine Schadensersatzansprüche wegen Formulierungen mehr stellen (vgl. Urteil des BAG 1. Senat, 17.10.1972, 1 AZR 86/72). Wenn Arbeitnehmer/innen nach Erhalt eines qualifizierten Zeugnisses 15 Monate abwarten, bevor sie einen Anspruch auf Zeugnisberichtigung geltend machen, so ist der Anspruch darauf verwirkt (vgl. Urteil des LAG Hamm 3. Kammer, 3.7.2002, 3 Sa 248/02).

Der Zeugnisanspruch entsteht aus dem Arbeitsverhältnis, deshalb unterliegt er gegebenenfalls auch tariflichen Ausschlussfristen (vgl. Urteil des BAG 9. Senat, 4.10.2005, 9 AZR 507/04).

Verlangen Arbeitnehmer/innen die Berichtigung eines Zeugnisses, so machen sie nach Auffassung des BAG die ordnungsgemäße Erfüllung des Anspruchs auf ein richtiges Arbeitszeugnis geltend und nicht einen Berichtigungsanspruch (Urteil des BAG 5. Senat, 23.6.1960, 5 AZR 560/58, Rn. 50). Nach anderer Auffassung machen die Arbeitnehmer/innen einen Berichtigungsanspruch geltend (vgl. Urteil des LAG Hamm 4. Kammer, 1.12.1994, 4 Sa 1631/94, Leitsatz 3). Die unterschiedliche Einordnung wirkt sich nur auf die Darlegungs- und Beweislast aus. Diese tragen entweder die Arbeitgeber/innen für die ordnungsgemäße Erfüllung des Anspruchs auf ein richtiges Zeugnis oder die Arbeitnehmer/innen für die Voraussetzungen des Anspruchs auf Berichtigung eines Zeugnisses, das zwar erteilt wurde, aber Mängel aufweist.

Müssen Arbeitgeber/innen den Arbeitnehmer/inne/n ein neues Zeugnis erteilen, da die Arbeitnehmer/innen die Berichtigung berechtigt verlangen, so sind die Arbeitgeber/innen an die bisherige Verhaltensbeurteilung gebunden. Ein anderer Fall liegt vor, wenn ihnen neue Umstände bekannt geworden sind (vgl. Urteil des BAG 9. Senat, 21.6.2005, 9 AZR 352/04). Da über Arbeitnehmer/innen nur ein Zeugnis existieren darf, sind die Arbeitgeber/innen nur bei Rückgabe eines beanstandeten Zeugnisses verpflichtet, ein neues zu erteilen (vgl. Urteil des LAG Hamm 4. Kammer, 21.12.1993, 4 Sa 880/93, Rn. 65).

Ein Zeugnis ist eine Wissenserklärung und kann daher von den Arbeitgeber/inne/n widerrufen werden, wenn nachträglich Tatsachen bekannt werden, die eine andere Beurteilung rechtfertigen. In diesem Fall weist das Zeugnis wesentliche Unrichtigkeiten oder Lücken auf, die für die Einstellungsentscheidung der neuen Arbeitgeber/innen wesentlich sein können (vgl. Urteil des ArbG Düsseldorf 7. Kammer, 15.12.2003, 7 Ca 9224/03).

Eine transsexuelle Person hat auf der Grundlage der nachvertraglichen Fürsorgepflicht einen Anspruch auf Neuerteilung eines Zeugnisses mit dem geänderten Namen bzw. geänderten Geschlecht. Für die Arbeitgeber/innen wird die Umformulierung als relativ geringer Aufwand angesehen, während das geänderte Zeugnis es den Arbeitnehmer/inne/n ermöglicht, in der Rolle des anderen Geschlechts aufzutreten, ohne sich offenbaren zu müssen. Da bei der Rückgabe des ursprünglichen Zeugnisses gegen die Aushändigung eines Zeugnisses mit geändertem Namen bzw. Geschlecht nur eine Beurteilung existiert, brauchen die Arbeitgeber/innen üblicherweise keine Rückfragen zu fürchten (vgl. Urteil des LAG Hamm 4. Kammer, 17.12.1998, 4 Sa 1337/98).

3.2.6 Auskunftsrechte und Schadensersatzansprüche

Als letzter Punkt der Rechtssprechung zu Arbeitszeugnissen werden hier Auskunftsrechte und Schadensersatzansprüche thematisiert. Und zwar geht es zunächst um die Auskunftsrechte und -pflichten der „alten" Arbeitgeber/innen sowie um Schadensersatzansprüche, die Arbeitnehmer/innen in diesem Zusammenhang sowie darüber hinaus geltend machen können. Sodann werden die Auskunftsrechte neuer Arbeitgeber/innen sowie deren Ansprüche auf Schadensersatz referiert.

Arbeitgeber/innen haben nach einem Urteil des 1. Senats des BAG aus dem Jahr 1957 eine Auskunftspflicht gegenüber solchen Personen, mit denen die ausgeschiedenen Arbeitnehmer/innen in Verhandlungen über den Abschluss eines Arbeitsvertrages stehen (vgl. Urteil des BAG 1. Senat, 25.10.1957, 1 AZR 434/55). Allerdings besteht dabei die Gefahr, dass die informationelle Selbstbestimmung der Arbeitnehmer/innen beeinträchtigt wird. Aus diesem Grund sieht Schleßmann die Zulässigkeit solcher Auskünfte als fraglich an, zumal sie gesetzlich nicht geregelt sind (vgl. Schleßmann 1988, S. 1324). Nach einer Entscheidung des 6. Zivilsenats des BGH von 1959 müssen Arbeitgeber/innen aufgrund ihrer Treue- und Fürsorgepflicht den ausgeschiedenen Arbeitnehmer/inne/n die Auskünfte mitteilen, die sie an anderer Stelle über sie erteilt haben (vgl. Urteil des BGB 6. Zivilsenat, 10.7.1959, VI ZR 149/58). Allerdings dürfen die Auskünfte selbst nur an Personen erteilt werden, die ein berechtigtes Interesse haben (vgl. Urteil des BAG 3. Senat, 18.8.1981, 3 AZR 792/78). Die früheren Arbeitgeber/innen haben dabei die Verpflichtung, nur richtige Auskünfte im Sinne einer wahrheitsgemäßen Zeugniserteilung zu geben. Anderenfalls haften sie für den Schaden, der Arbeitnehmer/inne/n daraus entstanden ist. Die Darlegungs- und Beweislast liegt in diesem Fall bei den Arbeitnehmer/inne/n (vgl. Urteil des BAG 3. Senat, 29.1.1981, 3 AZR 268/78). Erfolgt bei einem gerichtlichen Vergleich eine Einigung zwischen Arbeitgeber/inne/n und Arbeitnehmer/inne/n über die Leistungs- und Verhaltensbeurteilung, so sind die Arbeitgeber/innen auch bei der Auskunftserteilung an den Inhalt dieses Vergleichs gebunden (vgl. Urteil des LAG Hamburg 2. Kammer, 16.8.1984, 2 Sa 144/83).

Ein Schadensersatzanspruch der Arbeitnehmer/innen gegen die Arbeitgeber/innen kann darüber hinaus sowohl wegen Schlechterfüllung als auch wegen Schuldnerverzug gegeben sein. Ein Schaden wird nur als solcher anerkannt, wenn er auf der schuldhaften Verletzung der Zeugnispflicht beruht. Dabei müssen die Arbeitnehmer/innen darlegen und beweisen, dass ihnen durch die verspätete oder unrichtige

Erteilung eines Arbeitszeugnisses ein Schaden entstanden ist (vgl. Urteil des BAG 3. Senat, 25.10.1967, 3 AZR 456/66). Die Ablehnung einer Bewerbung um einen neuen Arbeitsplatz reicht als alleiniger Beweis nicht aus; denn das Fehlen eines Zeugnisses bei der Bewerbung muss nicht ursächlich dafür sein. In diesem Fall sind die individuellen Ereignisse mit einzubeziehen (vgl. Urteil des BAG 8. Senat, 16.11.1995, 8 AZR 983/94). Auch nach einem Urteil der 2. Kammer des LAG Hessen aus dem Jahr 2003 müssen Arbeitnehmer/innen, die Schadensersatz wegen der verspäteten Erteilung eines Zeugnisses verlangen, darlegen, dass der Verzug die Ursache für die Erfolglosigkeit ihrer Bewerbung ist (vgl. Urteil des LAG Hessen 2. Kammer, 30.7.2003, 2 Sa 159/03).

Wie oben erwähnt, ist es umstritten, inwieweit Arbeitgeber/innen, die ein Arbeitszeugnis ausgestellt haben, gegenüber potenziellen Arbeitgeber/inne/n auskunftspflichtig sind. Im Hinblick auf Arbeitszeugnisse ist dabei vor allem von Bedeutung, dass Arbeitgeber/innen an ihre Beurteilungen in Arbeitszeugnissen gebunden sind. Neue bzw. potenzielle Arbeitgeber/innen haben das Recht, bei den früheren Arbeitgeber/inne/n Auskünfte über Arbeitnehmer/innen einzuholen. Die früheren Arbeitgeber/innen dürfen die neuen Arbeitgeber/innen bei der Wahrung ihrer Belange unterstützen. Allerdings dürfen sich die Auskünfte, die diese erteilen, nur auf die Leistung und das Verhalten der Arbeitnehmer/innen während des vergangenen Arbeitsverhältnisses beziehen. Es dürfen hingegen weder Einsicht in den Arbeitsvertrag gewährt noch Auskünfte zu den vereinbarten Arbeitsbedingungen erteilt werden (vgl. Urteil des BAG 3. Senat, 18.12.1984, 3 AZR 389/83). Mit Blick auf das Verhalten der Arbeitnehmer/innen urteilte das BAG, dass die früheren Arbeitgeber/innen zwar verpflichtet sind, auf Anfrage der neuen Arbeitgeber/innen wahrheitsgemäß über erhebliche unentschuldigte Fehlzeiten Auskunft zu erteilen. Jedoch dürfen sie nicht erklären, dass die Arbeitnehmer/innen arbeitsscheu und charakterlich labil seien (vgl. Urteil des BAG 3. Senat, 18.8.1981, 3 AZR 792/78). Insgesamt dürfen Arbeitgeber/innen nur richtige Auskünfte geben. Da Zeugnisse wahrheitsgemäß auszustellen sind, sind Arbeitgeber/innen auch bei der Auskunftserteilung prinzipiell an die dort erfolgte Beurteilung gebunden.

Legen Arbeitnehmer/innen ein ihnen erteiltes qualifiziertes Zeugnis ihrer früheren Arbeitgeber/innen bei neuen Arbeitgeber/inne/n nicht vor, so sind die früheren Arbeitgeber/innen gegenüber den neuen Arbeitgeber/inne/n auf Nachfrage verpflichtet, auch ohne die Einwilligung der Arbeitnehmer/innen nachteilige Tatsachen mitzuteilen (vgl. Urteil des ArbG Darmstadt 5. Kammer, 1.7.1976, 5 Ca 146/76).

Ist ein Zeugnis für die Neubeschäftigung ursächlich, so sind die früheren Arbeitgeber/innen gegenüber den neuen Arbeitgeber/inne/n schadensersatzpflichtig, wenn das Arbeitszeugnis grob falsch und damit geeignet war, künftige Arbeitgeber/innen zu täuschen. Im zugrunde liegenden Fall hatte der vorherige Arbeitgeber dem Arbeitnehmer äußerste Zuverlässigkeit in einer Vertrauensstellung bescheinigt, obwohl er einige Jahre zuvor 70.000 DM unterschlagen hatte (vgl. Urteil des OLG München 1. Zivilsenat, 30.3.2000, 1 U 6245/99).

3.2.7 Rechtliche Regelungen zu Arbeitszeugnissen als Norm aus rechtssoziologischer Sicht

Wie die vorangegangenen Ausführungen zeigen, lässt sich bei der Entwicklung des Zeugnisrechts ein Wandel beobachten, und zwar von partiellen Normen hin zu universellen Regelungen für die Gruppe der abhängig Beschäftigten. Die rechtlichen Regelungen zu Arbeitszeugnissen galten in Deutschland zu Beginn für Bergwerksarbeitskräfte. Im Laufe der Zeit wurden mehr und mehr Arbeitsbereiche wie Handwerk und häusliche Arbeit einbezogen. Heute beziehen sich die rechtlichen Regelungen auf die gesamte soziale Gruppe der abhängig Beschäftigten. Mit Arbeitszeugnissen haben heute in Deutschland nahezu alle erwerbstätigen Personen Erfahrungen gemacht, sei es als Aussteller/innen der Arbeitszeugnisse, als Empfänger/innen oder beides. Damit sind Arbeitszeugnisse ein bedeutsamer Teil der gesellschaftlichen Arbeitswirklichkeit.

In Hinblick auf die Funktion der zeugnisrechtlichen Normen lässt sich zunächst feststellen, dass nach Luhmann das Rechtssystem einer Gesellschaft dessen Mitglieder vor Willkür schützen soll. Problemlösungen dürfen dann nicht mehr nur auf individuellen, unwiederbringlichen Konstellationen beruhen. Vielmehr müssen rechtliche Rahmenbedingungen und gesetzlich vorgeschriebene Lösungswege eingehalten werden (vgl. Luhmann 1983, S. 34). Das Recht soll eine Sicherheit der Erwartungen und der Folgen bewirken (vgl. Luhmann 1983, S. 134f.). Das kodifizierte Zeugnisrecht und vor allem die Rechtsprechung in Deutschland legen ausgesprochen genau fest, wie frühere Arbeitgeber/innen Zeugnisse schreiben sollen und welche Anforderungen Arbeitnehmer/innen an Zeugnisse stellen können.

Bei der Betrachtung der beteiligten Akteure und Betroffenen sowie der Konflikte, die diese im Laufe der Zeit austragen können, werden Inhalt und Auslegung eines Gesetzes nachvollziehbar (vgl. Rottleuthner 1987, S. 48f.). Zahlreiche gesetzliche Regelungen zu Arbeitszeugnissen erfuhren über lange Zeiträume nur geringfügige Änderungen. So sind beispielsweise die entsprechenden Paragrafen der Gewerbeordnung und des BGB bis heute fast unverändert geblieben. Lediglich im Nationalsozialismus wurden zusätzliche Regelungen zur Kontrolle der Arbeitnehmer/innen in das Gesetz aufgenommen (vgl. Abschnitt 3.1.2.4). Allerdings zeigt sich vor allem anhand der im vorliegenden Abschnitt 3.2 referierten Rechtsprechung, dass gesellschaftliche Veränderungen auch zu Folgen im Zeugnisrecht führen.

Zentrale Akteure im Zeugnisrecht sind Arbeitgeber/innen, Arbeitnehmer/innen, Gerichte, entsprechende Rechtsvertreter/innen und die staatliche Ordnungsmacht. Bei der Entwicklung der Machtverhältnisse zwischen diesen Akteuren kann immer wieder eine Verschiebung der Durchsetzungskraft konstatiert werden. So waren z.b. am Anfang der Industrialisierung die Arbeitgeber/innen übermächtig, während z.B. in der sozialen Marktwirtschaft die Mitbestimmungs- und Abwehrrechte der Arbeitnehmer/innen gestärkt wurden. Die staatliche Ordnungsmacht sah sich z.b. im Merkantilismus als das wichtigste wirtschaftliche Steuerungs- und Schutzorgan an. Diese Verschiebungen gingen zwar nicht immer mit einer Änderung der Gesetze einher; ausschlaggebend war zumeist die Auslegung des Rechts durch die Rechtsprechung, die sich im Laufe der Zeit deutlich veränderte. Während vor der Weimarer Republik und im Nationalsozialismus vor allem die Kontrollrechte des Staates und der Arbeitgeber/innen zentral waren, ist in der Weimarer Republik und der BRD das Schutzbedürfnis der Arbeitnehmer/innen in den Vordergrund gerückt.

Für eine Analyse dieser Veränderungen eignet sich insbesondere die Frage, wem gesetzliche Regelungen nutzen. Den Nutzen einer Norm betrachtet Nöth als wichtiges Beschreibungsmerkmal sozialer Normen. Soziale Normen wirken in einer Gesellschaft auf die Konformität von Verhalten. Sie sind „sanktionsbewehrte Verhaltensanforderungen" (Nöth 1993, S. 14). Damit können rechtliche Regelungen auch unter dem Begriff der sozialen Norm gefasst werden. Rechtliche Normen unterscheiden sich laut Nöth von anderen sozialen Normen lediglich dadurch, dass sie ausformuliert sind, der Zugriff auf sie explizit geregelt ist und sie mit dem staatlichen Gewaltmonopol durchgesetzt werden können. Nöth betont, dass soziale Normen den verschiedenen Akteursgruppen in unterschiedlichem Maße nutzen. Die Gruppe, die vor allem von einer Norm profitiert, nennt er Normenbenefiziare (vgl. Nöth 1993, S. 15f.).

Auffällig ist im Zeugnisrecht vor allem, dass die Normenbenefiziare im Laufe der Zeit immer wieder wechseln. So standen z.B. im Mittelalter und zu Beginn der Industrialisierung die Interessen der Arbeitgeber/innen im Vordergrund. In diesen Zeitabschnitten wurden die Normen vor allem zugunsten der Arbeitgeber/innen ausgelegt. Personalbewegungen wurden von den Arbeitgeber/inne/n kontrolliert und sie kanalisierten die Wanderbewegungen von Arbeitnehmer/inne/n. Die Arbeitnehmer/innen mussten ihre Berechtigung zum Arbeitsplatzwechsel durch Arbeitszeugnisse belegen. In anderen Zeitabschnitten war die staatliche Ordnungsmacht der Normenbenefiziar, so z.B. im Merkantilismus, im Nationalsozialismus und zum Teil in der DDR. Anhand der Arbeitszeugnisse wurden beispielsweise Aufenthaltsrechte, das Recht zur Arbeitsaufnahme und -beendigung sowie die Zuteilung von Arbeitnehmer/inne/n zu Arbeitsstellen durch den Staat kontrolliert und geregelt. Die Normierung der Arbeitszeugnisse stiftete also Nutzen in Hinblick auf die Erfüllung dieser staatlichen Aufgaben. Zumeist existierten in den Rechtsnormen dieser Zeitabschnitte zusätzliche Regelungen, so dass Polizeibehörden oder Verwaltungen Zeugnisse regulär bzw. ersatzweise ausstellen konnten oder mussten. Arbeitgeber/innen waren in der Regel verpflichtet, Zeugnisse für diese Zwecke auszustellen und bei der Einstellung auf staatliche Vorgaben zu achten. Arbeitnehmer/innen benötigen Arbeitszeugnisse, um sie als Nachweise verwenden zu können.

Anstelle der Arbeitgeber/innen oder der staatlichen Ordnungsmacht können auch die Arbeitnehmer/innen Normenbenefiziare sein, wie z.B. im Zeugnisrecht der BRD. Die Arbeitnehmer/innen können bei einer Bewerbung anhand eines Arbeitszeugnisses ihre bisherige Leistung und ihr Verhalten nachweisen. Die Arbeitgeber/innen müssen das Zeugnis ausstellen und unter Einhaltung des Wahrheitsgebots vor allem wohlwollend urteilen. Das Arbeitszeugnis darf nach geltender Rechtssprechung das weitere Fortkommen der Arbeitnehmer/innen nicht ungerechtfertigt erschweren (vgl. Abschnitt 3.2.2.3). Die im Laufe der Zeit im Bereich zeugnisrechtlicher Normen wechselnden Normenbenefiziare sind ausgesprochen auffällig. Auf die Frage, ob diese Wechsel Auswirkungen auf den Inhalt von Zeugnissen oder die Einstellungen zu Zeugnissen haben, wird bei der Zusammenführung der Erkenntnisse in Kapitel 5 genauer eingegangen.

Darüber hinaus spielen Gerichte, die Urteile zu Arbeitszeugnissen sprechen, eine wichtige Rolle. Im Bereich der Zeugnisstreitigkeiten sticht vor allem das LAG Hamm, 4. Kammer, durch seine Urteile zum Arbeitszeugnis heraus. Insbesondere zwischen 1993 bis 2000 wurden am LAG Hamm ausgesprochen ausführliche Urteilsbegründungen verfasst (zwischen 11 bis 26 Seiten, im Vergleich dazu ist zu sehen, dass Urteile zumeist nur auf 1 bis 6 Seiten begründet werden). Bei den Urteilen, die einzelnen Personen zugeordnet werden können, ist häufig der Richter Ernst-Dieter Berscheid beteiligt. Berscheid war in den Jahren 1991 bis 2000 vorsitzender Richter am LAG Hamm. Die ausführlichen Urteilsbegründungen fallen einerseits dadurch auf, dass einzelne Textbausteine immer wieder verwendet werden (so sind z.B. die Ausführungen zum Inhalt von Arbeitszeugnissen im Urteil des LAG Hamm, 4. Kammer, 4 Sa 630/98, 17.12.1998, Rn. 66-70 und im Urteil des LAG Hamm, 4. Kammer, 4 Sa 1588/99, 28.3.2000, Rn. 62-66 wörtlich gleich). Andererseits werden vielfältige Festschreibungen vorgenommen, sowohl hinsichtlich des Inhalts von Zeugnissen als auch hinsichtlich der Bedeutung von Formulierungen.

Die wiederholte Verwendung von Textbausteinen ist wohl zu einem großen Teil der Verbreitung von Computern geschuldet, da Textverarbeitungsprogramme diese Funktion anbieten. Der „Fundus" an Textbausteinen zu Arbeitszeugnissen kann aber auch aufgrund von Berscheids Veröffentlichungen zum Thema Zeugnis entstanden sein. Diese erschienen im Handwörterbuch des Arbeitsrechts für die tägliche Praxis (Hwb AR 1994). Berscheid zeichnet sich dort einige Jahre verantwortlich für das Stichwort Zeugnis.

Die Festschreibung von Inhalt und Formulierungsbedeutungen sind in vielen Urteilen wortgleich enthalten, so die Verhaltensbeurteilungen (vgl. z.B. Urteil des LAG Hamm,

4. Kammer, 17.12.1998, 4 Sa 630/98), die gebräuchliche Gliederung eines Zeugnisses (vgl. z.B. LAG Hamm, 4. Kammer, 28.3.2000, 4 Sa 1588/99, Rn. 69) und die Leistungsbeurteilung (vgl. z.B. Urteil des LAG Hamm, 4. Kammer, 28.3.2000, 4 Sa 1588/99, Rn. 78). Die Festschreibungen sind in dieser Eindeutigkeit und Ausführlichkeit einzigartig. Während andere Gerichte vor allem Einzelfälle entscheiden und die Entscheidungsgründe nicht verallgemeinern, wird in den Urteilen zum Zeugnisrecht, an denen Berscheid beteiligt war, die Bedeutung verschiedener Formulierungen allgemeingültig interpretiert. Berscheid hat diese Formulierungsbedeutungen vor allem der sprachwissenschaftlichen Forschung von Presch und Gloy (vgl. Abschnitt 3.3) entnommen. Die Forschungsarbeiten beziehen sich auf Arbeitszeugnisse, die zwischen 1945 und 1980 in Deutschland geschrieben wurden. Das LAG Hamm hat sich in seiner Rechtsprechung an diesen Bedeutungen und Vorgaben orientiert und sie immer wieder bestätigt.

Andere Gerichte lehnten es in ihren Urteilen zwar immer wieder ab, diese Vorgaben und Formulierungen als allgemeinverbindlich zu erklären (vgl. z.B. die Betonung der Gestaltungsfreiheit der Arbeitgeber/innen durch das BAG, Urteil des BAG 9. Senat, 20.2.2001, 9 AZR 44/00, Rn. 24). Insgesamt zeigt sich, dass das LAG Hamm als Akteur die Verwendung von Zeugnisformeln beeinflussen konnte.

In der empirischen Studie werden zwei weitere rechtssoziologische Fragestellungen näher betrachtet, die im Folgenden kurz erläutert werden.

Die erste Frage bezieht sich auf Geheimcodes in Arbeitszeugnissen, und zwar aus den folgenden Gründen: Die deutlichste Veränderung des Zeugnisrechts in der BRD ist die Zusammenführung der Regelungen in den § 109 GewO durch die Novellierung von 2002. Lediglich in § 630 BGB, § 16 BBiG und § 19 SeemG sind Regelungen für Spezialfälle erhalten geblieben. Die Novellierung diente vor allem der Zusammenführung rechtlicher Regelungen und der Modernisierung der Sprache, die grundlegenden Regelungen zum Arbeitszeugnis blieben hingegen gleich. Erweitert wurde der § 109 GewO lediglich um das explizite Verbot von Geheimcodes in Absatz 2. Daher lautet die erste Frage, warum die Formulierungen in der Gewerbeordnung mit der Novellierung 2002 um ein explizites Verbot von Geheimcodes erweitert wurden.

Rottleuthner beschäftigt sich prinzipiell mit der Frage, wie der Inhalt eines Gesetzes zu erklären ist. Er führt in diesem Zusammenhang aus, dass die Konjunktur eines Themas in der gesellschaftlichen Diskussion und der medialen Auseinandersetzung einen wichtigen Erklärungsansatz bieten kann (vgl. Rottleuthner 1987, S. 48f.). Vor diesem Hintergrund wird die Frage, ob die mediale Diskussion des Themas Geheimcodes einen Erklärungsansatz für die neue Formulierung des § 109 GewO liefert, in Teilstudie F in Abschnitt 4.7 aufgenommen und in Abschnitt 5.1 diskutiert.

Die zweite Frage ist, ob Zeugnisrecht lebendes Recht ist, also angewendet wird bzw. ob sich Personen auf das Zeugnisrecht berufen. Die Antwort auf diese Frage bestimmt, wie stark die Wirkungen des Zeugnisrechts als Rahmenbedingung sind bzw. sein können. Wie in Abschnitt 3.2.1 ausgeführt, ist Recht eine Funktion des Soziallebens. Hirsch unterscheidet dabei das geltende Recht und das lebende Recht. Unter geltendem Recht versteht er die „Gesamtheit der rechtlichen Regulierungsmittel, so wie sie angewandt werden sollen" (Hirsch 1966, S. 340). Das lebende Recht umfasst die tatsächliche Anwendung und Befolgung dieser Regelungen. Anhand der Rechtsprechung im Zeugnisrecht ist zu erkennen, dass es zwar an manchen Punkten unterschiedliche Rechtsauffassungen einzelner Gerichte gibt, insgesamt wird die grundlegende Rechtsauslegung jedoch gleichlautend vorgenommen. Der Frage, ob und wie das Zeugnisrecht angewandt wird, wird in Teilstudie B in Abschnitt 4.3 näher untersucht.

3.3 Aus sprachwissenschaftlicher Sicht: Textstruktur und Textfunktion von Arbeitszeugnissen

3.3.1 Vorbemerkungen zur sprachwissenschaftlichen Sicht
Arbeitszeugnisse sind Texte, weshalb eine sprachwissenschaftliche Analyse zur Erkenntnis über sie beitragen kann. In der Sprachwissenschaft gibt es allerdings keinen allgemein gültigen Textbegriff. Es wird davon ausgegangen, dass die Untersuchungsziele bestimmend für den verwendeten Textbegriff sind (vgl. Brinker 2005, S. 12). Brinker sieht den folgenden Textbegriff als den kleinsten gemeinsamen Nenner. Ein Text wird dabei sowohl als sprachliche als auch als kommunikative Einheit verstanden: „[D]er Terminus ‚Text' bezeichnet eine begrenzte Folge von sprachlichen Zeichen, die in sich kohärent ist und die als Ganzes eine erkennbare kommunikative Funktion signalisiert" (Brinker 2005, S. 17).
Probleme der Textabgrenzung und die dafür wichtige nähere Bestimmung von Faktoren der Textkohärenz stellen sich bei der Textsorte Arbeitszeugnisse nicht. Denn bei einem Arbeitszeugnis liegt der Text in klar abgegrenzter Form vor. Arbeitszeugnisse sind keine literarischen Texte, mit denen nach Dimter (1981, S. 35) ein „ästhetisch-literarischer Anspruch" verbunden ist, sondern sie sind Gebrauchstexte. Ein Arbeitszeugnis kann in mehreren Etappen entstehen, und am Entstehungsprozess können mehrere Personen beteiligt sein. Am Ende entsteht ein Text mit der Unterschrift der Personen, die sich für dieses Zeugnis verantwortlich zeichnen. Damit kann dieser Text eindeutig einer Person bzw. einer Personengruppe zugeordnet werden. Die eventuell vorangegangenen Verhandlungen sind weder erkennbar noch später reklamierbar. Danach ist ein Arbeitszeugnis ein Text, der einer schreibenden Person zugeschrieben wird. Demnach können Arbeitszeugnisse als abgegrenzte, schriftkonstituierte und einer Person zugeschriebene Gebrauchstexte im Sinne der sprachwis-

senschaftlichen Charakterisierung von Texten (vgl. dazu Brinker 2005, S. 20ff.) gelten.

Anhand von Klassifikationsmerkmalen können Texte bestimmten Textsorten zugeordnet werden. Textsorten sind „komplexe Muster sprachlicher Kommunikation [...], die innerhalb der Sprachgemeinschaft im Laufe der historisch-gesellschaftlichen Entwicklungen aufgrund kommunikativer Bedürfnisse entstanden sind" (Brinker 2005, S. 138). Es gibt jedoch keine einheitliche Typologisierung. Zumeist werden Textsorten durch ihre funktionalen, thematischen und situativen Merkmale unterschieden (vgl. Brinker 2005, S. 118ff.). Auch Arbeitszeugnisse lassen sich anhand dieser Merkmale einer Textsorte zuordnen. Ein funktionales Merkmal von Arbeitszeugnissen ist deren Informationscharakter, denn primär haben sie eine Informationsfunktion. Thematisch sind Arbeitszeugnisse durch die Beurteilung von Leistung und Verhalten im Arbeitsverhältnis bestimmt. Die Situation, in der ein Abschlusszeugnis entsteht, ist geprägt durch das Ende eines Arbeitsverhältnisses. Die Rahmenbedingungen bei Arbeitszeugnissen sind durch Regelungen wie z.B. gesetzliche Vorgaben bestimmt, die Formvorschriften und Gestaltungsspielräume beschreiben.

Die Besonderheiten der Textsorte Arbeitszeugnis können vor allem mithilfe der kommunikationsorientierten Textlinguistik erarbeitet werden. Bei dieser stehen die Verwendung der Texte, die Interessen der Schreiber/innen und Leser/innen und die Wirkung der Texte im Vordergrund (vgl. Brinker 2005, S. 137f.). Dabei wird unter Einbeziehung sprachlicher Mittel und sprachsystematischen Elementen die kommunikative Funktion von Texten betrachtet. Auf diese Weise können die Zusammenhänge von Kommunikationsfunktion und Sprachverwendung erfasst werden (vgl. Brinker 2005, S. 144f.). Die kommunikationsorientierte Textlinguistik ist entwickelt worden, da viele Fragen „nur von einer verwendungsorientierten Texttheorie bzw. einer Textlinguistik mit ‚pragmatischer' Komponente adäquat behandelt werden können" (Schmidt 1973, S. 10).

Zentrale Elemente der kommunikationsorientierten Textlinguistik sind Analysen der Textstruktur und der Textfunktion (vgl. Brinker 2005, S. 8f.). Die Analyse der Textstruktur widmet sich vor allem der Textkohärenz, der Themenentfaltung sowie der grammatischen und der syntaktischen Struktur. Eine Besonderheit der Textsorte Arbeitszeugnis ist, dass es für den ganzen Text ein zentrales Bezugsobjekt gibt: die Arbeitnehmer/innen, für die diese Zeugnisse geschrieben wurden. Entsprechend steht das Textthema fest. In qualifizierten Arbeitszeugnissen werden in der Regel die Aufgaben beschrieben sowie Verhalten und Leistung der Arbeitnehmer/innen bewertet. Des Weiteren existieren für die Themenentfaltung, also die Aufgliederung und die Einordnung des Textes, bestimmte Regeln (vgl. Abschnitt 3.3.2). Die grammatische und syntaktische Struktur ist stark durch formelhafte Elemente geprägt, es existieren Regeln für Wortwahl, Reihenfolgen und Betonungen.

Die Textfunktion definiert Brinker „als de[n] Sinn, den ein Text in einem Kommunikationsprozeß erhält, bzw. als de[n] Zweck, den ein Text im Rahmen einer Kommunikationssituation erfüllt" (Brinker 2005, S. 88). Sprachliche Handlungen sind konventionell, d.h. den Handlungen liegen Regeln zugrunde, die im Sozialisationsprozess mehr oder weniger erlernt wurden. Die Kommunikationspartner/innen haben also ein gemeinsames Wissen darüber, in welchen Situationen welche Regeln angewendet werden – darauf basiert das gegenseitige Verstehen (vgl. Brinker 2005, S. 90f.). Mit der Einordnung einer sprachlichen Handlung in den sozialen Kontext und der Identifikation der dazugehörigen Regeln werden sprachliche Äußerungen interpretiert. Es ist jedoch durchaus möglich, dass sich dabei ein Widerspruch ergibt. So mögen Sender/innen eine bestimmte Interpretation durch die Empfänger/innen erwarten bzw. bewirken wollen, deren Interpretation muss aber nicht der „wahren Absicht" (Brinker 2005, S. 91) der Sender/innen entsprechen. Die Konventionalität von Sprachhandlungen ermöglicht damit einerseits Verstehen, andererseits kann hier auch eine Quelle von Missverständnissen liegen. Sie eröffnet dabei auch Manipulationsmöglichkeiten durch eine bewusste Lenkung auf Fehlinterpretationen.

Textstruktur und Textfunktion hängen in der Regel so zusammen, dass die Textfunktion und ihre situative Einbettung die Textstruktur bestimmt (vgl. Brinker 2005, S. 157ff.). Eine Analyse der Textstruktur ermöglicht aus dieser Perspektive Rückschlüsse auf die Textfunktion des Arbeitszeugnisses als Instrument der Kommunikation. Eine Analyse der Textstruktur und der Textfunktion muss die Bedeutung beachten, die den verwendeten sprachlichen Zeichen verliehen wird bzw. werden kann. Die Bedeutung eines sprachlichen Zeichens wird durch unsere Erfahrung bestimmt. Wir verbinden eine Vorstellung mit einem Begriff und erkennen damit seine Bedeutung (vgl. Ernst 2002, S. 19) bzw. wir gehen davon aus, seine Bedeutung zu kennen. Einer sprachlichen Äußerung schreiben Menschen in einem bestimmten Gebrauchskontext Bedeutung zu. Diese Bedeutung kann in unterschiedlichen Gebrauchskontexten durchaus unterschiedlich sein (vgl. Ernst 2002, S. 20f.). Dabei wird das Wissen, das jemand braucht, um eine sprachliche Äußerung in einen Gebrauchskontext einzuordnen, Präsupposition genannt (vgl. Ernst 2002, S. 32ff.). Dieses Erfahrungswissen fließt auch in intertextuelle Vergleiche ein. Denn die Rezeption von Texten geschieht vor dem Hintergrund von sprachlichen Erfahrungen und Zuschreibungen hinsichtlich Inhalt und Formulierung. Entsprechend kann bei einem intertextuellen Vergleich auf die Befolgung, Brechung, Mischung und Montage von Textmustern geachtet werden (vgl. Fix u.a. 2003, S. 47f.).

Presch und Ellerbrock betonen, dass Kommunikation ein System von Beziehungen zwischen den verschiedenen Stationen einer Kommunikation ist, wobei sich die Machtverteilung zwischen den Stationen unterscheiden kann. Damit können die Stationen unterschiedlichen Einfluss auf die Kommunikation und den Kommunikationsfluss haben. Die Gestaltung und der Einsatz von Texten dienen so auch als Mittel zur Machtausübung und Kontrolle (vgl. Presch/Ellerbrock 1978, S. 270f.).

Aus den oben genannten Gründen bietet sich eine Analyse der Textstruktur von Arbeitszeugnissen aus sprachwissenschaftlicher Perspektive an. Dabei wird im Rahmen der Textfunktion als spezifische Form der Präsupposition auch die Verwendung von Geheimcodes in Zeugnissen betrachtet. Bei bisherigen Analysen der Textstruktur von Arbeitszeugnissen (z.B. von Preibisch 1982; Presch und Gloy 1976; Möller 1990) wurden unter anderem unterschiedliche Formulierungstechniken kategorisiert. Darauf aufbauend wurden in der Rechtsprechung einigen Formulierungen bestimmte Bedeutungen zugeschrieben. Entsprechend finden sich einzelne Formulierungstechniken auch in Zeugnisratgebern, sei es als Formulierungshilfe oder als Verständnishilfe. Diese Formulierungstechniken werden in Abschnitt 3.3.2 zusammenfassend dargestellt. Die auch in der Rechtsprechung verbreiteten Bedeutungszuschreibungen wurden bereits in Abschnitt 3.2 ausführlich erläutert, vor allem in Hinblick auf die Positivskalen zur Leistungs- und Verhaltensbeurteilung sowie auf Geheimcodes. Die sprachwissenschaftlichen Erkenntnisse über Geheimcodes in Arbeitszeugnissen werden in Abschnitt 3.3.4 ausgeführt.

3.3.2   Stand der sprachwissenschaftlichen Forschung zu Arbeitszeugnissen

In den Sprachwissenschaften war das Arbeitszeugnis vor allem in den 1970er und 1980er Jahren Forschungsgegenstand. Presch hat sich in Zusammenarbeit mit Gloy und Ellerbrock mit der Verschlüsselung von Formulierungen beschäftigt (vgl. Presch 1980a; Presch/Gloy 1976; Presch/Ellerbrock 1978). Preibisch (1982) hat Arbeitszeugnisse als spezifische Textsorte, als Text-in-Funktion betrachtet und analysiert. Sie vergleicht deren Aussagefähigkeit, Funktion und Informationsgehalt. Möller (1990) untersucht die Bedeutung von Einstufungen in qualifizierten Arbeitszeugnissen. Diese Forschungsarbeiten werden kurz vorgestellt und ihre Ergebnisse zusammengefasst und bewertet.

Die Datenbasis der Forschungsarbeiten der Forschergruppe um Presch wird in den oben angeführten Analysen nicht näher beschrieben. Möller, der nach eigener Angabe den gleichen Korpus Arbeitszeugnisse als Material verwendet, schreibt, dass die Analysen von Presch auf einer Sammlung von 802 Arbeitszeugnissen aus den Jahren 1949 bis 1986 beruhen (vgl. Möller 1990, S. 230).

Die Forschergruppe um Presch betrachtet im Rahmen ihrer sprachwissenschaftlichen Analysen Arbeitszeugnisse als Beispiel der alltäglichen Sprachpraxis. Presch und Gloy analysieren zunächst anhand einer strukturalistischen Satzanalyse die Formulierungen der zusammenfassenden Leistungsbeurteilungen und ordnen bestimmten Formulierungen Schulnoten zu (vgl. Presch/Gloy 1976, S. 174). Presch und Ellerbrock unterstreichen, dass die zugrunde liegende Beurteilungsskala „mithilfe von

alltagssprachlichem Wissen nur unvollkommen entschlüsselt werden kann"
(Presch/Ellerbrock 1978, S. 266).

Für die Analyse der allgemeinen Bedingungen der Kommunikation im Rahmen von
Arbeitszeugnissen haben Presch und Ellerbrock das Two-step-flow-
Kommunikationsmodell nach Westley und MacLean (vgl. 1957, S. 35) verwendet.

Abbildung 3.3.1: Two-step-flow-Kommunikationsmodell für Arbeitszeugnisse

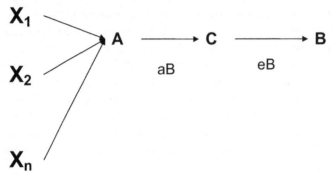

Quelle: entnommen aus Presch/Ellerbrock (1978, S. 269)

Diesem Modell zufolge formuliert A (Arbeitgeber/in) das Arbeitszeugnis über verschiedene Sachverhalte (X1-Xn). A gibt dieses Zeugnis an C (ausscheidende/r Ar-
beitnehmer/in), C gibt es unverändert an B (neue/r Arbeitgeber/in) weiter. Dem Arbeitszeugnis kann an den verschiedenen Stationen unterschiedliche Bedeutung zugeschrieben werden. Die alltagssprachliche Bedeutung (aB) ist von Wohlwollen geprägt, die exklusive Bedeutung (eB) hingegen ist dies nicht unbedingt und bedarf der
Entschlüsselung. Presch und Gloy gehen davon aus, dass Arbeitnehmer/innen in der
Regel nur eine alltagssprachliche Bedeutung kennen, während Arbeitgeber/innen
einen exklusiven Bedeutungsschlüssel haben. Diese Kommunikation nennen Presch
und Ellerbrock doppelbödig: Die Zeugnisempfänger/innen würden zum Briefträger
einer Nachricht degradiert, die sie selbst nicht verstehen könnten; dies sei den Emp-
fänger/inne/n jedoch nicht bewusst (vgl. Presch/Ellerbrock 1978, S. 269f.). Als Grund
für die bewusste Verwendung dieser Verschlüsselungen werden die widerstreitenden
Interessen von Arbeitgeber/inne/n und Arbeitnehmer/inne/n genannt (vgl. Presch/
Ellerbrock 1978, S. 270).

Presch und Ellerbrock beschäftigen sich des Weiteren mit der Textkohärenz von Arbeitszeugnissen. Sie sehen dabei den transphrasischen Ansatz der Textlinguistik als
hilfreich an, mit dem anhand von syntaktischen und semantischen Beziehungen die
Konstitutionsregeln von Texten analysiert werden. Besondere Bedeutung kommt dabei indexikalen Ausdrücken zu. Als indexikal werden Ausdrücke bezeichnet, die mit
Referenz auf die Gebrauchssituation interpretiert werden müssen und deren Bedeu-

74

tung von der Kommunikationssituation abhängt (vgl. Presch/Ellerbrock 1978, S. 272f.). Die Autoren beziehen sich in diesem Zusammenhang auf Schmidt, der in seiner Definition von indexikalischer Sprache von Missverständnissen ausgeht (vgl. Schmidt 1973, S. 78). Presch und Ellerbrock weiten dieses Verständnis darüber hinaus auf Täuschungen aus. Als Hauptproblem indexikaler Sprache im Rahmen von Arbeitszeugnissen sehen die Autoren vor allem an, dass „ihre Ergänzungsbedürftigkeit nicht nur Ursache von Missverständnissen sein kann, sondern daß sie für planvolle sprachliche Täuschungshandlungen benutzt werden können" (Presch/ Ellerbrock 1978, S. 273). Grundlegend für diese Einschätzung sind die Befunde von Presch und Gloy. Sie zeigen anhand von verschiedenen Formulierungstechniken auf, dass sich die alltagssprachliche Interpretation und die Interpretation vor dem Hintergrund spezifischen Wissens unterscheiden (vgl. Presch/Gloy 1976, S. 176f.).

Preibisch (1982) führte im Rahmen des Forschungsschwerpunkts Massenmedien und Kommunikation an der Universität Siegen eine empirische Untersuchung von 659 Arbeitszeugnissen durch. Diese Arbeitszeugnisse wurden ihr von einer großen norddeutschen Firma zur Verfügung gestellt. Die Zeugnisse stammten von Personen aus unterschiedlichen Berufsgruppen und wurden von verschiedenen Arbeitgeber/innen zu verschiedenen Zeitpunkten verfasst. Genauere Angaben macht Preibisch dazu nicht. Das Ziel der Forschungsarbeit von Preibisch ist es, die Aussagefähigkeit, die Funktion und den Informationsgehalt von Arbeitszeugnissen zu überprüfen.

Zunächst prüft Preibisch, ob die Arbeitszeugnisse formalen Ansprüchen genügen. Sie stellt fest, dass die Namen der Beurteilten, die Beschäftigungsdauer und die Art der Beschäftigung in fast allen Arbeitszeugnissen genannt werden. Zudem wird in fast allen Zeugnissen das Dienstverhältnis beschrieben. In ca. 25 % der Zeugnisse werden jedoch nur die Berufsbezeichnung der Beurteilten bzw. die Tätigkeit oder der Einsatzort genannt. Damit schwankt die Informationsdichte erheblich (vgl. Preibisch 1982, S. 5).

Im zweiten Schritt betrachtet Preibisch bei qualifizierten Zeugnissen die formelhaften Aussagen über Leistung und Verhalten. Leistungen werden in 99 % der Arbeitszeugnisse erwähnt, Verhalten hingegen nur in 77 %. Die Angaben sind in 34 % der Fälle mit der Arbeitsplatzbeschreibung vermischt. Angaben zum Austrittsgrund sind in 93 % der Arbeitszeugnisse zu finden, standardisierte Grußformeln in 84 % (vgl. Preibisch 1982, S. 34).

Preibisch stellt fest, dass in den Arbeitszeugnissen keine negativen Formulierungen auftauchen. Sie versucht dann, die in den Arbeitszeugnissen enthaltenen Formulierungen in eine Rangfolge zu bringen. Ihre Leitfrage ist, ob die neuen Arbeitgeber/innen die Informationen, die sie für die optimale Besetzung einer Stelle brauchen, bekommen. Sie kommt zu dem Ergebnis, dass in Arbeitszeugnissen zu wenige objektiv überprüfbare Angaben zur Arbeitsplatzbeschreibung, zu Tätigkeitsbereichen und Ähnlichem sind, dafür aber zu viele Angaben zum Leistungsstand (vgl. Preibisch 1982, S. 33). Welches Maß dem „Zuviel" bzw. dem „Zuwenig" zugrunde liegt, legt sie jedoch nicht offen. Desweiteren fällt auf, dass Preibisch die rechtlichen Rahmenbedingungen für die Zeugniserstellung nicht einbezogen hat. Vor dem Hintergrund der Rechtsprechung zu Arbeitszeugnissen ist ihre Verwunderung über das Fehlen negativer Beurteilungen nicht nachvollziehbar. Auch ihre Definition von Leistung und Verhalten und die von ihr verwendeten Kategorien werden von ihr nicht mit den rechtlichen Anforderungen abgeglichen.

Möller (1990) führte eine empirische Untersuchung über die Bedeutung von Einstufungen in qualifizierten Arbeitszeugnissen durch. Er verwendete dazu 802 Arbeitszeugnisse, die, wie erwähnt, zuvor von der Forschergruppe um Presch analysiert wurden. Anschließend wurden 58 Zeugnisse der Berufsgruppe Sekretärin ausgegliedert und eingehender untersucht (aufgrund der weiblichen Berufsbezeichnung kann davon ausgegangen werden, dass nur Arbeitszeugnisse von Frauen in diesem Teil der Sammlung von Arbeitszeugnissen enthalten waren). Die Eingrenzung auf eine Berufsgruppe begründet Möller damit, dass nur in Zusammenhang mit einem Anforderungsprofil einer Berufsgruppe Arbeitszeugnisse kontextbezogen analysiert werden können (vgl. Möller 1990, S. 241ff.).

Möllers Arbeitshypothese ist, dass sich die Identität sprachlicher Zeichen nicht schon notwendigerweise aus der Standard-Bedeutung der verwendeten Wörter ergibt (vgl. Möller 1990, S. 6). Er beschäftigt sich deshalb mit dem Prozess der Bedeutungsgebung, speziell geht es ihm um die Bedingungen, unter denen sprachliche Zeichen ihre Identität erhalten können. Er zeigt auf, dass „der Identitätsbildungsprozess eines sprachlichen Zeichens realiter als ein prinzipiell offener anzusehen ist" (Möller 1990, S. 341).

Dieser Umstand macht unterschiedliche, zuweilen sogar gegensätzliche Bedeutungen möglich. Damit besitzt ein sprachliches Zeichen eine Doppelnatur, die auch für kalkulierte Missverstehensprozesse ausgenutzt werden kann (vgl. Möller 1990, S. 2ff.). Dies gilt ebenso für den Prozess der Bedeutungsgebung im Rahmen von Arbeitszeugnissen. Auf diese Weise kann die doppelte Zielsetzung des Arbeitszeugnisses, einerseits das Fortkommen der Arbeitnehmer/innen nicht zu erschweren und andererseits für die neuen Arbeitgeber/innen eine zuverlässige Informationsquelle zu bieten, auch sprachlich zu einer exklusiven Formulierungspraxis führen. Möller schließt sich den Interpretationen von Presch und Ellerbrock an, die besagen, dass bei Arbeitszeugnissen zwei Bewertungsebenen zu unterscheiden sind (vgl. Presch/Ellerbrock 1978, S. 269). Laut Möller spalten sich vor allem bei schlechteren Bewertungen in Arbeitszeugnissen die Bewertungen in zwei Bewertungsschichten auf: In eine den laienhaften Leser/inne/n zugedachte, wohlwollend formulierte Oberfläche und eine in der Regel nur den routinierten Leser/inne/n verständliche Ebene, welche dann die konkreten Ausleseinformationen enthält (vgl. Möller 1990, S. 3f. und S. 342ff.).

Möller stellt überdies fest, dass die juristische und personalwissenschaftliche Literatur zum Teil von feststehenden Standardisierungen ausgeht, die in den von ihm untersuchten Arbeitszeugnisse nicht entsprechend starr bzw. formelhaft verwendet werden. So gilt der Ausdruck „hatte Gelegenheit ... kennen zu lernen" in der entsprechenden Literatur durchgehend als negativ konnotiert. Möller konnte diese negative Bewertung aber nur in Arbeitszeugnissen belegen, in denen keine weiteren Leistungsbeurteilungen bzw. Arbeitsergebnisse erwähnt wurden (vgl. Möller 1990, S. 212f.).

Zudem fiel ihm auf, dass in den Arbeitszeugnissen von Chefsekretärinnen durchgehend positivere Bewertungen zu finden waren als in den Arbeitszeugnissen von Sekretärinnen. Möller sah diesen Hierarchieeffekt als ein Indiz dafür, dass eine untergeordnete Position innerhalb einer Berufsgruppe zu einer tendenziell schlechteren Bewertung führen könnte (vgl. Möller 1990, S. 350f.).

3.3.3 Formulierungstechniken

Bei der Erstellung von Arbeitszeugnissen können verschiedene Formulierungstechniken angewendet werden. Diese Formulierungstechniken werden sowohl von Sprachwissenschaftlern wie z.B. Presch und Gloy, Rechtswissenschaftlern wie z.B. Hunold und Betriebswirtschaftlern wie z.B. Weuster beschrieben, sie kategorisieren diese aber unterschiedlich (vgl. Presch/Gloy 1976, Hunold 2001 oder Weuster 1991). Im Folgenden werden die dort benannten Techniken in acht Formulierungstechniken zusammengefasst und kurz vorgestellt.

1. *Reihenfolgetechnik*: Durch die Veränderung einer gewohnten Reihenfolge können Auffälligkeiten angedeutet werden. So soll der Inhalt einer Aussage abgewertet werden, wenn Unwichtiges vor Wichtigem steht (vgl. Weuster 1991, S. 180; Hunold 2001, S. 118).

2. *Positiv-Skalen-Technik*: Die Beurteilungen in Arbeitszeugnissen werden in positiv klingenden Formulierungen ausgedrückt. Dabei können die Formulierungen Notenskalen zugeordnet werden, die sowohl negative als auch positive Wertungen enthalten. Diese Positiv-Skalen nennen Presch und Ellerbrock eine „systematische Variation in einem gleichbleibenden Rahmen" (Presch/Ellerbrock 1978, S. 266). Bei der Leistungsbeurteilung wird der feste Rahmen durch die Formulierung gebildet: „Sie (er) hat die ihr (ihm) übertragenen Aufgaben ...a...b...c... erledigt". Mit den Variationen von a, b und c werden die verschiedenen Notenstufen ausgedrückt. Die Variationsmöglichkeiten von a sind Komponenten wie „stets", „immer", „versucht", die Variationsmöglichkeiten von c „zu unserer Zufriedenheit" und die Varianten von b sind z.B.

„vollste", „volle", „im Großen und Ganzen". Die beste Notenstufe lautet: „Sie (er) hat die ihr (ihm) übertragenen Aufgaben stets zu unserer vollsten Zufriedenheit erledigt", die schlechteste Notenstufe lautet: „Sie (er) hat die ihr (ihm) übertragenen Aufgaben versucht zu erledigen".

3. *Leerstellentechnik*: Es werden erwartete Formulierungen oder Beurteilungen weggelassen. So urteilte das LAG Hamm, wie schon erwähnt, dass bei Auslassungen einer Verhaltensrichtung z.b. gegenüber Vorgesetzten oder Kollegen und Kolleginnen im Rahmen der Verhaltensbeurteilung auf Schwierigkeiten geschlossen werden kann (vgl. LAG Hamm 4. Kammer, 12.7.1994, 4 Sa 192/94). Ob das Weglassen einer Schlussformel als Leerstelle interpretierbar ist, wird von Gerichten jedoch unterschiedlich bewertet (vgl. Abschnitt 3.2.4.3). Entscheidend für die Leser/innen ist, was zu erwarten ist. Diese Erwartungen sind je nach Beruf und Stellung unterschiedlich (vgl. Presch 1985, S. 330).

4. *Ausweichtechnik*: Eine Ausweichtechnik wird angewendet, wenn nur oder überwiegend Selbstverständlichkeiten (z.B. Pünktlichkeit und Ehrlichkeit bei Abteilungsleiter/inne/n) erwähnt werden. Dies kann als ein Mangel des Verhaltens gedeutet werden, das für die entsprechende Stelle erforderlich gewesen wäre (vgl. LAG Hamm 4. Kammer, 12.7.1994, 4 Sa 192/94). Die Ausweichtechnik und die Leerstellentechnik werden laut Weuster häufig kombiniert eingesetzt (vgl. Weuster 1991, S. 180). Presch geht davon aus, dass die Betonung von Selbstverständlichkeiten auf das Fehlen von Normal- und Sonderqualifikationen hinweist, wohingegen das Betonen von Spezialqualifikationen darauf hinweist, dass Normalqualifikationen vorhanden sind (vgl. Presch 1980b, S. 240 und Presch 1985, S. 331).

5. *Knappheitstechnik*: Formulierungen werden ausgesprochen knapp gehalten. Dadurch kann der Inhalt abgewertet werden (vgl. Weuster 1992, S. 62).

6. *Einschränkungstechnik*: Positive Aussagen werden auf einen kleinen Bereich (zeitlich oder auf Teilaufgaben) eingeschränkt. Dadurch kann die Gesamtaussage entwertet werden (vgl. Weuster 1991, S. 180).

7. *Widerspruchstechnik*: Positive und weniger positive Beurteilungen werden so kombiniert, dass Leser/innen sie als widersprüchlich wahrnehmen. Als Beispiel führt Hunold die Formulierung an: „Wir haben sie als freundliche und zuverlässige Mitarbeiterin kennen gelernt" (Hunold 2001, S. 118). Hunold geht davon aus, dass „der Gebrauch der Worte ‚kennen gelernt' [...] stets das Nichtvorhandensein der im Kontext aufgeführten Fähigkeiten oder Eigenschaften" ausdrückt (Hunold 2001, S. 118, im Original hervorgehoben). Presch nennt als Beispiel, dass zwei Aussagen so verknüpft werden, dass ein negativer Schluss gezogen werden kann: „[D]ie Effizienz seiner Arbeit spiegelte sich wider in den erbrachten Umsätzen" (Presch 1985, S. 332).

8. *Andeutungstechnik*: Es werden mehrdeutige Formulierungen oder als pejorativ kategorisierte Begriffe verwendet, die negative Urteile nahelegen können. Weuster fasst unter diese Formulierungstechnik vor allem die Verwendung von alltagssprachlich positiv konnotierten Begriffen, die in Zeugnisformulierungen negativ interpretiert werden können. Dazu gehören beispielsweise Formulierungen wie „bemühen", „hatte Gelegenheit", „war interessiert", „toleranter Vorgesetzter" (Weuster 1992, S. 61).

Presch und Gloy haben bei der Analyse von Arbeitszeugnissen vier Formulierungsstrategien benannt (vgl. Presch/Gloy 1976, S. 175). Weuster nennt sieben Formulierungstechniken (vgl. Weuster 1991, S. 180f. und 1992, S. 61f.), Hunold benennt fünf Formulierungstechniken (vgl. Hunold 2001, S. 118f.) und in der Rechtsprechung werden drei Formulierungstechniken explizit erwähnt (vgl. LAG Hamm 4. Kammer, 12.7.1994, 4 Sa 192/94). Es wurde nicht ausgeführt, wie diese Formulierungstechniken identifiziert wurden. Es wurden weder Personen, die Arbeitszeugnisse erstellen, zu ihren Formulierungstechniken befragt, noch wird über Kenntnisse von Formulierungsvorgaben in Organisationen berichtet. Auch wenn nicht festgestellt werden kann, ob es die Formulierungstechnik oder ihre Veröffentlichung zuerst gab, so sind diese Techniken doch bekannt und sie werden in Printmedien auch immer wieder aufgegriffen (vgl. dazu Abschnitt 4.7). Das Maß der tatsächlichen Verwendung ist unbekannt.

Einzelne dieser Formulierungstechniken, z.B. die Positiv-Skalen-Technik und die Andeutungstechnik, wurden in den bereits angeführten Studien der 1980er und 90er Jahre untersucht (vgl. Presch 1985; Preibisch 1992; Möller 1990). Die Mehrzahl der Techniken kann aber nicht alleine anhand der Zeugnistexte analysiert werden, da hierzu entweder die erbrachte Leistung und das gezeigte Verhalten mit dem Zeugnistext verglichen werden müssten oder Aussagen der Zeugniserstellerinnen erforderlich wären. Untersucht werden kann aber die Frage, ob und in welchem Umfang einzelne Formulierungen bzw. Formulierungstechniken auch noch heute eingesetzt werden. Die Fragen nach der Verwendung und der Verbreitung von Formulierungstechniken, die anhand von Arbeitszeugnissen identifiziert werden können, werden in einer Inhaltsanalyse in Teilstudie E (vgl. Abschnitt 4.6) aufgenommen.

3.3.4 Geheimcodes in Arbeitszeugnissen

Von Sprachwissenschaftler/inne/n wird zunächst unterstrichen, dass der Begriff Geheimcode oft nicht eindeutig oder sogar missverständlich gebraucht wird. So weist Presch darauf hin, dass die Bezeichnung Code häufig so verwendet wird, als ob es eine Anzahl von harmlos klingenden Formulierungen gäbe, denen ein entsprechender Klartext eindeutig zugeordnet werden könnte (vgl. Presch 1985, S. 307f.). Diese Auffassung von Codierung ist zu einer feststehenden Grundlage von Zeugnisformulierungen geworden. Sie ist z.B. im Bereich der zusammenfassenden Leistungsbeurteilung auch in verschiedenen Urteilen (vgl. Abschnitt 3.2) festgeschrieben worden, in denen eine entsprechende Bewertungsskala veröffentlicht wurde. So können die Formulierungen aus den Positiv-Skalen als Codes bezeichnet werden, deren Entschlüsselung aber für Interessierte möglich ist und daher keinen Geheimcode darstellen. In diesem Sinn ist jede Fachsprache ein Code, den zwar nicht alle Personen verstehen können, dessen Entschlüsselung jedoch grundsätzlich allen zugänglich ist. Codierung bedeutet aber nicht zwangsläufig eine klare, eindeutige Zuordnung. Ein Geheimcode entsteht, wenn nicht alle am Prozess Beteiligten Zugang zum Entschlüsselungscode haben. Die Voraussetzung für einen Geheimcode ist, dass mehrdeutige Übersetzungsmöglichkeiten und Interpretationen in Abhängigkeit von Kontext und Hintergrund möglich sind (vgl. Presch 1985, S. 308ff.). Geheimcodes aus nonverbalen Zeichen (Punkte, Striche und Ähnliches) sind noch schwerer zu entziffern, da ihnen in der Regel eine Bedeutung willkürlich zugeschrieben wird (vgl. Presch/Gloy 1976, S. 179ff.). Presch hat sich mehrfach (vgl. Presch/Gloy 1976 und Presch 1985) mit der Frage beschäftigt, ob es in qualifizierten Arbeitszeugnissen einen „Geheimcode" in diesem Sinne gibt.

Das Thema Arbeitszeugnisse ist häufig geprägt von der Behauptung, dass in Zeugnissen ein Geheimcode verwendet würde (vgl. z.B. Schwarb 1996, S. 5). Entsprechende Beiträge finden sich sowohl in der Tagespresse (vgl. Abschnitt 4.7), als auch in Managementzeitschriften, juristischen und linguistischen Publikationen. Ein Beispiel aus der Beraterliteratur bietet König. In ihren Ausführungen zur Personalauswahl schreibt sie beispielsweise: „Die ‚geheime Zeugnissprache' trägt da nicht zur Deutlichkeit bei" (König 2003, S. 39). Auch in verschiedenen Studien wurde der Existenz von Geheimcodes nachgegangen. So stellte Weuster in einer Befragung von Personalberater/inne/n die Frage nach Geheimmerkmalen in Arbeitszeugnissen (vgl. Weuster 1994, S. 157ff.). Nach seinen Ergebnissen gehen ca. 27 % der Personalberater/innen davon aus, dass es keine Geheimcodes in Arbeitszeugnissen gibt. 73 % der Berater/innen bejahen dagegen die Frage nach Geheimmerkmalen allgemein. Allerdings führen diese Berater/innen in ihren Beispielen überwiegend formelhafte Aussagen an wie „er bemühte sich" oder Beispiele für Formulierungstechniken wie Leerstellen, Widerspruch usw. Nur wenige geben als Beispiele etwa Punkte oder Striche bei der Unterschrift an oder sprechen von Geheimcodes, die nur die Person versteht, die die Firma bzw. die Zeugnisaussteller/innen kennt (vgl. Weuster 1994, S. 158f.). Als eine Quelle von Kodierungsempfehlungen wird immer wieder die Arbeitsgemeinschaft selbständiger Unternehmer (ASU) genannt. Sie wies dies jedoch auf Nachfrage von Presch als Unterstellung zurück (vgl. Presch 1985, S. 309).

In der Diskussion um Geheimcodes wird immer wieder auf eine Liste Bezug genommen, die von einer Gewerkschaft stammen soll, und in der diese geheimen Zeichen erstmals aufgedeckt worden seien. Presch und Gloy schreiben in diesem Zusammenhang von einer Liste des Rechtsreferenten H.-J. Krause von der DAG Düsseldorf aus dem Jahr 1972, in der verschlüsselte Formulierungen dem entsprechenden Klartext gegenübergestellt werden (vgl. Presch/Gloy 1976, S. 169ff.). Diese Liste ist jedoch weder über die DAG zu erhalten noch anderen Quellen zu entnehmen. In verschiedenen Telefongesprächen mit Referent/inn/en der DAG wurde mir mitgeteilt, dass es diese Liste nicht gebe bzw. dass sie nicht von der DAG stamme. Presch (vgl. 1980b, S. 245) dagegen unterstreicht ihre Existenz und schreibt, dass Presch und Gloy (1976) sie in ihrem Aufsatz „Exklusive Kommunikation: Verschlüsselte Formulierungen in Arbeitszeugnissen" vollständig wiedergegeben hätten.

Diese Liste ist ausgesprochen umstritten, zumal einzelne Formulierungen aus dem Gesamtzusammenhang gerissen werden. Umstritten ist dabei nicht nur die Herkunft dieser Liste, sondern auch ihr Inhalt. Dennoch bildet sie die Grundlage für viele Diskussionen und Veröffentlichungen zum Thema Geheimcodes. Presch und Gloy führen in dieser Liste auch die Positiv-Skalen der Leistungs- und Verhaltensbeurteilung auf. Bei den Stufen der Positiv-Skalen handelt es sich jedoch, wie oben ausgeführt, nicht um Geheimcodes, da diese Formulierungen aufgrund der vielfältigen Veröffentlichungen heute allgemein zugänglich und auch bekannt sind. Die Liste der von Presch und Gloy darüber hinaus identifizierten Geheimcodes ist in Tabelle 3.3.1 zusammengefasst wiedergegeben.

Presch und Gloy hatten mit der Veröffentlichung dieser Sammlung von Geheimcodes ein klar formuliertes Ziel: „Diejenigen Manipulationstechniken und Befriedigungstaktiken der Herrschenden, die durchschaut worden sind, sollten bekanntgemacht werden, um die Auseinandersetzungen auf der vom Manipulierenden jeweils tatsächlich eingenommenen Ebene zu ermöglichen" (Presch/Gloy 1976, S. 180). Eine Gefahr der Veröffentlichung dieses Codes sahen sie vor allem darin, dass dann Interessierte einen neuen Code vereinbaren. Dieser könnte sich die Erkenntnisse der Veröffentlichung zunutze machen und damit schwerer decodierbar sein. Daher sollte die Veröffentlichung dieses Codes nur insoweit verwendet werden, wie sie die politische Problematik herausarbeitet (vgl. Presch/Gloy 1976, S. 180). Presch und Gloy berichten von systematischen Verschlüsselungen in Arbeitszeugnissen. Sie sprechen in dieser Hinsicht von einer „exklusiven Kommunikation", da Arbeitnehmer/innen in der Regel den Entschlüsselungscode nicht kennen (Presch/Gloy 1976, S. 177).

Tabelle 3.3.1: Geheimcodes in Arbeitszeugnissen

Zeugnisformulierung	Entschlüsselung
Er hat alle Arbeiten ordnungsgemäß erledigt.	Er ist ein Bürokrat, hat keine Initiative.
Mit seinen Vorgesetzten ist er gut zurechtgekommen.	Er ist ein Mitläufer, hat sich gut angepasst.
Er war sehr tüchtig und wusste sich gut zu verkaufen.	Er ist ein unangenehmer Mitarbeiter.
Wegen seiner Pünktlichkeit war er stets ein Vorbild.	Er war in jeder Hinsicht eine Niete. Seine Leistungen lagen unter dem Durchschnitt.
Wir haben uns in gegenseitigem Einvernehmen getrennt.	Wir haben ihm gekündigt.
Er bemüht sich, den Anforderungen gerecht zu werden.	Er hat versagt.
Er hat sich im Rahmen seiner Fähigkeiten eingesetzt.	Er hat getan, was er konnte, aber das war nicht viel.
Alle Arbeiten erledigte er mit großem Fleiß und Interesse.	Er war eifrig, aber nicht besonders tüchtig.
Er war immer mit Interesse bei der Sache.	Er hat sich angestrengt, aber nichts geleistet.
Er zeigte für seine Arbeit Verständnis.	Er war faul und hat nichts geleistet.
Sie hat sich bemüht, ihren Aufgaben gerecht zu werden.	Guter Wille aber nicht mehr, ungenügende Leistungen.
Sie hat sich im Rahmen ihrer Fähigkeiten eingesetzt.	Sie hat getan was sie konnte, aber viel ist nicht dabei herausgekommen.
Im Kollegenkreis galt er als ein toleranter Mitarbeiter.	Für Vorgesetzte war er ein schwerer Brocken.
Wir lernten ihn als umgänglichen Kollegen kennen.	Viele Mitarbeiter sahen ihn lieber von hinten als von vorn.
Sie ist eine zuverlässige (gewissenhafte) Mitarbeiterin.	Sie ist zur Stelle wenn man sie braucht, dann aber nicht immer brauchbar.
Sie war immer mit Interesse bei der Sache.	Ihr kann man nichts vorwerfen, doch erwarten kann man nichts von ihr.
Sie zeigte für ihre Arbeit Verständnis.	Zu den fleißigen Mitarbeitern gehörte sie nicht.
Er bemühte sich mit großem Fleiß, die ihm übertragenen Aufgaben zu unserer Zufriedenheit zu erfüllen.	Er hat versagt.
Durch seine Geselligkeit trug er zur Verbesserung des Betriebsklimas bei.	Er neigt zu übertriebenem Alkoholgenuss.
Für die Belange der Belegschaft bewies er stets Einfühlungsvermögen.	Auch Sexkontakte zu Betriebsangehörigen. Er ist homosexuell.
Nonverbale Zeichen:	
Senkrechter Strich neben der Unterschrift	Mitglied einer Gewerkschaft
Häkchen (Ausrutscher) nach rechts	Mitglied einer rechtsgerichteten Partei
Häkchen (Ausrutscher) nach links	Mitglied einer linksgerichteten Partei
Doppelhäkchen nach links	Mitglied einer linksgerichteten verfassungsfeindlichen Organisation

Quelle: zusammengefasst nach Presch/Gloy (1976, S. 172f.), dort bezeichnet als Liste der DAG

Seit der Veröffentlichung dieser Liste wurde die Frage, ob es Geheimcodes gibt und wenn ja, warum, immer wieder diskutiert. So verfasste Böhm (1999) einen Artikel im Berliner Tagesspiegel mit der Überschrift: „Zwischen den Zeilen. Wie man den Geheimcode von Arbeitszeugnissen lesen und verstehen kann". Ihr zufolge ist die Geheimsprache in Zeugnissen zwangsläufig entstanden, da es der arbeitsrechtliche Rahmen Personalverantwortlichen nicht erlaube, das zu schreiben, was sie meinen. Schlessmann hingegen geht davon aus, dass es keine Absprachen zwischen Arbeitgeber/inne/n bzw. Personalverantwortlichen geben kann. Denn die Gruppe der Arbeitgeber/innen sei weder homogen, noch könnten solche Regeln in einer pluralistischen Wirtschaft geheim bleiben (vgl. Schleßmann 1975, S. 330ff.). Auch Preibisch geht davon aus, dass es sich um eine „traditionell gewachsene Eigenart der Zeugnissprache" handelt, die zu Unklarheiten führen kann (Preibisch 1982, S. 16). Ihren Vorwurf allerdings, dass „Presch/Gloy und die Deutsche Angestellten Gewerkschaft annehmen, daß auf ,Geheimtagungen' ein entsprechender Code entwickelt worden wäre" (Preibisch 1982, S. 16), weist Presch entschieden zurück (vgl. Presch 1985, S. 310f.). Presch zufolge gibt es Hinweise auf interne Informationen zwischen Personalverantwortlichen über das Abfassen und die Interpretation von Arbeitszeugnissen, die den Zeugnisempfänger/inne/n nicht zugänglich seien (Presch 1985, S. 310f.). Er belegt dies mit internen, nur ihm zugänglichen Papieren einer Firma zum Thema Arbeitszeugnisse. Darin stünde beispielsweise, es sei entscheidend, was nicht in den Zeugnissen auftauche.

Wenn angenommen wird, dass es einen Geheimcode gibt, so erhöht dies das Interesse an der Aufdeckung des Entschlüsselungscodes. Die Exklusivität der Entschlüsselungscodes kann für die Zeugnisformulierungen, die in Tabelle 3.3.1 aufgelistet sind, nicht oder nicht mehr gelten. Zeugnisformulierungen und einzelne Begriffe werden in ihrer Bedeutung oder auch Bedeutungsvielfalt erklärt. Dazu gibt es fast immer den Hinweis auf Auslassungen bzw. die Überbetonung von Selbstverständlichkeiten. Allerdings stimmen die Ratgeber in ihren Interpretationen, Bewertungen und Empfehlungen nicht immer überein (vgl. Schwarb 2000, S. 41ff.).

Damit existieren zwar vielfältige Informationsquellen zu Codes und auch Geheimcodes, es bleibt jedoch ungeklärt, wer wie viele Informationen hat (sowohl auf der Seite der Zeugnisaussteller/innen als auch auf der Seite der Zeugnisempfänger/innen), welche Qualität die entsprechenden Informationen haben und wie vollständig diese sind. Deshalb spricht Presch in seinen späteren Veröffentlichungen nicht mehr von Geheimcodes, sondern von verdeckten Beurteilungen. Das heißt, Zeugnisschreiber/innen formulieren ihre Texte so, dass „die von ihnen vorgenommenen Beurteilungen an problematischen Stellen nur schwer erkennbar sind" (Presch 1985, S. 320). Presch fasst seine Definition so breit, dass darunter alle formelhaften Zeugnisformulierungen fallen, für die Leser/innen ein spezifisches Fachwissen zum Verstehen brauchen. Offen bleibt damit weiterhin die Frage, ob es Geheimcodes oder Absprachen gibt, die nicht zugänglich sind. Die Ausweitung der Definition trägt dabei eher zur Verwirrung als zur Klärung bei.

Presch geht davon aus, dass die Geheimcodes als Ergebnis einer „jahrhundertelangen Kampfgeschichte widerstreitender sozialer Kräfte" (Presch 1985, S. 348) und die gegenwärtigen Zeugnistexte als Ergebnis einer historischen Entwicklung zu sehen sind. Für ein tieferes Verstehen der Texte sollte diese Entwicklung nachgezeichnet werden (vgl. Presch 1985, S. 307ff.).

Ein Verbot von geheimen Merkmalen ist im Laufe der Jahrhunderte in vielen gesetzlichen Regelungen des Zeugnisrechts zu sehen. Stadthagen schildert den Versuch, in den Entwurf des BGB einen umfassenderen Wortlaut zum Verbot von Geheimmerkmalen aufzunehmen. Er beschreibt in diesem Zusammenhang den Fall eines Arbeiters:

„Ein sehr beliebtes Mittel, insbesondere wegen ihrer Aufgewecktheit und ihres Klassenbewußtseins unbeliebte Arbeiter brotlos zu machen, erblickten hinterlistige Arbeitgeber darin, daß sie das Zeugnis mit Merkmalen versahen, welche den Arbeiter in einer aus dem Wortlaut des Zeugnisses nicht ersichtlichen, wohl aber den übrigen Arbeitgebern bekannten Weise als mißliebig kennzeichnen sollten. Z.B. wurde der Name des mißliebigen Arbeiters mit rother Tinte eingetragen und dergleichen. Für eine derartige Schurkerei, durch die der Arbeiter, der ahnungslos seinen eigenen Uriasbrief mit sich trug, brotlos gemacht wurde, war [...] eine lächerlich geringe Strafe [...] festgesetzt" (Stadthagen 1900, S. 186). Ein weiteres Mittel zur Kennzeichnung sah Stadthagen in der Verwendung von anderen Formularen, als sie allgemein üblich waren (vgl. Stadthagen 1900, S. 186).

Landmann führt 1932 in seinem Kommentar zur Gewerbeordnung als Beispiele für unzulässige Merkmale im Sinne des § 113 der GewO aus, dass die Verwendung von verschiedenen Tinten, die Anbringung von gewissen Interpunktionszeichen nach bestimmten Worten, bestimmte Stempel und Ähnliches dann untersagt seien, wenn deren Bedeutung Uneingeweihten nicht oder nicht ausreichend bekannt seien. Das Weglassen eines in einem Gewerbe üblichen Beisatzes sieht von Landmann hingegen nicht als unzulässig an (vgl. Landmann 1932, S. 345f.). Prenner führt als Beispiel für unzulässige Kennzeichen an, dass „die Zeugnisse von Arbeitern, die einer gewissen politischen Richtung angehörten, mit einem roten Stern oder Kreuz versehen wurden, um denselben die Erreichung von Arbeitsgelegenheiten zu erschweren" (Prenner 1902, S. 34).

Die Themen Geheimcode und Arbeitszeugnisse sind damit in der Geschichte immer wieder miteinander verbunden und bis heute eng verzahnt. Die Frage aber, ob Geheimcodes existieren, kann nicht beantwortet werden, da sie paradox ist: Der Beweis, dass es geheime Codes gibt, kann nur anhand eines Entschlüsselungscodes geführt werden. Liegt dieser jedoch vor, dann gibt es kein Geheimnis mehr. Umgekehrt kann auch die Behauptung, Geheimcodes gebe es nicht, nicht belegt werden, schließlich sind die Codes geheim. Die Frage nach der Existenz von Geheimcodes kann daher letztlich nicht eindeutig beantwortet werden. Hingegen lässt sich überprüfen, ob die in der bisherigen Debatte genannten Geheimcodes, in Zeugnissen tatsächlich verwendet werden. Dieser Frage wird in der Inhaltsanalyse von Arbeitszeugnissen, Teilstudie E (vgl. Abschnitt 4.6) nachgegangen. Zudem wird in der Befragung in Teilstudie D (vgl. Abschnitt 4.5) untersucht, ob an die Existenz von Geheimcodes geglaubt wird. In einer Printmedienanalyse in Teilstudie F (vgl. Abschnitt 4.7) wird geprüft, wie eng die Themen Geheimcodes und Arbeitszeugnis verknüpft sind. Anhand dieser Analyse von Ratgeberliteratur und Zeitungsartikeln können vor allem Aussagen darüber getroffen werden, wie das Interesse der Rezipient/inn/en eingeschätzt wird und wie stark die Verbindung dieser Themen durch diese Medien betont und geprägt wird.

3.4 Aus betriebswirtschaftlicher Sicht: Arbeitszeugnisse als Beurteilungsinstrument im Rahmen der betrieblichen Personalpolitik

3.4.1 Vorbemerkungen zur betriebswirtschaftlichen Sicht
Arbeitszeugnisse sind eine Form der Personalbeurteilung. Im Rahmen der Personalfreisetzung werden Arbeitszeugnisse als Leistungsbeurteilung erstellt und im Rahmen der Personalauswahl werden Arbeitszeugnisse dazu eingesetzt, das Potenzial von Bewerber/inne/n zu beurteilen. Diese Handlungsfelder sind in den Grenzbereichen zwischen Umwelt und Organisation angesiedelt. Im Rahmen dieser Handlungsfelder wird einerseits die Mitgliedschaft kontrolliert, andererseits werden die Grenzen zur Umwelt gesichert (vgl. Steinmann/Schreyögg 2005, S. 140f.). Arbeitszeugnisse werden genau in diesen Grenzbereichen erstellt bzw. eingesetzt.
Um die Besonderheiten von Arbeitszeugnissen als Leistungsbeurteilung in der einen Organisation und als Potenzialbeurteilung in einer anderen Organisation erfassen zu können, werden in einem ersten Schritt Arbeitszeugnisse als Instrument der Personalbeurteilung näher charakterisiert. In einem zweiten Schritt werden die Handlungsfelder Personalfreisetzung und Personalauswahl betrachtet. Dabei werden Arbeitszeugnisse in diese Handlungskontexte eingeordnet und ihre Rolle darin wird analysiert. An die generelle Charakterisierung und die Einordnung in die Handlungsfelder schließt sich eine Analyse speziell des Diskriminierungspotenzials von Arbeitszeugnissen an. Dabei werden zuerst die Formen der Diskriminierung im Umgang mit Arbeitszeugnissen erarbeitet. Näher eingegangen wird dann auf implizite Beurteilungen, die in Arbeitszeugnissen enthalten sind. Ziel dieser Ausführungen ist es auch, eine Grundlage für die empirische Überprüfung zu schaffen, ob Arbeitszeugnisse diskriminierende Inhalte haben (vgl. Abschnitt 4.6). Den Schluss dieses Kapitels bil-

det der Vergleich von Arbeitszeugnissen mit Referenzen, da Arbeitszeugnisse vor allem in den deutschsprachigen Ländern verbreitet sind, während in vielen anderen Ländern für die entsprechenden Funktionen Referenzen eingesetzt werden. Diesen Ausführungen wird die Zusammenfassung des Stands der betriebswirtschaftlichen Forschung zu Arbeitszeugnissen vorangestellt. Direkt zum Thema Arbeitszeugnisse sind lediglich zwei Studien durchgeführt worden. Diese beiden Studien werden vorab und zusammenhängend dargestellt, da die hier vorgestellten Forschungsergebnisse in Teilstudie E in Abschnitt 4.6 in Form von Replikationsfragen wieder aufgegriffen werden und so der Vergleich der verschiedenen Studien leichter möglich ist. Über einzelne Forschungsergebnisse zu Arbeitszeugnissen aus Studien, in denen dieser Forschungsgegenstand nicht zentral ist, wird in den entsprechenden Handlungsfeldern berichtet.

3.4.2 Stand der betriebswirtschaftlichen Forschung zu Arbeitszeugnissen

Im Bereich der Wirtschaftswissenschaft hat sich Weuster (1994) mit den Funktionen von Arbeitszeugnissen im Rahmen der Personalauswahl und der Personalbeurteilung beschäftigt. Schwarb (2000; 2003) betrachtet das Arbeitszeugnis als ein Instrument der Personalpraxis und untersucht einerseits, ob Formulierungsvorschläge bzw. die Skalierung von Formulierungen in der Ratgeberliteratur eindeutig sind. Andererseits befragt er Personalverantwortliche zu dem Stellenwert, den sie Arbeitszeugnissen beimessen, sowie dazu, wie sie Arbeitszeugnisse erstellen und wie sie diese bewerten. Im Folgenden werden diese Studien kurz vorgestellt und ihre Ergebnisse zusammengefasst und bewertet.

Weuster hat Arbeitszeugnisse als eignungsdiagnostisches Instrument betrachtet. Er untersucht den Beitrag, den Arbeitszeugnisse zur Beurteilung externer Bewerber/innen leisten können. In diesem Sinne fokussiert die Studie auf die eignungsdiagnostische Relevanz und Qualität von Zeugnissen (Weuster 1994, S. 14). Dafür führte er eine Unternehmensbefragung, eine Befragung von Personalberater/inne/n und eine Inhaltsanalyse von Originalzeugnissen durch.

Weuster befragte Personalverantwortliche in 1.000 Unternehmen der alten BRD anhand eines Fragebogens. Die Rücklaufquote betrug dabei 39 %. Nach seinen Ergebnissen wurden einfache Zeugnisse vor allem in kleinen Betrieben ausgestellt. Dabei erhielten 36 % der Arbeiter/innen einfache Zeugnisse, 7 % der Tarifangestellten und 2 % der leitenden Mitarbeiter/innen (vgl. Weuster 1994, S. 21). Weuster stellt fest, dass in 83 % der Fälle die direkten Vorgesetzten das Zeugnis schreiben. Die Formulierungen sind in 64 % der Fälle frei. Als Hilfsmittel werden vor allem, und zwar zu 73 %, Zeugnisse vergleichbarer Mitarbeiter/innen verwendet, bei 25 % werden Musterzeugnisse verwendet und in 17 % der Fälle ein Entwurf, den die Arbeitnehmer/innen selbst erstellt hatten (vgl. Weuster 1994, S. 29f.).

Der Aufwand der Erstellung eines Zeugnisses für Arbeiter/innen wird im Durchschnitt mit 37,13 Minuten, für Tarifangestellte mit 58,87 Minuten und für leitende Angestellte mit 86,82 Minuten angegeben (vgl. Weuster 1994, S. 34). Die von den Unternehmen geschätzten Kosten der Erstellung lagen im Fall von Arbeiter/inne/n im Durchschnitt bei 61,47 DM, von Tarifangestellten bei 105,06 DM und von leitenden Angestellten bei 180,46 DM. Arbeiter/innen wurden in 83 % der Fälle an der Zeugniserstellung nicht beteiligt, Tarifangestellte in 51 %. Hingegen wurden leitende Angestellte nur in 27 % der Fälle an der Zeugniserstellung nicht beteiligt (vgl. Weuster 1994, S. 38). Weuster unterscheidet hierbei nicht, ob qualifizierte oder einfache Arbeitszeugnisse erstellt werden.

Bei 71 % der Unternehmen besteht ein Betriebsrat. Er kümmert sich aber in 61 % der Fälle nie um Zeugnisse, in 29 % nur selten und lediglich in 0,4 % oft. Anschließend wurden die Befragten gebeten, je eine „sehr gute" und eine „ausreichende" zusammenfassende Leistungsbeurteilung zu schreiben („Zufriedenheitsformel"). Weuster geht davon aus, dass dieser Ausdruck weitgehend normiert ist, da diese Formel in fast allen Ratgebern aufgeführt wird und in verschiedenen Gerichtsurteilen verschiedene Einstufungen bewertet werden (vgl. Weuster 1994, S. 51f.). Auch wenn die verschiedenen Ratgeber nicht einheitlich sind, so sind die Abweichungen doch relativ gering, in der Regel nicht mehr als eine Notenstufe auf einer 6-stufigen Skala. Weusters Befragungsergebnisse zeigen, dass in der Praxis die Zufriedenheitsformel nicht einheitlich verwendet wird. Bei weiter Auslegung (mit einem Spielraum von plus/minus einer Note) liefern 85 % der Unternehmen eine nach den gängigen Skalen korrekte Zufriedenheitsformel für „sehr gut" und 79 % eine korrekte für „ausreichend". Weuster konnte insgesamt feststellen, dass es keine eindeutige, einheitliche Zeugnissprache gibt und somit auch keine einheitlichen Bewertungen.

Zudem ließ Weuster die Relevanz der fünf Komponenten eines Arbeitszeugnisses (Aufgabenbeschreibung, Leistungsbeurteilung, Führungsbeurteilung [Beurteilung als Vorgesetzte], Verhaltensbeurteilung und Beendigungsformel) einschätzen. Nach seinen Ergebnissen wird von 53 % der Unternehmen die Leistungsbeurteilung und von 37 % die Aufgabenbeschreibung als die wichtigste Komponente gewertet (vgl. Weuster 1994, S. 59f.). Eine Dankes- bzw. Abschlussformel wird von 50 % der Unternehmen als sehr wichtig und von 34 % der Unternehmen als wichtig gewertet. Eine weitere Frage war, wie korrekt ausscheidende Mitarbeiter/innen in der Regel bewertet werden. Im Durchschnitt schätzten die Befragten die Zeugnisse für Arbeiter/innen in 63 % der Fälle als gerade richtig ein, 36 % hingegen als zu gut. Tarifangestellte werden zu 48 % als zu gut bewertet und 48 % als gerade richtig bewertet gesehen, 47 % der leitenden Angestellten als zu gut beurteilt und 46 % als gerade richtig beurteilt (vgl. Weuster 1994, S. 66).

Auf die Frage, welche Bedeutung die Antwortenden Arbeitszeugnissen bei der Personalauswahl aufgrund ihrer Erfahrung als Zeugnisaussteller/innen beimessen, geben sie im Durchschnitt eine mittlere Bedeutung an. Je höher der Status der Bewerber/innen ist, desto höher schätzen die Antwortenden aber auch die Bedeutung von Arbeitszeugnissen ein. Die Aussage, dass qualifizierte Zeugnisse abgeschafft werden sollten, lehnen 70 % der Befragten ab. Auffällig ist, dass der Grad der Ablehnung mit der Größe des Unternehmens, in dem die Befragten beschäftigt sind, steigt (vgl. Weuster 1994, S. 70ff.).

Zu den 1.000 Arbeitszeugnissen, die Weuster analysierte, gehörten 114 Zwischenzeugnisse, 123 Auszubildendenzeugnisse und 94 Zeugnisse für Praktikant/inn/en. Damit enthält sein Korpus 669 qualifizierte Endzeugnisse. 63 % der darin Beurteilten waren Männer, 37 % Frauen. Von den 669 Endzeugnissen stammen ca. 66 % von Angestellten, ca. 13 % von Führungskräften und 21 % von Arbeiter/inne/n. Die Zeugnisse sind zwischen 1971 und 1991 ausgestellt worden. Weuster zählte verschiedene Komponenten der Zeugnisse statistisch aus und bewertete sie zum Teil. Im Ergebnis wurde z.B. bei dem Vergleich der Formulierung der Zufriedenheitsformel in 10 % der Arbeitszeugnisse ein Äquivalent zur Note „sehr gut" verwendet, bei 47 % entsprach die Formulierung der Note „gut", bei 34 % der Note „befriedigend" und bei 9 % der Note „ausreichend" (vgl. Weuster 1994, S. 86f.). Bei der Beurteilung des Sozialverhaltens überwiegt die Beurteilung als „einwandfrei". Damit fällt die Beurteilung des Sozialverhaltens deutlich besser aus als die Beurteilung des Leistungsverhaltens (vgl. Weuster 1994, S. 95). Deutlich wird, dass Weuster sich bei der Notenskala für die Verhaltensbeurteilung nicht auf die in der Rechtsprechung verwendete Positiv-Skala bezieht. Nach diesen Skalen wird der Begriff „einwandfrei" für befriedigende Leistungen verwendet (vgl. Abschnitt 3.2.4.2).

Bei Leistungsbeurteilungen konnte ein Hierarchie-Effekt festgestellt werden. Führungskräfte wurden insgesamt ausführlicher und besser beurteilt als Angestellte. Bei der Beurteilung des Sozialverhaltens war ein Hierarchieeffekt hingegen nicht bemerkbar. 67 % der Arbeitszeugnisse enthielten eine Beendigungsformel mit einer Aussage zur Kündigungsinitiative. Dabei wurde in 81 % der Fälle die Kündigung von Arbeitnehmer/inne/n ausgesprochen und in 4 % von Arbeitgeber/inne/n. 5 % der Arbeitsverhältnisse wurden einvernehmlich beendet. Die übrigen Zeugnisse enthielten neutrale Aussagen oder die Aussagen fehlten (vgl. Weuster 1994, S. 101f.). Etwa die Hälfte der Arbeitszeugnisse enthielt die Dankes-Bedauern-Formel am Ende eines Arbeitszeugnisses. Bei 76 % der Endzeugnisse stimmten Ausstellungsdatum und Vertragsende überein. Weniger als die Hälfte der Arbeitszeugnisse von Führungskräften enthielten Aussagen zu ihrer Führungsleistung, in den meisten Fällen wurde nur auf die Leitungsspanne hingewiesen (vgl. Weuster 1994, S. 106f.).

Weuster hat zudem Personalberater/innen zur Zeugnisanalyse befragt. Er hat Personalberater/innen ausgewählt, da er davon ausging, dass diese ausgesprochen viel Erfahrung in der Analyse von Arbeitszeugnissen haben. Er schrieb 790 Personalberater/innen in der BRD an; 256 haben die Fragebogen bearbeitet. Es zeigte sich, dass über 99 % der Personalberater/innen selbst Zeugnisse formuliert und auch eine hohe Anzahl (im Durchschnitt ca. 2.000) Arbeitszeugnisse analysiert hatten. In den meisten Fällen wendeten die Berater/innen nur ca. 8 Minuten für die Analyse eines Arbeitszeugnisses auf. Die Vorlage von Originalzeugnissen wurde selten verlangt, allerdings gab ca. die Hälfte der Berater/innen an, dass ihnen bereits gefälschte Zeugnisse vorgelegt wurden. Die Personalberater/innen schätzen die Aufgabenbeschreibung (zu 33 %) und die Leistungsbeurteilung (zu 38 %) als zentrale Komponenten eines Arbeitszeugnisses ein. Die Analyse- und Bewertungskriterien der Berater/innen waren ausgesprochen unterschiedlich und weit gestreut, entsprechend ihre Bewertung verschiedener Aussagen in Zeugnissen (vgl. Weuster 1994, S. 119f.). Den Zeugnissen wird im Rahmen der Personalvorauswahl von 62 % der Berater/innen eine eher hohe Bedeutung und von 38 % eine eher niedrige Bedeutung beigemessen. In mehr als 50 % der Fälle werden beim Lesen des Arbeitszeugnisses Notizen für das folgende Vorstellungsgespräch gemacht (vgl. Weuster 1994, S. 175). Die Forderung, dass qualifizierte Arbeitszeugnisse aufgrund der Informationsprobleme durch einfache Arbeitszeugnisse ersetzt werden sollten, lehnten fast 80 % der Personalberater/innen ab (vgl. Weuster 1994, S. 179).

Als letzten Teil der Befragung hat Weuster ein Arbeitszeugnis mit negativer Beurteilung verfasst und die Personalberater/innen gebeten, dieses anhand ihrer Erfahrungen zu kommentieren. Insgesamt gingen 160 Kommentierungen ein. Es zeigte sich, dass einzelne Auffälligkeiten sehr unterschiedlich bewertet wurden. Die Leistungs- und Verhaltensbewertungen wurden zwar weitgehend negativ eingeschätzt, aber es wurde kein einheitliches Urteil über das Arbeitszeugnis getroffen. Weuster sieht als Gründe dafür die Mehrfachinterpretierbarkeit, die unterschiedlichen Erfahrungen der Personalberater/innen und das Fehlen einer einheitlichen Zeugnissprache (vgl. Weuster 1994, S. 221ff.).

Schwarb (2000) analysierte Arbeitszeugnisse als Instrument der Personalpraxis. Zunächst stellte Schwarb technische und psychologische Fehlerquellen in der Arbeitszeugniskommunikation zusammen. Darunter fasst er Fehlerquellen, die für Personalbeurteilungen in der Literatur zu finden sind. Daran anschließend vergleicht er einzelne Ratgeber zu Arbeitszeugnissen und untersucht, ob Ratgeber eine einheitliche Zeugnissprache vorgeben, so dass Arbeitgeber/innen ein Zeugnis eindeutig entschlüsseln können. Er kommt zu dem Ergebnis, dass die Stufen der Beurteilungsskalen nicht immer gleich eingeteilt waren, sie variierten um eine Stufe (vgl. Schwarb

2000, S. 48f.). Des Weiteren wurden die gleichen Formulierungen in einzelnen Ratgebern als Klartext interpretiert, während sie in anderen als Codesprache galten.

Als weiterer Schritt wählte er 14 Unternehmen aus 7 Branchen in der Schweiz aus, darunter sowohl große als auch mittlere Unternehmen. Sein Ziel war es, die Handhabung des Arbeitszeugnisses in der Personalpraxis offen zu legen, sowohl im Rahmen der Personalrekrutierung als auch im Rahmen der Personalfreisetzung. Die grundlegende Situation in allen Unternehmen war, dass es deutlich mehr Stellen als Bewerber/innen gab (vgl. Schwarb 2000, S. 35ff.). Schwarb führte mit den Personalverantwortlichen offene Interviews zum Thema Arbeitszeugnisse und wertete die Ergebnisse in Hinblick auf übereinstimmende Aussagen aus. In Bezug auf die Situation der Stellenbesetzung wurde einheitlich festgestellt, dass Unterlagen von Bewerber/innen nur dann vorab aussortiert werden, wenn Arbeitszeugnisse fehlen. Dennoch gilt ein Arbeitszeugnis bei den Personalverantwortlichen als ungeeignetes Selektionsinstrument. Die Analyse der Bewerbungsunterlagen ist für die Mehrzahl der Personalverantwortlichen jedoch bedeutsam, da sie ihnen vor allem als wichtige Vorinformation für die Einstellungsinterviews dient. Die Vorinformation bestimmt in vielen Bereichen den Verlauf der Interviews. Den Arbeitszeugnissen werden dabei vor allem Informationen zur Arbeitsweise und zum Arbeitsbereich im letzten Unternehmen, über die letzten Arbeitgeber/innen und über die Fortschrittlichkeit des Unternehmens entnommen. Personalverantwortliche in Großfirmen vertrauen den Zeugnissen von Großunternehmen mehr als denen von kleinen Unternehmen. Zudem verlassen sich diejenigen Personalverantwortlichen mehr auf Arbeitszeugnisse, die große Erfahrung im Verfassen von Zeugnissen haben (vgl. Schwarb 2000, S. 45ff.).

Im nächsten Schritt gab Schwarb den Personalverantwortlichen zwei Arbeitszeugnisse zur Beurteilung. Es zeigte sich, dass fast ausschließlich Aufgabenbereich, Leistungsbeurteilung und Verhaltensbeurteilung analysiert wurden. Bei der Interpretation wurde vor allem darauf geachtet, wie groß das ausstellende Unternehmen ist. Die Urteile waren weitgehend konsistent, auch wenn Einzelnes unterschiedlich gewertet wurde (vgl. Schwarb 2000, S. 49ff.).

Im weiteren Vorgehen wurden den Personalverantwortlichen zwei Personenbeschreibungen vorgelegt. Auf dieser Grundlage sollten sie den fiktiven Personen ein Arbeitszeugnis ausstellen. Schwarb stellte fest, dass die Informationen in der Beschreibung unterschiedlich gewertet wurden. Dies sah er als Grund dafür, dass die Beurteilungen sehr weit auseinander lagen. Als Quelle dieser Unterschiede sah Schwarb vor allem implizite Persönlichkeitstheorien an (vgl. Schwarb 2000, S. 53f.).

Als letzten Schritt nahm Schwarb eine Inhaltsanalyse von 44 Arbeitszeugnissen aus den befragten 14 Unternehmen vor. Dabei beschränkte er sich auf die Leistungs- und Verhaltensbeurteilungen. Sein Ziel war, ein vorherrschendes Bild von guten Arbeitnehmer/inne/n herauszufinden. Zur Analyse bildete er Kategorien; diesen wies er

Begriffe zu, die in den Zeugnissen verwendet wurden. Die Zeugnisse sortierte er anschließend anhand der Schlussformel und/oder einer pauschalen Beurteilung in die vier Gruppen „sehr gut", „gut", „genügend" und „schlecht". Nach Schwarbs Ergebnissen werden gute Arbeitnehmer/innen als arbeitswillig, zuverlässig, angenehm und effizient bezeichnet. Mit diesem Ergebnis vergleicht er die modernen Arbeitnehmer/innen, wie sie in vielen Veröffentlichungen gefordert werden: flexibel, lernwillig, teamfähig und kreativ. Diese Adjektive waren in den von ihm analysierten Zeugnissen nicht zu finden. Schwarb sieht hier einen Widerspruch zwischen dem, was Unternehmen bzw. Arbeitgeber/innen fordern (die modernen Arbeitnehmer/innen), und dem, was sie in Arbeitszeugnissen als gute Arbeitnehmer/innen beschreiben (vgl. Schwarb 2000, S. 54ff.).

Die Studien von Schwarb können an einigen Stellen durchaus kritisch hinterfragt werden. Schwarb untersucht zwar ausgesprochen viele unterschiedliche Aspekte des Themengebietes Arbeitszeugnis. Die Überprüfung seiner Untersuchungen gestaltet sich aber schwierig, da viele seiner Ergebnisse und Schlussfolgerungen nur zum Teil belegt sind bzw. die Belege nur für Teilaspekte der Folgerungen gelten können. Beispielsweise waren die Personenbeschreibungen, anhand derer Arbeitszeugnisse erstellt werden sollten, ausgesprochen kurz (ca. ½ DIN-A4 Seite), so dass für die Erstellung eines qualifizierten Arbeitszeugnis entsprechend viel Phantasie notwendig war. Nach den unterstellten impliziten Persönlichkeitstheorien wurde an keiner Stelle gefragt, bzw. diese wurden auch nicht analytisch hergeleitet. Entsprechend kann der Vergleich der geforderten Arbeitnehmer/innen mit den beschriebenen guten Arbeitnehmer/inne/n nicht überzeugen. Schwarb selbst geht davon aus, dass Unternehmen stark standardisierte Formeln im Arbeitszeugnis benötigen, um ein angemessenes Arbeitszeugnis erstellen zu können. Auch Schwarbs Behauptung, dass die Arbeitsmarktlage keinen weiteren Einfluss auf die Bedeutung von Arbeitszeugnissen habe (vgl. Schwarb 2000, S. 36), kann er weder durch empirische Aussagen noch durch überzeugende Argumente belegen.

3.4.3 Arbeitszeugnisse als Instrument der Personalbeurteilung

Arbeitszeugnisse sind ein Instrument der Personalbeurteilung. Allerdings weisen Arbeitszeugnisse einige besondere Charakteristika auf, die einen Erklärungsbeitrag zu Gestaltung und Einsatz von Arbeitszeugnissen bieten können. Diese Charakteristika werden im vorliegenden Abschnitt erarbeitet und bilden die Basis für die darauf folgenden Ausführungen zur Rolle von Arbeitszeugnissen in den verschiedenen Handlungsfeldern.

Personalbeurteilungen können aus verschiedenen Richtungen vorgenommen werden, dabei werden die Beurteilung durch Vorgesetzte, durch Gleichgestellte und durch unterstellte Mitarbeiter/innen sowie die Selbstbeurteilung unterschieden (vgl. z.B. Berthel/Becker 2007, S. 201). Da Arbeitszeugnisse durch Vorgesetzte erstellt bzw. verantwortet werden müssen, konzentrieren sich die folgenden Ausführungen auf die Beurteilung durch Vorgesetzte.

Becker fasst unter dem Begriff der Personalbeurteilung allgemein einen

> „institutionalisierte[n] Prozess [...], in dem planmäßig und formalisiert Informationen über Leistungen und/oder die Potenziale von Organisationsmitgliedern durch dazu beauftragte Organisationsmitglieder hinsichtlich arbeitsplatzbezogener entweder vergangenheits- oder gegenwarts- oder zukunftsorientierter Kriterien gewonnen, verarbeitet und ausgewertet werden" (Becker 2003, S. 160).

Auf Arbeitszeugnisse treffen dabei die folgenden Aspekte zu: Sie enthalten formalisierte Informationen über die Leistung und das Verhalten von Arbeitnehmer/inne/n und sie beziehen sich auf arbeitsplatzbezogene, vergangenheitsorientierte Kriterien. Bei anderen Definitionen des Begriffs wird Personalbeurteilung als auf eine organisationsinterne Verwendung ausgerichtet angesehen. Es wird dann davon ausgegangen, dass die Beurteilungskriterien für den Erfolg der Organisation wichtig sein müssen (vgl. z.B. Domsch/Gerpott 2003, Sp. 1432). Arbeitszeugnisse werden jedoch nicht für die eigene Organisation erstellt, sondern für ausscheidende Arbeitnehmer/innen. Des Weiteren sind einzelne Kriterien, die in einem Arbeitszeugnis enthalten sein müssen, durch rechtliche Anforderungen bestimmt und nicht aufgrund ihrer Erfolgswirksamkeit enthalten. Hier zeigt es sich, dass Arbeitszeugnisse nach der oben ausgeführten allgemeinen Definition eindeutig Personalbeurteilungen sind. Wenn aber Personalbeurteilungen auf eine organisationsinterne Verwendung hin definiert werden, dann sind Arbeitszeugnisse ein Sonderfall, da sie in Hinblick auf eine externe Verwendung erstellt werden.

Personalbeurteilungen können unterschiedliche betriebliche Funktionen erfüllen. Domsch und Gerpott unterscheiden drei zentrale Funktionen, erstens die Informationsbeschaffung für personalpolitische Planungen und Entscheidungen, zweitens die Erfolgskontrolle von Maßnahmen und drittens die Verbesserung der Leistungen der Arbeitnehmer/innen (vgl. Domsch/Gerpott 2003, Sp. 1432f.). Diese manifesten Funktionen beziehen sich durchgehend auf Wirkungen, die im Anschluss an die Beurteilung in der Organisation angestrebt werden. Becker sieht darüber hinaus auch latente Funktionen der Personalbeurteilung. Er fasst darunter, dass Personalbeurteilungen als Disziplinierungsinstrument wirken, sie nachträglich Entscheidungen legitimieren und mit ihrer Hilfe Machtstrukturen stabilisiert werden können (vgl. Becker 2003, S. 268).

Arbeitszeugnissen können nicht in einfacher Weise manifeste Funktionen zugeordnet werden. Der Hauptgrund ist darin zu sehen, dass die beurteilten Arbeitnehmer/innen nach der Beurteilung nicht mehr Mitglieder der beurteilenden Organisation sind und Anschlusswirkungen nicht das zentrale Ziel sein können. Bei der Erstellung von Arbeitszeugnissen ist das Ziel der Organisation, ihre rechtlichen Verpflichtungen im

Rahmen der Personalfreisetzung zu erfüllen. Die von Becker formulierten latenten Funktionen können aber durchaus gesehen werden. So können Arbeitnehmer/innen ihre Leistungen verbessern wollen, um ein besseres Arbeitszeugnis zu erhalten. Sie können auch motiviert sein, Leistungen bis zum Ablauf des Arbeitsverhältnisses zu erbringen, da sie eine schlechtere Beurteilung im Arbeitszeugnis vermeiden wollen. Arbeitszeugnisse können so als Disziplinierungsinstrument wirken und zur Stabilisierung von Machtstrukturen beitragen. Sie nehmen daher in Bezug auf die manifesten Funktionen insgesamt im Rahmen der Personalbeurteilung eine Sonderstellung ein, da ihre zentrale Funktion nicht auf Wirkungen in der Organisation gerichtet ist. Vielmehr sollen Anforderungen aus der Organisationsumwelt erfüllt werden.

Bei zweckgerichteten Beurteilungen findet nach Grieger und Bartölke „vorab eine Selektion von Wahrnehmungsaspekten in Hinblick auf die vorgestellten Zwecke statt [...]" (Grieger/Bartölke 1992, S. 69). Übertragen auf Arbeitszeugnisse bedeutet dies, dass die Wahrnehmung auf die Aspekte gerichtet wird, die zur Erfüllung der Anforderungen zentral sind. Diese Anforderungen ergeben sich vor allem aus rechtlichen Regelungen bzw. der Rechtsprechung, die in Abschnitt 3.2 ausführlich beschrieben wurden. Diese Orientierung an Umweltanforderungen könnte der Grund sein, warum in der Literatur zur betrieblichen Personalbeurteilung Arbeitszeugnisse nicht oder nur am Rand erwähnt werden (so z.B. bei Becker 2003; Domsch/Gerpott 2003; Breisig 1998).

Personalbeurteilungen werden üblicherweise anhand des Zeitbezugs der Informationen in Leistungs- und Potenzialbeurteilung unterschieden (vgl. z.B. Breisig 1998, S. 42f.). Leistungsbeurteilungen erfassen Leistungen und Verhalten der Arbeitnehmer/innen vergangenheitsorientiert, während mithilfe von Potenzialbeurteilungen prognostiziert werden soll, ob und inwieweit die Arbeitnehmer/inne/n zukünftige Aufgaben bewältigen können. Leistungsbeurteilungen bilden häufig die Informationsbasis für solche Prognosen. In diesem Fall wird von der Annahme ausgegangen, dass das Verhalten und die Leistungen einer beurteilten Person in die Zukunft übertragen werden können (vgl. Steinmann/Schreyögg 2005, S. 812). Als Problem wird dabei angesehen, dass die Daten vergangenheitsorientiert erhoben wurden und eine einfache Fortschreibung von Leistung, Verhalten und deren Entwicklung nicht realistisch sei (vgl. Berthel/Becker 2007, S. 222).

Bei der Einordnung von Arbeitszeugnissen zeigen sich auch hier Besonderheiten. Frühere Arbeitgeber/innen beurteilen Leistung und Verhalten von ausscheidenden Arbeitnehmer/inne/n. Sie erstellen im Rahmen der Personalfreisetzung die Arbeitszeugnisse (vgl. dazu genauer Abschnitt 3.4.4). Diese Leistungsbeurteilung hat dabei wie oben ausgeführt die Besonderheit, dass sie üblicherweise in der Organisation, in der sie erstellt wurde, nicht weiter verwendet wird. Sie ist also nicht an die eigene Organisation gerichtet; Adressat/inn/en dieser Leistungsbeurteilung sind vielmehr die

ausscheidenden Arbeitnehmer/innen und darüber hinaus auch potenzielle Arbeitge-
ber/innen. Entsprechend müssen die früheren Arbeitgeber/innen diese Leistungsbeurteilung nicht intern gegenüber den Arbeitnehmer/inne/n verantworten, sondern extern gegenüber ausgeschiedenen Arbeitnehmer/inne/n und deren potenziellen Ar-
beitgeber/inne/n. Potenzielle Arbeitgeber/innen wiederum verwenden Arbeitszeugnisse im Rahmen der Personalauswahl (vgl. dazu genauer Abschnitt 3.4.5). In diesem Rahmen erhält das Arbeitszeugnis den Charakter einer Potenzialbeurteilung.
Diese Verwendung ist nicht nur aufgrund der oben geschilderten Vergangenheitsori-
entierung problematisch. Bei Arbeitszeugnissen kommt erschwerend hinzu, dass die
Organisation, die die Beurteilung vorgenommen hat, nicht die gleiche Organisation
ist, die sie zur Prognose einsetzt. So kann bei der Prognose kein organisationsspezi-
fisches Wissen z.B. über Leistungsbedingungen oder über die Verwendung von Beurteilungsverfahren einfließen.

Eine verbreitete Klassifikation der Leistungsbeurteilungsverfahren ist die Einteilung
der Verfahren in fünf Kategorien. Diese sind Rangordnungsverfahren, Kennzeichnungsverfahren, Einstufungsverfahren, zielorientierte Verfahren und freie Verfahren
(vgl. z.B. Becker 2003, S. 74ff.; Ridder 2007, S. 273f.; Liebel/Oechsler 1992, S. 22f.).
Schettgen fasst Rangordnungsverfahren, Kennzeichnungsverfahren und Einstufungsverfahren als gebundene Verfahren zusammen, da bei ihnen die Systematik,
Regeln und Beurteilungsskalen weitgehend vorgegeben werden (vgl. Schettgen
1996, S. 235f.). Aufgrund dieser Vorgaben entsprechen diese Verfahren nicht direkt
den Anforderungen an Arbeitszeugnisse, da diese individuell und wohlwollend formuliert sein müssen. Die Ergebnisse dieser Beurteilungen können zwar zur Erstellung
von Arbeitszeugnissen dienen, sie fließen dann aber indirekt ein.

Bei freien Verfahren werden die Beurteilungen in Form von Kurzgutachten erstellt.
Dabei können sich die Verfahren im Grad der Strukturiertheit unterscheiden. Als un-
strukturiert werden freie Leistungsschilderungen bezeichnet, bei denen die Beurtei-
ler/innen frei über Aufbau und Inhalt entscheiden können (vgl. Becker 2003, S. 287).
Bei einer strukturierten freien Beurteilung sind den Beurteiler/inne/n Merkmale vorgegeben. Arbeitszeugnisse können in dieser Weise klassifiziert werden: Die Merkmale Leistung und Verhalten sind vorgegeben. Die Beurteiler/innen müssen sich zwar
an einen formalen Rahmen halten und Aussagen zu diesen Merkmalen treffen, sie
sind aber prinzipiell in diesem Rahmen frei, was und wie sie formulieren, abgesehen
von organisationsinternen Vorgaben. Dabei muss der Inhalt der Wahrheit entsprechen und gleichzeitig wohlwollend sein.

Zielorientierte Verfahren nehmen eine Zwischenstellung zwischen den freien und
gebundenen Verfahren ein (vgl. Schettgen 1996, S. 249). Die Kriterien der Beurteilung sind nicht fest vorgegeben, sondern es wird beurteilt, welche vorab definierten
Ziele in welchem Maß erreicht wurden (vgl. Becker 2003, S. 327f.). Arbeitszeugnisse

können ergebnisorientiert geschrieben werden, daher können die im Rahmen von zielorientierten Verfahren erfolgten Beurteilungen als Inhalte von Arbeitszeugnissen verwendet werden (vgl. List 2005, S. 34ff.). Da aber die für einen anderen Zweck erstellten zielorientierten Beurteilungen in der Regel keinen Gesamteindruck von Leistung und Verhalten spiegeln, dürften sie nicht vollständig den Anforderungen an Arbeitszeugnissen genügen.

Zusammenfassend kann festgestellt werden, dass Arbeitszeugnisse nach der oben ausgeführten allgemeinen Definition als Personalbeurteilung charakterisiert werden können. Allerdings werden sie in Hinblick auf eine externe Verwendung erstellt. Arbeitszeugnisse erfüllen nicht die üblichen manifesten Funktionen von Personalbeurteilungen, d.h. diejenigen der Informationsbeschaffung, der Erfolgskontrolle und der Leistungssteigerung. Lediglich die latente Funktion als Disziplinierungsmittel kann auch bei Arbeitszeugnissen festgestellt werden. Die Funktion von Arbeitszeugnissen besteht vor allem in der Erfüllung externer Anforderungen. Diese Orientierung an externen Anforderungen wird in Abschnitt 3.4.4 näher beleuchtet. Arbeitszeugnisse werden als Leistungsbeurteilung in einer Organisation erstellt und als Potenzialbeurteilung in einer anderen Organisation verwendet. Daher zeigt sich bei Arbeitszeugnissen das Problem der Fortschreibung von Leistung in die Zukunft ohne Wissen über deren Entstehung noch deutlicher, als dies bereits bei intern verwendeten Beurteilungen der Fall ist. Es findet Ausdruck in der relativ geringen Validität bei der Personalauswahl, wie in Abschnitt 3.4.5 gezeigt wird. Arbeitszeugnisse können als strukturierte freie Beurteilungen charakterisiert werden. Zu der Kategorie der freien Beurteilungsverfahren führt Becker aus, dass „die Freie Beurteilung nur eine untergeordnete Rolle [spielt]. Die meisten deutschsprachigen Autoren erwähnen sie bei der Kategorisierung der Beurteilungsverfahren nur flüchtig und wenden sich [...] den standardisierten Verfahren der Leistungsbeurteilung zu" (Becker 2003, S. 287). Diese Feststellung Beckers kann auch in Bezug auf Arbeitszeugnisse bestätigt werden, die als Beispiel für die freien Verfahren in der Literatur zu Personalbeurteilung nur am Rande erwähnt werden. Beispielsweise führt Breisig lediglich aus, dass die Daten der Personalbeurteilung als Grundlage für die Zeugniserstellung herangezogen werden können (vgl. Breisig 1998, S. 53). Die Probleme der freien Beurteilung werden in Abschnitt 3.4.6 angesprochen, da sie auch zur Erhöhung des Diskriminierungspotenzials von Arbeitszeugnissen führen können.

In den folgenden Abschnitten wird zunächst der Einsatz von Arbeitszeugnissen in verschiedenen Handlungsfeldern analysiert. Zuerst wird die Erstellung von Arbeitszeugnissen bei der Personalfreisetzung und anschließend der Einsatz bei der Personalauswahl betrachtet. Dabei wird jeweils die Rolle von Arbeitszeugnissen in den Handlungskontext eingeordnet und analysiert. Die Charakterisierung von Arbeitszeugnissen als Instrument der Personalbeurteilung und die Einordnung in die Handlungsfelder bilden dann die Basis für eine Analyse des Diskriminierungspotenzials von Arbeitszeugnissen. Das Kapitel endet damit, dass Referenzen und Arbeitszeugnisse einander vergleichend gegenüber gestellt werden, da Referenzen in anderen Ländern einige der Funktionen von Arbeitszeugnissen übernehmen.

3.4.4 Einsatz im Handlungsfeld Personalfreisetzung

In der betriebswirtschaftlichen Literatur wird der Begriff der Personalfreisetzung üblicherweise eng gefasst. Diese enge Begriffsfassung verwenden z.B. Berthel und Becker (2007), die unter Personalfreisetzung lediglich alle betrieblichen Maßnahmen zur betrieblich intendierten Reduzierung des Personalbestands verstehen. Dabei betrachten sie die externe Personalfreisetzung als Abgabe von Personal an den Arbeitsmarkt. Unter interner Personalfreisetzung verstehen sie alle Maßnahmen, mit deren Hilfe durch qualitative, zeitliche und örtliche Anpassungen der Personalbestand einzelner Betriebsteile reduziert wird. Dabei wird Personal für andere Aufgabengebiete eingesetzt, das Arbeitsvolumen gesenkt oder Personal an andere Betriebsbereiche abgegeben (vgl. Berthel/Becker 2007, S. 288f.).

Obwohl diese Begriffsfassung in der Literatur dominant ist (vgl. z.B. Klimecki/Gmür 2005; Kammel 2004; Kadel 2004), schließe ich mich der Begriffsdefinition von Oechsler an. Oechsler fasst den Begriff der Personalfreisetzung weiter und definiert Freisetzung als Beendigung von Arbeitsverhältnissen (vgl. Oechsler 2006, S. 272). Er umfasst damit alle Verringerungen des Personalbestands, sowohl betrieblich intendierte als auch alle von Mitarbeiter/inne/n selbst ausgelösten, die von der Organisation nur indirekt beeinflussbar sind. Für diese Arbeit bietet sich die weite Begriffsfassung an, da der Fokus auf der Rolle von Arbeitszeugnissen beim Austritt aus der Organisation liegt. Unabhängig davon, ob der Austritt betrieblich intendiert ist oder nicht, werden Arbeitszeugnisse ausgestellt. Im Folgenden wird zuerst der Prozess der Personalfreisetzung beschrieben, dann die Bedeutung von Arbeitszeugnissen in diesem Prozess angesprochen.

Die Beendigung eines Arbeitsverhältnisses kann aus verschiedenen Gründen und auf unterschiedliche Weise geschehen. Arbeitsverhältnisse, denen befristete oder bedingte Verträge zugrunde liegen, enden mit Eintritt der Frist bzw. Bedingung (vgl. Oechsler 2006, S. 272f.). Außerdem enden Arbeitsverhältnisse durch den Übergang der Arbeitnehmer/innen in den Altersruhestand bzw. Vorruhestand. Die Initiative für die Kündigung eines Arbeitsverhältnisses kann entweder von der Organisation oder von den Arbeitnehmer/inne/n ausgehen. Die Beendigung oder Auflösung kann im gegenseitigen Einvernehmen erfolgen und von beiden Seiten akzeptiert werden oder sie kann von einer bzw. beiden Seiten mit Konflikten belastet sein.

Aus rechtlicher Sicht können sowohl Arbeitgeber/innen als auch Arbeitnehmer/innen ein Arbeitsverhältnis ordentlich oder außerordentlich kündigen. Eine außerordentliche Kündigung ist nach § 626 Abs. 1 BGB möglich, entweder fristlos oder mit Auslauffrist, wenn das Arbeitsverhältnis schwerwiegend gestört ist. Eine ordentliche Kündigung können Arbeitnehmer/innen nach § 622 BGB durch einseitige Willenserklärung fristgerecht zu den im Arbeitsvertrag oder Tarifvertrag festgelegten oder zu gesetzlich bestimmten Fristen aussprechen. Bei Betrieben mit mehr als 5 Beschäftigten und mehr als 6 Monaten Beschäftigungsdauer (genaueres dazu vgl. § 23 KSchG) darf eine ordentliche Kündigung durch die Arbeitgeber/innen nur dann erfolgen, wenn die Kündigung sozial gerechtfertigt ist. Sozial gerechtfertigt ist eine Kündigung dann, wenn sie auf personenbedingten, verhaltensbedingten oder betriebsbedingten Gründen beruht. Personenbedingt ist sie dann, wenn die Arbeitnehmer/innen die Fähigkeit nicht mehr haben, die Arbeitsleistung zu erbringen, z.b. nach Erkrankungen (vgl. Berthel/Becker 2007, S. 303). Verhaltensbedingte Gründe liegen vor, wenn Arbeitnehmer/innen sich vertragswidrig verhalten und dies auch nach Abmahnungen nicht verändern (vgl. Oechsler 2006, S. 275f.). Betriebsbedingte Kündigungen können dann ausgesprochen werden, wenn eine Anpassung des Personalbestands erforderlich ist. Dies kann vor allem bei strukturellen und strategischen Veränderungen der Fall sein (vgl. Berthel/Becker 2007, S. 304). Im Falle von betriebsbedingten Kündigungen können die Arbeitgeber/innen ab einer bestimmten Betriebsgröße nicht beliebigen Personen kündigen. Sie müssen eine Sozialauswahl anhand von Kriterien wie z.B. Alter, Personenstand und Betriebszugehörigkeit treffen (vgl. Oechsler 2006, S. 277f.). Bei einer Kündigung durch die Arbeitgeber/innen ist nach § 102 BetrVG grundsätzlich der Betriebsrat anzuhören. Diese Vielzahl von Möglichkeiten, Arbeitsverhältnisse zu beenden, zeigt nachdrücklich, dass Arbeitszeugnisse in ausgesprochen unterschiedlichen Situationen erstellt werden. Diese Situation wird durch die Kündigungsinitiative, die individuelle Betroffenheit, Konflikte und die Beteiligten geprägt.

Die Entscheidung der Organisation, Maßnahmen der Personalfreisetzung umzusetzen, hat verschiedene Auswirkungen. Freisetzungen verursachen in vielen Fällen Kosten. Darüber hinaus wirkt die Trennung von Arbeitnehmer/inne/n auf soziale Netzwerke in der Organisation und das Bild der Organisation wird durch den Umgang mit Freisetzung geprägt (vgl. Morrell u.a. 2004, S. 335). Auch auf die Entscheidung von Arbeitnehmer/inne/n, eine Organisation zu verlassen, wirken verschiedene Faktoren. Einerseits wirken organisationsexterne Faktoren wie Arbeitslosenquoten und Arbeitsmarktchancen, andererseits organisationsinterne Faktoren wie Zufriedenheit, Organisationsimage und Karriereaussichten (vgl. Morrell u.a. 2004, S. 346).

Der Austritt von Arbeitnehmer/inne/n aus einer Organisation kann mit einer Trennungssituation im privaten Leben verglichen werden (vgl. Freimuth/Elfers 1992, S. 49f.). Mayrhofer (1989) beschreibt generell die Trennungssituation der Arbeitnehmer/innen anhand eines Phasenmodells. Diese fünf Phasen sind Schock (Reaktion durch Abwehr, Verdrängung und Flucht), Zorn (Schuldzuweisungen, emotionale Äußerungen), Verhandeln (Angebote, Wiedergutmachungen), Depression (Eingeständnis der Unausweichlichkeit) und Zustimmung (Bewältigung des Verlustes, suchen nach Lösungen). Auffallend ist, dass bei der Beendigung von Arbeitsverhältnissen meist nur die emotionale Belastung der Arbeitnehmer/innen thematisiert wird (so z.B. bei Klimecki/Gmür 2005, S. 327f. oder Ridder 2007, S. 138f.). Doch die Beendigung eines Arbeitsverhältnisses kann sowohl von Arbeitgeber/inne/n als auch von Arbeitnehmer/inne/n vorgenommen werden. Die Trennung kann in höchst unterschiedlicher Weise den Interessen der Arbeitgeber/innen bzw. Arbeitnehmer/innen dienen oder entgegenlaufen. Auch Arbeitgeber/innen können geschockt sein von der Kündigung, Schuldzuweisungen vornehmen und Verhandlungsangebote machen. Deshalb ist es möglich, das Phasenmodell der Trennung auch entsprechend auf Arbeitgeber/innen bzw. direkte Vorgesetzte zu übertragen.

Arbeitnehmer/innen haben nach Beendigung ihres Arbeitsverhältnisses einen Anspruch auf ein Arbeitszeugnis. Dabei ist es unerheblich, warum das Arbeitsverhältnis beendet wird und wer die Beendigung veranlasst hat. Allerdings unterscheiden sich wie oben ausgeführt die Situationen, in denen die Arbeitszeugnisse erstellt werden. Die grundlegende Situation wird vor allem durch die oben beschriebenen Arten der Auflösung von Arbeitsverhältnissen bestimmt. So spielt es z.B. eine große Rolle, ob die Arbeitnehmer/innen ein Arbeitszeugnis benötigen und auch, welche Absichten mit dem Zeugnis für die Zukunft verbunden sind.

Damit wird deutlich, dass je nach situativem Kontext das Umfeld, in dem ein Arbeitszeugnis erstellt wird, ausgesprochen unterschiedlich geprägt sein kann. Die jeweilige Interessenlage, die individuelle Bewertung der Trennung, Alternativen auf dem Arbeitsmarkt und der individuelle Umgang mit der Trennung sind von großer Bedeutung. So kann z.B. auf beiden Seiten Rache, Enttäuschung, distanzierte Sachlichkeit und Freude prägend für die Wahrnehmung und Umgang mit der Situation sein (vgl. Freimuth/Elfers 1992, S. 50f.).

Es kann vermutet werden, dass eine Trennung auch Auswirkung auf das Image einer Organisation haben kann. Beispielsweise hängen bei einer Kündigung die Wirkungen auf das Image davon ab, wer die Kündigung vornimmt, welche Gründe angeführt oder vermutet werden, ob und wie stark die Verbleibenden die eigene Bedrohung von Kündigung einschätzen, ob und wie die Person, die aus der Organisation ausscheidet, in soziale Netzwerke eingebunden ist und wie das Verhalten der Kündigenden und der Bleibenden bewertet wird. Dies wird auf der einen Seite beeinflusst von dem Verhalten der Arbeitnehmer/innen, wie z.B. die weitere Arbeitsleistung, der Umgang mit Funktionsträger/inne/n oder mit Kolleg/inn/en. Auf der anderen Seite hängt die Bewertung der Organisation vom Verhalten ihrer Funktionsträger/innen ab (vgl. Höland/Zeibig 2007). Darunter fällt, welche Bedingungen für die jeweilige Trennung gelten (z.B. Abfindungen, Rechtsstreitigkeiten oder Umstände wie Sozialauswahl),

wie die Administration der Trennung verläuft (z.B. wie zügig Sozialversicherungsun-
terlagen ausgehändigt werden oder ob E-Mailadressen noch für eine Übergangszeit
erhalten bleiben etc.) und vom Inhalt des Arbeitszeugnisses.

Welche Bedeutung jedoch Arbeitnehmer/innen dem Arbeitszeugnis für das zurück-
liegende Arbeitsverhältnis beimessen und wie sie die Auswirkungen des Zeugnisses
auf ihre folgenden Arbeitsmöglichkeiten einschätzen, wurde bisher nicht näher untersucht. Dieser Aspekt wird in der Befragung in Teilstudie D (vgl. Abschnitt 4.5) näher
beleuchtet. Die rechtlichen Anforderungen, wie Arbeitszeugnisse gestaltet sein sollen, sind relativ komplex, wie in Abschnitt 3.2 ausgeführt wurde. Die Funktion von
Arbeitszeugnissen für die erstellenden Arbeitgeber/innen besteht hauptsächlich in
der Erfüllung dieser rechtlichen Anforderungen. Der Frage, ob und wie Arbeitszeugnisse diese rechtlichen Anforderungen erfüllen, wird in Teilstudie E, der Inhaltsanalyse von Arbeitszeugnissen (vgl. Abschnitt 4.6), nachgegangen.

Insgesamt wurde bisher der Bedeutung von Arbeitszeugnissen bei der Personalfreisetzung nur sehr wenig Beachtung geschenkt. Daher werden auch Fragen nach der
Relevanz von Arbeitszeugnissen bei der Personalfreisetzung für Arbeitgeber/innen
und Arbeitnehmer/innen in der empirischen Teilstudie D in Abschnitt 4.5 wieder aufgenommen.

3.4.5   Einsatz im Handlungsfeld Personalauswahl

Auch der Begriff der Personalauswahl wird unterschiedlich weit definiert: Schwarb
fasst z.B. den Begriff weit. Er definiert ihn als umfassenden Begriff für Personalrekrutierung, Anforderungsanalyse, Personalauswahlentscheidung und Einführung neuer
Mitarbeiter/innen (vgl. Schwarb 1996, S. 18). Finzer und Mungenast sehen Personalauswahl im engeren Sinne als Teilprozess der Personalbeschaffung neben der
Anforderungsermittlung, Ansprache, Werbung und Einstellung (vgl. Fin-
zer/Mungenast 1992, Sp. 1584). Im Rahmen dieser Arbeit wird einer solchen engeren Begriffsdefinition gefolgt, zumal Arbeitszeugnisse nur im direkten Auswahlprozess zum Tragen kommen.

So wird der Begriff der Personalauswahl in dieser Arbeit als Teilprozess der Personalbeschaffung verstanden. Zur begrifflichen Klarheit ist es noch wichtig, die Begriffe Vorauswahl und Vor-Vorauswahl zu klären. Mit dem Begriff Vorauswahl wird die
Auswahl derjenigen Bewerber/innen, die näher in Augenschein genommen und in
das weitere Auswahlverfahren einbezogen werden, bezeichnet. Der Vorauswahl ist,
vor allem bei großen Zahlen an Bewerber/inne/n, die Vor-Vorauswahl vorgeschaltet.
Die Vor-Vorauswahl bezeichnet dann die Auswahl derjenigen Bewerber/innen, deren
Bewerbungsunterlagen überhaupt in Betracht gezogen werden.

Das Ziel der Personalauswahl ist es, die am besten geeignete Person für eine Arbeitsstelle auszuwählen (vgl. z.B. Steinmann/Schreyögg 2005, S. 761). Als Indikatoren für die zukünftige Arbeitsleistung werden Fähigkeiten wie Fachwissen, Arbeits-

tempo usw. verwendet. Hinzu kommen subjektivere Faktoren wie Passung mit einem Team sowie Übereinstimmung von individuellen Normen und Werten mit jenen, die von der Organisation als gut bewertet werden (vgl. Schuler 1996, S. 13f.). In der Regel wird davon ausgegangen, dass die zukünftige Leistung ein Merkmal der Person ist. Dabei werden jedoch Interaktionseffekte zwischen Person und Umwelt vernachlässigt (vgl. Klimecki/Gmür 2005, S. 230).

Um das Ziel der optimalen Passung zu erreichen, werden in einem ersten Schritt die Anforderungen der Arbeitsstelle definiert. Anschließend werden die Qualifikationen der Bewerber/innen erfasst. Im letzten Schritt werden die Anforderungen der Stelle den Qualifikationen der Bewerber/innen gegenübergestellt, um so die Eignung der Person für die Stelle zu prüfen. Je höher die Deckung von Anforderungen und Qualifikationen, desto höher ist die Eignung der Person (vgl. Rastetter 1996, S. 51).

Die Feststellung der Eignung ist durch den Umstand erschwert, dass die Interessen der Organisation und der Bewerber/innen sich bei der Personalauswahl nicht unbedingt entsprechen. Aus der Perspektive von Organisationen geht es in diesem Zusammenhang um mehrere Aspekte: die optimale Besetzung von Stellen, die Kosten dieser Auswahlentscheidungen und entsprechend die Vermeidung von Folgekosten falscher Auswahlentscheidungen. Aus der Perspektive der Bewerber/innen stehen bei Auswahlentscheidungen ihre beruflichen Möglichkeiten und ihre individuellen Lebenschancen auf dem Spiel (vgl. Laske/Weiskopf 1996, S. 297).

Das heißt, bei der Personalauswahl sind die Ziele von Organisationen und Bewerber/inne/n nicht zwangsläufig kongruent. Aufgrund ihrer individuellen Situation kann es für Bewerber/innen wichtig sein, ungeachtet ihrer Eignung für eine bestimmte Stelle ausgewählt zu werden. Gründe dafür können z.B. sein, Einkommen zu erzielen, in eine gesetzliche Krankenkasse aufgenommen zu werden oder einen bestimmten gesellschaftlichen Status zu erreichen. Auswirkungen dieser partiellen Zielkonkurrenz können sein, dass Bewerber/innen ihre Chancen im Auswahlprozess verbessern wollen, indem sie nicht ihre individuellen Fähigkeiten, Fertigkeiten und Potenziale darstellen, sondern versuchen, die realen oder vermuteten Erwartungen der Organisationen zu erfüllen. Entsprechend investieren Bewerber/innen je nach der individuellen Bedeutsamkeit der Situation und nach ihren Ressourcen Geld, Zeit und Energie in ihre Selbstdarstellung im Rahmen der Bewerbungsunterlagen und des Auswahlprozesses (vgl. Laske/Weiskopf 1996, S. 298). Allerdings können die Ziele auch komplementär sein, vor allem dann, wenn die Bewerber/innen selbst die Passung ihrer Qualifikationen als wichtig bewerten.

Ein weiterer Stolperstein bei der Personalauswahl kann die Gestaltung der Vor-Vorauswahl bei einer großen Zahl von Bewerbungen sein. Für Organisationen kann es aus Effizienzgründen sinnvoll erscheinen, durch eine restriktive Vor-Vorauswahl den Bewerber/innen-Pool zu verkleinern. Dies wird vor allem dann der Fall sein, wenn die Menge der Bewerbungen so groß ist, dass bereits der Umgang mit den Bewerbungsunterlagen einen hohen Personalaufwand verlangt. Das Problem ist, dass sich unter den abgelehnten Bewerber/inne/n Personen befinden können, die für eine Stelle geeignet sind. Organisationen gehen jedoch davon aus, dass auch nach einer Vor-Vorauswahl die Menge der Bewerber/innen groß genug bleibt, um eine ausreichend große Menge an geeigneten Personen zu behalten. Diese Vor-Vorauswahl wird z.B. durch zufällige Auswahl anhand eines Losverfahrens getroffen (vgl. Petersen 2002, S. 26). Eine andere Vorgehensweise liegt dann vor, wenn die Auswählenden im Laufe der Sichtung der Unterlagen spontan Sortierkriterien entwickeln. Dieses Vorgehen wird in der Praxis eher intuitiv benutzt, wenn die Masse von Bewerbungsunterlagen nicht zu bewältigen erscheint (vgl. Disney 1994). Problematisch ist dieses Vorgehen, wenn der Vor-Vorauswahl nicht anforderungsabhängige Kriterien, sondern implizite Werturteile, Stereotypen oder spontane Entscheidungen, z.B. aufgrund des beigefügten Fotos, zugrunde liegen. Ein Losverfahren hat den Vorteil, dass es nicht diskriminierungsanfällig ist und der Bewerber/innen-Pool nicht durch eine systematisch verzerrende Auswahl geprägt wird (vgl. Kay 1998, S. 186f.).

Die Personalauswahlsituation ist durch ein Machtgefälle gekennzeichnet, das in „einem gewissen Umfang die Unterordnung des Kandidaten unter die Autorität des Organisationsvertreters gewährleistet" (Köchling 2000, S. 11). Die Situation ist für beide Seiten durch Unsicherheit geprägt. Denn nicht nur die Organisationen entscheiden sich für oder gegen Bewerber/innen, die Bewerber/innen können auch selbst eine Entscheidung für oder gegen eine Organisation treffen (vgl. Laske/Weiskopf 1996, S. 298). Die unterschiedlichen Interessen der Organisation und der Bewerber/innen führen dazu, dass die Auswahlsituation durch Skepsis bzw. Misstrauen geprägt ist. Dies ist unabhängig davon, ob sich Personen begegnen oder anhand von Dokumenten Aussagen über die Eignung von Personen gemacht werden. Beide Seiten versuchen sich wechselseitig zu beeinflussen (vgl. Laske/Weiskopf 1996, S. 310). Die Personalauswahl bzw. die eingesetzten Verfahren haben jedoch über die Auswahl selbst noch weitere Auswirkungen. Wenn Bewerber/innen Auswahlverfahren als gerecht erleben, akzeptieren sie die Ablehnung ihrer Bewerbung leichter. Damit wirkt sich diese Ablehnung weniger negativ auf das Organisationsimage aus. Die abgelehnten Personen schließen einerseits die Organisationen nicht als zukünftige Arbeitgeber/innen aus, andererseits wird diese Organisation gegenüber anderen potenziellen Bewerber/inne/n nicht negativ bewertet (vgl. Köchling 2000, S. 95ff.).

Die Personalauswahl als Teilprozess der Personalbeschaffung unterscheidet sich in mehreren Punkten von anderen Beschaffungsvorgängen. Die Personalauswahl ist ein interaktiver Prozess, der sowohl von den Organisationen als auch von den Bewerber/inne/n gestaltet wird. In diesem wählt nicht nur die Organisation aus, sondern sie muss auch von den Bewerber/inne/n ausgewählt werden. Dabei ändern sich die

Machtverhältnisse zwischen den Akteuren, je nach individueller Situation der Organisation und der Bewerber/innen und in Abhängigkeit von der Wahrnehmung des Arbeitsmarkts. Zudem ist die Personalauswahl davon geprägt, dass im Falle einer Einstellung, Arbeitsvermögen in Arbeitsleistung transformiert werden muss (vgl. Türk 1981, S. 6f.). Im Auswahlverfahren kann die Organisation das Arbeitsvermögen je nach den eingesetzten Instrumenten mehr oder weniger gut einschätzen. Anhand dieser Einschätzung wird eine Prognose erstellt, ob die Bewerber/innen in der Lage sind und ob die Situation in der Organisation dazu geeignet ist, dass diese Person eine möglichst gute Arbeitsleistung erbringen kann.

Als Instrumente der Personalauswahl werden biografische Fragebogen, Analysen der Bewerbungsunterlagen, Einstellungsinterviews (mit unterschiedlichem Strukturierungsgrad), Tests, Arbeitsproben, grafologische Gutachten und Assessment Center als Kombination verschiedener Instrumente eingesetzt (vgl. z.B. König 2003; Weuster 2004). Zur Bewertung dieser Instrumente können die klassischen Gütekriterien Validität, Reliabilität und Objektivität herangezogen werden. Als weitere Kriterien können die soziale Validität und die organisationale Effizienz betrachtet werden (vgl. Schuler 2004, Sp. 1373).

Die Validität der verschiedenen Verfahren ist weit gestreut. Während Arbeitsproben und strukturierte Interviews eine hohe Validität aufweisen, zeigt sich bei der Analyse von Bewerbungsunterlagen und Intelligenztests eine eher geringe Validität. Die organisationale Effizienz wird meist anhand von Durchführungsaufwand, Verfügbarkeit und Kosten-Nutzen-Erwägungen bemessen. Die soziale Validität wird anhand der Akzeptanz des Instruments durch die Bewerber/innen eingeschätzt (vgl. Schuler 2004, Sp. 1376f.). Bei der Gesamtbewertung der verschiedenen Instrumente kommt Schuler zu dem Urteil, dass Arbeitsproben mit hoher Validität und die Analyse der Bewerbungsunterlagen trotz geringer Validität für die Personalauswahl durchgehend geeignete Instrumente sind. Durchführungsaufwand und Kosten stehen seiner Einschätzung nach in einem angemessenen Verhältnis zum Nutzen. Die soziale Validität von beiden Instrumenten ist hoch. Assessment Center hingegen sind nach Schuler nur für die Auswahl von Führungskräften empfehlenswert und Intelligenztests nur für Auszubildende (vgl. Schuler 2004, Sp. 1375ff.).

Warum in der betrieblichen Praxis bestimmte Instrumente eingesetzt werden, analysierten Knights und Raffo im Rahmen von Beobachtungen und Befragungen verschiedener Auswahlverfahren für Hochschulabsolvent/inn/en in den USA. Sie stellten fest, dass Organisationen vor allem darauf Wert legten, dass ihre Verfahren als professionell wahrgenommen wurden und damit die Auswahl legitimiert wird. Die praktische Durchführung der Verfahren wich jedoch deutlich von den selbst geäußerten professionellen Standards ab (vgl. Knights/Raffo 1990, S. 36).

Analysen von Bewerbungsunterlagen und Telefoninterviews kommen hauptsächlich bei der Vorauswahl und der Vorbereitung von Interviews oder Tests zum Tragen (vgl. Rastetter 1996, S. 196). Da Arbeitszeugnisse ein Teil der Bewerbungsunterlagen sind, soll die Auswahl anhand dieses Instruments nun näher betrachtet werden.

Der Begriff Bewerbungsunterlagen umfasst alle Unterlagen, die Bewerber/innen Organisationen zukommen lassen, um sich für eine Stelle zu bewerben. In Deutschland sind Arbeitszeugnisse ein üblicher Teil der Bewerbungsunterlagen. In verschiedenen Befragungen wurde festgestellt, dass eine Analyse der Bewerbungsunterlagen bei Personalauswahlverfahren fast immer vorgenommen wird. Block (1981) fand heraus, dass alle der 400 befragten Organisationen im Zuge von Auswahlverfahren für Führungskräfte deren Bewerbungsunterlagen analysierten. Seibt und Kleinmann befragten 200 Organisationen zum Einsatz von Personalauswahlverfahren. Auch hier zeigte sich, dass die Analyse von Bewerbungsunterlagen das am weitesten verbreitete Instrument ist. Es wurde bei 98,6 % der Verfahren eingesetzt (vgl. Seibt/Kleinmann 1991, S. 175). Klimecki und Gmür bezeichnen die Analyse der Bewerbungsunterlagen als das wichtigste Auswahlinstrument, da es zum einen fast immer eingesetzt wird und da zum anderen die Unterlagen den ersten Eindruck prägen, den die Auswählenden von den Bewerber/inne/n erhalten (vgl. Klimecki/Gmür 2005, S. 237).

Bei der Analyse der Bewerbungsunterlagen sollen aus den Anforderungen der Stelle Kriterien formuliert werden, die anhand der Bewerbungsunterlagen überprüft werden können, wie z.B. Fremdsprachenkenntnisse oder formale Abschlüsse (vgl. z.B. Steinmann/Schreyögg 2005, S. 762f.). Knights und Raffo stellten in einer Studie in den USA fest, dass in den von ihnen untersuchten Organisationen zwar häufig ein Kriterienkatalog vorlag. Diese Kriterien wurden aber nicht angewandt, sondern die auswählenden Personen „had developed their own ‚rule-of-thumb' procedures" (Knights/Raffo 1990, S. 31), anhand derer sie entschieden, wer im Bewerber/innen-Pool verbleiben durfte.

Bewerbungsunterlagen sind in der Regel aus Sicht der Arbeitgeber/innen leicht verfügbar. Sie werden der Organisation üblicherweise von denjenigen, die sich auf eine Stelle bewerben, direkt und kostenfrei zur Verfügung gestellt (vgl. Böhm/Poppelreuter 2003, S. 38, Rn. 33). Die üblichen Bewerbungsunterlagen in Deutschland setzen sich zusammen aus Anschreiben, Foto, Lebenslauf, Arbeitszeugnissen, Schul-, Berufs- und Hochschulzeugnissen oder anderen Qualifikationsnachweisen. Hinzu kommen Bescheinigungen über Auslandsaufenthalte, Praktika, Teilnahmen an Kursen, Messen und Ähnliches und eventuell Referenzen, letztere allerdings in Deutschland eher selten (vgl. z.B. König 2003, S. 37f.). Zunehmend werden das Anschreiben und der Lebenslauf in formalisierter Form als Teil der Unterlagen verlangt bzw. erhoben, vor allem durch Bewerbungsmasken auf Internetseiten oder in Form von Fragebögen. Da diese Fragebögen sich inhaltlich nicht von Lebensläufen unterscheiden, wird hier nicht näher auf sie eingegangen. Biografische Fragebogen haben sich in Deutschland nicht durchgesetzt (vgl. z.B. Ridder 2007, S. 120).

Personalverantwortliche versuchen anhand der Bewerbungsunterlagen die Lebens-biografien zu analysieren (vgl. Rastetter 1996, S. 181). Sehringer (1989) stellte in ihrer Studie fest, dass Kontinuität und Stabilität der individuellen Entwicklung sowie ein Aufwärtstrend in der beruflichen Karriere als wichtige Kriterien angesehen wurden, die häufig anhand der Bewerbungsunterlagen bestimmt wurden. Ihre Ergebnisse deuten auch auf entsprechende Sanktionierungen. So galten Berufsunterbrechungen, wie Zeiten für Kindererziehung und Arbeitslosigkeit, als unerwünscht bzw. als Makel in der Lebensbiographie (vgl. Sehringer 1989, S. 102ff.).

Die Bewerbungsunterlagen sind zumeist in einer Mappe zusammengefasst. Anschreiben, Fotos und Lebenslauf werden im Original beigelegt, alle anderen Unterlagen sind üblicherweise Kopien. Der Wert von Bewerbungsunterlagen wird z.B. von Jobcentern auf durchschnittlich ca. 10 € geschätzt, die von den Bewerber/innen zu tragen sind. Die Organisationen übernehmen die Unterlagen in die Personalakte bzw. sie sind verpflichtet, diese nach Ablauf des Bewerbungsverfahrens zu vernichten. Im Folgenden wird kurz auf die einzelnen Bestandteile der Bewerbungsunterlagen eingegangen, da sie bzw. ihre Beurteilung im engen Zusammenhang mit der Beurteilung der Arbeitszeugnisse stehen.

Im Anschreiben beschreibt eine Person ihre individuelle Motivation und Eignung für die Stelle. Anschreiben werden in der Praxis auf Schreib- und Grammatikfehler, Stil und Aussagekraft beurteilt (vgl. Brenner 2003, S. 137). Im Lebenslauf stellen Bewerber/innen ihren beruflichen Werdegang und ihre Entwicklung vor. Da Lebensläufe viele individuelle Informationen enthalten, gibt es eine ganze Reihe von Hypothesen darüber, wie Lebensläufe gedeutet werden. So wird nach Rastetter häufig eine kurze Studiendauer mit Zielstrebigkeit gleichgesetzt oder ein einzelnes Praktikum als mangelndes Engagement interpretiert (vgl. Rastetter 1996, S. 182). Schul-, Berufs- und Hochschulzeugnisse dienen den Bewerber/inne/n als Nachweis, eine bestimmte Qualifikation erworben zu haben. In der Praxis werden Noten häufig über Analogieschlüsse interpretiert. So wird z.B. aus guten Noten auf Intelligenz, Lernfähigkeit und Belastbarkeit geschlossen und von den belegten Studienschwerpunkten auf Interessen (vgl. z.B. Hollmann/Reitzig 2000, S. 467f.). Arbeitsproben wie z.B. Entwürfe werden Bewerbungen um kreative, gestalterische und journalistische Stellen beigelegt, um entsprechende Qualifikationen zu dokumentieren. Von Auswählenden werden zum Teil die Bewerbungsunterlagen selbst als Arbeitsprobe gewertet, z.B. mit Blick auf die Fehlerzahl im Anschreiben, den Stil des Anschreibens, die Vollständigkeit oder den Gesamteindruck (vgl. Ridder 2007, S. 115). Referenzen sind Empfehlungen, in denen dritte Personen sich über die Eignung, die Fähigkeiten und die Möglichkeiten der Bewerber/innen äußern (für nähere Ausführungen zu Referenzen vgl. Abschnitt 3.4.7). Referenzen sind in Deutschland eher unüblich. Referenzen werden vor allem für international tätige Personen bzw. von länderübergreifend agierenden Organisationen ausgestellt. Sehringer bezeichnet die Verwendung von Referenzen durch Bewerber/innen als „Nutzung sozialer Kontakte" (Sehringer 1989, S. 109), da Referenzen weniger als Nachweis der Eignung, sondern eher als Beleg für soziale Ressourcen eingeschätzt werden (vgl. Sehringer 1989, S. 110). Ein Foto ist in Deutschland noch üblicher Bestandteil der Unterlagen. In den meisten anderen europäischen Ländern und in den USA wird ein Foto den Unterlagen nicht mehr beigelegt (vgl. Neuhaus/Neuhaus 1998, S. 115f.). Bei Arbeitszeugnissen schließlich wird dann z.B. überprüft, ob alle Arbeitsverhältnisse über Zeugnisse belegt sind. Es können die bisherigen Aufgaben, Einsatzbereiche und deren Veränderungen betrachtet werden. Arbeitszeugnisse können daraufhin überprüft werden, ob die Bewerber/innen für die Organisation wichtige Erfahrungen und Kenntnisse haben und ob Leistungs- oder Verhaltensbeurteilungen Auffälligkeiten zeigen (vgl. Rastetter 1996, S. 183).

Auch mit Blick auf die gesamten Bewerbungsunterlagen und ihre Zusammenstellung gilt, dass sie auf Vollständigkeit geprüft werden (vgl. Knebel 1978, S. 12f.), auf den äußeren Eindruck (vgl. Brenner 2003, S. 137f.) und auf die Konsistenz der enthaltenen Unterlagen (vgl. Rastetter 1996, S. 191). Die Vorgehensweise bei der Analyse der Bewerbungsunterlagen ist in der Praxis höchst unterschiedlich. Sie kann systematisch und transparent ablaufen, z.B. anhand eines Bewertungsleitfadens (ein Beispiel eines Leitfadens ist bei Rastetter 1996, S. 93 zu finden), oder eher intuitiv, z.B. anhand des ersten Eindrucks durch Fotos (vgl. z.B. Gawlitta 1999, S. 199f.). Der Prozess der Analyse kann einstufig oder mehrstufig sein, z.B. werden zuerst formale Qualifikationen herangezogen und dann weitere Indikatoren. Zudem können eine Person oder mehrere Personen beteiligt sein (vgl. Rastetter 1996, S. 194).

Auf die Durchsicht einer Bewerbungsmappe werden laut einer Befragung von Seibt und Kleinmann in Deutschland ca. 10 Minuten veranschlagt. Innerhalb dieser 10 Minuten wird entschieden, ob Bewerber/innen potenziell in Frage kommen oder sofort aus dem Bewerber/innen-Pool ausscheiden (vgl. Seibt/Kleinmann 1991, S. 175). Dieser Zeitaufwand für die Vorauswahl ist deutlich geringer als die Zeit, die für die weiteren Schritte der Auswahl verwendet wird. Da die Effizienz der Personalauswahl jedoch in hohem Maße von der Vorauswahl abhängt, ist der geringe Zeitaufwand auffällig. Er ist einerseits dadurch zu erklären, dass die Vorauswahl nicht als die richtige Auswahl gesehen und damit abgewertet wird. Andererseits steigt seit den 1980er Jahren die Anzahl von Bewerbungen pro freier Stelle stetig (vgl. z.B IAB 2000). Das Handling dieser großen Menge wird immer aufwändiger und daraus könnte folgen, dass der Umgang damit nachlässiger wird.

Kritisch beurteilt wird die Analyse von Bewerbungsunterlagen vor allem deshalb, weil sie für die Vorhersage des beruflichen Erfolgs nur bedingt geeignet ist. Problematisch ist in erster Linie, dass die Unterlagen nicht immer einen Anforderungsbezug zur neuen Stelle haben, da sie vergangenheitsbezogen sind (vgl. Schade 2001, S. 90f.). Es ist lediglich möglich, das Vorliegen formaler Kriterien zu prüfen, z.B. von Prüfungen oder Auslandsaufenthalten. Hinzu kommt, dass der Analyse von Bewerbungsunterlagen ein großes Diskriminierungspotenzial anhaftet. Wenn die Analyse der Bewerbungsunterlagen nicht systematisch auf die Anforderungen der Stelle ausgerichtet wird, fließen häufig stereotype Vorstellungen und implizite Wertvorstellungen ein. Dies birgt z.b. die Gefahr einer Diskriminierung aufgrund des Geschlechts (vgl. Kay 1998, S. 68f.). Eine systematische Analyse der Bewerbungsunterlagen werten Hollmann und Reitzig als wichtige Voraussetzung für die Planung und Durchführung der weiteren Schritte der Auswahl. Nur so könne sichergestellt werden, dass der erste Eindruck, der bei Sichtung der Unterlagen entsteht, nicht zu einer selektiven Auswertung später aufgenommener Informationen führt (vgl. Hollmann/Reitzig 2000, S. 464). Insgesamt wird die prognostische Validität der Bewerbungsunterlagen als gering eingeschätzt, es sei denn, frühere und künftige Aufgaben gleichen sich in hohem Maße (vgl. Reilly/Chao 1982, S. 60).

Einflussfaktoren auf die Vorauswahl anhand von Bewerbungsunterlagen wurden in verschiedenen Studien thematisiert. So wurde festgestellt, dass die Faktoren Geschlecht (vgl. Arvey/Falley 1988, S. 121ff.; Cascio 1998, S. 198f.) und Hautfarbe (vgl. Reilly/Chao 1982) zu unterschiedlichen Beurteilungen führen. Daraus folgt, dass die Analyse von Bewerbungsunterlagen diskriminierungsanfällig ist (vgl. auch Cook 1988, S. 15; Akman u.a. 2005).

Die Vorauswahl anhand von Bewerbungsunterlagen spielt eine zentrale Rolle bei der Personalauswahl, da durch sie der Pool derjenigen festgelegt wird, aus denen ausgewählt wird. Köchling spricht davon, dass die Gefahr besteht, all jene auszusortieren, die genauso gut oder besser gewesen wären (vgl. Köchling 2000, S. 29). Diesen Problemen stehen aber die Vorteile gegenüber, dass Bewerbungsunterlagen für die Organisationen einfach zu erhalten sind und sie enthalten viele Informationen in einer weitgehend standardisierten Form, das gilt auch für Selbstaussagen und Fremdbeurteilungen (vgl. Rastetter 1996, S. 196).

Im Prozess der Personalauswahl dienen alle Bewerbungsunterlagen anfangs der ersten Information. Arbeitszeugnisse können dabei in zwei Filterprozessen eine Rolle spielen. Die oben ausgeführte Vorauswahl dient meist dazu, die formale Eignung der Bewerber/innen zu prüfen und diejenigen auszuschließen, deren formale Qualifikation den Anforderungen nicht entspricht. Dieser erste Filter kann relativ mechanisch eingesetzt werden (vgl. Hollmann/Reitzig 2000, S. 463). Wenn es mehr Bewerber/innen gibt, als zu Tests, Interviews oder einem Assessment Center eingeladen werden sollen, wird häufig anhand der Unterlagen eine weitere Vorauswahl unter den Bewerber/inne/n getroffen. Dieser zweite Filter wird dann anhand von Leistungs- oder Verhaltensbeurteilungen, sozialem Engagement oder ähnlichen Kriterien gesetzt (vgl. Hollmann/Reizig 2000, S. 463ff.). Die Qualität dieses zweiten Filters hängt von der Professionalität des Personalauswahlverfahrens und der auswählenden Personen ab. Für beide Filterschritte können Arbeitszeugnisse verwendet werden, da sowohl formale Kriterien wie Einsatzbereiche, Arbeitsaufgaben, Erfahrungen und auch Weiterbildungen in ihnen beschrieben als auch Beurteilungen zu Leistung und Führung der Arbeitnehmer/innen enthalten sind. Arbeitszeugnisse werden im Rahmen des zweiten Filters auch eingesetzt, um mit ihrer Hilfe Bewerber/innen auszuschließen, die auffällig schlechte Arbeitszeugnisse haben, oder um Bewerber/innen in die engere Auswahl zu nehmen, die gute Arbeitszeugnisse haben. Sie werden damit eher zu Aussagen über Extreme (sehr gut oder zu schlecht) verwendet, als um eine exakte Aussage zu treffen. Fehlende Arbeitszeugnisse führen häufig zu Misstrauen bis hin zu sofortiger Ablehnung (vgl. Rastetter 1996, S. 185).

Damit können Arbeitszeugnisse im Rahmen der Personalauswahl zwei Funktionen erfüllen:

- Sie werden dazu verwendet, die Bewerber/innen auszufiltern, die den Anforderungen nicht entsprechen.
- Sie dienen als Informationsquelle über Bewerber/innen, um deren Eignung besser einschätzen bzw. überprüfen zu können.

In Organisationen werden Arbeitszeugnisse also unter anderem zur Ausgrenzung bzw. Negativauswahl von Bewerber/inne/n genutzt. Dabei gehen die Verantwortlichen davon aus, dass sie anhand formaler Qualifikationen, von Verhalten, Leistungen und Arbeitseinsatzgebieten auf das zukünftige Arbeitsverhalten der Bewerber/innen schließen können (vgl. Hollmann/Reitzig 2000, S. 464). Es ist jedoch nicht sichergestellt, dass Arbeitszeugnisse valide Indikatoren für die zukünftige berufliche Leistungsfähigkeit darstellen. Arbeitszeugnisse können valide Indikatoren liefern, wenn Arbeitgeber/innen eine wahrheitsgemäße, möglichst objektiv messbare Beurteilung der erbrachten Leistungen vorgenommen und formuliert haben (vgl. Hollmann/Reitzig 2000, S. 468f.). Arbeitgeber/innen sind jedoch zu einer wohlwollenden Beurteilung rechtlich verpflichtet, was immer wieder als Gegensatz zu einer wahrheitsgemäßen Beurteilung interpretiert wird (vgl. Abschnitt 3.2). Häufig wird davon ausgegangen, dass die konfligierenden Ansprüche zu Formulierungen führen können, die die Validität deutlich einschränken. Hinzu kommt, dass Arbeitgeber/innen nicht immer den hohen Zeitaufwand für eine objektivere Beurteilung aufbringen wollen oder die Beurteilung durch politische Erwägungen wie Vermeidung von Streit mit dem Betriebsrat beeinflusst wird. So wird die Validität noch weiter eingeschränkt. Auch andere Faktoren bestimmen den Inhalt des Arbeitszeugnisses mit, so z.B. von welcher Seite die Kündigung ausgesprochen wurde und ob sie von der jeweils anderen Seite akzeptiert wird, des Weiteren der Wille Auseinandersetzungen zu vermeiden oder eine erneute Arbeitsaufnahme zu erschweren oder zu erleichtern. Durch solche Umstände kann der Informationsgehalt immer weiter eingeschränkt oder verfälscht werden (vgl. z.B. Weuster 1991, S. 180).

Eine Einschätzung der Bedeutung von Arbeitszeugnissen als Teil der Bewerbungsunterlagen haben Knoll und Dotzel (1996) in einer Studie vorgenommen. Sie führten im Herbst 1995 eine Befragung von 157 Organisationen mit mindestens 1.000 Mitarbeiter/inne/n und einem Umsatz von mindestens 100 Millionen DM nach den dort eingesetzten Instrumenten der Personalauswahl durch. Sie stellten fest, dass in 86 % der Organisationen Arbeitszeugnisse als Vorauswahlkriterium eingesetzt werden. Nach ihrer Untersuchung wurden die Analyse des Lebenslaufs (zu 94 %) und Arbeitszeugnisse (zu 86 %) am häufigsten eingesetzt. Belegte Fächer, Fragebogen, Referenzen, Berufserfahrung, Lichtbilder und der Gesamteindruck der Unterlagen wurden jeweils nur in weniger als der Hälfte aller Organisationen analysiert.

Scheer hat in einer Untersuchung 256 Personalberater/innen zu der von ihnen für die Sichtung von Arbeitszeugnissen aufgewendeten Zeit befragt. Dabei verwendet ca. die Hälfte aller befragten Personalberater/innen nur bis zu 5 Minuten auf die Sichtung der Zeugnisse, ca. ein Drittel der befragten Personalberater/innen verwendete nur 3 Minuten (vgl. Scheer 1995, S. 396). Im Durchschnitt wurden 7,7 Minuten aufgewandt. Im Vergleich dazu wird auf die Durchsicht der Bewerbungsunterlagen nach der Befragung von Seibt und Kleinmann in Deutschland ca. 10 Minuten je Bewerbung veranschlagt. Innerhalb dieser 10 Minuten wird entschieden, ob Bewerber/innen potenziell in Frage kommen oder aus dem Bewerberpool ausscheiden (vgl. Seibt/Kleinmann 1991, S. 175). Hier wird ein Spannungsfeld deutlich: Arbeitszeugnisse werden überwiegend als wohlwollend und daher nicht wahrheitsgemäß eingeschätzt, gleichzeitig wird ihnen eine hohe Bedeutung bei der Vorauswahl beigemessen.

3.4.6 Diskriminierungspotenzial von Arbeitszeugnissen

3.4.6.1 Vorbemerkungen

Personalbeurteilungen werden in einem sozialen Prozess erstellt. Auf den Wahrnehmungsprozess wiederum wirken verschiedene Faktoren, die die Beurteilung maßgeblich bestimmen können (vgl. Lueger 1993, S. 61). Dabei können Merkmale wie z.B. die Geschlechtszugehörigkeit der Beurteilten Verlauf und Ergebnis der Beurteilung beeinflussen (vgl. Baitsch/Katz 2006, S. 103). Daraus kann auch geschlossen werden, dass Personalbeurteilungen Diskriminierungspotenzial haben. In diesem Abschnitt soll zunächst begründet werden, aus welchen Gründen Arbeitszeugnisse diskriminierungsfrei gestaltet bzw. eingesetzt werden sollten. Anschließend wird der

Frage nachgegangen, ob und auf welche Weise Arbeitszeugnisse Diskriminierungs-potenzial haben bzw. wie es sich zeigt.

In Deutschland trat am 18.8.2006 das AGG in Kraft. Das AGG soll Schutz vor Dis-kriminierung aufgrund von Geschlecht, Rasse, ethnischer Herkunft, Religion und Weltanschauung, Behinderung, sexueller Identität und Alter bieten (vgl. Schieck 2007, S. 10). Kernbereich des AGG sind die arbeitsrechtlichen Regelungen (vgl. Schleusener u.a. 2007, S. V). Sowohl bei der Auswahl (vgl. § 7 in Verbindung mit § 2 Abs. 1 Nr. 1 AGG) als auch bei der Freisetzung (vgl. § 7 in Verbindung mit § 2 Abs. 1 AGG) ist in Deutschland die Benachteiligung von Personen oder Personengruppen im Arbeitsleben verboten. Bewerber/innen dürfen nicht aufgrund von Rasse oder ethnischer Herkunft, Geschlecht, Religion oder Weltanschauung, Behinderung, Alter oder sexueller Identität bei der Personalauswahl benachteiligt werden. Arbeitszeug-nisse sind zwar nicht mitentscheidend dafür, ob Arbeitnehmer/innen eine Arbeitsstel-le verlassen. Arbeitszeugnisse wirken sich jedoch für die ausscheidenden Arbeit-nehmer/innen auf deren Chancen auf dem Arbeitsmarkt aus. Da Arbeitgeber/innen dem arbeitsrechtlichen Gleichbehandlungsgrundsatz verpflichtet sind, dürfen sie nicht ohne Grund einzelne Arbeitnehmer/innen schlechter stellen bzw. Gruppen von Arbeitnehmer/innen benachteiligen (vgl. Schleusener u.a. 2007, S. 33).

Da die Erstellung des Arbeitszeugnisses eine arbeitsvertragliche Pflicht ist, erstreckt sich dieser arbeitsrechtliche Gleichbehandlungsgrundsatz auch auf Arbeitszeugnis-se. Daraus ergibt sich, dass der Umgang mit Arbeitszeugnissen nicht diskriminierend sein darf. Leistung und Verhalten von Personen bzw. Personengruppen mit den im AGG genannten Merkmalen dürfen daher nicht aufgrund dieser Merkmale schlechter beurteilt werden als Leistung und Verhalten von anderen. Englert geht davon aus, dass die Leistungsbeurteilung allgemein aufgrund der rechtlichen Regelungen in den §§ 1 und 2 in Verbindung mit § 7 AGG diskriminierungsfrei sein muss (vgl. Englert 2006, S. 20). Arbeitgeber/innen sind also verpflichtet, bei der Erstellung von Arbeits-zeugnissen die Beurteilung von Verhalten und Leistung insbesondere hinsichtlich der Merkmale ethnische Herkunft, Geschlecht, Religion und Weltanschauung, Behinde-rung, Alter oder sexuelle Identität diskriminierungsfrei zu gestalten. Darüber hinaus wird bei der Personalauswahl auch aus ökonomischen Gründen gefordert, dass die Unterscheidung zwischen geeigneten und ungeeigneten Bewerber/inne/n aufgrund der Eignung und nicht aufgrund anderer Merkmale vorgenommen werden soll, da die Bewerber/innen mit der höchsten Passung ausgewählt werden sollen (vgl. Kay 1998, S. 2).

Zum Thema Diskriminierung liegen aus verschiedenen Ländern Forschungsergeb-nisse vor. Sie zeigen, dass Personen bzw. Personengruppen aufgrund verschiede-ner Merkmale bei der Personalauswahl benachteiligt werden (vgl. z.B. Marsh/Sahin-Dikmen 2003, S. 10). Potenzielle Arbeitgeber/innen können in der Regel nicht einschätzen, wie einzelne Arbeitszeugnisse in anderen Organisationen erstellt wurden. Gerade deshalb ist es für den Einsatz von Arbeitszeugnissen wichtig, zumindest allgemein deren Diskriminierungspotenzial einschätzen zu können. Im Folgenden wird das Diskriminierungspotenzial von Arbeitszeugnissen genauer betrachtet. Zunächst werden die Formen der Diskriminierung im Umgang mit Arbeitszeugnissen analysiert. Näher eingegangen wird dann auf implizite Beurteilungen, die in Arbeitszeugnissen enthalten sind. Ziel dieser Ausführungen ist es, eine Grundlage für die empirische Überprüfung zu schaffen, ob Arbeitszeugnisse diskriminierende Inhalte haben (vgl. Abschnitt 4.6).

3.4.6.2 Formen der Diskriminierung im Umgang mit Arbeitszeugnissen

Der Inhalt eines Arbeitszeugnisses darf nicht diskriminierend sein. Die Merkmale Rasse, ethnische Herkunft, Religion oder Weltanschauung, Behinderung und sexuelle Identität dürfen in einem Arbeitszeugnis nur erwähnt werden, wenn sie für die Ausübung der Arbeit wichtig sind. Das betrifft z.B. Arbeitsstellen, die eine bestimmte Religion als Voraussetzung haben (vgl. Abschnitt 3.2.4). Liegt ein solcher Grund nicht vor, kann daher bereits die Formulierung eines der genannten Merkmale in einem Arbeitszeugnis als Verstoß gegen das Benachteiligungsverbot gewertet werden. Weuster empfiehlt Arbeitgeber/inne/n in Bezug auf das AGG, dass diese Merkmale nur auf ausdrücklichen Wunsch und mit schriftlicher Genehmigung der Arbeitnehmer/innen in das Zeugnis aufgenommen werden sollten (vgl. Weuster 2007, S. 57f.).

Zunächst zur Beurteilung durch die früheren Arbeitgeber/innen: Sie stellen das Arbeitszeugnis aus und sind dementsprechend verantwortlich für die Merkmale bzw. Beurteilungen, die im Arbeitszeugnis formuliert sind. Dabei darf die Beurteilung der Arbeitnehmer/innen, auf die eines oder mehrere der oben genannten Merkmale zutreffen, nicht schlechter sein als bei Arbeitnehmer/inne/n ohne diese Merkmale, wenn ihre Leistung und ihr Verhalten sich entsprechen. Die früheren Arbeitgeber/innen verhalten sich diskriminierend, wenn sie eine schlechtere Beurteilung aufgrund eines der oben genannten Merkmale in das Arbeitszeugnis schreiben, ungeachtet dessen, ob dies bewusst oder unbewusst geschieht. Entsprechend diskriminieren sie, wenn die Merkmale Rasse, ethnische Herkunft, Religion oder Weltanschauung, Behinderung und sexuelle Identität ohne einen ersichtlichen Arbeitsbezug erwähnt sind.

Potenzielle Arbeitgeber/innen erhalten das Arbeitszeugnis als Teil der Bewerbungsunterlagen. Unmittelbar diskriminierendes Verhalten der potenziellen Arbeitgeber/innen liegt dann vor, wenn sie Bewerber/innen aufgrund eines der oben genannten Merkmale schlechtere Chancen beim Zugang zu einer Organisation geben. Diese Form der Diskriminierung ist nicht möglich, wenn potenzielle Arbeitgeber/innen nicht wissen, ob auf Bewerber/innen eines der oben genannten Merkmale zutrifft. Da Rasse, ethnische Herkunft, Religion oder Weltanschauung, Behinderung oder sexuelle Identität im Arbeitszeugnis nicht erwähnt werden dürfen, können ihm die Arbeitgeber/innen diese Informationen nicht entnehmen.

Anders verhält es sich allerdings bei den Merkmalen Alter und Geschlecht. Das Alter einer Person kann dem Zeugnis häufig anhand des Geburtsdatums der Beurteilten entnommen werden. Das Geschlecht einer Person ist in der Regel anhand des Vornamens erkennbar, der in Deutschland in einem Zeugnis üblicherweise ausgeschrieben wird. Zudem werden in der deutschen Sprache Personalpronomen verwendet, die Rückschlüsse auf das Geschlecht erlauben. Da sowohl das Geburtsjahr als auch der vollständige Name zur sicheren Identifikation dienen, kann beides in einem Zeugnis erwähnt werden. Die Nennung dieser beiden Kriterien wird aber in diesem Zusammenhang auch kritisch beurteilt. In den USA wird z.B. zunehmend auf die Nennung des vollen Vornamens und des Geburtsdatums in Bewerbungsunterlagen verzichtet, um diese Ansatzpunkte für eine Diskriminierung auszuschließen (vgl. Neuhaus/Neuhaus 1998, S. 115f.).

Aus dem Nachnamen oder dem Geburtsort werden häufig auch Rückschlüsse auf die ethnische Herkunft gezogen bzw. auf einen nicht deutschen Hintergrund. Laut einer Studie zur Diskriminierung von Migrant/inn/en bei der Personalauswahl von Akman u.a. (2005) wird zwischen Personen mit deutschem bzw. nicht deutschem Hintergrund vor allem aufgrund der Namen unterschieden und diskriminiert, auch wenn diese Zuordnung nicht zweifelsfrei getroffen werden kann. Weuster vermutet, dass Arbeitszeugnisse weitgehend den Anforderungen des AGG gerecht würden und Diskriminierung sich verhindern ließe, wenn Geburtsort und Geburtsdatum nicht genannt wären. Er geht davon aus, dass die Nennung des Geschlechts in der deutschen Sprache nicht vermieden werden kann (vgl. Weuster 2007, S. 58). Meiner Ansicht nach können diese einfachen formalen Veränderungen ein möglicher erster Schritt sein. Sie greifen jedoch aus den genannten Gründen nicht weit genug, um Diskriminierung zu vermeiden. Um Diskriminierungspotenziale vertieft zu betrachten, ist eine weitergehende Analyse unumgänglich. Daher wird die Frage, ob sich in Arbeitszeugnissen Diskriminierungspotenzial realisiert, in der eigenen empirischen Teilstudie E (vgl. Abschnitt 4.6) wieder aufgegriffen.

Bisher wurde betrachtet, welche Merkmale in Arbeitszeugnissen erwähnt sein dürfen und aus welchen Inhalten Schlüsse auf diese Merkmale gezogen werden. Eine andere Form von Diskriminierung liegt vor, wenn die früheren Arbeitgeber/innen Arbeitnehmer/innen aufgrund dieser Merkmale im Arbeitszeugnis schlechter beurteilen. Dabei ist es für die Analyse unerheblich, ob eine schlechtere Beurteilung bewusst oder unbewusst erfolgt. Potenzielle Arbeitgeber/innen, die diese Beurteilung der Personalauswahl zu Grunde legen, wissen in der Regel nicht, ob ein Arbeitszeugnis diskriminierend ist. Die schlechteren Chancen beim Zugang zur Organisation sind dann der Diskriminierung durch die früheren Arbeitgeber/innen zuzurechnen. Die Folgen für die Arbeitnehmer/innen sind jedoch identisch: Sie haben schlechtere Chancen beim Zugang zur Organisation, auch wenn die potenziellen Arbeitgeber/innen sich nicht diskriminierend verhalten.

In Deutschland ist bisher vor allem Geschlecht als Diskriminierungsmerkmal betrachtet worden. Als potenziell Diskriminierte bei Personalbeurteilungen identifiziert Krell mit dem Fokus auf das Merkmal Geschlecht Frauen in männerdominierten Bereichen, generell alle Beschäftigten in frauendominierten Bereichen sowie Teilzeitbeschäftigte. Sie gibt einen Überblick über verschiedene Studien (vgl. Krell 2006, S. 50ff.), in denen anhand der Verteilung der Beurteilungsergebnisse festgestellt wurde, dass diese Personengruppen schlechtere Beurteilungen erhalten als die entsprechenden Vergleichsgruppen.

Zusammenfassend können Arbeitszeugnisse einerseits durch die Erwähnung nicht arbeitsrelevanter Merkmale diskriminierendes Verhalten auslösen, andererseits können sie durch schlechtere Beurteilungen diskriminierend wirken. Es stellt sich die Frage, ob und wie sich dieses Diskriminierungspotenzial in Arbeitszeugnissen findet. Aufgrund der starken öffentlichen Ablehnung und der gesetzlichen Verbote kann Diskriminierung nicht einfach anhand von Befragungen beforscht werden: Die Wahrscheinlichkeit eines sozial erwünschten Antwortverhaltens wäre ausgesprochen hoch. Stattdessen bieten sich Textanalysen von Arbeitszeugnissen an. Im Rahmen einer Textanalyse von Arbeitszeugnissen können beide geschilderten Formen von Diskriminierung analysiert werden: die Nennung der oben genannten Merkmale und die Beurteilung in Abhängigkeit von diesen Merkmalen.

Die Aussagen, die im Rahmen einer Textanalyse über Diskriminierung getroffen werden können, sind allerdings begrenzt. Es können z.b. nicht die Inhalte der Aufgabenbeschreibungen und der Zusammenhang zwischen tatsächlich erbrachter Leistung und der im Arbeitszeugnis beurteilten Leistung analysiert werden. Für beide Punkte wäre es notwendig, die Beurteilenden bzw. die Beurteilten in die Analyse einzubeziehen. Auch über das Verhalten von potenziellen Arbeitgeber/inne/n kann keine Aussage getroffen werden. Das diskriminierende Verhalten potenzieller Arbeitgeber/innen bei der Personalauswahl wird in verschiedenen Studien thematisiert (so z.B. von Akman u.a. 2005; Weichselbaumer 1999). Da der gesamte Prozess der Personalauswahl davon geprägt wird und Arbeitszeugnisse nur einen Teilbereich darstellen, wird darauf hier nicht weiter eingegangen.

Bei Arbeitszeugnissen gibt es zwei Bereiche, in denen Diskriminierungspotenzial anhand einer Textanalyse näher betrachtet werden kann: Erstens können in Zeugnissen bestimmte nicht arbeitsrelevante Merkmale erwähnt sein. Zweitens kann die Beurteilung in einem Zeugnis abhängig von nicht arbeitsrelevanten Merkmalen erfolgen. Die erste Frage, ob nicht arbeitsrelevante Merkmale wie Rasse, ethnische Herkunft, Religion oder Weltanschauung, Behinderung und sexuelle Identität in Arbeitszeugnissen erwähnt werden, wird in der in Abschnitt 4.6 dargestellten Teilstudie E aufgegriffen.

Die zweite Frage ist komplexer, da auf den ersten Blick nicht zu erkennen ist, ob signifikante Unterschiede zwischen den Beurteilungen von Personen aufgrund nicht arbeitsrelevanter Merkmale bestehen. Es bietet sich daher an, Arbeitszeugnisse verschiedener Gruppen zu vergleichen, um Unterschiede feststellen zu können. In diese Textanalyse können die Merkmale Rasse, Religion oder Weltanschauung, Behinderung oder sexuelle Identität nicht einbezogen werden, da diese Merkmale in der Regel nicht in Arbeitszeugnissen erwähnt sind. Auch die Frage der ethnischen Zugehörigkeit kann im Rahmen einer Inhaltsanalyse von Zeugnissen nicht einbezogen werden. Frühere Arbeitgeber/innen kennen zwar in der Regel die ethnische Zugehörigkeit der Arbeitnehmer/innen, die sie beurteilen. Demzufolge ist es möglich, dass sich dieses Merkmal auf die Beurteilung im Arbeitszeugnis auswirkt. Bei der Analyse von Zeugnissen ist jedoch ein Rückschluss darauf nur schwerlich möglich. Die Namen der Beurteilten im Arbeitszeugnis können zwar ein Indiz dafür liefern, allerdings kann eine solche Zuschreibung nicht eindeutig vorgenommen werden. Weder kann ein deutsch klingender Name mit Sicherheit einem deutschen Hintergrund zugeordnet werden, noch ein nicht-deutsch klingender Name einem nicht-deutschen Hintergrund. Anders steht es um die Merkmale Alter und Geschlecht: Wie bereits ausgeführt können diese Merkmale dem Arbeitszeugnis entnommen werden. Sie bieten sich daher für eine vergleichende Analyse an. Aus den genannten Gründen werden für die Frage, ob ein systematischer Unterschied zwischen den Beurteilungen von Personen mit und ohne ein bestimmtes Merkmal festzustellen ist, nur Alter und Geschlecht näher betrachtet.

Arbeitszeugnisse enthalten explizite Beurteilungen und implizite Beurteilungen in Form von Verhaltens- und Eigenschaftsbeschreibungen. Der Vergleich der expliziten Beurteilungen ist anhand der weitgehend standardisierten Notenstufen (vgl. Abschnitt 3.2) möglich. Die impliziten Beurteilungen sind weder standardisiert noch offen und müssen daher für eine empirische Überprüfung operationalisiert werden. Diese Operationalisierung wird im folgenden Abschnitt für die Merkmale Geschlecht und Alter vorbereitet und in der empirischen Analyse in Abschnitt 4.6 wieder aufgenommen.

3.4.6.3 Implizite Beurteilungen in Arbeitszeugnissen

In einer Gesellschaft werden Eigenschaften und Verhalten gewisse Werte zugeschrieben. Sie werden im Vergleich mit anderen Eigenschaften und anderem Verhalten als höher- bzw. niedrigwertiger eingestuft (vgl. z.B. Brown 2002, S. 552f.). Aufgrund dieser Wertigkeit enthalten auch die Eigenschafts- und Verhaltensbeschreibungen in Arbeitszeugnissen implizite Beurteilungen. Die Zuschreibung von Eigenschaften und Verhalten kann dabei durch Stereotype bestimmt sein. Unter dem Begriff Stereotyp wird allgemein verstanden, dass es eine sozial geteilte Meinung über die Mitglieder einer sozialen Kategorie gibt, insbesondere über deren Persönlichkeit und deren Verhalten (vgl. Fiedler/Bless 2002, S. 134). So geht die Zuschreibung von bestimmten Eigenschaften und einem bestimmten Verhalten häufig stärker auf die Zugehörigkeit zu einer Personengruppe zurück als auf das Individuum. Amrheim und Backes weisen darauf hin, dass „Stereotypisierungen – vor allem nach Geschlecht und Alter – einfache und ökonomische Urteilsheuristiken bereitstellen, die das Individuum je nach situativem Kontext kognitiv entlasten" (Amrheim/Backes 2007, S. 105). Das Vorhandensein von Stereotypen führt nicht automatisch zu Diskriminierungen. Es kommt vielmehr darauf an, in welchen Zusammenhängen diese Zuschreibungen aktiviert werden und ob eine Schlechterstellung einer Gruppe die Folge ist. Diskriminierungsanfällig sind Bereiche, in denen Informationen fehlen und diese oft unbewusst durch stereotype Zuschreibungen ersetzt werden oder stereotype Zuschreibungen übernommen werden. Daran wird deutlich, dass gerade die Vorauswahl und die Auswahl von Bewerber/inne/n aufgrund der geringen Information über die Personen diskriminierungsanfällig sein können.

Stereotype sind soziale Kategorien. Sie werden im Rahmen von Beziehungen entwickelt und verwendet. Die in unserer Gesellschaft verbreiteten stereotypen Zuschreibungen werden im Folgenden zuerst für das Merkmal Geschlecht und anschließend für das Merkmal Alter dargestellt. Abschließend werden die entsprechenden Eigenschaften und Verhaltensweisen systematisch zusammengefasst, um einen Überblick über stereotype Zuschreibungen der Merkmale Geschlecht und Alter zu geben. Vernachlässigt werden hier die möglichen Wechselwirkungen und Verzahnungen der Geschlechter- und Altersstereotype. Da diese Wechselwirkungen bisher noch nicht näher erforscht wurden (vgl. Armheim/Backes 2007, S. 110), werden die Merkmale getrennt betrachtet.

Mit den Kategorien Mann und Frau werden in Gesellschaften unterschiedliche Merkmale und vorschreibende Erwartungshaltungen verbunden (vgl. z.B. Riehle 1995, S. 8). Damit werden diesen Geschlechtskategorien auch bestimmte Eigenschaften und Verhaltensweisen zugeschrieben. Soziale Kategorisierungen dienen dazu, die komplexe Umwelt zu simplifizieren und Informationen leichter zu verarbeiten. Aus diesem Grund entstehen auch Geschlechterstereotypen, die Annahmen und Erwartungen in Abhängigkeit von der Geschlechtszugehörigkeit entsprechen (vgl. Riehle 1995, S. 9). Diese Geschlechterstereotypen sind historisch gewachsen und tief in der Gesellschaft verwurzelt (vgl. ausführlich dazu Hausen 1977). Typischerweise werden Männern instrumentelle Eigenschaften wie Rationalität, Kompetenz und Selbstbewusstsein zugeschrieben, Frauen expressive Eigenschaften wie Wärme, Emotionalität und Verständnis (vgl. z.B. Bem 1974, S. 157). Schreyögg stellt in ihrer Analyse der Beschreibungshilfen für die Personalbeurteilung der Stadt München fest, dass auch Bewertungsmuster durch Geschlechterstereotype geprägt sind. Dabei werden Männern zugeschriebene Stereotype als höherwertiger eingestuft als die Stereotype, die Frauen zugeschrieben werden (vgl. Schreyögg 1996, S. 169). Geschlechterstereotypen sind Teil des impliziten Wissens aller Mitglieder einer Gesellschaft und werden im Sozialisationsprozess erworben. Einen Beleg, dass Frauen „tatsächlich" diese weiblichen Merkmale haben und Männer andere, gibt es nicht und wird es aufgrund der Vielfalt menschlichen Lebens nicht geben (vgl. Eagly/Steffen 1984). Niederfranke und Kühn halten es für hinreichend belegt, dass die Ähnlichkeiten zwischen Männern und Frauen größer sind als deren Unterschiede (vgl. Niederfranke/Kühne 1990). Entsprechend hat z.b. Bierhoff-Alfermann in ihren Forschungsarbeiten zu Androgynie ausgeführt, dass Maskulinität und Femininität voneinander unabhängige Dimensionen sind. Mit anderen Worten stellen männliche und weibliche Merkmale nicht Extrema einer Dimension dar, sondern Menschen vereinen sowohl männliche als auch weibliche Merkmale in sich (vgl. Bierhoff-Alfermann 1989, S. 28f.).

Eagly und Steffen (1984) konnten in Experimenten zeigen, dass Geschlechterstereotypen aus den sozialen Rollen abgeleitet werden, die Männer und Frauen in der Gesellschaft einnehmen. Diese sozialen Rollen hatten und haben tragenden Einfluss auf die Verteilung der Rollen in der Arbeitswelt. Deshalb werden soziale, pflegende und erziehende Berufe eher Frauen zugeschrieben, während technische, entscheidende und organisierende Berufe eher Männern zugeschrieben werden. Arbeitsteilung bzw. Rollenverteilung sind in nahezu allen Kulturen üblich. Dabei werden einem Geschlecht in verschiedenen Kulturen aber nicht die gleichen Aufgaben zugeschrieben. Problematisch wird diese Arbeitsteilung bzw. Rollenverteilung durch unterschiedliche Wertigkeiten, die den Aufgaben bzw. Berufen zugeschrieben werden.

Berufe, die mit weiblichen Geschlechterstereotypen verknüpft werden, haben in der Regel einen niedrigeren Status als Berufe, die dem männlichen Stereotyp zugeschrieben werden. Damit verbunden sind vor allem geringeres Einkommen, geringere Aufstiegschancen, weniger Absicherung und schlechtere Berufsperspektiven in typisch weiblichen Berufen (vgl. dazu ausführlicher die Auswertungen zur beruflichen und wirtschaftlichen Situation von Frauen im WSI FrauenDatenReport von Bothfeld u.a. 2005).

Geschlechterstereotypen wirken so einerseits auf die Wertigkeit zahlreicher Berufe. Andererseits wirken sie auch auf die Chancen von Frauen bzw. Männern, in einer Hierarchie eine höhere Position zu erreichen, z.B. die von Manager/inne/n. Das ist darauf zurückzuführen, dass eine „fehlende Übereinstimmung zwischen der Geschlechterkategorie ‚Frau' und der Berufskategorie ‚Manager'" konstatiert wird (Riehle 1995, S. 2). Erwünschte Merkmale von Führungskräften sind z.B. die Eigenschaften *durchsetzungsfähig*, *aggressiv* und *konkurrierend*. Diese werden als widersprüchlich zu den Frauen üblicherweise zugeordneten Eigenschaften erlebt. Zu diesen weiblich konnotierten Eigenschaften zählen z.B. *emotional*, *passiv* und *harmoniebedacht* (eine ideologiekritische Betrachtung dieser stereotypen Führungsbilder findet sich in Krell 2004a). Gmür stellte in seiner Studie fest, dass von Männern in Führungspositionen stereotyp männliches Verhalten erwartet wird. Dies gilt ebenso für Frauen in Führungspositionen, allerdings wird an sie die Erwartung, sich männlich zu verhalten, noch mehr und nachdrücklicher gestellt (vgl. Gmür 2004, S. 414). Geschlechterstereotype wirken somit auf die Beurteilung von Leistung und führen auch dazu, dass Personalbeurteilungen diskriminierungsanfällig sein können.

Ist die Beurteilung von Personen durch stereotype Zuschreibungen geprägt, so sind die Folgen im Arbeitsleben weitreichend. Negative Folgen sind vor allem für Frauen absehbar, da sie gegen die ihnen zugeschriebenen Eigenschaften und Verhaltensweisen verstoßen und auch verstoßen sollen, wenn sie höherwertige Stellen anstreben. Frauen können deshalb in der Personalauswahl diskriminiert werden, und zwar vor allem bei Bewerbungen um Führungsstellen. Die Übereinstimmung von Geschlechtszugehörigkeit und geschlechterstereotypen Berufserwartungen werden als entscheidender Faktor für das Wirksamwerden einer Diskriminierung gesehen (vgl. Kalin/Hodgins 1984). Der dadurch für Frauen erschwerte Zugang zu Führungspositionen und der zumindest verzögerte Karriereweg stellen von Anfang an die Weichen für schlechtere Karrierechancen und ein geringeres Einkommen. Diese schlechtere Ausgangsposition ist nicht einfach aufholbar. Auch die einfache Umkehrung von einem männlichen Führungsideal mit den Kennzeichen *durchsetzungsfähig*, *aggressiv* und *konkurrierend* hin zu einem weiblichen Führungsideal mit den Kennzeichen *emotional*, *passiv* und *harmoniebedacht* verstärkt nur die geschlechterstereotypen Zuschreibungen und ändert nichts am zugrunde liegenden Problem (vgl. Krell 2004a).

In Arbeitszeugnissen beurteilen Arbeitgeber/innen die ausscheidenden Arbeitnehmer/innen. Diese Leistungsbeurteilung ist dann diskriminierend, wenn sie nicht auf der Basis individueller Leistung und individuellen Verhaltens vorgenommen wird, sondern von der Geschlechtszugehörigkeit und somit von Geschlechter-stereotypen geprägt ist. Geschlechterstereoype Eigenschaftszuschreibungen und Verhaltensbeurteilungen waren Gegenstand zahlreicher Studien. Riehle hat stereotype Merkmale aus verschiedenen Studien zusammengetragen (vgl. Riehle 1995, S. 34), um Personalbeurteilungen anhand von sozialen Kategorisierungsprozessen in Experimenten untersuchen zu können. Bierhoff-Alfermann (1989) hat entsprechende Merkmale aus Maskulinitäts- und Feminitätsskalen zusammengestellt. Eine Zusammenstellung von Studien, die unter Verwendung dieser Skalen durchgeführt wurden, findet sich bei Gmür (2004). Bierhoff-Alfermann hat Items aus Adjektivsammlungen zusammengestellt, die als typisch männlich bzw. typisch weiblich eingeschätzt wurden. Sie wurden als signifikant sozial erwünscht für das jeweilige Geschlecht beurteilt (vgl. Bier-hoff-Alfermann 1989, S. 30ff.). In der Tabelle 3.4.1 sind diese Sammlungen zusam-mengestellt, ergänzt um die Merkmale, die Gmür für Studien aus Deutschland zu-sammengestellt hat (vgl. Gmür 2004, S. 406).

Tabelle 3.4.1: Geschlechterstereotype Merkmalszuschreibungen

Männern zugeschriebene stereotype Merkmale	Frauen zugeschriebene stereotype Merkmale
aggressiv, ehrgeizig, analytisch, sportlich, sach-lich, wettbewerbsorientiert, dominant, rational, durchsetzungsfähig, aktiv, führend, unabhängig, selbstsicher, überlegen, arrogant, besonnen, diszipliniert, eitel, entschlossen, bestimmt, erfin-derisch, freigiebig, freimütig, hart, klug, kräftig, schnell, männlich, tatkräftig, eigenverantwortlich, nachtragend, realistisch, scharfsinnig, schlau, leistungsfähig, selbstbewusst, selbstherrlich, stark, unnachgiebig, wagemutig, zuversichtlich, zynisch, überheblich, auf sich bedacht, prinzi-pientreu, unabhängig, systematisch, entschei-dungsfähig, geht Risiken ein, nimmt Standpunkte ein, diktatorisch, souverän, professionell, struktu-riert, konzeptionell, effizient, überzeugend, vor-ausschauend, zielstrebig, konkurrierend	herzlich, heiter, kindisch, mitleidig, sanft, leicht-gläubig, kinderlieb, sensibel, fürsorglich, schüch-tern, geduldig, mitfühlend, zart, genau, positiv, verständnisvoll, warm, nachgiebig, emotional, empathisch, harmonisch, geht auf andere ein, freundlich, verständnisvoll, verlässlich, respekt-voll, Anteil nehmend, sozial kompetent, liebens-würdig, besonnen, bescheiden, zuvorkommend, hilfsbereit, unterstützend, kontaktfähig, abhängig, ängstlich, anerkennend, bescheiden, ehrlich, empfindsam, furchtsam, fleißig, genügsam, ge-sprächig, kooperativ, teamfähig, weinerlich, schuldbewusst, gewissenhaft, unterordnend, nörglerisch, leichtgläubig, launisch, leichtsinnig, nachgiebig, launisch, reizbar, rücksichtsvoll, sen-timental, vorsichtig, feminin, ausgeglichen, kon-taktfreudig, kreativ, offen, sozial orientiert, spon-tan, vermittelnd, passiv, harmoniebedacht

Quelle: zusammengestellt nach Riehle (1995, S. 34), Bierhoff-Alfermann (1989, S. 30) und Gmür (2004, S. 406)

Die Stereotypenbildung und -verwendung gibt es entsprechend auch bezogen auf Personen bestimmten Alters. Vor allem für die Gruppe der älteren Arbeitneh-mer/innen besteht die Gefahr der Diskriminierung (vgl. Marsh/Sahin-Dikmen 2003, S. 7). Zu den Folgen von Diskriminierung aufgrund des Alters gehört vor allem der er-schwerte Zugang zu einer neuen Arbeitsstelle. In Deutschland herrscht unter älteren Erwerbspersonen eine höhere Arbeitslosigkeit als unter jüngeren. Auch bleiben Älte-re länger arbeitslos, bis sie eine neue Arbeitsstelle finden. So waren im März 2004 ältere Erwerbspersonen zu 14 % von Arbeitslosigkeit betroffen, während im Durch-schnitt 11 % der Erwerbspersonen arbeitslos waren (vgl. Statistisches Bundesamt 2005a, S. 71). Entsprechend sind ältere Erwerbspersonen stärker von Langzeitar-beitslosigkeit betroffen. Während 25 % der 15- bis 24-Jährigen Arbeitslosen seit über einem Jahr Arbeit suchen, sind es bei Arbeitslosen zwischen 50 und 64 Jahren 64 % (vgl. o.V. 2007a).

Das Alter als Ansatzpunkt für Diskriminierung wird erst in jüngerer Zeit ausführlicher diskutiert. In vielen Industrienationen findet ein demografischer Wandel statt. Der Begriff beschreibt, dass sich die Gesellschaft aus zunehmend älteren Personen und immer weniger jüngeren Personen zusammensetzt (vgl. BMFSFJ 2005, S. 35f.). Deshalb werden den Organisationen künftig auf dem Arbeitsmarkt mehr ältere Erwerbspersonen und weniger jüngere zur Verfügung stehen. Entsprechend werden mehr ältere Personen Arbeitsstellen suchen. Ehmer und Zeitlhofer vom Institut für Wirtschafts- und Sozialgeschichte der Universität Wien führen das Projekt „Labor, Aging and the Elderly: Historical Variations and Trends" durch (ausführlich dazu Universität Wien o.J.). In einem Interview mit Kremsberger unterstreichen diese Forscher, dass aus historischer Perspektive die Lebenserwartung auffällig steigt und die Menschen gesünder altern. Trotzdem scheiden ältere Menschen immer früher aus der Erwerbstätigkeit aus. Als Grund nennen sie vor allem negative Stereotype über das Alter, aufgrund derer ältere Menschen vom Arbeitsmarkt verdrängt werden (vgl. Kremsberger 2007).

Filipp und Mayer fassen verschiedene Studien zur Personalauswahl zusammen und kommen zu der Schlussfolgerung, dass älteren Bewerber/inne/n systematisch solche Eigenschaften abgesprochen werden, die jüngeren stereotyp zugeschrieben werden. Dies betrifft vor allem Flexibilität, Lernfähigkeit und Durchsetzungsvermögen (vgl. Filipp/Mayer 1999, S. 187f.).

Diese Stereotypen wirken sich auf die Bereitschaft von Arbeitgeber/inne/n aus, ältere Arbeitnehmer/innen einzustellen (vgl. Brussig 2005, S. 7), und auch auf die Einstellung der älteren Arbeitnehmer/innen zu ihrer eigenen Arbeitsfähigkeit. Die Selbstwahrnehmung von älteren Menschen wurde von Martin und Dellenbach untersucht. Sie betrachteten dabei die Gedächtnisleistungen und Hörfähigkeiten älterer Menschen. Sie stellten fest, dass Ältere, die davon ausgehen, dass ihre diesbezüglichen Fähigkeiten schlechter geworden sind, wieder bessere Gedächtnis- und Hörleistungen erbrachten, nachdem ihnen demonstriert wurde, dass ihre Leistungen nicht nachgelassen haben. Als Hauptgrund für diesen Effekt nennen die Forscher die sich selbst erfüllende Prophezeiung, wonach die Erwartung das kommende Ergebnis maßgeblich mitbestimmt (vgl. Martin/Dellenbach 2007).

Auch Alter kann als soziales Konstrukt bezeichnet werden. Nicht das biologische Alter, sondern „erst die Vorstellungen und Meinungen, die in einer Gesellschaft an diese Eigenschaften geknüpft sind, lassen [eine Person, M.H.] in den Augen ihrer Umwelt – wie auch mit der Zeit in ihren eigenen – als ‚alt' erscheinen. Alter ist somit keine Qualität des Erscheinungsbildes oder des Verhaltens an sich, es konstituiert sich vielmehr erst in den Definitionen, die durch biologische Veränderungen [...] zwar ausgelöst werden, nicht aber durch diese bedingt sind" (Hohmeier 1978, S. 11f.).

Die Stereotype des Alters sind noch nicht so systematisch und umfassend erforscht wie Geschlechterstereotypen (vgl. dazu Amrheim/Backes 2007, S. 109). In Tabelle 3.4.2 sind gängige stereotype Merkmale zusammengestellt, die jeweils Älteren und Jüngeren zugeschrieben werden.

Tabelle 3.4.2: Altersstereotype Merkmalszuschreibungen

Älteren zugeschriebene stereotype Merkmale	Jüngeren zugeschriebene stereotype Merkmale
mangelnde Beweglichkeit, krank, bequem, Widerstand gegen Neues, unflexibel, langsam, ermüdbar, überlegt, weise, erfahren, loyal, routiniert, eingefahren, sozial, zuverlässig, sorgfältig, korrekt, umsichtig, ruhig, ausdauernd, verbindlich, pflichtbewusst	innovativ, flexibel, kreativ, offen, interessiert, belastbar, gesund, ehrgeizig, offen, Initiative zeigend, kritisch, ideenreich, anpassungsfähig, lernbereit, vielseitig, dynamisch, motiviert

Quelle: zusammengestellt nach Meyer (2005) und Kremsberger (2007)

Alters- und Geschlechterstereotypen können in Hinblick auf die den Stereotypen zugrunde liegenden Werte und Normen verglichen werden. Männer und Frauen werden als Gegensätze bzw. auch als sich ergänzend beschrieben. Auch bei jüngeren und älteren Personen werden Gegensätze und auch Ergänzendes gesehen. Allerdings dominiert bei Altersstereotypen noch das Defizitmodell: Auf der einen Seite stehen Jüngere als die Norm, auf der anderen Seite Ältere als negativ von der Norm abweichend. Das Defizitmodell geht davon aus, dass Ältere geistig und körperlich abbauen und darum wachsende Defizite im Vergleich zu Jüngeren aufweisen (vgl. Meyer 2005).

Ein grundlegender Unterschied zwischen Altersstereotypen und Geschlechterstereotypen kann besonders in einem Punkt gesehen werden. Alle Menschen wechseln mit zunehmendem Alter quasi automatisch von einer Personengruppe (den Jüngeren) zur anderen Gruppe (den Älteren). Menschen werden in Bezug auf das Alter in verschiedenen Lebensphasen jeweils andere Merkmale zugeschrieben. Vor allem bei Beschreibungen von aufeinander folgenden Lebensphasen, die eine Person durchläuft, fällt auf, dass diese Merkmale nicht eindeutig positiv für die Jüngeren und negativ für die Älteren sind. Auch wenn, wie oben beschrieben, das Defizitmodell des Alterns weit verbreitet ist, so gibt es neben diesem Modell auch das Kompetenzmodell des Alterns. Dieses basiert auf der Feststellung, dass die Leistungsfähigkeit gleichaltriger Personen größere Unterschiede aufweist als die Leistungsfähigkeit von Personen unterschiedlicher Altersgruppen. Nach dem Kompetenzmodell wird davon ausgegangen, dass bei älteren Menschen zwar die körperliche Leistung abnimmt, die geistige Leistung jedoch mit wachsender Lebenserfahrung in einigen Bereichen zunimmt (vgl. Meyer 2005). Insgesamt finden sich sowohl positive als auch negative Altersstereotypen, wobei bisher die negativen Stereotype überwiegen (vgl. Kremsberger 2007). Beide Vorstellungen vom Altern sind gesellschaftlich weit verbreitet und werden als intuitive Erklärungsmodelle eingesetzt.

Zusammenfassend kann festgestellt werden, dass geschlechter- und/oder altersstereotype Merkmalszuschreibungen in der Personalbeurteilung zu Diskriminierung führen können. Wenn Stereotype die Beurteilung der Arbeitnehmer/innen verzerren, dann bezieht sich die Beurteilung nicht nur auf das individuelle Verhalten bzw. auf individuelle Eigenschaften. Ungeachtet der Frage, ob Eigenschaften oder Verhalten einer Person individuell zugeschrieben werden können, müssten sich individuelle Unterschiede in einer großen Stichprobe so ausgleichen, dass keine systematischen Unterschiede in der Beurteilung zwischen Männern und Frauen bzw. Jüngeren und Älteren zu finden sind. Falls sich systematische Verzerrungen anhand der Stereotypen feststellen lassen, kann davon ausgegangen werden, dass eine Diskriminierung von Personen aufgrund bestimmter Merkmale die Ursache ist. Die Frage, ob und wie Beurteilungen in Arbeitszeugnissen systematisch verzerrt sind und so zu Diskriminierung beitragen können, wird in der in Abschnitt 4.6 dargestellten Teilstudie E näher betrachtet.

3.4.7 Arbeitszeugnisse im internationalen Kontext

3.4.7.1 Begriffliches und Fragestellung
Arbeitszeugnisse sind in Deutschland und einzelnen anderen Ländern üblich. In anderen Ländern ergänzen oder übernehmen Referenzen zum Teil deren Funktionen. Im vorliegenden Abschnitt wird im Anschluss an diese Vorbemerkungen der Stand der Forschung zu Referenzen zusammenfassend dargestellt. Anschließend wird der Umgang mit Referenzen und/oder Arbeitszeugnissen in ausgewählten Ländern vorgestellt. Abschließend werden diese Umgehensweisen miteinander verglichen.

Als Grundlage werden in einem ersten Schritt Referenzen gegenüber Arbeitszeugnissen abgegrenzt. Im zweiten Schritt wird geklärt, welche Fragen sich diesbezüglich im internationalen Kontext ergeben. In einem dritten Schritt wird dargestellt, welche Länder für die spätere Gegenüberstellung des Umgangs mit Referenzen und Arbeitszeugnissen ausgewählt werden.

Als Referenzen können im weitesten Sinne alle Informationen und Urteile über eine Person gelten. Im englischen Sprachraum werden für den Begriff Referenz auch synonym die Bezeichnungen *letter of reference*, *testimonial*, *referee report* und *letter of recommendation* verwendet (vgl. Dobson 1989, S. 455). Carroll und Nash schreiben Referenzen zwei Zwecke zu. Referenzen geben einerseits Informationen über Bewerber/innen bzw. validieren die Selbstauskünfte von Bewerber/inne/n. Andererseits werden sie dazu verwendet, die Eignung von Bewerber/inne/n einzuschätzen bzw. den Arbeitserfolg zu prognostizieren (vgl. Carroll/Nash 1972, S. 42). Daran wird deutlich, dass die Funktion von Arbeitszeugnissen und Referenzen bei der Personalauswahl weitgehend übereinstimmt. Für die Klarheit der folgenden Ausführungen bietet es sich an, die Begriffe zu unterscheiden: Der Begriff Referenz wird im Folgenden für eine freiwillige, auf Arbeit bezogene, aber nicht nur durch Vorgesetzte durchgeführte Beurteilung verwendet. Der Begriff Arbeitszeugnis wird weiterhin für eine gesetzlich verpflichtende, von Arbeitgeber/inne/n ausgestellte Beurteilung verwendet. Arbeitszeugnisse können demnach als eine spezielle Form von Referenz gesehen werden. Durch beide Instrumente werden Dritte beurteilt und beide werden als Instrumente in der Personalauswahl eingesetzt. Dennoch unterscheiden sich Arbeitszeugnisse und Referenzen in vier Punkten:

- Erstens sind Arbeitszeugnisse Beurteilungen durch die früheren Arbeitgeber/innen, dagegen können Referenzen von ganz unterschiedlichen Personen geschrieben sein, z.b. von Bekannten, Kolleg/inn/en, Lehrer/inne/n oder eben auch Arbeitgeber/inne/n.

- Zweitens gibt es in den Ländern, in denen Arbeitszeugnisse verbreitet sind, in der Regel einen rechtlichen Anspruch auf ein Zeugnis. Dagegen ist üblicherweise niemand dazu verpflichtet, Referenzen auszustellen. Schreibt eine Person jedoch eine Referenz, so ist sie nach allgemeinen Rechtsregeln auch für die Richtigkeit des Inhalts verantwortlich.

- Drittens existieren bei Arbeitszeugnissen Vorgaben für Inhalt und Form, Referenzen dagegen sind sowohl formal als auch inhaltlich frei gestaltbar.

- Viertens können Referenzen sowohl von Arbeitnehmer/inne/n als auch von potenziellen Arbeitgeber/inne/n erbeten werden. Arbeitszeugnisse hingegen werden für die Arbeitnehmer/innen ausgestellt und diesen übergeben.

Schuler, Frier und Kauffmann (1993) haben anhand einer im Jahr 1990 durchgeführten Befragung den Einsatz von Instrumenten der Personalauswahl in Deutschland, Frankreich, Spanien, Belgien, den Niederlanden, Luxemburg und Großbritannien verglichen. In allen Ländern war die Analyse der Bewerbungsunterlagen das am häufigsten eingesetzte Instrument. Es diente vor allem zur Vorauswahl von Bewerber/inne/n (vgl. Schuler u.a. 1993, S. 107). Neben den üblichen Bewerbungsunterlagen wurde in der Studie auch das Einholen zusätzlicher Referenzen betrachtet. Das Einholen zusätzlicher Referenzen wies deutliche Unterschiede in der Häufigkeit auf. Dieses Instrument wurde vor allem in Großbritannien, aber auch in Belgien, den Niederlanden und Luxemburg in fast der Hälfte der befragten Organisationen üblicherweise eingesetzt und bei hierarchisch höheren Positionen nahezu obligatorisch. Dagegen wurden zusätzliche Referenzen in Frankreich, Spanien und Deutschland deutlich seltener eingeholt (vgl. Schuler u.a. 1993, S. 146). Da in dieser Studie Arbeitszeugnisse als Teil der Bewerbungsunterlagen erwähnt werden, so kann davon ausgegangen werden, dass es sich bei den erwähnten zusätzlichen Referenzen um Referenzen im Sinne der hier verwendeten Begriffe handelte. Andere Studien wie z.B. das Cranfield Project sind zwar neueren Datums, sie verwenden jedoch das Wort Referenz sehr allgemein, ohne den Begriff genauer zu definieren (vgl. dazu Kabst/Giardini 2006 S. 16ff.).

Als Erklärungsansatz für diese Unterschiede der Auswahlverfahren wurden vor allem kulturelle Unterschiede wie Sicherheitsdenken und Umgang mit Macht angenommen. So prüften z.B. Ryan, MacFarland, Baron und Page (1999), ob die nationalen Unterschiede beim Einsatz von Personalauswahlverfahren durch kulturelle Unterschiede erklärt werden können. Ihre Ergebnisse dazu waren jedoch nicht eindeutig.

Die unterschiedliche Bedeutung, die Referenzen in Auswahlverfahren beigemessen wird, wurde in den bisherigen Studien nicht im Zusammenhang mit den rechtlichen Rahmenbedingungen und mit der Existenz anderer Beurteilungsformen wie Arbeitszeugnissen gesehen. Dieser Frage wird im Folgenden nachgegangen. In einem ersten Schritt werden der Umgang mit Arbeitszeugnissen und/oder Referenzen in verschiedenen Ländern und die rechtlichen Rahmenbedingungen geschildert. In diesem Zusammenhang werden auch Erkenntnisse über das Diskriminierungspotenzial im Umgang mit den verwendeten Instrumenten in den jeweiligen Ländern thematisiert. In einem zweiten Schritt werden Unterschiede und Gemeinsamkeiten der verschiedenen Länder herausgearbeitet.

Bei der Auswahl der Länder wurde darauf geachtet, Beispiele aus den zentralen Rechtskreisen zu wählen. Ein Rechtskreis ist eine Gruppe von verwandten Rechtsordnungen, die auf eine gemeinsame Rechtskultur aufbauen bzw. einen gemeinsamen Rechtsstil haben. Auch wenn in dieser Arbeit kein Anspruch auf einen umfassenden Rechtsvergleich erhoben wird, so werden doch durch den Vergleich von Ländern aus verschiedenen Rechtskreisen die Vielfalt und Breite der Regelungsmöglichkeiten und -ausgestaltungen sichtbar. Eine Betrachtung von Rechtskreisen bietet sich im Rahmen von Rechtsvergleichen vor allem an, um Gemeinsamkeiten und Unterschiede herauszuarbeiten (vgl. Zweigert/Kötz 1996, S. 62f.). Grundlegend werden der kontinentaleuropäische und der angelsächsische bzw. angloamerikanischer Rechtskreis unterschieden (vgl. Zweigert/Kötz 1996, S. 73f.). Daneben werden der sozialistische, der chinesische und der islamische Rechtskreis unterschieden, die hier jedoch nicht näher betrachtet werden.

Kontinentaleuropa ist vor allem durch das römische Recht geprägt. Dabei können der romanische, der deutsche und der nordische Rechtskreis unterschieden werden. Zu den europäisch geprägten Rechtskreisen gehört dann noch der angelsächsische bzw. anglo-amerikanische Rechtskreis, der ausgehend von England das Recht der USA geprägt hat.

Der romanische Rechtskreis ist durch den Code Civil von 1804 geprägt. Als repräsentative Rechtsordnung für den romanischen Kreis wird die Rechtsordnung Frankreichs gesehen. Zum romanischen Rechtskreis werden auch Spanien, Italien, Rumänien, Belgien, Portugal und die Niederlande gezählt. Zum deutschen Rechtskreis gehören Deutschland, Österreich, Schweiz, Griechenland und die Türkei, als repräsentative Ordnung wird die deutsche Rechtsordnung gesehen. Der nordische Rechtskreis umfasst Schweden, Finnland, Norwegen, Dänemark und Island. Als repräsentative Rechtsordnungen werden die Ordnungen Schwedens und Dänemarks bezeichnet. Der angelsächsische bzw. angloamerikanische Rechtskreis ist durch das englische Common Law geprägt, das von England ausgehend in den ehemaligen Kolonien verbreitet wurde (vgl. Zweigert/Kötz 1996, S. 62f.). Entsprechend dieser Einteilung werden für den deutschen Rechtskreis Deutschland, Österreich und die Schweiz betrachtet, für den romanischen Rechtskreis wird Frankreich einbezogen, für den nordischen Rechtskreis wird Schweden dargestellt und für den angelsächsischen bzw. angloamerikanischen Raum Großbritannien und auch die USA.

Bevor der Umgang mit Referenzen und/oder Arbeitszeugnissen vorgestellt wird, wird nun der Stand der Forschung zu Referenzen zusammenfassend dargestellt. Dies erleichtert es, im Anschluss daran die ländertypischen Umgehensweisen nachvollziehbar darzustellen.

3.4.7.2 Stand der Forschung zu Referenzen

Wie oben ausgeführt wird der Begriff Referenz in dieser Arbeit für alle freiwilligen, auf die Arbeit bezogenen Informationen und Urteile über eine Person verwendet. Dieser Begriff ist so zu weit gefasst, um den Stand der Forschung zusammenfassend darstellen zu können. Daher werden für die Darstellung des Stands der Forschung unter Referenzen schriftliche Urteile von Personen, die für die Meinungsbildung über Bewerber/innen in der Personalauswahl eingesetzt werden, verstanden. Zudem werden nur Studien aus dem angelsächsischen bzw. angloamerikanischen Rechtskreis einbezogen. Dies muss bei der Übertragung auf andere Rechtskreise beachtet werden.

Mosel und Goheen untersuchten in ihrer Studie neben der Validität auch die Reliabilität von Referenzen. Dabei zeigt sich, dass Referenzen von unterschiedlichen Personen für Arbeitnehmer/innen nur in geringem Maße gleiche bzw. vergleichbare Aussagen enthielten. Die Schlussfolgerung von Mosel und Goheen war entsprechend, dass Referenzen nicht bzw. nur gering reliabel sind (vgl. Mosel/Goheen 1958, S. 485). Muchinsky merkte dazu jedoch kritisch an, dass unterschiedliche Urteile über eine Person aus verschiedenen Perspektiven zu erwarten seien und nicht als Maß für die Reliabilität verwendet werden könnten (vgl. Muchinsky 1979, S. 290).

Wie Browning (1968) zusammenfassend darstellte, zeigen Studien zur Validität von Referenzen, dass diese nur in geringem Maße dazu geeignet sind, den Arbeitserfolg in einer neuen Arbeitsstelle vorherzusagen. Ein Ergebnis seiner eigenen Studie war zudem, dass Referenzen von Verwandten und Bekannten deutlich weniger Vorhersagekraft hatten als die Referenzen von Vorgesetzten, Kolleg/inn/en oder der Personalstelle (vgl. Browning 1968, S. 390ff.). Entsprechend bestätigte auch die Studie von Mosel und Goheen, dass insgesamt die Validität von Referenzen nur bedingt gegeben war. Dabei hatten nach ihren Ergebnissen Referenzen von Vorgesetzten die vergleichsweise höchste Validität (vgl. Mosel/Goheen 1958, S. 489). Caroll und Nash zogen daraus die folgende Schlussfolgerung: „References are probably more accurate if received from immediate supervisors who supervised the applicant for a considerable length of time in a job similar to that for which the applicant is being considered" (Caroll/Nash 1972, S. 46).

Reilly und Chao haben die Ergebnisse einer Vielzahl von Studien über Referenzen zusammengetragen und kommen zusammenfassend zu dem Schluss, dass Referenzen vor allem dazu eingesetzt werden können, um offensichtlich ungeeignete Bewerber/innen auszusortieren (vgl. Reilly/Chao 1982, S. 38).

Harshman und Chachere betonen, dass Referenzen auch Auswirkungen auf die Arbeitsleistungen haben können. Die Aussicht auf eine negative bzw. positive Referenz habe eine motivierende Funktion. Sie gehen davon aus, dass „references act as internal constraints on employees' performance on the job. Employees, who know that securing a future job might depend on their current performance, will be likely to perform more productively and with better attitudes" (Harshman/Chachere 2000, S. 34).

Den Inhalt von Referenzen betrachtete Muchinsky (1979). Dabei antwortete die überwiegende Mehrheit der von ihm befragten Arbeitgeber/innen, dass sie vor allem über die Persönlichkeit der beschriebenen Personen in Referenzen Auskunft geben wollen. Häufig genannt wurden Kooperationsbereitschaft, Ehrlichkeit und soziale Anpassungsfähigkeit. Die zur Beschreibung verwandten Adjektive brachte Muchinsky dann entsprechend der Einschätzung der Leistungsfähigkeit der beschriebenen Personen in eine Rangfolge. Dabei zeigte sich, dass Adjektive der geistigen Beweglichkeit, wie z.B. analytisch, logisch und entscheidungsfähig, für leistungsstarke Personen verwendet wurden (vgl. Muchinsky 1979, S. 288f.).

Aamondt, Bryan und Whitcomb heben in ihrer Metaanalyse zu Referenzen hervor, dass fast alle Referenzen positiv formuliert sind. Den Grund dafür sehen sie darin, dass die Arbeitnehmer/innen selbst bestimmen, wer Referenzen für sie schreibt. Die Beschreibung von Personen, deren Leistungsfähigkeit als schwächer eingeschätzt wurde, geschah anhand von Adjektiven des sozialen Verhaltens, wie z.B. gewandt, freundlich und umgänglich. Damit haben die Referenzschreibenden unterschiedliche Ausdrucksmöglichkeiten, auch wenn sie davon ausgehen, dass die beschriebene Person nicht wirklich für die Stelle geeignet ist (vgl. Aamondt u.a. 1993, S. 82). Peres und Garcia führten zu diesen Formulierungstechniken für nicht geeignete Bewerber/innen aus, dass „the best the referee can say is ‚Joe is a pretty nice guy' which was interpreted as ‚damning with faint praise'" (Peres/Garcia 1962, S. 285). Die von Peres und Garcia vorgenommene Einschätzung von Referenzen anhand der verwendeten Formulierungstechniken wurde von Aamondt, Bryan und Whitcomb 25 Jahre später in einer Nachfolgestudie überprüft. Dabei bestätigte sich, dass diese unterschiedlichen Formulierungstechniken immer noch weit verbreitet waren (vgl. Aamondt u.a. 1989).

Die Bedeutung von Referenzen wird insgesamt als hoch angesehen: Bei einer Befragung von Personalverantwortlichen in den USA gaben 75 % der Befragten an,

dass Referenzen und deren Verifizierung das wichtigste Instrument bei der Personalauswahl sei. Allerdings geben Harshman und Chachere zu bedenken, „yet, ironi-
cally, those same respondents said that they or other members of their organizations
had refused to provide information about former employees because of fears of law-
suits" (Harshman/Chachere 2000, S. 31). Sie nennen dieses Problem das „reference
dilemma" und gehen davon aus, dass „the resolution of the reference dilemma re-
quires courageous, informed participants, who are committed to responsible treat-
ment of employees and to be responsible members of society, in the information ex-
change" (Harshman/Cachere 2000, S. 38).

Eine Schätzung, wie viele gefälschte Referenzen im Umlauf sind, ist ausgesprochen
schwierig, entsprechend unterschiedlich sind die Zahlen. Andler sieht es als sicher
an, dass die Gesamtzahl von gefälschten Referenzen steigt. Er gibt für die USA an,
dass 1979 ca. 17 % aller Referenzen gefälscht waren, deren Zahl soll bis 1997 auf
36 % angestiegen sein (vgl. Andler 1998, S. 11f.). Ballam berichtet von der Studie
eines Unternehmens, das für Organisationen Hintergrundrecherchen über Bewer-
ber/innen anbietet. Dieses Unternehmen stuft 33 % aller Referenzen als betrügerisch
ein (vgl. Ballam 2002, S. 449).

Cahill (2002) hat sich mit der Frage beschäftigt, ob der Einsatz von Referenzen Auswirkungen auf den Arbeitsmarkt hat. Er geht davon aus, dass ein zunehmender Einsatz von Referenzen Arbeitgeber/inne/n bessere Informationen über Bewerber/innen
verschafft, was zu sinkenden Kosten bei der Auswahl von Arbeitnehmer/inne/n führt.
Laut Cahill ist der Aufwand für die Erstellung und Überprüfung von Referenzen deutlich geringer als der Nutzen, der durch bessere Information über Bewerber/innen
entsteht (vgl. Cahill 2000, S. 473).

Tucker und Rowe (1979) führten ein Experiment durch, um den Einfluss von Referenzen auf die Wertung des Einstellungsinterviews zu analysieren. Die Annahmen
dieses Experiments basierten auf der Attributionstheorie. Die Forscher/innen gaben
72 männlichen Ingenieurstudenten eine Stellenbeschreibung und ein inhaltsgleiches
Protokoll eines Interviews. Dazu bekamen sie von einer Gruppe von je 24 Studieren-
den ein positives, negatives oder neutrales Referenzschreiben. Die Aufgabe bestand
darin, aufgrund der Beschreibung, des Interviews und der Referenz eine Entscheidung für die Stellenbesetzung zu treffen. Dabei stellte sich heraus, dass positive Erwartungen durch ein positives Referenzschreiben unter anderem dazu führten, dass
im Protokoll erwähnte Misserfolge mehr der Situation (externe Attribution) und Erfolge mehr der Person (interne Attribution) zugeschrieben wurden. Entsprechend wurden bei negativen Erwartungen, geweckt durch ein negatives Referenzschreiben,
Misserfolge mehr der Person und Erfolge mehr der Situation zugeschrieben. Eine
Einstellungsempfehlung wurde umso wahrscheinlicher, je öfter Erfolge intern und
Misserfolge extern attribuiert wurden. Tucker und Rowe (1979) stellten so einen nicht

unerheblichen Einfluss des Referenzschreibens fest. Weuster kritisierte am Aufbau dieses Experiments, dass kein Face-to-face-Interview geführt wurde. Er schätzt dessen Wirkung anders ein, da der persönliche Eindruck einer Person anders bewertet werden könnte als schriftliche Unterlagen. Zudem würde in der realen Situation häufig mehr Zeit zwischen dem Lesen der Bewerbungsunterlagen und dem Führen der Interviews liegen. In diesem Fall lägen keine exakten Erinnerungen an die Unterlagen vor und die Erwartungen der Auswählenden würden weniger genau gebildet (Weuster 2004, S. 285f.).

Diskriminierungspotenzial bei der Beurteilung von Referenzen haben Cowan und Kasen ermittelt. Sie stellten bei einem Vergleich zwischen Referenzen für Männer und Frauen fest, dass Männer weniger negative Beurteilungen in Referenzen erhalten und gleichzeitig mehr und höhere Steigerungsformen, z.b. sehr oder ausgesprochen, enthielten (vgl. Cowan/Kasen 1979, S. 640). Beason und Belt sehen als einen wichtigen Punkt zur Vermeidung von Diskriminierung den einheitlichen Einsatz von Personalauswahlverfahren für alle Bewerber/innen an (vgl. Beason/Belt 1976, S. 345). Daraus folgt, dass die Verwendung von freien schriftlichen oder mündlichen Referenzen zu Diskriminierung führen kann. Einerseits sind in den Referenzen nicht die gleichen Informationen bzw. nicht ausschließlich arbeitsrelevante Informationen enthalten, andererseits haben nicht alle Bewerber/innen ein sozial akzeptiertes Netzwerk von Referenzgeber/inne/n. Auch Disney weist darauf hin, dass Klagen auf der Basis der *equal employment opportunities* geführt werden können, wenn bei verschiedenen Bewerber/inne/n bei telefonischen Nachfragen nicht die gleichen Fragen an die Referenzgeber/innen gestellt werden (vgl. Disney 1994, S. 31).

Zur Verwendung von Referenzen fasst Dobson zusammen, dass Referenzen dazu eingesetzt werden, die Informationen über die Bewerber/innen zu verifizieren. Sie liefern außerdem Gründe, die gegen eine Anstellung der Bewerber/innen sprechen, und enthalten weitergehende Informationen über Erfahrungen, Kompetenzen und Potenzial der Bewerber/innen (vgl. Dobson 1989, S. 466).

3.4.7.3 Referenzen und/oder Arbeitszeugnisse in ausgewählten Ländern

Im Folgenden wird die Verwendung von Referenzen und/oder Arbeitszeugnissen in verschiedenen Ländern kurz vorgestellt. In Deutschland, Österreich und der Schweiz sind Arbeitszeugnisse rechtlich klar bestimmt. Anspruch, Form und Inhalt sind vielfältigen Regeln unterworfen. In der Schweiz haben Arbeitnehmer/innen nach Art. 330a des Schweizerischen Obligationenrechts ein Anspruch auf ein qualifiziertes Zeugnis. In Österreich haben Arbeitnehmer/innen einen Anspruch auf ein Dienstzeugnis aus § 1163 Allgemeines Bürgerliches Gesetzbuch und Führungskräfte zudem aus § 39 Angestelltengesetz. Sowohl in Österreich als auch in der Schweiz werden ähnliche Formulierungstechniken und -formeln verwendet wie in Deutschland (vgl. z.B. Schwarb 2003 für die Schweiz und jobnews 2007 für Österreich).

126

Sowohl für die Schweiz als auch für Österreich gilt, dass ein Zeugnis wahr sein muss und die Arbeitgeber/innen es aufgrund ihrer Fürsorgepflicht wohlwollend abfassen müssen, um das berufliche Weiterkommen der Arbeitnehmer/innen nicht zu behindern. Wie in Deutschland steht die Wahrheitspflicht über dem Wohlwollen (vgl. Schwarb 2000, S. 7f.). In Deutschland, Österreich und der Schweiz existieren also weitgehend gleich gestaltete Zeugnisse, die Arbeitnehmer/innen zur Information von potenziellen Arbeitgeber/inne/n verwenden können.

In Deutschland werden vor allem bei oberen Führungspositionen auch zusätzliche Referenzen eingeholt. Weuster und Braig-Buttgereit befragten deutsche Personalberater/innen, ob und bei welchen Bewerber/inne/n sie Referenzen einholen. Nach ihren Ergebnissen werden umso mehr Referenzen eingeholt, je höher die zu besetzende Stelle in der Hierarchie angesiedelt ist (vgl. Weuster/Braig-Buttgereit 1995, S. 405). Die Schweiz wurde bisher in internationale Studien zu diesem Themenkreis nicht einbezogen. Lediglich Berchthold (2005) hat in einer Umfrage der Online-Zeitschrift HR Today festgestellt, dass für Führungskräfte in 89 % der Schweizer Unternehmen Referenzen eingeholt werden. Schuler, Frier und Kauffmann stellten in ihrer Studie fest, dass in Deutschland für 68 % aller Bewerber/innen auf Führungsstellen Referenzen eingeholt werden. Dagegen ist dies bei Stellen für Arbeiter/innen, Facharbeiter/innen und Angestellte eher unüblich (vgl. Schuler u.a. 1993, S. 32).

In Frankreich wurde deutlich früher als in den deutschsprachigen Ländern eine gemeinsame Rechtsordnung eingeführt, die einheitlich für das ganze Land galt. So gab es in Frankreich bereits im 19. Jahrhundert im ganzen Land verpflichtend Kundschaftsbücher für Handwerksgesellen, Knechte und andere Arbeiter/innen (vgl. Könnecke 1912, S. 879). Heute ist das Recht auf ein Arbeitszeugnis im *Code du Travail* in *Articles* L. 122-16 geregelt. Danach haben Arbeitnehmer/innen auch in Frankreich Anspruch auf ein Arbeitszeugnis, das *certificat de travail*. Ein *certificat de travail* muss das Datum des Arbeitsbeginns und des Arbeitsendes sowie die Art des Arbeitsverhältnisses enthalten. Damit entspricht das *certificat de travail* dem einfachen Arbeitszeugnis in Deutschland. Im *certificat de travail* dürfen freiwillig und mit gegenseitigem Einverständnis auch Leistungsbeurteilungen enthalten sein, Geheimzeichen sind ausdrücklich verboten. Üblich ist in Frankreich die Form des einfachen Arbeitszeugnisses, Aussagen zur Leistung sind ausgesprochen selten (vgl. o.V. 2006). Das Einholen von Referenzen ist in Frankreich etwa gleich verbreitet wie in Deutschland, so werden durchschnittlich bei ca. 65 % der Führungskräfte zusätzliche Referenzen eingeholt (vgl. Schuler 1993, S. 74).

In Schweden ist in den Tarifverträgen das Recht auf ein Arbeitszeugnis verankert, das *tjänstgöringsbetyg* (vgl. Åberg 2006). In der Regel können Arbeitnehmer/innen, die länger als 6 Monate abhängig beschäftigt sind, ein Arbeitszeugnis verlangen. Dieses enthält auf Wunsch auch eine Beurteilung der Leistung (vgl. Örjestål 2006).

Das *tjänstgoringsbetyg* ist in neutralem Ton zu schreiben und darf keine Geheimzeichen enthalten (vgl. Uggelberg 2004). Allerdings berichtete mir Åsa Benteke, Referentin des Referats für Politik und Ökonomie der schwedischen Botschaft Berlin, in einem persönlichen Gespräch, dass Arbeitszeugnisse heute nicht mehr üblich sind. In Schweden werden diese weder regelmäßig nach Abschluss eines Arbeitsverhältnisses verlangt, noch den Bewerbungsunterlagen beigelegt.

Persson führte Interviews mit verschiedenen schwedischen Arbeitgeber/inne/n und stellte fest, dass in Bewerbungsschreiben die Angabe von einem bis drei Referenzgeber/inne/n erwartet wird (vgl. Persson 2006, S. 16). Durchgehend geben die Arbeitgeber/innen an, dass sie Referenzen als wichtig ansehen. Ohne Referenzen sinkt die Wahrscheinlichkeit, einen Arbeitsplatz zu erhalten (vgl. Persson 2006, S. 18). Referenzen werden im Auswahlprozess dazu eingesetzt, um über telefonische Nachfragen Unklarheiten in der Bewerbung oder dem Vorstellungsgespräch zu klären (vgl. Persson 2006, S. 16). Referenzgeber/innen müssen nicht die Arbeitgeber/innen sein, sie können auch aus anderen Bereichen wie Ehrenamt oder sozialem Engagement kommen. Nicht akzeptiert werden in der Regel Eltern oder Verwandte, da Referenzgeber/innen über das Verhalten am Arbeitsplatz Auskunft geben können müssen (vgl. Persson 2006, S. 18). Arbeitszeugnisse können einer Bewerbung beigelegt werden, sie sind aber nicht zwingend. Üblich ist es, vorhandene Arbeitszeugnisse zum Vorstellungsgespräch mitzubringen, um auf Nachfrage Arbeitserfahrungen belegen zu können (vgl. Persson 2006, S. 21).

In Großbritannien sind Referenzen weit verbreitet. Gleichzeitig wird im englischen Recht ein Zeugnisrecht sogar explizit verneint (Urteil in Prochownik-Schirrmeister II, 3 Kap 201, 3.8.452/453). Bereits im Jahr 1800 heißt es in der Entscheidung des Falles Carroll versus Bird, dass der Dienstherr nicht verpflichtet ist, dem Diener ein Zeugnis über seine Leistung zu geben (Carroll v Bird [1800] 3 Esp 201). Lovatt und Potter sehen seit dieser Entscheidung im englischen Recht keine Verpflichtung mehr für Arbeitgeber/innen, Referenzen oder Zeugnisse auszustellen (vgl. Lovatt/Potter 2004, S. 2).

Arbeitgeber/innen haben zwar keine rechtliche Verpflichtung, Referenzen auszustellen. Willigen sie allerdings ein, eine Referenz zu schreiben, dann sind sie für den Inhalt der Referenz verantwortlich. Die Referenz muss ehrlich und ohne böswillige Absicht sein (vgl. Lovatt/Potter 2004, S. 10). Die Rechtsprechung in Großbritannien sieht dabei eine Fürsorgepflicht der alten Arbeitgeber/innen sowohl gegenüber den Arbeitnehmer/inne/n als auch den voraussichtlichen Arbeitgeber/inne/n vor. Dieser doppelseitigen Verantwortung können Arbeitgeber/innen entgehen, indem sie sich weigern, Referenzen auszustellen (vgl. Williams 2004a, S. 286). Frühere Arbeitgeber/innen können darauf bestehen, potenziellen Arbeitgeber/inne/n eine Referenz direkt zukommen zu lassen. Arbeitnehmer/innen haben dabei keinen Anspruch auf

Einsicht in die Referenz, auch dann nicht, wenn sie bei diesen potenziellen Arbeitge-ber/inne/n eine Stelle annehmen und die Referenz in die Personalakte aufgenommen wird (vgl. Williams 2004b, S. 308). Wie in den USA wird auch in Großbritannien die Bereitschaft von Unternehmen, Referenzen auszustellen, als sinkend eingeschätzt (vgl. Cahill 2000, S. 460).

Eine Verpflichtung zur Ausstellung von Referenzen besteht durch einzelne Verwal-tungsvorschriften. So schreibt z.b. eine Verwaltungsvorschrift der Versicherungswirt-schaft vor, dass Vorgesetzte Referenzen ausstellen müssen. Außerdem kann im in-dividuellen Arbeitsvertrag eine Verpflichtungsklausel aufgenommen werden (vgl. Wil-liams 2004a, S. 286). In einzelnen Fällen wurde von Richter/inne/n ein Recht auf Re-ferenzen festgestellt. Dies ist dann der Fall, wenn sie in einem Geschäftszweig so üblich sind, dass fehlende Referenzen die Chancen auf eine neue Einstellung deut-lich verringern (vgl. Williams 2004a, S. 287). Das Recht auf eine Referenz wurde auch in einem Fall gesehen, in dem ein Arbeitgeber üblicherweise Referenzen aus-stellte. Der Arbeitnehmer konnte glaubhaft machen, dass ihm eine Referenz auf-grund seiner ethnischen Herkunft verweigert wurde und somit ein Diskriminierungs-tatbestand vorlag (vgl. Williams 2004a, S. 288).

Arbeitgeber/innen haben in Großbritannien keine generelle Verpflichtung, Referen-zen für ausscheidende Mitarbeiter/innen auszustellen, es gibt jedoch einzelne Aus-nahmeregelungen. Ansprüche können zudem aus Gewohnheitsrechten abgeleitet werden. Daher wird üblicherweise in der Personalfachliteratur empfohlen, dass Ar-beitgeber/innen eine transparente und konsequente Haltung zu Referenzen einneh-men, damit möglichst wenig Klagen auf Gleichbehandlung gegen sie geführt werden können (vgl. Williams 2004a, S. 292).

In Großbritannien sind vor allem freie Referenzen üblich, das heißt die Referenz-schreiber/innen wählen Form und Inhalt der Referenz nach ihren eigenen Vorstellun-gen (vgl. Cook 1988, S. 15). In seiner Studie vergleicht Cook frei formulierte mit strukturierten Referenzen. Während Cook bei strukturierten Referenzen einen gewis-sen Zusammenhang zwischen Referenz und späterer Leistung fand, so urteilte er, dass „the free form reference tells you more about its author than about its subject" (Cook 1988, S. 67).

Die Verwendung von Referenzen im Auswahlprozess ist sehr unterschiedlich. Ein Teil der britischen Organisationen setzt Referenzen zur Vorauswahl von Bewer-ber/inne/n ein, andere verwenden sie nach der Auswahl zur letzten Überprüfung vor der Einstellung (vgl. Cook 1988, S. 15). Beason and Belt fanden heraus, dass 48 % der von ihnen befragten Organisationen Referenzen lediglich dafür nutzen, die An-gaben der Bewerber/innen zu bestätigen, 52 % entnehmen den Referenzen zusätzli-che Informationen (vgl. Beason/Belt 1976, S. 346).

In den USA gibt es keine Gesetzgebung, die Arbeitnehmer/inne/n ein Recht auf Referenz oder Ähnliches einräumt. Lediglich in einzelnen Staaten gibt es einen Anspruch auf einen *service letter*, in dem Art und Dauer der Tätigkeit beschrieben sein muss. Wenn Arbeitgeber/innen Referenzen ausstellen, dann müssen sie allerdings genau, ehrlich und wohlwollend sein (vgl. Harshman/Chachere 2000, S. 38). Für potenzielle Arbeitgeber/innen sind die Möglichkeiten begrenzt, von ehemaligen Arbeitgeber/inne/n Referenzen über Bewerber/innen ohne deren Wissen zu erhalten. Denn die Bewerber/innen müssen einverstanden sein, dass an dieser Stelle eine Referenz eingeholt wird (Disney 1994, S. 31). Die Person, über die eine Referenz geschrieben wird, hat das Recht, diese Referenz zu sehen. Eine Ausnahme besteht, wenn sie zuvor schriftlich gegenüber der referenzschreibenden Person darauf verzichtet (vgl. Aamondt u.a. 1993, S. 82).

Allerdings ist es nicht durchgehend üblich, dass die Person, die die Referenz schreibt, die Person kennt, für die sie geschrieben wird. Auch ist der Inhalt von Referenzen den Beurteilten häufig nicht bekannt. Die Firma ADP (Serviceleistungen im Personalwesen, Anbieter von Referencechecks) gibt in ihrem *hiring index* 2004 für die USA an, dass bei 3.762.677 vollständig überprüften und verifizierten Bewerbungsunterlagen bei ca. 52 % aller Referenzen Informationsdifferenzen zwischen den Auskünften der Bewerber/innen und der Referenzgeber/innen bestanden. Das galt vor allem für die Angaben über Ausbildung und Beschäftigung. Bei ca. 8 % aller überprüften Referenzen machten die Referenzgeber/innen negative Bemerkungen über die Bewerber/innen (vgl. ADP 2004).

Cahill konnte aufzeigen, das in den 1970er Jahren eine große Mehrheit der US-amerikanischen Organisationen bereit war, Referenzen für Arbeitnehmer/innen auszustellen. In den 1990er Jahren hingegen war nur noch eine Minderheit dazu bereit. Er begründet diesen Rückgang mit der steigenden Zahl an Klagen von Arbeitnehmer/inne/n gegen den Inhalt der Referenzen (vgl. Cahill 2000, S. 451). Daraufhin wurde Arbeitgeber/inne/n in 22 Staaten in einem bestimmten Maß rechtliche Immunität gegen Klagen aufgrund von Referenzen eingeräumt. Unterstützt wurden diese Gesetzgebungsmaßnahmen von verschiedenen nationalen Unternehmensverbänden, die den Rückgang von Referenzen als Informationsverlust bei der Personalauswahl beklagten (vgl. Long 1997, S. 180). Insgesamt nehmen Referenzen zu, die nur die Art und die Dauer der Tätigkeit nennen und als „no comment reference" bezeichnet werden (Harshman/Chachere 2000, S. 33). Dennoch sind in den USA Referenzen und Abschlusszeugnisse das am weitesten verbreitete Instrument zur Vorauswahl von Bewerber/inne/n (vgl. Cascio 1998, S. 188).

Ein weiteres Problem für Referenzschreiber/innen sind Schadensersatzforderungen, die neue Arbeitgeber/innen gegen Referenzschreiber/innen stellen können, wenn der Inhalt der Referenz falsch oder nicht vollständig ist. In Kalifornien wurde 1997 der

130

Fall eines Arbeitgebers verhandelt, der einem Arbeitnehmer eine gute Referenz ge-schrieben hat, obwohl diesem aufgrund von sexuellen Übergriffen gekündigt wurde. Es wurde geurteilt, dass der Arbeitgeber für die sexuellen Übergriffe in der neuen Organisation schadensersatzpflichtig ist (vgl. Harshman/Chachere 2000, S. 29). In den USA werden zunehmend Referenzformulare verwendet. Potenzielle Arbeitge-ber/innen verlangen von den Bewerber/inne/n, dass sie diese Formulare von einer bestimmten Personengruppe wie z.b. früheren Arbeitgeber/inne/n oder Lehrer/inne/n an Universitäten ausfüllen lassen (vgl. Cook 1988, S. 15).

Einen internationalen Vergleich des Einsatzes von Personalauswahlverfahren legten Schuler, Frier und Kauffmann (1993) in ihrer bereits zitierten Studie vor sowie Kabst und Giardini (2006) in ihrem Cranet Ergebnisbericht 2005. Darin werden Erkenntnis-se des Cranet Surveys vorgestellt, einer internationalen Studie im Bereich Personal-management mit mehreren Erhebungswellen seit 1990. Die aktuelle Bezeichnung des Forschungsnetzwerkes, das diese Studie durchführt, lautet *Cranfield Network on Comparative Human Resource Management (Cranet)*, die bisherige sowie ebenso noch gängige *Cranfield Project on International Strategic Human Resource Mana-gement* (vgl. cranet o.J.).

Tabelle 3.4.3: Die Verfahren „Analyse von Bewerbungsunterlagen" und „zusätzliche Referenzen" im Ländervergleich

	Analyse der Bewerbungsunter-lagen	Zusätzliche Referenzen
Deutschland		
Arbeiter/innen	80 %	12 %
Angestellte	97 %	19 %
Mittlere Führungskräfte	97 %	64 %
Frankreich		
Arbeiter/innen	100 %	0 %
Angestellte	100 %	14 %
Mittlere Führungskräfte	100 %	65 %
Großbritannien		
Arbeiter/innen	87 %	60 %
Angestellte	94 %	81 %
Mittlere Führungskräfte	88 %	100 %

Quelle: zusammengestellt nach Schuler u.a. (1993, S. 32, S. 74 und S. 127)

Schuler, Frier und Kauffmann befragten Personalfachleute aus Deutschland, Frank-reich, Spanien, Belgien, den Niederlanden, Luxemburg und Großbritannien zum Ein-satz von Auswahlverfahren. Anschließend werteten sie die Daten nach Ländern aus und verglichen sie miteinander (vgl. Schuler u.a. 1993). Zu den untersuchten Verfah-ren zählten unter anderem die Analyse von Bewerbungsunterlagen sowie der Einsatz von zusätzlichen Referenzen. Die Ergebnisse zur Häufigkeit des Einsatzes dieser Verfahren in Deutschland, Frankreich und Großbritannien sind in Tabelle 3.4.3 wiedergegeben. Die Forscher/innen fassen in ihrer vergleichenden Wertung zusammen, dass die Bedeutung der Analyse von Bewerbungsunterlagen in den von ihnen betrachteten Ländern weitgehend gleich ist. Dagegen unterscheidet sich die Bedeutung der zusätzlichen Referenzen in den verschiedenen Ländern stark. Einen Grund für diese Unterschiede geben sie nicht an (vgl. Schuler u.a. 1993, S. 146).

Kabst und Giardini (2006) erstellten den Cranet Ergebnisbericht 2005. Die Daten werden im Rahmen des Cranet Surveys mittels schriftlicher Befragung von privaten und öffentlichen Organisationen verschiedener Länder erhoben, um Unternehmenspraktiken des Personalmanagements vergleichend analysieren zu können. Kabst und Giardini werteten unter anderem Daten zum Gebrauch von Referenzen in den Ländern Deutschland, Großbritannien, Frankreich, Schweden und Spanien aus. Diese Ergebnisse sind in Tabelle 3.4.4 zusammengestellt.

Tabelle 3.4.4: Die Verwendung von Referenzen bei der Personalauswahl im Ländervergleich

	Verwendung von Referenzen
	Deutschland
Arbeiter/innen	14 %
Angestellte	22 %
Mittlere Führungskräfte	45 %
	Großbritannien
Arbeiter/innen	59 %
Angestellte	75 %
Mittlere Führungskräfte	79 %
	Frankreich
Arbeiter/innen	21 %
Angestellte	26 %
Mittlere Führungskräfte	46 %
	Schweden
Arbeiter/innen	65 %
Angestellte	80 %
Mittlere Führungskräfte	85 %

Quelle: zusammengestellt nach Kabst/Giardini (2006, S. 16)

Die Ergebnisse von Kabst und Giardini entsprechen den Ergebnissen von Schuler, Frier und Kauffmann weitgehend. Allerdings ist es unklar, ob im Cranet Survey unter den Begriff „Referenz" in einzelnen Ländern auch Arbeitszeugnisse gefasst werden. Aufgrund dieser begrifflichen Unklarheiten werden die beiden Studien nicht zusammengefasst. Kabst und Giardini zeigen, dass in Deutschland und Frankreich Referenzen deutlich weniger eingesetzt werden als in Großbritannien. Des Weiteren wird deutlich, dass in Schweden Referenzen auch eine bedeutende Rolle spielen. Zu diesen Ergebnissen kann ergänzt werden, dass in den USA in 80-90 % aller Auswahlverfahren Referenzen angefordert werden (für einen Überblick vgl. Dobson 1989, S. 460).

Als Erklärung für diese Unterschiede wird hier die Hypothese aufgestellt, dass Referenzen nur dann eine hohe Bedeutung haben, wenn Arbeitszeugnisse nicht Teil der Bewerbungsunterlagen sind. Das wiederum würde bedeuten, dass Referenzen und Arbeitszeugnisse weitgehend die gleichen Funktionen in Personalauswahlverfahren erfüllen. Diese Hypothese wird nun überprüft, indem die zusammengestellten Empfehlungen aus Bewerbungsratgebern verschiedener Länder verglichen werden.

In Deutschland, Österreich und der Schweiz bestehen die üblichen Bewerbungsunterlagen aus einem Anschreiben und einem Lebenslauf. Hinzu kommen Foto, Kopien von Ausbildungs- und Diplomzeugnissen sowie von Arbeitszeugnissen. In Deutschland und Österreich können die Unterlagen mit der Maschine geschrieben werden (vgl. Blindert 2007). In der Schweiz wird es häufiger verlangt, dass das Anschreiben von Hand geschrieben wird. In der Schweiz werden grafologische Gutachter in einigen Unternehmen regelmäßig eingesetzt (vgl. Berchthold 2005).

In Frankreich setzen sich die üblichen Bewerbungsunterlagen aus deutlich weniger Komponenten zusammen: Dazu gehören ein meist handgeschriebenes Anschreiben, ein chronologisch geordneter Lebenslauf mit Angabe der Hobbys sowie ein aktuelles Foto. Kopien von Zeugnissen oder Diplomen werden nicht erwartet, können aber beigefügt werden. Arbeitszeugnisse werden aber als Beleg der bisherigen Tätigkeiten zum Vorstellungsgespräch mitgebracht (vgl. Point of Career 2007a).

In Schweden bestehen die üblichen Bewerbungsunterlagen aus einem Anschreiben, einem Lebenslauf und einer Liste von Referenzgeber/inne/n, die bereit sind, telefonisch über die Bewerber/innen Auskunft zu geben (vgl. Hagberg 2007). Nach Auskunft der Referentin der schwedischen Botschaft sind sowohl Fotos als auch Arbeitszeugnisse unüblich und werden den Unterlagen nicht beigelegt.

In Großbritannien können Anschreiben und Lebenslauf maschinengeschrieben sein, der Lebenslauf ist üblicherweise antichronologisch, also mit den neuesten Daten beginnend. Zeugnisse sind nicht üblich. Nach Eingang der Bewerbungsunterlagen werden häufig standardisierte Personalfragebögen zugeschickt (vgl. Point of Career 2007b). Die Bewerbungsunterlagen für die USA bestehen aus den gleichen Komponenten. Es gibt jedoch die klare Regel, dass weder in das Anschreiben noch in den Lebenslauf Angaben über Alter, Geschlecht, Familienstand, Religion, ethnische Herkunft und Gesundheit gehören. Den Unterlagen sollen auch keine Arbeitszeugnisse, Referenzen oder Fotos beigefügt werden. Es können jedoch Angaben dazu aufgenommen werden, wer eine Referenz schreiben würde (vgl. Neuhaus/Neuhaus 1998,

S. 115f.). Wie in Großbritannien ist es in den USA verbreitet, Bewerber/inne/n standardisierte Personalfragebögen zu schicken (vgl. ulmato 2007). Es zeigt sich, dass Arbeitszeugnisse in Deutschland und Frankreich Teil der Bewerbungsunterlagen sind. In diesen Ländern werden zusätzliche Referenzen nicht sehr häufig eingesetzt. In Großbritannien und auch den USA sind Arbeitszeugnisse nicht in den Unterlagen enthalten, dafür sind Referenzen ein wichtiges Instrument. Diese Ergebnisse stützen die Hypothese, dass Referenzen und Arbeitszeugnisse in Personalauswahlverfahren die gleiche Funktion erfüllen. Auch die Analyse der Situation in Schweden zeigt das gleiche Bild: Es gibt zwar einen Anspruch auf Arbeitszeugnisse, dieser wird aber nicht regelmäßig wahrgenommen. Arbeitszeugnisse haben daher in Schweden keine große Verbreitung. Entsprechend sind Referenzen Teil der üblichen Bewerbungsunterlagen.

Ein Vergleich der üblichen Bewerbungsunterlagen ist in Tabelle 3.4.5 zusammen gestellt.

Tabelle 3.4.5: Übliche Zusammensetzung der Bewerbungsunterlagen in verschiedenen Ländern

	Deutschland, Österreich, Schweiz	Frankreich	Schweden	Groß-britannien	USA
Anschreiben	X	X	X	X	X
Lebenslauf	X	X	X	X	X
Foto	X	X			
Ausbildungs-zeugnisse	X	X	X		
Arbeits-zeugnisse	X	X			
Referenzen			X	X	X
Personal-fragebogen				X	X

Legende: Fett gedruckt sind die Unterlagen, die obligatorisch bzw. weit verbreitet sind, Unterlagen mit einem einfachen Kreuz können beigelegt werden.
Quelle: eigene Zusammenstellung aus Point of Career (2007a-c) und ulmato (2007)

Insgesamt kann daraus geschlossen werden, dass Arbeitszeugnisse und Referenzen weitgehend die gleichen Funktionen bei der Personalauswahl erfüllen. Die Unterschiede, die in den ländervergleichenden Studien herausgefunden wurden, können vor diesem Hintergrund erklärt werden. Es bestehen also keine gravierenden Unterschiede im Umgang mit diesen Instrumenten. Sie können als eine Gruppe sich weitgehend substituierender Instrumente betrachtet werden.

4. Empirische Mischstudie

4.1 Vorbemerkungen und Aufbau der Mischstudie

Ziel der einzelnen Schritte der empirischen Studie ist es, Gestaltung und Einsatz von Arbeitszeugnissen und die verschiedenen Einstellungen und Meinungen zu Arbeitszeugnissen umfassend einschätzen zu können. Die empirische Mischstudie im vorliegenden Kapitel besteht aus sechs Teilstudien. Zunächst wird der Aufbau dargestellt sowie ein kurzer Überblick über die Teilstudien gegeben. Anschließend werden in den Abschnitten 4.2 bis 4.7 die sechs Teilstudien dargestellt, jeweils mit Begründung der Fragestellungen, Auswahl der Methode, Schilderung des Studiendesigns, Ablauf und Auswertung der Ergebnisse. Eine Interpretation der Ergebnisse erfolgt dann in Abschnitt 5.1, sie werden dort im Rahmen der politischen Analyse zusammengeführt.

In Teilstudie A wird die *ökonomische Relevanz* von Arbeitszeugnissen in Deutschland diskutiert. Als Indikatoren für die ökonomische Relevanz werden Daten über die Anzahl von erstellten Arbeitszeugnissen bzw. die Anzahl von Arbeitszeugnissen, die eine Person besitzt, zusammengestellt. Auf Grundlage der Daten über die Zahl von Bewerbungen bzw. die Zahl der Zeugnisanalysen bei der Personalauswahl in Organisationen wird der Gesamtaufwand in Deutschland im Umgang mit Arbeitszeugnissen eingeschätzt. Die Ergebnisse dieser Studie ermöglichen es, Auswirkungen von Veränderungen in diesem Bereich zu prognostizieren.

In Teilstudie B zur *Anwendung des Zeugnisrechts* wird untersucht, ob Zeugnisrecht als lebendes Recht kategorisiert werden kann. Diese Frage wird anhand von Daten über gerichtliche Auseinandersetzungen zu Arbeitszeugnissen untersucht. Die Ergebnisse dieser Teilstudie ermöglichen eine Aussage dazu, welche Bedeutung das Zeugnisrecht im Rahmen des Arbeitsrechts hat, und damit auch, welche Gewichtung den rechtlichen Rahmenbedingungen in diesem Bereich zukommt. Die Ergebnisse der Teilstudien A und B ermöglichen so Aussagen über die ökonomischen und rechtlichen Rahmenbedingungen, in die der Umgang mit Arbeitszeugnissen eingebettet ist. In den weiteren Teilstudien werden Gestaltung, Einsatz und Wahrnehmungen direkt fokussiert.

Teilstudie C, *Fragen zum Themenbereich Arbeitszeugnisse*, ist qualitativ angelegt. Mithilfe einer qualitativen Inhaltsanalyse wird untersucht, welche Fragen Personen im Umgang mit Arbeitszeugnissen heute haben. Diese Teilstudie basiert auf einer Sammlung von Fragen, die zum Thema Arbeitszeugnisse an ein Expert/inn/en-Forum gestellt wurden. Diese explorative Teilstudie dient zur Fokussierung des Themas. Dabei stellt der qualitative Ansatz sicher, dass tradierte Sichtweisen und vorherrschende Meinungen nicht forschungsleitend werden. Auf dieser Basis können ergänzende Forschungsfragen für die folgenden Teilstudien abgeleitet werden. Anhand des qualitativen Ansatzes kann vor allem analysiert werden, welche konkreten Probleme sich im Umgang mit Arbeitszeugnissen herauskristallisieren lassen.

Teilstudie D, eine *Befragung zu Meinungen und Erfahrungen zu Arbeitszeugnissen*, ermöglicht es, die Meinungen vieler Akteure zu erfassen. Anhand eines Fragebogens werden unterschiedliche Erfahrungen und die Vielfalt von Meinungen zu Arbeitszeugnissen systematisch erfasst und ausgewertet. Die Auswertung erfolgt anhand der Aspekte Verbreitung und Wartezeiten, Einschätzungen, Erstellung und Einsatz von Arbeitszeugnissen sowie Geheimcodes.

In Teilstudie E wird eine qualitative und quantitative *Inhaltsanalyse von Arbeitszeugnissen* vorgenommen. Insgesamt besteht der analysierte Korpus aus 411 Arbeitszeugnissen verschiedener Berufsgruppen. Form und Inhalt der Arbeitszeugnisse werden anhand verschiedener Kriterien kategorisiert und beurteilt. Diese Studie ermöglicht erstens einen Vergleich zu früheren Studien. Dabei kann überprüft werden, ob und inwiefern sich Arbeitszeugnisse verändert haben bzw. ob die früheren Ergebnisse von Zeugnisanalysen repliziert werden können. Zweitens kann festgestellt werden, in welchem Maß die analysierten Arbeitszeugnisse rechtlichen Anforderungen genügen. Drittens kann untersucht werden, ob in den vorliegenden Arbeitszeugnissen Diskriminierungspotenzial zu finden ist.

In den Teilstudien C, D und E ist ein auffallendes Ergebnis, wie eng die Themen Arbeitszeugnis und Geheimcode verbunden sind. Daher wird diese Verbindung in der Teilstudie F, einer *Printmedienanalyse zur Verbindung der Themen Geheimcode und Arbeitszeugnisse*, näher untersucht. Es stellt sich die Frage, welche Rolle Printmedien für die Ausprägung dieser Themenverbindung spielen. Diese Teilstudie setzt sich aus zwei Teilbereichen zusammen. Den ersten Teilbereich bildet eine Analyse von Ratgeberliteratur. Mithilfe einer Dokumentenanalyse wird untersucht, ob und wie verschiedene Ratgeber zu Arbeitszeugnissen das Thema Geheimcode aufgreifen. Der zweite Teilbereich der Studie stellt eine Analyse der Berichterstattung in Tageszeitungen dar.

4.2 Teilstudie A: Ökonomische Relevanz von Arbeitszeugnissen

4.2.1 Fragestellung und Forschungsansatz

Allgemeine Kriterien für die ökonomische Relevanz eines Themas kann es nicht geben. Vielmehr hängt die ökonomische Relevanz eines Themas vom Kontext und von seiner Interpretation ab. Um Aussagen über die ökonomische Relevanz eines Themas wie Arbeitszeugnisse in Deutschland treffen zu können, ist eine übliche Vorgehensweise, Aufwand und Nutzen abzuwiegen. Da die Ausstellung von Arbeitszeugnissen gesetzlich verpflichtend ist und daher Unternehmen in der Entscheidung, ob sie Arbeitszeugnisse ausstellen, nicht frei sind, wird im Rahmen dieser Analyse lediglich der Aufwand von Arbeitszeugnissen eingeschätzt. Eine genauere Aufwandsschätzung kann dann dazu dienen, einzuschätzen, wie und welche Gestaltungsveränderungen ausgenutzt werden sollten und wie sich diese auf den Aufwand auswirken bzw. welche Zusatznutzen gewonnen werden können. Für eine genauere Aufwandsschätzung werden die folgenden drei Indikatoren verwendet:

- Anzahl der Arbeitszeugnisse, die eine Person besitzt, bzw. Anzahl der Arbeitszeugnisse, die eine Organisation erstellt.
- Anzahl der Bewerbungen, für die Personen Arbeitszeugnisse verwenden bzw. Anzahl der Zeugnisanalysen, die eine Organisation durchführt.
- Einschätzung des Gesamtaufwands im Umgang mit Arbeitszeugnissen.

Zunächst wird für die Analyse geeignetes Datenmaterial ausgewählt und auf diese Indikatoren hin betrachtet und ausgewertet. Die Einschätzung des Gesamtaufwands wird dann aus den einzelnen Betrachtungen abgeleitet. Daran anschließend werden die Ergebnisse zusammengefasst und es wird eine Einschätzung der ökonomischen Relevanz des Themas Arbeitszeugnisse vorgenommen.

4.2.2 Auswahl und Analyse des Datenmaterials

Die Einschätzung der oben genannten drei Indikatoren ist dadurch erschwert, dass das Datenmaterial aus verschiedenen Quellen und aus unterschiedlichen Zeiträumen zusammengestellt werden muss. Da die Unterschiede der Daten aus verschiedenen Quellen und mit unterschiedlichen Schätzmethoden groß sind, wird für die Abschätzung der Indikatoren ein Datenkorridor gebildet. Das bedeutet, dass minimale und maximale Ausprägungen der Daten berechnet werden. Die tatsächliche Zahl liegt dann mit hoher Wahrscheinlichkeit zwischen diesen Extremwerten. Alle für die weitere Berechnung wichtigen Daten sowie die Ergebnisse der Schätzung sind am Ende des Abschnitts in Tabelle 4.2.1 zusammengefasst.

Als erster Indikator wird die Anzahl der Arbeitszeugnisse, die eine Person besitzt bzw. die eine Organisation erstellt, betrachtet. Diese Daten sind nicht als exakte Zahlen erhoben und damit nicht verfügbar. Daher werden sie geschätzt. Die Anzahl der Arbeitszeugnisse, die eine Person im Laufe ihres Erwerbslebens erhält, ist über die Anzahl der Arbeitsplatzwechsel näherungsweise bestimmbar. Einer Befragung des Karriereportals jobware und EMNID zufolge verändert sich die Verweildauer im Beruf in Abhängigkeit vom Alter. Die Altersgruppen wurden für diese Erhebung in Abhängigkeit von dem Befragungszeitpunkt im Jahr 2001 gebildet. Während die 18- bis 29-Jährigen ca. alle 3 Jahre den Arbeitsplatz wechseln, bleiben 30- bis 39-Jährige ca. 7 Jahre und 40- bis 50-Jährige ca. 11,5 Jahre an einem Arbeitsplatz (vgl. jobware 2001). In der BRD bestand durchgehend das Recht auf Arbeitszeugnisse und bis heute sind sie ein wichtiger Teil der Bewerbungsunterlagen. Deshalb ist es wahrscheinlich, dass die überwiegende Zahl der abhängig Beschäftigten nach einem Arbeitsplatzwechsel ein Arbeitszeugnis gefordert hat bzw. ausgehändigt bekam.

Wird anhand dieser Daten die Zahl der Arbeitsplatzwechsel von durchschnittlichen Erwerbstätigen, die mit 18 Jahren in das Erwerbsleben einsteigen, berechnet, so wechseln diese in den ersten 12 Jahren 4,0 Mal den Arbeitsplatz, in den nächsten 10 Jahren 1,4 Mal, in den folgenden 11 Jahren 0,9 Mal und in den letzten 11 Arbeitsjahren 0 Mal den Arbeitsplatz. Insgesamt ergäbe dies durchschnittlich 6,3 Arbeitsplatzwechsel in einem Erwerbstätigenleben. Nach diesen Berechnungen sind Erwerbstätige am Ende ihres Arbeitslebens durchschnittlich im Besitz von 5 Arbeitszeugnissen, da in der Regel zum Eintritt in das Rentenalter kein Arbeitszeugnis mehr verlangt wird.

Die durchschnittlichen Erwerbstätigen waren im Jahr 1997 39,3 Jahre alt (vgl. Hahlen 1998). Bei Anwendung der vorhergehenden Rechnung wären diese im Besitz von 5,4 Arbeitszeugnissen. Im Falle einer Bewerbung umfasst dann die Bewerbungsmappe dieses Durchschnittserwerbstätigen 5 Arbeitszeugnisse. Diese Zahlen gehen von der aktuellen Arbeitsplatzmobilität aus. In einem Interview schätzt der britische Sozialwissenschaftler Sennett, dass Personen, die heute nach einem Studium in das Arbeitsleben eintreten, in 35 Erwerbsjahren ca. 12 Mal den Arbeitplatz wechseln werden (vgl. European Fishbowl 2004). Da laut entsprechender Prognosen die Zahl der Arbeitsplatzwechsel zunehmen wird, wird auch die Zahl der Arbeitszeugnisse steigen. Dieser Schätzung zufolge wäre ein/e Erwerbstätige/r im Besitz von 11 Zeugnissen. In den weiteren Berechnungen wird von dem zurzeit gültigen Wert ausgegangen, dass eine durchschnittliche Erwerbsperson 5 Arbeitszeugnisse besitzt.

Die Frage nach der Anzahl von Arbeitszeugnissen, die in einer Organisation erstellt werden, kann über die Fluktuation des Personals geschätzt werden. Nach dem IAB-Betriebspanel wurden im ersten Halbjahr 2005 ca. 1,5 Millionen Beschäftigungsverhältnisse beendet. 14 % davon wurden sowohl in Westdeutschland als auch in Ostdeutschland, durch Ruhestand, Berufs- oder Erwerbsunfähigkeit und aus sonstigen Gründen beendet (vgl. Janik 2005, S. 2). Die restlichen 86 % der Beendigungen entfallen auf Kündigungen durch Arbeitnehmer/innen, Kündigungen durch Arbeitgeber/innen, das Auslaufen befristeter Verträge, Abgänge nach Ausbildung, einvernehmliche Aufhebungen inklusive Sozialplänen und Versetzungen in einen anderen Betrieb. In den meisten dieser Fälle dürfte ein Arbeitszeugnis erstellt worden sein. Das entspricht etwa 1.290.000 Arbeitszeugnissen, die im ersten Halbjahr 2005 erstellt wurden. Auch wenn eine einfache Verdopplung dieser Zahl aufgrund von Saisonproblemen keine exakte Annäherung an die Gesamtzahl der beendeten Arbeitsverhältnisse von 2005 schafft (vgl. Bielenski/Ullmann 2005), so bietet doch die Verdoppelung eine grobe Annäherung, die für diesen Zweck ausreichend ist. Werden also die für das erste Halbjahr erfassten Daten des IAB-Betriebspanels verdoppelt, so kann davon ausgegangen werden, dass im gesamten Jahr 2005 ca. 2,58 Millionen Arbeitszeugnisse in Organisationen erstellt wurden.

Der zweite Indikator ist die Anzahl der Bewerbungen mit Arbeitszeugnissen, die von Erwerbspersonen verwendet werden bzw. die bei Organisationen eingehen. Diese Daten sind deutlich schwieriger zu schätzen, da das Datenmaterial sehr uneinheitlich ist. Die Auswertung des Mikrozensus 1997 hat ergeben, dass im April 1997 ca. 5,4 Millionen Menschen auf der Suche nach einer abhängigen Beschäftigung waren. Unter diesen Menschen waren ca. ein Fünftel Arbeitssuchende, die nicht arbeitslos waren, und ca. vier Fünftel waren registrierte Arbeitslose (vgl. Noll/Weick 2002, S. 7). Im April 2002 waren 3,5 Millionen Erwerbslose auf Arbeitssuche (vgl. Statistisches Bundesamt 2002, S. 20). Unter den Arbeitssuchenden waren ca. 30 % Personen ohne Abschluss und 70 % Personen mit beruflichem Abschluss (vgl. Statistisches Bundesamt 2005a, Tabelle 55).

Die Bewerbungshäufigkeit von Arbeitssuchenden wird von Noll und Weick mit durchschnittlich 3,2 Bewerbungen pro Woche beziffert. In dieser Zahl sind alle Formen der Bewerbungsbemühungen, z.B. Telefonbewerbung, Kurzbewerbungen und persönliches Vorsprechen enthalten (vgl. Noll/Weick 2002, S. 8). Es gibt jedoch keine exakten Daten darüber, welche Anzahl auf schriftliche Bewerbungen entfällt (vgl. Gilberg u.a. 2001, S. 383). In den durchschnittlich 3,2 Bewerbungen sind auch Internetbewerbungen und telefonische Anfragen enthalten. Da eine Überschätzung der Bewerbungszahlen möglichst vermieden werden soll, wird im Folgenden von einer schriftlichen Bewerbung pro Woche ausgegangen. Die Dauer der Arbeitsuche ist schwieriger zu fassen. Noll und Weick berufen sich dafür auf europäische Zahlen aus dem Jahr 1996. Ihrer Datenbasis zufolge finden innerhalb von 1 bis 6 Monaten 43 % der Arbeitssuchenden eine Stelle und innerhalb von 7 bis 12 Monaten weitere 20 %, so dass zwei Drittel der Arbeitssuchenden innerhalb eines Jahres eine neue Stelle gefunden haben (vgl. Noll/Weick 2002, S. 8). Eine Befragung des WSI ergab eine durchschnittliche Dauer ohne Beschäftigung von 3,1 Monaten (vgl. Bielenski u.a. 2002, S. 446). Karr differenzierte die mittlere Verweildauer in Arbeitslosigkeit nach dem Alter der Arbeitslosen. Dabei zeigt sich, dass Arbeitslose unter 55 Jahren ca. 6 Monate arbeitslos sind, während über 55-Jährige ca. 8,4 Monate arbeitslos bleiben (vgl. Karr 1999, S. 6). 1981 betrug die durchschnittliche Dauer der Arbeitslosigkeit noch ca. 4 Monate (vgl. Karr/Apfelthaler 1981, S. 385). Auch hier zeigt sich eine steigende Tendenz.

Je nach Erhebungsart und Berechnungsweg differieren diese Zahlen (vgl. dazu Bielenski/Ullmann 2005, S. 4f.). Es gibt für die betreffenden Daten keine langen Zeitreihen einer einzelnen Institution. Aus diesem Grund werden im Folgenden maximale und minimale Daten geschätzt, um so einen realistischen Datenkorridor für die Zahl der Bewerbungen und die Zahl der Zeugnisanalysen pro Jahr in Deutschland zu erhalten. Die maximale Zahl der Arbeitssuchenden pro Jahr wird dabei wie oben ausgeführt mit 5,4 Millionen angenommen, die minimale mit 3,5 Millionen. Schriftliche

Bewerbungen mit vollständigen Unterlagen sind vor allem üblich bei Bewerbungen für Arbeitsstellen, die eine fachliche Qualifikation voraussetzen (vgl. Weuster 2004, S. 100f.). Der Anteil der qualifizierten Arbeitsuchenden beträgt ca. 70 %. Daher wird im Folgenden mit maximal 3,78 Millionen und minimal 2,45 Millionen Arbeitsuchenden gerechnet, die sich mithilfe von schriftlichen Bewerbungsunterlagen bewerben. Arbeitsuchende werden sich nach der Zusage für einen neuen Arbeitsplatz nicht weiter bewerben. Im Zeitraum zwischen Arbeitsplatzzusage und Arbeitsantritt ist die Person zwar arbeitslos, sie bewirbt sich aber nicht. Daher muss der Zeitraum für die Berechnung der Zahl der Bewerbungen, die ein Arbeitsuchender in der gesamten Zeit der Suche schreibt, kleiner angesetzt werden als die gesamte Verweildauer in der Arbeitslosigkeit. So wird als Suchzeit maximal 6 Monate und minimal 1 Monat angenommen. Daraus ergeben sich durchschnittlich im gesamten Suchzeitraum je Arbeitsuchendem maximal 24 Bewerbungen (24 Wochen mit je einer schriftlichen Bewerbung) und minimal 4 Bewerbungen. Insgesamt werden in Deutschland in einem Jahr also minimal 9.800.000 und maximal 90.720.000 Bewerbungen verschickt bzw. treffen in Organisationen ein (vgl. Ergebnis I in Tabelle 4.2.1).

Es gibt noch einen anderen Weg, um sich der Zahl der gesamten Bewerbungen in einem Jahres in Deutschland anzunähern. Und zwar kann die Zahl der offenen Stellen und der durchschnittlichen Bewerbungen pro Stelle betrachtet werden. Nach den Erhebungen des Statistischen Bundesamtes wurden der Arbeitsagentur im Jahr 2006 ca. 600.000 offene Stellen gemeldet (vgl. Statistisches Bundesamt 2006c). Nach den Angaben der Arbeitsagentur ist die Zahl der gemeldeten offenen Stellen im Vergleich zur Gesamtzahl der offenen Stellen ausgesprochen klein. Das Institut der Deutschen Wirtschaft schätzt für das Jahr 2007 1,6 Millionen offene Stellen in Deutschland (vgl. o.V. 2007b). Das Arbeitsvolumen in Deutschland wurde 2004 zu 28 % von Personen ohne Abschluss bzw. Ausbildung erbracht (vgl. Statistisches Bundesamt 2005b, Tabelle 55). Hier wird entsprechend der oben getroffenen Annahme mit 70 % qualifizierten Arbeitsuchenden gerechnet. Wenn Stellen im Segment unqualifizierter Arbeit frei werden, wird eine schriftliche Bewerbung mit vollständigen Unterlagen eher ungewöhnlich sein. Daher wird davon ausgegangen, dass bei den 70 % der offenen Stellen für qualifizierte Arbeitnehmer/innen eine schriftliche Bewerbung erfolgt.

Nach der Kienbaum Personalmarketingstudie 2002 erhalten Organisationen für eine offene Stelle zwischen 8 und 23, durchschnittlich ca. 18 Bewerbungen pro Neueinstellung (vgl. Kienbaum Consultants 2002). Die Albs-Personalberatung führte 2001 eine Befragung von 365 Organisationen durch, die in einem bestimmten Zeitraum Stellen annonciert hatten. Hier trafen durchschnittlich 9 Bewerbungen je freier Stelle ein, nur selten gab es mehr als 15 Bewerbungen auf eine Stelle (vgl. Albs-Personalberatung 2001). Um nun wieder einen Datenkorridor zu bilden, kann von 70

% der minimal 600.000 und maximal 1.600.000 Stellen sowie durchschnittlich 9 bzw. 18 Bewerbungen ausgegangen werden. Dies ergibt Gesamtzahlen von 3.780.000 bis zu 20.160.000 Bewerbungen (vgl. Ergebnis II in Tabelle 4.2.1). Wie oben ausgeführt, werden die Kosten einer Bewerbung mit ca. 10 € angesetzt. Gemessen an dem Ergebnis der zweiten Schätzung stellen also Bewerber/innen den Organisationen pro Jahr Bewerbungen im Gesamtwert von minimal 37 bis maximal 200 Millionen € zur Verfügung. Vernachlässigt sind in beiden Schätzungen allerdings Initiativbewerbungen und auch alle Stellen, die ohne Vakanz direkt, intern oder extern besetzt werden.

Auf Grundlage der beiden Alternativschätzungen lässt sich sagen, dass pro Jahr zwischen 3,78 und 90,72 Millionen schriftliche Bewerbungen von Arbeitssuchenden zusammengestellt werden und Organisationen entsprechend viele erhalten. Die Zahl der schriftlichen Bewerbungen ist abhängig von der Zahl der Arbeitssuchenden, der offenen Stellen und dem gesuchten bzw. verfügbaren Qualifikationsgrad. Wenn zudem davon ausgegangen wird, dass Erwerbstätige im Durchschnitt 5 Arbeitszeugnisse besitzen, dann sind in den Bewerbungsunterlagen zwischen 18,9 und 453,6 Millionen Arbeitszeugnisse enthalten. Gleichzeitig werden jedes Jahr in Organisationen ca. 2,58 Millionen Arbeitszeugnisse erstellt.

Der dritte Indikator ist der Gesamtaufwand, der in Organisationen durch den Umgang mit Arbeitszeugnissen entsteht. Als Grundlage für dessen Einschätzung kommt vor allem die Zeit in Betracht, die für die Analyse und Erstellung von Arbeitszeugnissen anfällt. Für diese kann nur schwerlich ein Minimum und ein Maximum geschätzt werden. Denn insbesondere die für die Analyse benötigte Zeit dürfte sich je nach der Zahl eingegangener Bewerbungen und der verwendeten Sorgfalt zwischen 0 (im Fall aussortierter Unterlagen) und unbestimmbar viel (z.B. im Fall wiederholter Vorlage aufgrund schwieriger Entscheidungssituationen) bewegen. Es wird daher auf Durchschnittswerte zurückgegriffen, um einen Datenkorridor für den Gesamtaufwand zu bestimmen. Wie in Abschnitt 3.4.5 beschrieben, verwenden ca. der Hälfte der Personalberater/innen nur bis zu 5 Minuten mit der Analyse der Arbeitszeugnisse einer Bewerbung und im Durchschnitt benötigen sie 7,7 Minuten dafür.

Die Anzahl der schriftlichen Bewerbungen pro Jahr wurde über zwei Wege berechnet, Ergebnis I über die Anzahl der Bewerbungen, die Arbeitnehmer/innen an Organisationen schicken und Ergebnis II über die Bewerbungen, die Organisationen erhalten. Das Minimum beider Berechnungen liegt bei 9,8 Millionen Bewerbungen und das Maximum bei 90,72 Millionen. Wenn Organisationen pro Jahr zwischen 3,78 Millionen und 90,72 Millionen Bewerbungen erhalten, werden dort demnach pro Jahr zwischen 315.000 und 11.642.400 Stunden lang Arbeitszeugnisse analysiert. Bei der Zeugniserstellung werden für ein Zeugnis ca. 45 Minuten aufgewandt (vgl. Weuster 1994, S. 245). Bei 2,58 Millionen erstellten Arbeitszeugnissen pro Jahr bedeutet dies einen Gesamtaufwand von ca. 1,935 Millionen Stunden. In der Summe kann so für die Erstellung und Analyse der Arbeitszeugnisse ein Datenkorridor zwischen 2.250.000 und 13.577.400 Arbeitsstunden veranschlagt werden.

Tabelle 4.2.1:Verwendete Daten und Ergebnisse zur ökonomischen Relevanz von Arbeitszeugnissen (aus verschiedenen Jahren)

	Minimum	Maximum
Anzahl der Arbeitsplatzwechsel in einem Erwerbslebens im Durchschnitt	6,3	
Anzahl der Arbeitszeugnisse einer Erwerbsperson im Durchschnitt	5	
Anzahl der in Deutschland pro Jahr erstellten Arbeitszeugnisse	2.580.000	
Zeitaufwand in Minuten für die Erstellung eines Arbeitszeugnisses	45	
Zeitaufwand für die Analyse eines Arbeitszeugnisses	Median: 5 Min Durchschnitt: 7,7 Min	
Anzahl der Arbeitssuchenden pro Jahr in Deutschland	3.500.000	5.400.000
Davon: qualifizierte Arbeitssuchende (~70 %)	2.450.000	3.780.000
Zeit in Wochen, die ein Arbeitssuchender durchschnittlich zur Arbeitssuche benötigt	4	24
Anzahl der Bewerbungen eines Arbeitssuchenden pro Jahr im Durchschnitt	4	24
Ergebnis I: Anzahl der schriftlichen Bewerbungen pro Jahr die Bewerber/innen schicken	9.800.000	90.720.000
Anzahl der durchschnittlichen Zahl von Bewerbungen pro freier Stelle	9	18
Anzahl der offenen Stellen pro Jahr	600.000	1.600.000
Anzahl der offenen Stellen für qualifizierte Arbeitnehmer/innen (~70 %)	420.000	1.120.000
Ergebnis II: Anzahl der schriftlichen Bewerbungen pro Jahr die Organisationen erhalten	3.780.000	20.160.000
Anzahl aller Arbeitszeugnisse, die Bewerbungen pro Jahr beiliegen (berechnet mit Minimum und Maximum der Ergebnisse I und II)	18.900.000	453.600.000
Zeit in Stunden, die in Organisationen für die Erstellung und Analyse von Arbeitszeugnissen aufgewendet wird	2.250.000	13.557.400

Aus diesem nicht unerheblichen Gesamtaufwand an Stunden kann geschlossen werden, dass Veränderungen im Umgang mit Arbeitszeugnissen durchaus Effizienzwirkungen nach sich ziehen können. Diese Effizienzwirkungen können entweder durch Verkürzung der eingesetzten Zeiten für die Gestaltung oder die Analyse von Arbeitszeugnissen erreicht werden, durch eine Erhöhung der Validität von Arbeitszeugnissen bei der Personalauswahl und daraus folgend einem höheren Nutzen oder durch zusätzlichen Nutzen, der mit dem Umgang mit Arbeitszeugnissen verbunden werden kann. Diese Ansatzpunkte werden bei der Diskussion der Konsequenzen für die betriebliche Praxis in Abschnitt 5.2 wieder aufgegriffen.

4.3 Teilstudie B: Anwendung des Zeugnisrechts

4.3.1 Fragestellung und Forschungsansatz

In Abschnitt 3.2.7 wurde die Frage aufgeworfen, ob das Zeugnisrecht heute Anwendung findet, ob es also lebendes Recht im Sinne von Hirsch ist. Zur Erinnerung: Hirsch unterscheidet zwischen geltendem Recht und lebendem Recht. Als geltendes Recht bezeichnet er alle zu einem Zeitpunkt gültigen Regelungen. Als lebendes Recht bezeichnet er die rechtlichen Regelungen, die tatsächlich angewandt und befolgt werden (vgl. Hirsch 1966, S. 340, ausführlicher dazu Abschnitt 3.2.7). Im Rahmen des Abschnitts 3.2 wurde die Rechtsprechung in Verbindung mit dem geltendenden Recht zu Arbeitszeugnissen ausgeführt. Ziel der hier dargestellten Teilstudie ist es, eine Aussage darüber zu treffen, in welchem Maß Zeugnisrecht in Deutschland auch als lebendes Recht bezeichnet werden kann. Es wird davon ausgegangen, dass die Bedeutung von rechtlichen Regelungen und damit auch ihr Einfluss höher ist, wenn die rechtlichen Regelungen angewandt werden und damit als lebend bezeichnet werden können. Basierend auf dieser Überlegung wird der Frage, ob in Deutschland Zeugnisrecht als lebendes Recht bezeichnet werden kann, anhand der Anzahl der Zeugnisrechtsstreite und dem Vergleich mit anderen arbeitsrechtlichen Rechtsstreiten nachgegangen.

Dieser Ansatzpunkt kann durch eine Betrachtung der Zeugnisregelungen in Schweden gestützt werden. Wie in Abschnitt 3.4.7.3 ausgeführt wurde, gibt es auch in Schweden das Recht auf ein Arbeitszeugnis. Allerdings berichtete mir Åsa Benteke, Referentin des Referats für Politik und Ökonomie der schwedischen Botschaft Berlin, in einem persönlichen Gespräch, dass ihr keine arbeitsrechtlichen Auseinandersetzungen zu Zeugnissen bekannt seien und sie sich auch nicht vorstellen könnte, dass Zeugnisstreitigkeiten häufig vorkommen. Auch eine Internetrecherche hat keine Informationen über Zeugnisstreitigkeiten ergeben. In Schweden sind Arbeitszeugnisse nicht üblich, d.h. sie werden üblicherweise nicht im Bewerbungsprozess verwendet. Daraus kann geschlossen werden, dass im geltenden Recht zwar ein Anspruch auf Arbeitszeugnisse festgeschrieben ist, diese Regelungen aber augenscheinlich nicht als lebendes Recht bezeichnet werden können. Der Einfluss dieser Regelungen dürfte damit auch als eher gering eingeschätzt werden.

4.3.2 Auswahl und Analyse des Datenmaterials

Da das Recht auf ein Arbeitszeugnis in der BRD weitgehend unverändert blieb, können die Zeugnisrechtsstreite der alten Bundesländer in einer langen Zeitreihe betrachtet werden. Wie eine entsprechende Analyse von Grotmann-Höfling (2003) zeigt, steigt die Zahl der Zeugnisrechtsstreite im Laufe der Zeit durchgehend an. Zwischen 1961 und 2001 nimmt die Zahl der Zeugnisrechtsstreite um mehr als das 8fache zu. Während 1961 noch 2.652 Rechtsstreite um Arbeitszeugnisse geführt wurden, so betrugen diese Zahl 2001 bereits 21.716 (vgl. Grotmann-Höfling 2003, S. 213). Diese Zunahme ist jedoch nicht allein ein Phänomen der Zeugnisrechtsstreite. Im Vergleich dazu zeigt Grotmann-Höfling, dass die Zahl der Kündigungsrechtsstreite im selben Zeitraum ebenfalls kräftig stieg. Die Entwicklung der Rechtsstreite im Zeitablauf ist in Abbildung 4.3.1 grafisch dargestellt.

Abbildung 4.3.1: Vergleich der Kündigungs- und Zeugnisrechtsstreite in den alten Bundesländern von 1961 bis 2001

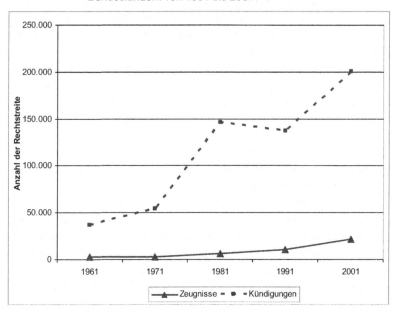

Quelle: eigene Darstellung nach Grotmann-Höfling (2003, S. 213)

Allerdings erhöht sich die Anzahl der Zeugnisrechtstreite deutlich stärker als die der Kündigungsrechtsstreite, was in der Grafik so nicht zu erkennen ist. Die Zahl der Kündigungsrechtsstreite betrug 1961 36.716 und im Jahr 2001 200.720. Daraus folgt, dass 1961 die Zahl der Kündigungsrechtsstreite die Zahl der Zeugnisrechtsstreite um das 14fache übersteigt, im Jahr 2001 jedoch nur noch um das 9fache.

Wie in Abbildung 4.3.2 ersichtlich, ergibt sich aber ein anderes Bild, wenn die Kündigungs- und Zeugnisrechtsstreite der wiedervereinigten BRD anhand der Zeitreihe von 1995 bis 2005 miteinander verglichen werden. Grotmann-Höfing hat die von ihm verwendeten Zeitreihen aus der Statistik des Bundesministeriums für Arbeit und Sozialordnung entnommen, die vom Arbeitsgerichtsverband aufbereitet wurden. Für die hier vorgenommene Analyse wurden zusätzlich die Zeitreihen aus der zugrunde liegenden Statistik (Arbeitsgerichtsverband 2005) hinzugezogen.

Abbildung 4.3.2: Vergleich der Kündigungs- und Zeugnisrechtsstreite in der BRD von 1995 bis 2005

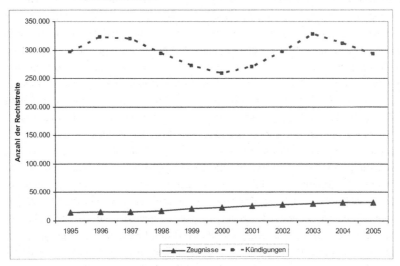

Quelle: eigene Zusammenstellung und Darstellung nach Arbeitsgerichtsverband (2005) und Grotmann-Höfling (2003, S. 213)

Auch hier zeigt sich, dass die Zahl der Zeugnisrechtsstreite stetig zunimmt und sich innerhalb der 10 Jahre mehr als verdoppelt. Die Zahl der Kündigungsrechtsstreite hingegen schwankt im Laufe der Jahre relativ stark, insgesamt jedoch stagnieren die Zahlen in den Jahren 1995 bis 2005.

Weuster (1995) nahm eine inhaltsanalytische Auswertung von 68 Gerichtsakten mit Zeugnisklagen aus dem Jahr 1993 vor. Er stellte fest, dass 23 % der Kläger/innen auf Erteilung eines Zeugnisses klagten, dabei richtete sich die überwiegende Zahl der Klagen insgesamt gegen kleine und mittlere Unternehmen. Als herausragendes Ergebnis seiner Analyse bezeichnet er, dass nur 4 Klagen durch Urteil entschieden wurden, das entspricht einem Anteil von 6 %. Die meisten Klagen auf Erteilung eines Zeugnisses endeten durch Klagerücknahme (nach der Ausstellung eines Zeugnisses). Die Klagen auf Berichtigung endeten vor allem durch einen Vergleich (vgl. Weuster 1995, S. 703). Inhaltlich sieht Weuster die Arbeitnehmer/innen in ihren Klagen weitgehend bestätigt, denn ca. 75 % der Streitpunkte wurden zugunsten der Arbeitnehmer/innen entschieden (vgl. Weuster 1995, S. 708).

Nach einer Erklärung für die hohe Zahl der Zeugnisrechtsstreite und die deutliche Zunahme im Laufe der Jahre suchte Grotmann-Höfling (2003) anhand einer näheren Analyse der 209 Zeugnisrechtsstreite im Jahr 2000 am Arbeitsgericht Kassel. Aus seiner Sicht war dabei auffällig, dass 80 % der Beklagten kleine und mittlere Unternehmen mit bis zu 50 Beschäftigten waren und nur 3 Beklagte mehr als 2.000 Personen beschäftigten. Der Autor schließt daraus, dass mangelnde Professionalität beim Erstellen von Zeugnissen eine der Hauptursachen für die steigende Zahl der Streitigkeiten ist. Als Bestätigung für diese Interpretation wertet er die hohe Zahl an Klagen, die in Zusammenhang mit der Zeugniserteilung standen. Diese entsprachen in seiner Untersuchung 59 % der gesamten Rechtsstreite (vgl. Grotmann-Höfling 2003, S. 211). Schrader widerspricht dieser Interpretation der Daten und sieht seinerseits vor allem die Gebührenmaximierung von Rechtsanwält/inn/en als Ursache. Denn die Aufnahme des Zeugnisanspruchs in eine arbeitsgerichtliche Klage erhöht den für die Berechnung der Anwaltsgebühren maßgeblichen Wert (vgl. Schrader 2003, S. 214). Dagegen ist jedoch einzuwenden, dass laut Grotmann-Höfling nur 65 % der Arbeitnehmer/innen anwaltlich vertreten waren. Seiner Meinung nach rechtfertigt der geringe Streitwert von Zeugnisklagen nicht den hohen Aufwand für die Anwält/inn/e/n (vgl. Grotmann-Höfling 2003, S. 212). Diese Einschätzung begründet er wie folgt: Der Streitwert eines qualifizierten Zeugnisses ist mit einem Wert bis zu der Arbeitsvergütung eines Monat festzusetzen (vgl. Beschluss vom LAG München 2. Kammer, 2 Ta 337/05, 12.9.2005). Der Streitwert einer Kündigungsschutzklage beträgt in der Regel drei Monatsgehälter (vgl. § 42 Abs. 4 Satz 1 Gerichtskostengesetz). Der Streitwert der Zeugnisklage erhöht also den Gesamtstreitwert maximal um ein Drittel.

Damit wird deutlich, dass die Interpretation von Anzahl und Entwicklung der Zeugnisrechtsstreite weder eindeutig noch ohne Widerspruch ist. Zusammenfassend ist lediglich festzuhalten, dass die Anzahl der Zeugnisrechtsstreite stetig zunimmt. Dabei ist die Zuwachsrate der Zeugnisrechtsstreite deutlich höher als die der Kündigungsrechtsstreite. Ungeachtet dessen, ob eine Klage eher auf den Wunsch der Kläger/innen oder die Empfehlung der Rechtsberatung zurückzuführen ist, bleibt die starke Zunahme der Rechtsstreite um Arbeitszeugnisse auffallend.

Bisher wurde nur das Verhältnis von Zeugnis- und Kündigungsrechtsstreiten betrachtet. In der folgenden Grafik wird am Beispiel des Jahres 2005 gezeigt, wie sich die Zusammensetzung der Arbeitsgerichtsverfahren nach Streitgegenständen darstellt (vgl. Arbeitsgerichtsverband 2005). Im Jahr 2005 wurden an den Arbeitsgerichten aller Bundesländer ca. 709.000 Klagen bearbeitet, davon hatten 17 % (124.569) mehrere Streitgegenstände. Von diesen Klagen wurden 98 % von Arbeitnehmer/lnne/n, Gewerkschaften oder Betriebsräten erhoben und nur 2 % von Arbeitgeber/inne/n und ihren Organisationen.

Kündigungen und Arbeitsentgelt sind die zentralen Streitgegenstände vor Arbeitsgerichten, mit ihnen waren 2005 zwei Drittel aller Rechtsstreite befasst. Anteilsmäßig folgen die in Abbildung 4.3.3 unter „Sonstige" gefassten Gegenstände; sie umfassen jedoch viele verschiedene, die nicht mehr sinnvoll in Gruppen unterteilbar sind. Diese Fälle machen jeweils nur einen verschwindend geringen Anteil aus. Auffällig ist, dass

Zeugnisrechtsstreite nach denen um Kündigung und Entgelt mit ca. 5 % den dritt-größten Anteil der Arbeitsgerichtsverfahren darstellen.

Abbildung 4.3.3: Streitgegenstände in Arbeitsgerichtsverfahren im Jahr 2005

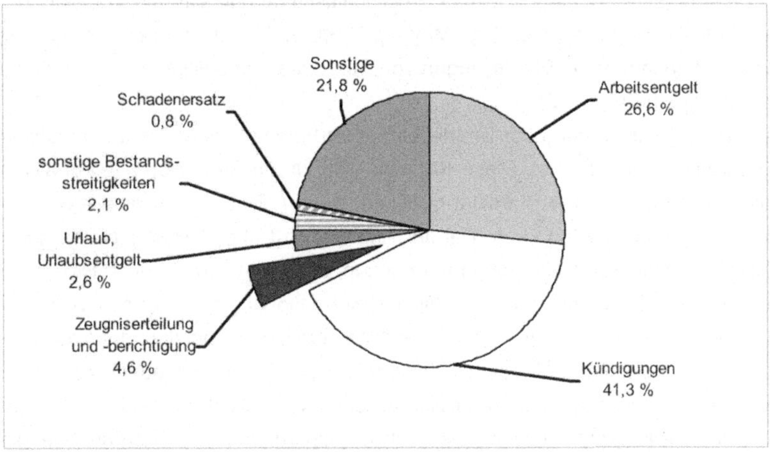

Quelle: eigene Berechnungen und Darstellung nach Arbeitsgerichtsverband (2005)

Insgesamt zeigt sich, dass die Anzahl der Zeugnisstreitigkeiten seit Anfang der Bundesrepublik stetig, wenn auch nicht kontinuierlich, zunimmt. Aus dieser Betrachtung lässt sich schließen, dass Zeugnisrecht lebendes Recht ist. Den rechtlichen Regelungen zu Arbeitszeugnissen, die in der personalpolitischen Analyse als Rahmenbedingungen betrachtet werden, kann also Bedeutung und Einfluss zugesprochen werden.

4.4 Teilstudie C: Fragen an Expert/inn/en zu Arbeitszeugnissen

4.4.1 Fragestellung und Forschungsansatz

4.4.1.1 Grundlegendes

Diese Teilstudie beleuchtet, welche Fragen Personen im Umgang mit Arbeitszeugnissen haben bzw. welche Fragen Sie an Expert/inn/en stellen. Die Datenbasis besteht aus Fragen zu Arbeitszeugnissen, die in einem Expert/inn/en-Forum an mich gestellt wurden. Zur Auswertung wird eine qualitative Inhaltsanalyse eingesetzt. Das Ziel dieser explorativen Teilstudie ist, das Thema Arbeitszeugnisse besser zu erfassen und einzugrenzen. Die Ergebnisse ermöglichen einen tieferen Einblick in das Themenfeld und liefern Anregungen für weitere Forschungsfragen.

Ein qualitativer Zugang ist für diesen Zweck gut geeignet. In den Sozialwissenschaften werden vor allem qualitative Methoden eingesetzt, wenn ein Forschungsgebiet erschlossen und eine Basis für weitere Forschungsfragen entwickelt werden sollen.

Diese Methoden ermöglichen es, sinnverstehend und interpretativ Daten aufzubereiten (vgl. z.B. Flick u.a. 1995, S. 4f.). Die qualitative Inhaltsanalyse ist eine weit verbreitete und anerkannte Methode. Mit ihrer Hilfe wird fixierte Kommunikation analysiert, indem regel- und theoriegeleitet Rückschlüsse auf bestimmte Aspekte der Kommunikation gezogen werden (vgl. Mayring 2003, S. 13). Ein zentrales Ziel ist es, „Ansichten, Meinungen und Einstellungen von Probanden zu bestimmten Themen zu erheben" (Knapp 2005, S. 20).

Die klassischen Gütekriterien zur Beurteilung einer Forschungsmethode sind Objektivität, Reliabilität und Validität. Diese Kriterien sind für die Beurteilung von qualitativen Forschungsmethoden nur bedingt geeignet, wie am Beispiel der qualitativen Inhaltsanalyse gezeigt werden kann. Bei der Analyse wird über Textsequenzen geurteilt. Texte enthalten keine eindeutige Information, sondern bieten je nach Rezipient, Perspektive und Einbettung unterschiedliche Informationen, bzw. können verschieden interpretiert werden. Daher ist die Objektivität, die Unabhängigkeit der Ergebnisse von den Forscher/inne/n, bei der Inhaltsanalyse nur gering ausgeprägt (vgl. Knapp 2005, S. 22). Entsprechend problematisch ist die Forderung nach Reliabilität. Denn sowohl die Kategorienbildung als auch die -zuordnung sind nicht unabhängig von Perspektiven, Situationsfaktoren und der beurteilenden Person. Auch die Validität ist nur schwer zu überprüfen. Dafür müssen jedes Mal aufs Neue Ziel, Situation, Perspektive und Vorgehensweise transparent und reflektiert dargestellt werden. Insgesamt urteilt Knapp, dass die klassischen Kriterien zur Beurteilung der Güte der qualitativen Inhaltsanalyse nicht ausreichend sind. Er fordert, dass die Qualitätsanforderungen an Kommunikationsanalysen, die als Gütekriterien dienen, auch bei der Erstellung von Inhaltsanalysen beachtet werden sollten (vgl. Knapp 2005, S. 35).

Knapp (2005) stellt an Inhaltsanalysen drei Qualitätsanforderungen, die er durch Übertragung der Qualitätsanforderungen für Kommunikationsanalysen nach Bucher und Fritz gewinnt (vgl. Bucher/Fritz 1989, S. 143). Als erstes Qualitätsmerkmal nennt Knapp das Prinzip der zusammenhängenden Betrachtung. Danach sollen thematische Zusammenhänge und nicht nur einzelne Begriffe analysiert werden. Als zweites Qualitätsmerkmal benennt er das Prinzip der Explizitheit, nach dem Regeln und Hintergrundannahmen offen zu legen sind. Drittes Merkmal ist das Reflexivitätsprinzip, das von den Forscher/inne/n ein durchgehend reflektiertes Vorgehen und Interpretieren fordert.

Sind die drei vorgenannten Prinzipien erfüllt, so können „die Texte methodisch kontrolliert und intersubjektiv überprüfbar" ausgewertet werden (Knapp 2005, S. 29). Nach diesen Prinzipien wird in den folgenden Beschreibungen des methodischen Vorgehens, des Ablaufs der Studie und der Auswertung der Ergebnisse darauf geachtet, Annahmen und Regeln explizit zu formulieren sowie Vorgehen und Interpretation zu reflektieren. Nicht zuletzt werden die Texte in ihrem Entstehungszusammenhang gesehen, soweit dieser bekannt ist, und sie werden ganzheitlich analysiert sowie beurteilt.

Abbildung 4.4.1: Inhaltsanalytisches Ablaufmodell der Teilstudie C: Fragen an Expert/inn/en zu Arbeitszeugnissen

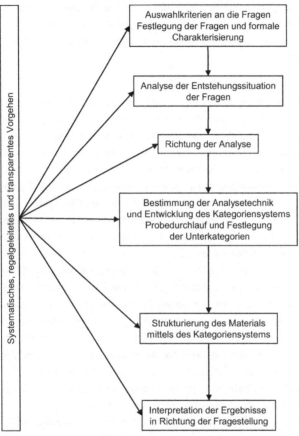

Quelle: eigene Darstellung in Anlehnung an Mayring (2003, S. 54)

Dieses Vorgehen soll schließlich auch die Nachvollziehbarkeit gewährleisten, die Knapp zusammenfassend als zentrales Gütekriterium herausstellt. Als nachvollziehbar wird eine Studie dann beurteilt, wenn systematisch, reflektiert und transparent vorgegangen wird (vgl. Knapp 2005, S. 35). Die qualitative Inhaltsanalyse nach Mayring entspricht diesen Qualitätsanforderungen, denn die Analyse des Textmaterials erfolgt dabei im Rahmen der Kommunikationszusammenhänge, denen es entstammt. Abbildung 4.4.1 zeigt das für diese Studie entwickelte Ablaufmodell. Auf seiner Grundlage werden im Folgenden die Entwicklung des Designs und das methodische Vorgehen erläutert. Zudem wird theoriegeleitet, systematisch und regelgeleitet vorgegangen. Es wird ein transparentes Kategoriensystem für die Analyse entwickelt und quantitative Analyseschritte werden einbezogen (vgl. Mayring 2003, S. 44ff.). Für die vorliegende Teilstudie wird daher die qualitative Inhaltsanalyse als Forschungsmethode gewählt. Mayring geht davon aus, dass die Nachvollziehbarkeit und die intersubjektive Überprüfbarkeit so weit wie möglich sichergestellt sind, wenn nach einem individuell angepassten, inhaltsanalytischen Ablaufmodell vorgegangen wird (vgl. Mayring 2003, S. 54).

4.4.1.2 Studiendesign und methodisches Vorgehen

Der direkteste Weg, um herauszufinden, mit welchen Fragen sich Personen zum Thema Arbeitszeugnis beschäftigen, ist es, Personen aufzufordern, Fragen zum Themengebiet Arbeitszeugnis zu stellen. Dieser Ansatz konnte umgesetzt werden, indem ich mich als Expertin zum Thema Arbeitszeugnisse in ein Expert/inn/en-Forum im Internet eintrug. Dort bot ich die Beantwortung individueller Fragen an.

Das Expert/inn/en-Forum „wer-weiss-was" (www.wer-weiss-was.de) war hierfür besonders geeignet, da es sich um eine deutschsprachige Internetseite handelt. Dadurch war es möglich, die Fragen auf deutsche Arbeitszeugnisse zu beschränken, ohne diese zugrunde liegende Absicht erläutern zu müssen. Zudem wendet sich „wer-weiss-was" an eine breite Öffentlichkeit. Es ist kein fachspezifisches, zielgruppenorientiertes oder in anderer Weise exkludierendes Internetangebot. Angeboten wird ein nichtkommerzieller Fachleute-Suchdienst, der auf der Idee eines unverbindlichen Wissensaustausches basiert (vgl. Jürgensen 2006). Die Internetseite hat in den zehn Jahren ihres Bestehens mehrere Auszeichnungen als empfehlenswertes Expert/inn/en-Netzwerk erhalten (z.B. von ComputerBild, von ciao.com und doyoo, vgl. dazu o.V. o.J.). Dies war ausschlaggebend für die Auswahl dieses Forums. Auf diese Weise konnte ein breiter und vielfältiger Personenkreis erreicht werden. Der Qualitätsstandard der Seite gewährleistete überdies, dass die Fragen in der Regel ernsthaft gestellt wurden und für die Fragenden auch bedeutsam waren.

Der Eintrag als Expertin in die Datenbank erfolgte unter dem Suchbegriff „Arbeitszeugnis". Als Eigeneinstufung wurde „Experte/-in" gewählt (angeboten werden außerdem „Anfänger/-in", „Interessierter/-e" und „Fortgeschrittener/-e"). Zudem wird die berufliche Position angezeigt (in meinem Fall: „wissenschaftliche Mitarbeiterin, Arbeitsbereich Personalpolitik") und die Häufigkeit, mit der E-Mails gelesen werden (in meinem Fall: „liest E-Mails täglich"). Als Fachgebiet der Expertise wurde „Arbeitszeugnis" angegeben, der ergänzende Datenbankeintrag lautete „keine Rechtsberatung". Ein Ausschluss von Rechtsberatung war wegen § 1 des Rechtsberatungsgesetzes notwendig, da Rechtsberatung nur Rechtsanwält/inn/en und Personen mit behördlicher Erlaubnis erlaubt ist.

Der Eintrag im Expert/inn/en-Forum wurde am 1. Februar 2006 für die Dauer eines Jahres freigeschaltet. Im Forum „Arbeitszeugnis" waren im Laufe dieses Jahres zwischen 20 und 24 Personen als Beantwortende zum Thema Arbeitszeugnis eingetragen, wobei im gesamten Zeitraum maximal acht Personen die Eigeneinstufung „Experte/-in" gewählt hatten.

In diesem Forum wird der Kontakt wie folgt aufgenommen: Den Personen, die auf der Suche nach Expert/inn/en sind, wird unter dem Suchbegriff „Arbeitszeugnis" die Liste der Expert/inn/en gezeigt. Sie können einen Eintrag bzw. auch mehrere markieren und an alle Ausgewählten eine E-Mail verschicken. Die Expert/inn/en können diese E-Mail beantworten, wobei sie die Antwort direkt an die Fragenden senden. Ob die Fragenden Namen, Adressen oder ähnliche personalisierte Daten in ihre E-Mail aufnehmen, entscheiden sie selbst.

4.4.1.3 Ablauf der Studie und Entwicklung eines Kategoriensystems

In der Zeit vom 1. Februar 2006 bis zum 2. Februar 2007 gingen bei mir insgesamt 41 Anfragen ein, die alle in die Studie einbezogen wurden. Alle E-Mails wurden möglichst zügig beantwortet, gegebenenfalls mit dem Hinweis auf geeignete Rechtsberatungen wie Fachanwält/inn/e/n für Arbeitsrecht oder Gewerkschaften. Mehrere E-Mails führten aufgrund von Rückfragen oder weitergehendem Informationsbedarf zu häufigerem Schriftverkehr. In diese Studie wurden jedoch nur die jeweils ersten Anfragen einbezogen. So sollte sichergestellt werden, dass das Frageverhalten nicht durch die von mir bereits erteilten Antworten auf bestimmte Themenbereiche gelenkt wurde. Daher wurden E-Mails, die nicht über das Expert/inn/en-Forum gesendet wurden, sondern von Personen stammten, die meine E-Mailadresse von anderen Fragenden erhalten hatten, nicht in die Studie einbezogen. Damit wurde weitgehend sichergestellt, dass ich als Forscherin keinen Einfluss darauf nehme, welche Fragen gestellt wurden: Die Fragenden hatten außer dem Datenbankeintrag keine weiteren Informationen über mich als Expertin. Sie wurden von mir nicht zu bestimmten Fragen bzw. Themenaspekten gelenkt, sondern suchten Antworten für ihre bereits bestehenden Fragen zum Thema Arbeitszeugnis.

Alle Anfragen trafen per E-Mail ein. Sie waren alle mit dem einheitlichen Betreff „werweiss-was: arbeitszeugnis" eindeutig zuzuordnen. Als Analysetechnik für dieses Textmaterial wird die Einordnung in ein Kategoriensystem angewandt. Ziel ist es, das vorliegende Datenmaterial dem Analyseziel entsprechend zu strukturieren. Damit kann einerseits das Verständnis für den Forschungsgegenstand vertieft werden und andererseits kann ein Textpool für quantitative Analysen erstellt werden.

Bei dieser Analysetechnik werden zur inhaltlichen Strukturierung in einem ersten Schritt Hauptkategorien festgelegt, die möglichst klar definiert und gegeneinander abgegrenzt werden. Anschließend wird der Inhalt den Kategorien und eventuell den bestehenden Unterkategorien zugeordnet. Falls sich Kategorien als nicht sinnvoll erweisen (z.B. aufgrund mangelnder Trennschärfe oder Unvollständigkeit), wird das Kategoriensystem überarbeitet. In einem zweiten Schritt werden die Inhalte je Kategorie zusammengefasst. Sie stehen dann für die interpretative Auswertung zur Verfügung (vgl. Mayring 2003, S. 89ff.).

Tabelle 4.4.1: Kategoriensystem für die qualitative Inhaltsanalyse der Anfragen zum Thema Arbeitszeugnis

Hauptkategorien	R: Rechtlich	S: Sprachlich	B: Betriebs-wirtschaftlich
Unterkategorien	R1: Welchen Anspruch auf ein Zeugnis gibt es, wie sind die Fristen, wie der Anspruch auf Änderung?	S1: Wie kann der Zeugnisinhalt übersetzt werden bzw. ist in dem Zeugnis ein geheimer Code enthalten?	B1: Ist das Zeugnis für Bewerbungen geeignet?
	R2: Was muss in einem Zeugnis stehen und wie?	S2: Wie formuliere ich ein gutes Zeugnis selbst?	
	R3: Welcher Note entspricht das Zeugnis?		

Entsprechend den in dieser Arbeit als zentral herausgestellten Wissenschaftsgebieten, die sich mit dem Themengebiet Arbeitszeugnisse beschäftigen, wurden drei Hauptkategorien zur Einordnung gewählt: „rechtlich", „sprachlich" und „betriebswirtschaftlich". Anhand eines Probedurchlaufs wurden Unterkategorien formuliert, die in Tabelle 4.4.1 entsprechend ihrer Zuordnung zu den Hauptkategorien aufgelistet sind. Die Unterkategorien sind abgeleitet aus den Forschungsthemen der jeweiligen Kategorie bzw. den üblicherweise zugeordneten Themenkreisen. Nach einem ersten Probelauf wurden nicht notwendige Unterkategorien entfernt sowie unscharfe Unterkategorien klarer formuliert. Die Zuordnung der Unterkategorien zu den Kategorien wurde entsprechend den in dieser Arbeit vorgestellten Forschungsbereichen der entsprechenden Disziplin vorgenommen. Diese Zuordnung ist nicht zwingend, entspricht aber der bisher verwendeten Logik und wird daher so weitergeführt.

4.4.2 Darstellung der Ergebnisse

Die Anfragen kamen von 17 Frauen und 16 Männern, bei 8 Personen war das Geschlecht der E-Mail nicht zu entnehmen. Die E-Mails wurden in der Reihenfolge ihres Eintreffens durchnummeriert. Diese Nummern werden in der folgenden Auswertung zur Identifikation verwendet. Die Anzahl der Fragen zu den jeweiligen Unterkategorien ist Tabelle 4.4.2 zu entnehmen.

Tabelle 4.4.2: Zuordnung der Fragen zu den Unterkategorien

Unterkategorie	Anzahl der Fragen
R1: Welchen Anspruch auf ein Zeugnis gibt es, wie sind die Fristen, wie der Anspruch auf Änderung?	7
R2: Was muss in einem Zeugnis stehen und wie?	4
R3: Welcher Note entspricht das Zeugnis?	8
Summe der Fragen in der Hauptkategorie „Rechtlich"	19
S1: Wie kann der Zeugnisinhalt übersetzt werden bzw. ist in dem Zeugnis geheimer Code enthalten?	23
S2: Wie formuliere ich ein gutes Zeugnis selbst?	5
Summe der Fragen in der Hauptkategorie „Sprachlich"	28
B1: Ist das Zeugnis für Bewerbungen geeignet?	7
Summe der Fragen in der Hauptkategorie „Betriebswirtschaftlich"	7
Summe aller Fragen	54

In 29 E-Mails wurde eine Frage gestellt, in 11 E-Mails wurden zwei Fragen und in einer E-Mail wurden drei Fragen gestellt, so dass insgesamt 54 Fragen in die Analyse eingingen. In allen E-Mails waren Sätze aus Zeugnissen enthalten bzw. es wurden ganze Zeugnisse angehängt.

Zunächst ist festzuhalten, dass sich die Fragen in den verschiedenen Unterkategorien weitgehend gleich auf weibliche und männliche Fragende verteilen. Somit kann festgestellt werden, dass es zum Thema Arbeitszeugnisse keine geschlechtstypischen Fragen bzw. Themengebiete gibt.

In den meisten E-Mails wurde nach der Bedeutung des Zeugnisinhaltes und nach Geheimcodes gefragt. Fragen, die sich z.B. auf den Einsatz oder den Stellenwert von Arbeitszeugnissen im Bewerbungsprozess bezogen, auf den internationalen Einsatz von Arbeitszeugnissen oder auf die Auswirkungen auf die Beziehung zu ehemaligen oder neuen Arbeitgeber/inne/n wurden nicht gestellt. Auch Fragen zur Verwendung von Zeugnissen in den Bewerbungsunterlagen (B1) bezogen sich durchgehend auf inhaltliche Aspekte und nicht auf den Einsatz von Zeugnissen. Im Folgenden werden in einem ersten Schritt die Fragen der Hauptkategorien einzeln betrachtet, im zweiten Schritt werden die Ergebnisse zusammengetragen.

Auf den rechtlichen Bereich entfielen insgesamt 19 Fragen. Wesentlich für die Interpretation dieser Ergebnisse ist, dass im Expert/inn/en-Forum Rechtsberatung explizit ausgeschlossen wurde. Daher spiegelt die Anzahl der Fragen zu diesem Bereich die Bedeutung von rechtlichen Fragen nicht ganz allgemein wider. Die Fragen, die R1 und R2 zugeordnet wurden, waren weitgehend neutral formuliert, das heißt, sie enthielten keine wertenden oder steigernden Adjektive bzw. Adverbien oder Emotionsäußerungen. Beispielhaft für R1 wurde in E-Mail 5 gefragt: „Wie lange kann ich, nach der Kündigung durch den Arbeitgeber, ein Arbeitszeugnis anfordern?" und als Beispiel für R2 in E-Mail 3: „Muss da nicht [...] mein Austrittsdatum als Datum am Ende stehen?".

Diese Neutralität war nicht bei allen Fragen gegeben, die der Unterkategorie R3 zugeordnet wurden. Neutral formuliert waren hier 5 der 8 Fragen. (So wurde z.b. in E-Mail 1 gefragt, „ob mein Arbeitszeugnis gut ist" und in E-Mail 37: „Wie ist Ihre Einschätzung zur Note allgemein?"). 3 Fragen enthielten Bewertungen (So wurde z.b. in E-Mail 31 gefragt, „ob es quasi so schlecht ist, dass ich da etwas unternehmen müsste oder ob es sozusagen noch geht".) oder emotional gefärbte Äußerungen (So z.B. E-Mail 18: „Ich bin mir unsicher, wie es zu bewerten ist" und E-Mail 12: „Habe folgendes Arbeitszeugnis erhalten und mein Chef sagte, dass das Zeugnis die Note ‚zwei' ist und da wir im Streit auseinandergingen, denke ich mir, es kann auch anders sein").

In der Kategorie „*Sprachlich*" wurden 28 Fragen gestellt, dies entspricht 52 % der gesamten Fragen. Dabei dominierten Fragen zur Übersetzung von Zeugnisinhalten bzw. zum Geheimcode: Auf diese Unterkategorie entfielen 23 Fragen. Ein Geheimcode wird explizit in 9 Fragen vermutet (z.B. in E-Mail 2: „(Gesamtnote angeblich gut) [...] ist da irgendein versteckter Code?" oder in E-Mail 4: „Dennoch finde ich nunmehr über Jahre keine neuen Job. Ich vermute daher, dass es da versteckte Zeichen in meinem Zeugnis gibt, die Anstoß nehmen lassen...").

Von den insgesamt 14 Fragen zur Übersetzung eines Zeugnisinhalts waren 4 Fragen von den Fragenden eindeutig so formuliert, dass sie annahmen, der Inhalt ihres Zeugnisses könne negativer interpretiert werden, als es die alltagssprachliche Interpretation nahe lege (z.B. in E-Mail 7: „mittlerweile bin ich mir aber nicht mehr so sicher, ob dieses Zeugnis wirklich so wohlwollend geworden ist" oder in E-Mail 23: „es enthält Formulierungen, die mich irritieren, und ich habe ein recht ungutes Gefühl"). In den übrigen 10 Fragen zur Übersetzung geben die Fragenden zwar nicht an, welche Vermutungen sie in Bezug auf die Interpretationsrichtung haben. Bei allen Fragen wird jedoch deutlich, dass die Fragenden vermuten, der Zeugnisinhalt könne anders als alltagssprachlich interpretiert werden (z.B. in E-Mail 6: „ich würde gerne verstehen, was es genau heißt" oder E-Mail 22: „bitte sagt mir doch, was gemeint sein könnte"). Auf die zweite Unterkategorie des sprachlichen Bereiches entfallen lediglich 5 Fragen, die durchgehend neutral formuliert sind (z.B. in E-Mail 14: „welche Möglichkeiten gibt es für die Schlussformel?" oder in E-Mail 30: „ich habe jetzt ein Zeugnis geschrieben und möchte Sie bitten es zu prüfen").

Der Kategorie „*Betriebswirtschaftlich*" wurden 7 Fragen zugeordnet. Alle bezogen sich auf die Eignung des Zeugnisses für eine Bewerbung (So lautete z.B. die Frage in E-Mail 1, „ob ich mich damit bewerben kann" oder in E-Mail 11: „Welchen Eindruck könnte die explizite Erwähnung der Erziehungszeiten machen?"). Die Formulierung der Fragen war weitgehend neutral, lediglich eine E-Mail ist emotional getönt (E-Mail 3: „Ich persönlich finde das Äußere nicht sehr ansprechend").

Die überwiegende Zahl der Fragen zum Themenbereich Arbeitszeugnis beschäftigt sich somit mit dem Inhalt, der Interpretation bzw. Bewertung des Inhalts sowie mit Vermutungen über einen Geheimcode. Diese Themengebiete sind in den Unterkategorien R3 und S1 angesprochen, in die insgesamt 31 Fragen fallen. Die Relevanz dieser Themen ist außerdem dadurch ersichtlich, dass vor allem in diesen Unterkategorien Emotionen und negativ konnotierte Vermutungen ausgedrückt werden.

In den 1970er bis 80er Jahren beschäftigte sich die Mehrheit der Forschungsarbeiten schwerpunktmäßig genau mit diesen Fragen: dem Inhalt, der Interpretation und der Einstufung von Arbeitszeugnissen (vgl. Abschnitt 3.3). Viele dieser Erkenntnisse prägten die Rechtsprechung und sind bis heute Grundlage von Urteilsbegründungen (vgl. Abschnitt 3.2). Gerade deshalb ist auffallend, wie groß die Unklarheit und Unsicherheit bei diesem Thema nach wie vor ist. Auffällig häufig sind auch Vermutungen, dass in den Arbeitszeugnissen Geheimcodes enthalten sind: 15 % aller Fragen bezogen sich explizit auf dieses Thema. Als betriebswirtschaftliches Thema wurde ausdrücklich lediglich nach der Eignung eines Zeugnisses für Bewerbungen gefragt. Unmittelbare Fragen zum Einsatz, zum Umgang, zur Erstellung oder zu ähnlichen Aspekten kamen nicht vor. Die Bedeutung und Untergliederung der rechtlichen Fragen kann hier nicht weitergehend interpretiert werden, da eine Rechtsberatung explizit ausgeschlossen wurde und davon auszugehen ist, dass sich dies direkt auf die gestellten Fragen auswirkte.

Für das Forschungsgebiet Arbeitszeugnisse zeigt es sich, dass die Wahrnehmung des Zeugnisinhaltes stark von Vermutungen und Unsicherheiten geprägt ist. Als weitergehender Forschungsansatz bietet es sich daher an, die Bekanntheit der von Arbeitsgerichten häufig verwendeten Notenschemata der Leistungs- und Verhaltensbeurteilung zu überprüfen. Diese Fragen werden im Rahmen einer Befragung in Teilstudie D (vgl. Abschnitt 4.5) aufgegriffen. Ein weiterer Ansatz ist die Frage, wie häufig Arbeitnehmer/innen ihre Zeugnisse selbst schreiben. Daran schließt sich die Frage an, von welchen Personen Zeugnisse überhaupt verfasst werden. Auch diesen Fragen wird in Teilstudie D nachgegangen. In einem weiteren Schritt soll der tatsächliche Inhalt von Arbeitszeugnissen einer näheren Betrachtung unterzogen werden und dabei so weit möglich auf die Verwendung von Geheimcodes geprüft werden. Diese Fragen werden in der Inhaltsanalyse von Arbeitszeugnissen in Teilstudie E (vgl. Abschnitt 4.6) näher betrachtet.

Auffallend ist, dass sehr wenig Fragen zu Einsatz und Gestaltung von Arbeitszeugnissen gestellt wurden. Dies kann darauf hindeuten, dass Personen weitgehend klare Vorstellungen über den Umgang mit Arbeitszeugnissen, deren Erstellung und Einsatz haben. Daraus könnte folgen, dass der Einsatz von Arbeitszeugnissen in der Personalauswahl eine hohe soziale Validität hat. Damit stellt sich als weitere Forschungsfrage, wie die Verwendung von Zeugnissen bei der Personalauswahl von Arbeitnehmer/inne/n und damit potenziellen Bewerber/inne/n eingeschätzt und auch bewertet wird. Auch diese Fragen werden in Teilstudie D (vgl. Abschnitt 4.5) aufgenommen. Anhand dieser Informationen wäre eine Aussage über die soziale Validität möglich. Gerade auch in diesem Zusammenhang sind fundierte Informationen darüber erforderlich, durch wen und mit welchem Hintergrund Arbeitszeugnisse geschrieben werden.

4.5 Teilstudie D: Befragung zu Meinungen und Erfahrungen zu Arbeitszeugnissen

4.5.1 Fragestellung und Forschungsansatz

4.5.1.1 Grundlegendes

Kontakt mit Arbeitszeugnissen haben in Deutschland vor allem Arbeitnehmer/innen und Arbeitgeber/innen in den unterschiedlichsten Rollen. Es kann davon ausgegangen werden, dass der Umgang mit Arbeitszeugnissen von Wissen, Einstellungen, Erfahrungen und Meinungen geprägt und geleitet ist. Um einen möglichst differenzierten Einblick in den Umgang mit Arbeitszeugnissen und die Haltungen dazu zu erhalten, wurden Akteure mit unterschiedlichem Erfahrungshintergrund befragt. Auf diese Weise kann die Bandbreite der in Deutschland dazu vertretenen Meinungen eingeschätzt werden. Zu diesem Zweck bietet es sich zum einen an, Ergebnisse früherer Studien mit heutigen Aussagen zu vergleichen. Zum anderen können neue Fragestellungen helfen, den Themenbereich vertiefend zu betrachten.

Im Fokus dieser Befragung standen fünf Themenblöcke:

1. Verbreitung von Arbeitszeugnissen und Wartezeiten,
2. Einschätzung von Arbeitszeugnissen,
3. Einsatz und Bedeutsamkeit von Arbeitszeugnissen,
4. Erstellung von Arbeitszeugnissen und
5. Geheimcodes in Arbeitszeugnissen.

Im Folgenden werden jeweils in einem ersten Schritt die Fragestellungen aus früheren Studien vorgestellt, die im Rahmen dieser Befragung wieder aufgenommen werden. So können im Rahmen einer Replikation sowohl Ergebnisse im Zeitverlauf verglichen als auch einzelne Befragungsergebnisse hinterfragt werden. In einem zweiten Schritt werden weitergehende bzw. vertiefende Fragestellungen vorgestellt.

Der erste Themenblock befasst sich mit der Verbreitung von Arbeitszeugnissen und Wartezeiten bei der Erteilung. Hier stellt sich die Frage, wie viele Arbeitszeugnisse Personen haben und ob Arbeitszeugnisse am Ende eines Beschäftigungsverhältnisses immer ausgestellt werden. Die nächste Frage lautet, wie lange es dauert, bis Arbeitnehmer/innen ein Zeugnis erhalten.

Der zweite Themenblock befasst sich mit der Frage, wie Arbeitszeugnisse eingeschätzt werden. Zentrales Thema ist die Frage, ob Arbeitnehmer/innen und Arbeitgeber/innen Formeln in Arbeitszeugnissen unterschiedlich verstehen und ob die Akteure einer Gruppe die Formeln einheitlich deuten. Presch und Ellerbrock gingen in ihrer Studie davon aus, dass Arbeitnehmer/innen nicht wissen, welchen Noten die von Arbeitgeber/inne/n verwendeten Formeln entsprechen (vgl. Presch/Ellerbrock 1978, S. 273). Presch betonte in einer späteren Veröffentlichung nochmals, dass Fachleute Formeln in Arbeitszeugnissen nach einem weitgehend einheitlichen Schema deuten, während Laien dies nicht tun. Daraus folgert er, dass Arbeitnehmer/innen die Formeln der Beurteilung in Arbeitszeugnissen nicht kennen. Sie würden daher den Inhalt alltagssprachlich deuten, während Arbeitgeber/innen ein einheitliches Verständnis hätten (vgl. Presch 1985, S. 321f.).

Weuster fragte Personalverantwortliche direkt nach der Bedeutung der Formel „stets zu unserer vollen Zufriedenheit". Er fand heraus, dass auch Fachleute keine einheitliche Deutung hatten. Nur 68 % der Fachleute deuteten diese Formel (im Einklang mit der von der Rechtsprechung verwendeten Skala) als „gut" (vgl. Weuster 1994, S. 245). Hier stellt sich die Frage, ob heute die Deutung von Formulierungen einheitlicher geworden ist und ob es Deutungsunterschiede zwischen professionellem und nicht-professionellem Umgang mit Arbeitszeugnissen gibt.

Der dritte Themenblock bezieht sich auf den Einsatz von Arbeitszeugnissen und deren Bedeutsamkeit. Weuster geht davon aus, dass Arbeitszeugnisse aus Unternehmenssicht eine große Bedeutung für die Personalvorauswahl haben (vgl. Weuster 1994, S. 256). Diese Bedeutsamkeit betont auch Schwarb, der Arbeitszeugnisse als wichtiges Beurteilungsinstrument bei der Personalauswahl ansieht (vgl. Schwarb 2000, S. 57). Es stellt sich die Frage, ob Arbeitszeugnisse auch heute noch eine entsprechende Relevanz für die Personalauswahl haben und ob die Bedeutung von Arbeitszeugnissen im Vergleich zu anderen Bewerbungsunterlagen differenziert werden kann. Außerdem kann die Bedeutsamkeit von Arbeitszeugnissen aus Sicht der professionell Zeugnis Schreibenden und aus Sicht der Arbeitnehmer/innen beleuchtet werden. Sowohl bei der Auswahl als auch bei der Freisetzung. In diesem Zusammenhang ist es zudem wichtig nachzuvollziehen, mit wie viel Aufwand Arbeitszeugnisse erstellt werden. Dabei stellt sich gleichzeitig die Frage, mit welchem Aufwand die Zeugnisse aus Sicht der Arbeitnehmer/innen erstellt werden sollten. Hinzu kommt die Frage, wer bisher mit wem Auseinandersetzungen über Arbeitszeugnisse geführt hat. In diesem Rahmen interessieren auch außergerichtliche Auseinandersetzungen, die hier erfragt werden können.

Der vierte Themenblock enthält konkrete Fragen zur Art und Weise der Erstellung von Arbeitszeugnissen. Weuster stellte in seiner Studie fest, dass in Unternehmen am häufigsten früher erstellte Zeugnisse (73 %), Musterzeugnisse (25 %) und Textbausteine (20 %) als Hilfsmittel verwendet wurden. Die Hälfte der Zeugnisse wurde ohne Hilfsmittel formuliert (vgl. Weuster 1994, S. 245). In einem ersten Schritt kann verglichen werden, ob diese Hilfsmittel heute noch in ähnlicher Weise eingesetzt werden. In einem zweiten Schritt kann untersucht werden, wer an der Erstellung von Arbeitszeugnissen beteiligt ist bzw. dazu beiträgt und welche Hilfsmittel dann verwendet werden.

Der fünfte Themenblock befasst sich mit Geheimcodes in Arbeitszeugnissen. Hier stellt sich die Frage, wie verbreitet die Meinung ist, dass Geheimcodes verwendet werden. Dazu bietet es sich an, die Erfahrungen mit Geheimcodes und die individuell vorgenommenen Deutungen von Geheimcodes mit einzubeziehen.

4.5.1.2 Befragungsdesign

Mit der Befragung sollen möglichst viele verschiedene Akteure mit unterschiedlichem Erfahrungshintergrund erreicht werden. Daher bietet sich eine Onlineumfrage an. Eine Onlineumfrage hat den Vorteil, dass eine große Zielgruppe erreicht werden kann und zugleich die große Datenmenge über Datenbanken gut gemanagt werden kann. Die gesammelten Daten können direkt zur Auswertung in SPSS importiert werden. Der Nachteil einer Onlinebefragung ist, dass Internetnutzer/innen keine repräsentative Stichprobe der Gesamtbevölkerung darstellen. Internetnutzer/innen gehören zum jüngeren und besser ausgebildeten Teil der Gesamtbevölkerung (vgl. Statistisches Bundesamt 2006a, S. 9).

In der Onlineumfrage wurden 39 Fragen formuliert, die auf 22 Internetseiten angeordnet sind. Die Führung durch die Befragung ist kontextsensibel, so dass bestimmte Fragen nur den Personen gestellt wurden, die entsprechende Erfahrungen angegeben hatten. So wurden z.B. Personen, die laut eigenen Angaben nie an einer Zeugniserstellung mitgewirkt haben, nicht gefragt, welche Hilfsmittel sie dazu einsetzen. So konnte sichergestellt werden, dass das Antwortverhalten an diesen Punkten konsistent war. Gleichzeitig wurde auch vermieden, dass Personen Fragen als unsinnig oder unlogisch erlebten. Nicht zuletzt konnte auf diese Weise der Beantwortungsaufwand für die Befragten kleiner gehalten werden.

Am Anfang der Befragung standen Fragen nach Personenmerkmalen wie Geschlecht, Geburtsjahr, höchster Schulabschluss, Berufsausbildung, Branchenerfahrung und eigene Erfahrungen mit Beschäftigungsarten (selbstständig und/oder abhängig beschäftigt). Zudem wurde erhoben, wie viele abhängige Beschäftigungsverhältnisse eine Person bis zum Zeitpunkt der Befragung innehatte.

Die Fragen zu den verschiedenen Themenblöcke wurden so zusammengestellt, dass eine kontextabhängige Befragungsführung optimal möglich war. Im Onlinefragebogen war daher die Fragefolge nicht an den Themenblöcken orientiert. Im Folgenden werden die Fragen entsprechend ihrer Zuordnung zu den oben ausgeführten Themenblöcken kurz vorgestellt.

Zum ersten Themenblock, *Verbreitung von Arbeitszeugnissen und Wartezeiten*, wurde zunächst gefragt, welche Arten von Zeugnissen (Schulzeugnisse, Praktikumszeugnisse, Ausbildungszeugnisse, Arbeitszeugnisse) Personen bereits bekommen haben. Diese Frage diente neben der Erfassung der Erfahrungsbreite auch der Begriffsabgrenzung für die Befragten. Um eine quantitative Einschätzung der Verbreitung erhalten zu können, wurden die Befragten nach der (genauen oder geschätzten) Zahl ihrer Arbeitszeugnisse gefragt. Auf die Frage, ob die Befragten von jeder Arbeitsstelle ein Zeugnis erhalten hatten, konnte mit ja oder nein geantwortet werden. Bei der Antwort „nein" konnte differenziert werden, ob die Arbeitnehmer/innen das Zeugnis nicht wollten oder es nicht mehr erhalten konnten. Dann wurde nach der längsten, der kürzesten und der durchschnittlichen Zeit gefragt, die nach der Bitte um ein Arbeitszeugnis bis zu dessen Erhalt gewartet werden musste.

Zum zweiten Themenblock *Einschätzung von Arbeitszeugnissen* wurden den Befragten je zwei Formulierungen zur Beurteilung des Verhaltens und der Leistung vorgegeben. Sie wurden gebeten, diese auf einer Notenskala von 1 bis 6 einzuordnen. Die Formulierungen entsprachen den in der Rechtsprechung verwendeten Notenstufen (vgl. Abschnitt 3.2). So konnte die Streuung der Noteneinschätzung überprüft werden. Dabei wurde ebenfalls ersichtlich, ob sich die Streuung zwischen den Personen unterscheidet, die beruflich Arbeitszeugnisse schreiben, und denjenigen, die sie bisher nur empfangen hatten. Es wurden Notenstufen gewählt, die nicht so bekannt und eindeutig sind wie „stets zu unserer vollsten Zufriedenheit" oder „hat sich bemüht". Daher wurden sowohl für die Verhaltens- als auch für die Leistungsbeurteilung Formulierungen für die Notenstufe 3+ (befriedigend mit der Tendenz zu besser, im juristischen Sprachgebrauch vollbefriedigend) und die Notenstufe 5 (mangelhaft) gewählt. Ein weiteres Ziel war, die Einstellung der Befragten zu Arbeitszeugnissen herauszufinden. Dazu wurde zunächst gefragt, in welchem Ausmaß sie allgemein Verhaltens- und Leistungsbeurteilungen in Zeugnissen als zutreffend empfinden. Es folgte die Frage, ob es sinnvoller wäre, wenn auch Negatives in Zeugnissen stehen dürfte. Den Abschluss bildeten Fragen nach dem Zeugnisinhalt. Es wurde direkt gefragt, für wie verständlich die Befragten Arbeitszeugnisse im Allgemeinen halten. Daran schloss sich die Frage an, ob sich die befragte Person schon einmal über einen Satz in einem Zeugnis besonders gefreut oder geärgert hat. Dazu konnten jeweils entsprechende Sätze angegeben werden.

Fragen nach dem *Einsatz von Arbeitszeugnissen und deren Bedeutsamkeit* gehören zum dritten Themenblock. Zum Einsatz der Zeugnisse wurde danach gefragt, wofür die Befragten die Zeugnisse bisher verwendet hatten und wie wichtig sie diese bei der Suche nach einer neuen Stelle einschätzten. Auch wurden sie danach gefragt, wie wichtig ein Zeugnis als abschließende Beurteilung beim Ausscheiden aus einer Organisation für sie persönlich sei. Daran anschließend wurden sie nach ihrer Einschätzung gefragt, wie wichtig Arbeitgeber/innen Zeugnisse bei der Personalfreisetzung und bei der Suche nehmen und für welche Zwecke Arbeitszeugnisse in Organisationen verwendet wurden. Zur differenzierten Einschätzung wurde gefragt, welche Bedeutung Arbeitgeber/innen bzw. Personalverantwortliche den verschiedenen Teilen der üblichen Bewerbungsunterlagen aus Sicht der Befragten gaben und wie wichtig die einzelnen Dokumente nach ihrer Auffassung genommen werden sollten. Zudem wurde gefragt, welche Bedeutung Arbeitszeugnissen beigemessen wird: Wie viel Zeit wird aus Sicht der Befragten in Organisationen für die Erstellung eines Arbeitszeugnisses aufgewendet und wie viel sollte aufgewendet werden? Abschließend wurde gefragt, ob und mit wem die befragte Person Auseinandersetzungen über Arbeitszeugnisse geführt hatte.

Zum vierten Themenblock *Erstellung von Arbeitszeugnissen* wurde nach den Erfahrungen gefragt, die eine Person bisher damit gesammelt hatte. Dies umfasst die Fragen, ob eine Person für sich selbst oder befreundete Personen Zeugnisse geschrieben bzw. entworfen hatte, ob sie als Arbeitgeber/innen oder Arbeitnehmer/innen Zeugnisse geschrieben hatte, ob sie Zeugnisse bei der Personalauswahl verwendet hatte und ob sie zum Thema Arbeitszeugnisse professionelle Beratung angeboten hatte. Des Weiteren wurde genauer nach der Beteiligung am Erstellungsprozess (z.B. selbst schreiben, vorformulieren, Vorschläge machen) gefragt. Ergänzend kam die Frage hinzu, wie viele Arbeitszeugnisse eine Person bereits geschrieben hatte. So konnte der Grad der Professionalität abgeschätzt werden. Daran schloss sich die Frage an, wer in den Organisationen die Zeugnisse geschrieben hatte und welche Hilfsmittel dazu benutzt wurden, sowohl eigene als auch die der Organisationen.

Geheimcodes sind das Thema des fünften Blocks. Zuerst wurde gefragt, ob die befragte Person davon ausgeht, dass es geheime Informationen in Arbeitszeugnissen gibt. Diejenigen, die diese Frage bejahten, wurden nach konkreten Beispielen gefragt. Am Ende der Befragung stand eine offene Frage nach Bemerkungen, Anmerkungen und nicht gestellten, aber aus der Sicht der Befragten wichtigen Fragen.

4.5.1.3 Ablauf der Befragung

Die Onlinebefragung war vom 1.10.2006 bis zum 31.3.2007 freigeschaltet (Adresse: http://www.unipark.de/uc/b_fu_berlin_wiwiss_huesmann_einz/372d/). Insgesamt haben 721 Personen den Fragebogen begonnen, 488 Personen haben den Fragebogen vollständig ausgefüllt. Die Auswertung beruht auf diesen 488 vollständigen Fragebögen. So konnte vor allem sichergestellt werden, dass die Antworten von Perso-nen, die mehrfach den Fragebogen begonnen haben und ihn einmal beendet haben, nur einmal in die Auswertung eingingen. Es gab keinen Zwang, alle Fragen zu be-antworten, so dass die Antwortzahlen bei einzelnen Fragen differieren. Den gespei-cherten Bearbeitungszeiten lässt sich entnehmen, dass durchschnittlich 14 Minuten für die vollständige Bearbeitung des Fragebogens aufgewandt wurden.

Um eine große Bandbreite von Personen zu erreichen, wurde die Onlinebefragung in vielfältiger Weise beworben. Zuerst wurde anhand von privaten und beruflichen Mai-linglisten die Internetadresse verteilt. Daran schloss sich die Bitte um Weiterleitung an, um Schneeballeffekte zu erzielen. Anschließend wurde vor allem anhand von Online-Pressemeldungen und Postings auf seriösen Internetseiten auf die Befragung hingewiesen. So war es z.b. möglich, auf den Seiten der „Jungen Karriere" des Han-delsblattes einen redaktionellen Beitrag auf der Eingangsseite zu platzieren. Hinzu kam eine Meldung im Karrierebereich der Onlineausgabe des Tagesspiegels Berlin, eine redaktionelle Anzeige im Berliner Stadtmagazin Zitty, ein redaktioneller Beitrag auf den Online-Jobseiten des Tagesspiegels Berlin, eine Meldung in der Print- und Onlineausgabe der Universitätsbeilage des Tagesspiegels Berlin, eine redaktionelle Meldung auf der Onlineseite der Pressemitteilungen der Freien Universität Berlin und nicht zuletzt eine Pressemeldung auf den Berufsverbandseiten des Krankenpflege-personals und der Physiotherapeuten. Darüber hinaus konnten auf den Bewer-bungsseiten von monster.de, im Internetforum für Personalauswahl des Open Busi-ness Clubs und des Expert/inn/en-Forums wer-weiss-was.de ein Aufruf zur Teilnah-me gepostet werden. Die Werbung für die Befragung wurde zeitlich gestaffelt, um eine Überlastung der Befragungssoftware zu vermeiden und damit das Ausscreenen von Personen, die auf die Befragung zugreifen wollten. Mit dieser breiten, zeitlich gestaffelten Werbung konnte gewährleistet werden, dass viele Personen mit mög-lichst unterschiedlichem Erfahrungshintergrund den Fragebogen bearbeiten.

4.5.1.4 Für die Auswertung verwendete statistische Verfahren

Zur Gewinnung der im Folgenden und auch für die im Abschnitt 4.6 dargestellten Er-gebnisse wurden verschiedene statistische Verfahren zur Auswertung von Daten an-gewandt, deren Ziele und Einsatzbereiche hier kurz erläutert werden. Alle verwende-ten Verfahren dienen der Untersuchung von Unterschieden bzw. Zusammenhängen zwischen Variablen. Ziel ist die Überprüfung, ob anhand der Daten der Stichprobe auf die Grundgesamtheit geschlossen werden kann. Mittelwertvergleiche gehören zu den zentralen Tests auf Unterschiede (vgl. Bühl/Zöfel 2005, S. 113). Zum Ver-gleich von zwei Gruppen der Stichprobe werden üblicherweise zwei Hypothesen formuliert, die Null- und die Alternativhypothese. Die Nullhypothese besagt, dass der Unterschied der beiden verglichenen Gruppen zufällig zustande gekommen ist. Die Alternativhypothese besagt, dass der Unterschied nicht zufällig entstanden ist. Anhand der Tests wird die Irrtumswahrscheinlichkeit berechnet. Dies ist die Wahrscheinlichkeit, sich zu irren, wenn die Nullhypothese verworfen und die Alternativhypothese angenommen wird (vgl. Bühl/Zöfel 2005, S. 112ff.). Als Konvention wird bei einer Irrtumswahrscheinlichkeit, die kleiner als 5 % und größer als 1 % ist, davon ausgegangen, dass der Unterschied signifikant ist. Entsprechend kann die Irrtumswahrscheinlichkeit als Signifikanzniveau bezeichnet werden. Wenn das Signifikanzniveau kleiner als 1 % ist, wird der Unterschied als sehr signifikant bezeichnet (vgl. z.B. Bortz/Döring 2003, S. 496). Daraus folgt, dass bei einem Signifikanzniveau über 5 % davon ausgegangen wird, dass der Unterschied zwischen den Gruppen zufällig ist und daher nicht auf einen Unterschied in der Grundgesamtheit geschlossen werden kann. Bei einem niedrigeren Signifikanzniveau wird geschlossen, dass die Unterschiede zwischen den Gruppen signifikant sind und die beiden Gruppen sich auch in der Grundgesamtheit nicht aufgrund von Zufall unterscheiden (mit der jeweils verbleibenden Irrtumswahrscheinlichkeit). In den durchgeführten Analysen wird grundsätzlich die zweiseitige Signifikanz getestet, um so beide Wirkungsrichtungen erkennen zu können.

Korrelationsanalysen dienen dazu, Art und Richtung eines Zusammenhangs zwischen Variablen zu ermitteln. Dabei wird in den hier durchgeführten Analysen durchgehend von einem linearen Zusammenhang ausgegangen. Bei der Korrelationsanalyse wird ein Koeffizient berechnet, der Werte zwischen +1 und -1 annehmen kann. Je dichter der Korrelationskoeffizient an Null liegt, desto geringer ist der berechnete Zusammenhang. Je mehr der Wert gegen +1 tendiert, desto mehr wird von einem positiven Zusammenhang ausgegangen (nimmt die eine Variable zu, dann nimmt auch die andere zu). Entsprechend wird von einem negativen Zusammenhang ausgegangen, je mehr der Wert gegen -1 tendiert (nimmt die eine Variable zu, dann nimmt die andere Variable ab) (vgl. Nienhüser/Krins 2005, S. 132f.).

Je nach Skalenniveau der Daten können unterschiedliche Verfahren angewendet werden (vgl. Nienhüser/Krins 2005, S. 128). In der folgenden Tabelle 4.5.1 sind die Verfahren zusammengestellt, die in den Auswertungen in Abschnitt 4.5 und 4.6 verwendet werden. Zu jedem Verfahren werden die Bezeichnungen der Ergebniskoeffizienten aufgelistet. Da die Entscheidung für ein Verfahren aufgrund des Skalenniveaus der Variablen getroffen wird, sind diese ebenfalls aufgelistet.

Die Korrelationskoeffizienten werden nur dann angegeben, wenn das Signifikanzniveau kleiner als 5 % ist. Nur dann kann davon ausgegangen werden, dass der Korrelationskoeffizient nicht nur zufällig von Null abweicht bzw. die damit geprüften Unterschiede in der Stichprobe mit hoher Wahrscheinlichkeit nicht zufällig zustande gekommen sind. Die mittleren Rangplätze werden nicht angegeben, da sie nur im Zusammenhang interpretierbar sind. Sie sind daher in der Tabelle in Klammern gesetzt.

Tabelle 4.5.1: Charakterisierung der für die Auswertung verwendeten Verfahren

Skalenniveau der ersten Variablen	Skalenniveau der zweiten Variablen	Verfahren, Ergebniskoeffizienten
Intervall	Intervall	Korrelation, Korrelationskoeffizient nach Pearson
Ordinal Ordinal	Ordinal Intervall	Rangkorrelation, Korrelationskoeffizient nach Spearman
Nominal (dichotom)	Intervall	T-Test für unabhängige Stichproben, Mittelwerte der Gruppen
Nominal (dichotom)	Ordinal	Mann-Whitney U-Test (Mittlere Rangplätze zum Tendenzvergleich) Scheffe-Test für einen paarweisen Einzelvergleich
Nominal (dichotom) Nominal (mehr als zwei Ausfälle) Nominal (mehr als zwei Ausfälle)	Nominal (dichotom) Nominal (dichotom) Nominal (mehr als zwei Ausfälle)	Chi-Quadrat nach Pearson, Signifikanzaussage zur Abweichung zwischen erwarteten und beobachteten Werten
Nominal (mehr als zwei Ausfälle)	Intervall	Univariate Varianzanalyse, Mittelwerte der Gruppen
Nominal (mehr als zwei Ausfälle)	Ordinal	Kruskal-Wallis-Test (Mittlere Rangplätze zum Tendenzvergleich)

Als multivariate Analysemethode wird in einem Analyseschritt eine Regressionsanalyse eingesetzt. Anhand dieser Methode können gleichzeitige Wirkungen von mehreren unabhängigen Variablen (Prädiktoren) auf eine abhängige Variable untersucht werden. Ergebnis sind das Bestimmtheitsmaß als Maß der Varianzaufklärung und der standardisierte Beta-Koeffizient als Maß für die Stärke des relativen Einflusses des Prädiktors im Gefüge aller Prädiktoren (vgl. Bühl/Zöfel 2005, S. 344f.). In den Auswertungen werden jeweils in Klammern der Name des verwendeten Tests und die wichtigen bzw. interpretierbaren Ergebnisse angegeben.

4.5.2   Darstellung der Ergebnisse
Die Auswertung der Befragung wird entlang der oben vorgestellten Themenblöcke vorgenommen. Dieser Auswertung wird ein Überblick über den Kreis der teilnehmenden Personen vorangestellt, um so die Ergebnisse besser interpretieren zu können. Eine zusammenfassende Darstellung der zentralen Ergebnisse bildet den Schluss dieses Abschnitts. Antworthäufigkeiten und Auswertungen werden durchgehend in relativen Zahlen angegeben, an einzelnen Stellen werden die absoluten Zahlen ergänzt, damit eine Einschätzung der Größenverhältnisse möglich ist. Die Prozentangaben im Text werden ohne Dezimalstellen angegeben, um die Lesbarkeit zu erhöhen. Daher können sich Rundungsdifferenzen ergeben.

4.5.2.1 Teilnehmende Personen

In die Auswertung wurden die Antworten von 488 Personen einbezogen. Davon sind 55 % Frauen und 40 % Männer (keine Angabe: 5 %). Als höchsten Schulabschluss gaben 67 % Abitur, 5 % Beruf mit Abitur, 9 % Fachhochschulreife, 12 % Realschulabschluss oder polytechnische Oberschule und 3 % Hauptschulabschluss an. 4 % machten keine Angabe oder nannten sonstige Abschlüsse. Entsprechend dominieren bei den Berufsausbildungen (mit Mehrfachnennungen) die Studienabschlüsse mit 55 %. Eine Fachausbildung hatten 37 %, angelernt im Beruf waren 7 % und sonstige Berufsausbildungen hatten 8 % der Antwortenden.

Das Alter der Antwortenden ist weit gestreut. Die älteste Person ist 75 Jahre alt, die jüngste 20 Jahre. Insgesamt kann an der Verteilung über Altersgruppen gesehen werden, dass tendenziell mehr jüngere als ältere Personen den Fragebogen beantwortet haben. Von den 342 Personen, die Angaben hierzu machten, waren 19 % zwischen 21 und 30 Jahre alt, 30 % der Personen waren zwischen 31 und 40 Jahre, 30 % zwischen 41 und 50 Jahre, 10 % waren zwischen 51 und 60 Jahre alt und 11 % waren älter als 60 Jahre. Damit sind vor allem Meinungen und Erfahrungen von Personen mit höherem Bildungsabschluss eingeflossen.

Die überwiegende Mehrheit der Personen hat entweder immer in abhängiger Beschäftigung gearbeitet (60 %) oder teils abhängig beschäftigt und teils selbstständig (35 %). Damit hatten 95 % der Befragten Erfahrungen als abhängig Beschäftigte gesammelt. Ausschließlich selbständig gearbeitet hatte 1 % der Teilnehmer/innen und 2 % hatten keine Arbeitserfahrung. 2 % der Personen hatten zu diesem Punkt keine Angaben gemacht. Auffallend ist die breite Streuung der Arbeitserfahrung in den Branchen (Mehrfachnennungen waren möglich). Arbeitserfahrung im Bereich Dienstleistungen hatten 38 %, in der Industrie 24 %, im Bereich Information und Kommunikation 21 %, im Bereich Gesundheit und Soziales 20 %, im Handel 20 %, im Handwerk 8 %, im Tourismus 8 % und im Verkehr 4 %. Es sind also Erfahrungen aus allen Branchen in die Antworten eingeflossen.

Die Gruppe der Befragungs-Teilnehmer/innen weist mit 488 Personen eine beachtliche Größe auf. Auch wenn für diese Befragung Repräsentativität nicht angestrebt wird, so ist für die Interpretation der Ergebnisse wichtig, wie sich die Gruppe der Antwortenden zusammensetzt. Bei der Interpretation der Ergebnisse ist zu beachten, dass in Deutschland im Jahr 2005 insgesamt 22 % der Bevölkerung einen höheren Bildungsabschluss hatten (vgl. Statistisches Bundesamt 2006b), während es in der vorliegenden Befragung 82 % sind (Abitur, Beruf mit Abitur und Fachhochschulreife). Außerdem wurden die Aussagen überwiegend von jüngeren Personen gemacht. Weitgehend ausgewogen vertreten sind hingegen die Branchen, in denen die Befragten Arbeitserfahrungen gesammelt haben, sowie Männer und Frauen.

Ein wichtiges Beschreibungsmerkmal für die Gruppe der Befragten sind die Erfahrungen, die mit Arbeitszeugnissen gemacht wurden. Es wurden 5 Erfahrungsbereiche abgefragt, die mit Ja, Nein und keine Angabe beantwortet werden konnten. Diese Frage haben 313 Personen vollständig beantwortet. Die Ergebnisse sind in Abbildung 4.5.1 dargestellt.

An dieser Grafik zeigt sich deutlich, dass die befragten Personen vielfältige Erfahrungen mit Arbeitszeugnissen haben. 76 % haben für sich und andere Arbeitszeugnisse geschrieben. Als Arbeitnehmer/innen haben 53 % der Personen Zeugnisse formuliert. Als Arbeitgeber/innen haben 30 % Zeugnisse geschrieben oder unterschrieben. Bei der Personalauswahl haben 59 % der Antwortenden Erfahrungen gesammelt und als professionelle Berater/innen 17 %. Ganz deutlich zeigt sich, dass drei Viertel der Befragten Zeugnisse für sich bzw. für befreundete Personen geschrieben haben oder diese beim Schreiben unterstützt haben. Dieses hohe Maß an Erfahrung mit Arbeitszeugnissen muss bei der Auswertung dieser Befragung beachtet werden.

Abbildung 4.5.1: Erfahrungen der Befragten mit Arbeitszeugnissen (n=313)

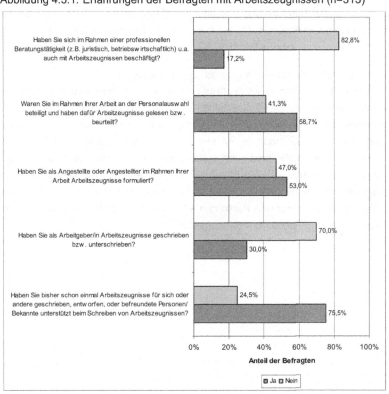

165

Die Personen, die im Rahmen ihrer Arbeitstätigkeit Zeugnisse geschrieben bzw. unterschrieben haben, zu Zeugnissen beraten haben oder sie im Rahmen der Personalauswahl verwendet haben, wurden zudem nach der Zahl der von ihnen geschriebenen Zeugnisse befragt. Diese Frage haben 245 Personen beantwortet. Dabei haben 18 % der Personen kein Zeugnis selbst geschrieben, 35 % haben 1 bis 3 Zeugnisse geschrieben und 13 % haben 4 bis 9 Zeugnisse geschrieben. Mehr Erfahrung mit Zeugnissen haben 28 % der Personen: Sie haben 10 bis 50 Zeugnisse formuliert. Weitere 5 % der Personen haben 100 bis 500 Zeugnisse geschrieben. Aufgrund der hohen Beteiligung von Personen, die professionell Zeugnisse erstellt oder beurteilt haben, wurden die Kategorien Profis und Laien zur Auswertung eingeführt. Als Profis werden die Personen zusammengefasst, die als Arbeitgeber/innen oder Angestellte Zeugnisse geschrieben haben und/oder professionell zu Zeugnissen beraten; die anderen werden als Laien kategorisiert. Als Profis können 53 % der Befragten eingeordnet werden, Laien sind demach 47 % der antwortenden Personen. Zusammenfassend kann gesagt werden, dass die Befragten in einem hohen Maße professionellen Umgang mit Arbeitszeugnissen hatten. Rund 75 % der Befragten haben eigene Erfahrungen mit der Formulierung und über die Hälfte haben Arbeitszeugnisse bei der Personalauswahl verwendet. Dieses hohe Maß an Professionalität und Erfahrung wird bei der Interpretation berücksichtigt.

4.5.2.2 Verbreitung von Arbeitszeugnissen und Wartezeiten

79 % der Befragten haben im Laufe ihres Arbeitslebens Arbeitszeugnisse erhalten. Praktikumszeugnisse haben 48 % erhalten und Ausbildungszeugnisse 46 %. Fast alle Personen, die in abhängiger Beschäftigung gearbeitet haben, erhielten auch Arbeitszeugnisse. Die Frage nach der Anzahl von Arbeitsstellen wurde von 354 Personen beantwortet. Im Laufe ihres Arbeitslebens hatten 5 % der Personen eine Arbeitsstelle und zwei Arbeitsstellen hatten 16 % der Personen. Bei der Betrachtung der kumulierten Werte zeigt es sich, dass 70 % der Personen bis zu 5 Arbeitsstellen hatten. Durchschnittlich war eine Person an 4,90 Arbeitsstellen beschäftigt. Die Häufigkeitsverteilung ist in Abbildung 4.5.2 dargestellt.

Abbildung 4.5.2: Häufigkeitsverteilung der Anzahl von Arbeitsstellen pro Person (n=354)

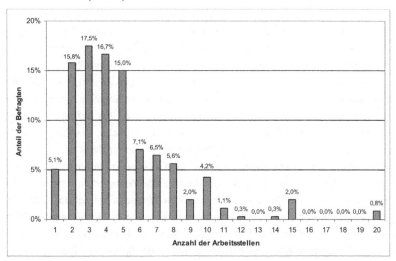

Die Frage nach der Anzahl von Arbeitszeugnissen, die eine Person bisher erhalten hat, wurde von 369 Personen beantwortet. Durchschnittlich hat jede Person bisher 4,04 Arbeitszeugnisse erhalten. Dabei besitzen 52 % der Befragten zwischen 0 und 3 Zeugnisse, weitere 44 % haben bis zu 10 Zeugnisse und nur 4 % der Personen besitzen mehr als 10 Zeugnisse.

Ein überraschendes Ergebnis zeigt die Betrachtung der Durchschnittszahlen an Zeugnissen differenziert nach Altersgruppen. Die Mittelwerte der Gruppen betragen bei den über 60-Jährigen 5,3, bei den 51- bis 60-Jährigen 5,0 und bei den 41- bis 50-Jährigen 4,9. Damit haben alle drei Altersgruppen trotz deutlich unterschiedlicher Arbeitserfahrung durchschnittlich fast gleich viele Zeugnisse (Mann-Whitney Test, signifikante Mittelwertsunterschiede zwischen den Gruppen 21-30 Jahre, 41-50 Jahre und 51-60 Jahre anhand des Scheffe-Tests mit Signifikanzniveau 0,050). Dieses Phänomen könnte auf die wachsende Zahl an Arbeitsplatzwechseln im Zeitablauf zurückzuführen sein. Bei den befragten Personen zeigt sich überdies, dass Frauen durchschnittlich 4,3 Zeugnisse und Männer 4,0 Zeugnisse haben. Der Mittelwertsunterschied bei diesen beiden Gruppen ist jedoch nicht signifikant.

Die Frage, ob sie von jeder Arbeitsstelle ein Zeugnis erhalten haben, beantworteten 322 Personen, davon antworteten 56 % mit „ja". Hier bestätigen sich die Ergebnisse der vorhergehenden Fragen. Die Auswertung ergab, dass eine Person im Durchschnitt weniger Zeugnisse besitzt, als sie Arbeitsstellen hatte. 15 % der Personen gaben an, dass sie nicht immer ein Zeugnis wollten. Die Antwortmöglichkeit, dass es nicht mehr möglich bzw. zu schwierig war, wählten 19 % und 8 % wählten „sonstige Gründe".

Ein auffallendes Ergebnis ergab sich bei den Wartezeiten, die zwischen der Anforderung und der Aushändigung eines Arbeitszeugnisses verstrichen sind. Es wurde nach der kürzesten, der längsten und der durchschnittlichen Wartezeit bei allen Arbeitsstellen gefragt. Die Ergebnisse sind in Abbildung 4.5.3 dargestellt.

Auf diese Frage haben insgesamt 36 % der Personen geantwortet, dass sie sich nicht mehr genau erinnern können. Auf die Frage nach der längsten Zeit haben 218 Personen geantwortet, auf die Frage nach der kürzesten Zeit 208 Befragte und nach der durchschnittlichen Zeit 158 Personen. Dies macht zunächst deutlich, dass die längste Wartezeit im Vergleich am nachhaltigsten in Erinnerung bleibt.

Die Grafik zeigt, dass als Wartezeit die Zeitangabe „bis zu einem Monat" dominiert. So geben 97 % der Personen an, dass sich die kürzeste Wartezeit im Rahmen eines Monats bewegt. Aber auch für die durchschnittliche Wartezeit beträgt der Anteil der Personen, für die die durchschnittliche Wartezeit bis zu einem Monat dauerte, 85 % und auch die längste erlebte Wartezeit liegt für 50 % der Personen bei maximal einem Monat. Die längste Wartezeit dauerte kumuliert bei 85 % der Personen bis zu einem Jahr, länger als ein Jahr haben insgesamt 10 Personen gewartet. Es zeigt sich, dass Arbeitszeugnisse doch innerhalb einer relativ kurzen Frist geschrieben werden, längere Wartezeiten können als Ausnahme gelten.

Abbildung 4.5.3: Vergleich der Wartezeiten auf ein Arbeitszeugnis

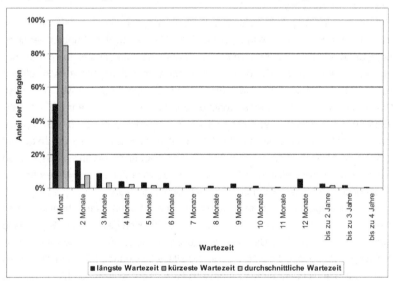

4.5.2.3 Einschätzung von Arbeitszeugnissen

Zum Themenblock Einschätzung von Arbeitszeugnissen wurde gefragt, ob aus Sicht der Befragten Leistungen und Verhalten von Arbeitnehmer/inne/n zutreffend beschrieben werden. Insgesamt antworteten 313 Personen auf diese Frage. Diese Antworten wurden getrennt nach Profis und Laien ausgewertet. Die Verteilung der Einschätzungen ist in Abbildung 4.5.4 abgebildet.

Der Unterschied zwischen den beiden Gruppen ist auffallend. Wenn die Einschätzungen von 1 (ja, fast immer) bis 6 (nie) als intervallskaliertes Merkmal aufgefasst wird, dann liegt der Mittelwert der Einschätzungen der Profis bei 2,7 und der Laien bei 3,0. Dieser Unterschied ist signifikant (Chi-Quadrat nach Pearson, Signifikanzniveau 0,016). Damit hielten Profis Einschätzungen von Leistungen und Verhalten eher für zutreffend als Laien. Dies kann auch darauf zurückzuführen sein, dass Profis mit dieser Angabe auch ihre eigene Leistung als Zeugnisschreibende bewerten. Bei der Kumulierung der Werte zeigt sich, dass 81 % der Laien die Einschätzungen als zumindest „teils, teils" zutreffend ansehen, bei den Profis schätzen dies sogar 90 % so ein.

Abbildung 4.5.4: Meinungsbild zu der Frage: Sind Leistung und Verhalten in Arbeitszeugnissen zutreffend beschrieben? (n=313)

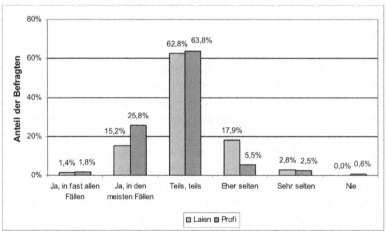

Die Frage, ob es sinnvoller wäre, auch Negatives in Zeugnisse zu schreiben, haben 313 Personen beantwortet. An diesem Punkt gehen die Meinungen deutlich auseinander, die Einschätzungen von Profis und Laien unterscheiden sich aber in diesem Punkt nicht. Die Ergebnisse werden in Abbildung 4.5.5 gezeigt.

Abbildung 4.5.5: Meinungsbild zu der Frage: Sollen auch negative Beurteilungen Zeugnisinhalt sein? (n=313)

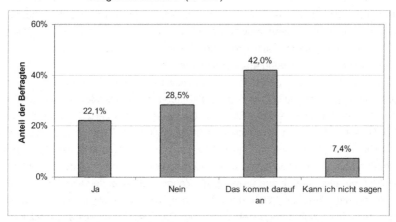

Während 22 % der Befragten sich klar dafür entscheiden, dass Negatives in Zeugnissen stehen sollte, sprechen sich 29 % deutlich dagegen aus. Fast die Hälfte aller Befragten gibt keine klare Antwort auf diese Frage. Für 42 % der Befragten kommt es darauf an und 7 % können es nicht sagen. Da Negatives heute nicht in Zeugnissen stehen darf, kann daraus geschlossen werden, dass 22 % der Personen diese Regelung ablehnen.

Den Befragten wurden 4 Zeugnisformeln vorgelegt. Sie wurden gebeten, diese in einer Notenskala von 1 (sehr gut) bis 6 (ungenügend) zu bewerten. In einem ersten Schritt wurden die Bewertungen nach Laien und Profis getrennt ausgewertet. Dabei ergaben keine signifikanten Unterschiede (Kruskal-Wallis Test, Signifikanzniveaus zwischen 0,321 und 0,758). Diese Fragen haben 342 Personen beantwortet. Die Verteilung der Einschätzungen ist in Abbildung 4.5.6 zu sehen.

In dieser grafischen Darstellung fällt auf, dass sich die Einschätzungen der beiden Gruppen nur minimal unterscheiden. Dabei entsprechen die beiden links abgedruckten Formeln nach heute üblicher Einschätzung der Note 3+ (mit der Tendenz zu besser), die beiden rechts abgedruckten Formeln der Note 5. In den beiden oberen Diagrammen sind die Verhaltensbeurteilungen grafisch dargestellt. Der Mittelwert beträgt in der Grafik oben links 1,9 statt 3,0. Hier zeigt sich eine deutliche Abweichung. Die Standardabweichung beträgt 0,99. Der Mittelwert der Grafik oben rechts beträgt 3,9 statt 5,0, die Standardabweichung beträgt 1,0.

Abbildung 4.5.6: Einschätzung der Notenstufen von Zeugnisformeln (n=342)

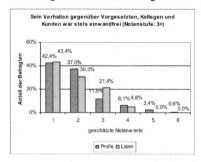

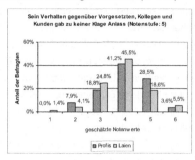

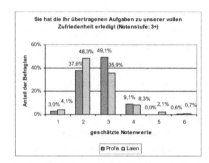

In den beiden unteren Diagrammen sind die Leistungsbeurteilungen dargestellt. Der Mittelwert der Einschätzungen beträgt in der Grafik unten links 2,6 statt 3,0, die Standardabweichung beträgt 0,84. In der Grafik unten rechts beträgt der Mittelwert 4,6 statt 5,0, die Standardabweichung ist 0,95. Bei allen vier Einschätzungen fällt die sehr starke Streuung auf: Fast immer werden alle Noten genannt, nur die Note 1 wird bei der mangelhaften Leistungsbeurteilung nicht genannt. Auffallend ist, dass bei der Einschätzung der Leistungsbeurteilung die Mittelwerte deutlich näher am vorgegebenen Wert liegen und die Streuung etwas geringer ist. Außerdem schätzen die Befragten deutlich bessere Notenstufen, als sie für diese Formulierungen vorgegeben sind.

Presch und Ellerbrock haben die These aufgestellt, dass Arbeitnehmer/innen nicht wissen, welchen Noten die von Arbeitgeber/inne/n verwendeten Formeln entsprechen (vgl. Presch/Ellerbrock 1978, S. 273). Ergänzend zu dieser These kann anhand der Ergebnisse geschlossen werden, dass Arbeitnehmer/innen es zwar nicht genau wissen, dass die für die Zeugnisausstellung Verantwortlichen es aber auch nicht genauer oder besser wissen. Die These von Möller, dass Notenstufen in Zukunft einheitlicher verwendet würden (vgl. Möller 1990, S. 350), kann anhand dieser Ergebnisse nachdrücklich widersprochen werden.

Für die Einschätzung von Arbeitszeugnissen ist es hilfreich, subjektive Einschätzungen nachvollziehen zu können. Daher wurde gefragt, ob es Sätze gab, die die Befragten besonders ärgerlich bzw. erfreulich fanden. 79 Antwortende gaben an, sich über ein Arbeitszeugnis oder einen Satz besonders geärgert zu haben, 105 Personen haben sich über ein Zeugnis oder einen Satz besonders gefreut.

Geärgert haben sich 35 Befragte über ungerechte Beurteilungen (z.B.: „Das Zeugnis war nicht der Arbeitsleistung entsprechend", „unbezahlte Mehrarbeit wurde nicht gewürdigt"). Weitere 8 Befragte gaben an, sich über unvollständige Arbeitszeugnisse geärgert zu haben (z.B.: „eine bestimmte Tätigkeit wurde nicht erwähnt", „Dank in der Schlussformel fehlte"). Über Fehler haben sich 15 Befragte geärgert (z.B.: Rechtschreibfehler, falsch geschriebene Namen). Textbausteine waren bei 13 Befragten ein Anlass für Ärger, vor allem dann, wenn diese fehlerhaft verwendet wurden (z.B.: die Tätigkeitsbeschreibung enthielt eine Arbeitsstation, die in dem individuellen Fall ausgelassen wurde), nicht zur Arbeit passten (z.B.: die Veränderungen des Arbeitsgebietes im letzen Jahr wurden nicht berücksichtigt) oder als unverständlich eingeschätzt werden. Weitere 6 Befragte ärgerten sich über unklare Formulierungen bzw. Unsicherheiten bei der Einschätzung von Formulierungen. Lediglich 3 Befragte gaben an, dass ein vorhergehender Streit dazu führte, dass ihnen ein schlechteres Zeugnis ausgestellt wurde.

105 Befragte haben sich über ein Zeugnis bzw. über einen Satz besonders gefreut. 55 Personen freuten sich über die im Zeugnis ausgesprochene Anerkennung (z.B. über die Formulierung „stets in jeder Hinsicht außerordentlich zufrieden") und 47 Personen betonten die individuellen und persönlichen Formulierungen und Anmerkungen (z.B.: (man) „charakterisierte mich mit Achtung", die Formulierungen, dass „er aus freien Stücken ausscheidet", „wir möchten, dass er bleibt"). 3 Anmerkungen bezogen sich darauf, dass die Vorlage, die für die Arbeitgeber/innen erstellt wurde, übernommen wurde.

Es fällt auf, dass sich mehr Befragte an positive Erlebnisse mit Arbeitszeugnissen erinnern als an negative. Dabei stehen die Anerkennung der geleisteten Arbeit im Vordergrund sowie eine Beurteilung, die als individuell und persönlich erlebt wurde. Ärger über Arbeitszeugnisse wurde vor allem ausgelöst durch Beurteilungen, die als ungerecht erlebt wurden, durch unpersönliche und fehlerhaft verwendete Textbausteine, durch nachlässige Erstellung und durch Unsicherheiten bei der Beurteilung.

4.5.2.4 Einsatz und Bedeutsamkeit von Arbeitszeugnissen

Die Frage nach der Verwendung von Arbeitszeugnissen haben 297 Personen beantwortet. Insgesamt wurden dabei 397 Angaben gemacht (Mehrfachnennungen waren möglich). Vier Kategorien waren als Antwort vorgegeben, sie sind in Abbildung 4.5.7 aufgeführt. Als sonstige Verwendungsbereiche wurde von den Befragten angegeben, dass sie Arbeitszeugnisse für die Bewerbung um Praktika und Stipendien verwendet haben.

Abbildung 4.5.7: Verwendung von Arbeitszeugnissen (n=297)

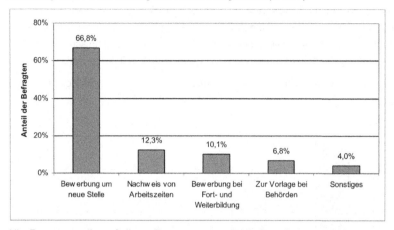

Alle Personen, die auf diese Frage geantwortet haben, haben Arbeitszeugnisse für Bewerbungen auf neue Stellen oder für Fort- und Weiterbildungen eingesetzt. Wie Abbildung 4.5.7 zeigt, ging es dabei vor allem um Bewerbungen für eine neue Stelle, aber auch um Bewerbungen für Fort- und Weiterbildungen. Des Weiteren haben 12 % der Befragten anhand von Zeugnissen Arbeitszeiten nachgewiesen und 7 % haben sie bei Behörden vorgelegt.

Abbildung 4.5.8: Bedeutsamkeit von Arbeitszeugnissen bei Bewerbungen um eine neue Stelle (n=297)

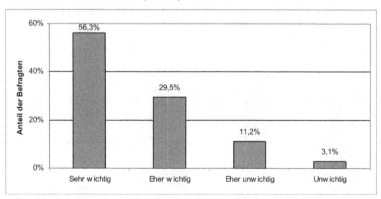

Auf die Frage nach der Bedeutung, die sie selbst Arbeitszeugnissen bei der Bewerbung um eine neue Stelle beimessen, haben 297 Personen geantwortet. Es zeigen sich weder zwischen Laien und Profis noch zwischen Frauen und Männern signifikante Unterschiede. Die Verteilung der Bewertungen ist in Abbildung 4.5.8 dargestellt. Arbeitszeugnisse werden von 56 % der Befragten als sehr wichtig für ihre Bewerbung um eine neue Stelle angesehen. 30 % der Befragten sehen sie noch als eher wichtig an. Nur 11 % bewerten sie als eher unwichtig und 3 % als unwichtig.

Die Befragten wurden außerdem gefragt, wie wichtig ihnen Arbeitszeugnisse als abschließende Leistungsbeurteilung sind. Die entsprechenden Ergebnisse zur persönlichen Bedeutung der Arbeitszeugnisse sind in Abbildung 4.5.9 dargestellt.

Abbildung 4.5.9: Bedeutsamkeit von Arbeitszeugnissen als Leistungsbeurteilung durch die früheren Arbeitgeber/innen (n=297)

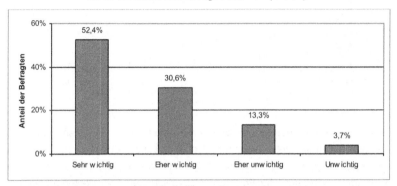

Für 52 % der Befragten hat die Beurteilung der Leistung durch die Arbeitgeber/innen eine sehr hohe Bedeutung. Für weitere 31 % der Befragten ist sie auch eher wichtig. Damit ist für 83 % der Befragten die Leistungsbeurteilung wichtig, nur für 13 % ist sie eher unwichtig und für 4 % unwichtig.

Abbildung 4.5.10: Einschätzung der Bedeutsamkeit von Arbeitszeugnissen für Arbeitgeber/innen (n=377)

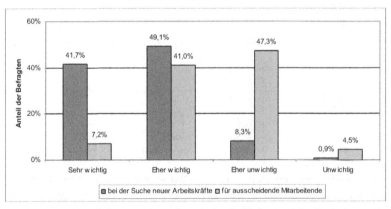

In einem weiteren Schritt wurde gefragt, wie die Befragten die Bedeutung einschätzen, die Arbeitgeber/innen Arbeitszeugnissen beimessen: einerseits die Bedeutung bei der Suche von neuen Arbeitnehmer/inne/n und andererseits die Bedeutung bei

174

der Ausstellung für ausscheidende Arbeitskräfte. Beide Einschätzungen sind in Abbildung 4.5.10 dargestellt.

377 der Befragten gehen davon aus, dass Arbeitszeugnisse bei der Suche nach neuen Arbeitskräften für 91 % der Arbeitgeber/innen sehr wichtig (42 %) oder eher wichtig (49 %) sind. Auffällig ist, dass die Einschätzung der Bedeutung, die Arbeitgeber/innen der Erstellung von Zeugnissen für ausscheidende Arbeitnehmer/innen beimessen, fast gegenläufig ist: Nur 7 % schätzen, dass Arbeitgeber/innen die Erstellung von Arbeitszeugnissen „sehr wichtig" nehmen und 41 % geben „eher wichtig" an. Hingegen glauben 47 % der Befragten, dass Arbeitgeber/innen die Erstellung als eher unwichtig ansehen, und 5 %, dass sie die Erstellung als unwichtig ansehen. An dieser Stelle zeigt sich zumindest aus Sicht der Befragten ein Spannungsverhältnis. Sie erleben Arbeitszeugnisse als wichtig für die Bewerbung um eine neue Stelle. Gleichzeitig gehen sie davon aus, dass Arbeitgeber/innen die Zeugniserstellung als wenig bedeutsam einschätzen.

In diesem Zusammenhang ist eine weitere Frage interessant, die den Personen gestellt wurde, die Zeugnisse beruflich verfassen. Diese wurden gefragt, wie viel Zeit sie haben, um ein Zeugnis zu schreiben. Zudem wurden sie gefragt, wie viel Zeit ihrer Meinung nach gebraucht werden würde, um ein zutreffendes und angemessenes Zeugnis zu schreiben. Ausgewertet wurde die Antwort nur, wenn beide Angaben gemacht waren, was bei 149 Befragten der Fall war. Das Ergebnis dieser Auswertung ist in Abbildung 4.5.11 dargestellt. Ein Balken entspricht dabei der Angabe einer Person, die Angaben sind in Minuten.

Abbildung 4.5.11: Differenz zwischen notwendiger und tatsächlich aufgewendeter Zeit für die Zeugniserstellung (n=149)

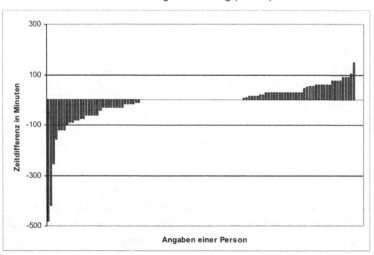

Um eine Tendenz der Aussage besser zu erkennen, wurde die Differenz zwischen der als notwendig erachteten Zeit (Soll-Zeit) und der als tatsächlich verwendet angegebenen Zeit (Ist-Zeit) gebildet. Ein positives Resultat bedeutet in diesem Fall, dass die befragte Person davon ausgeht, dass sie mehr Zeit für die Zeugniserstellung aufwenden sollte. Ein negatives Ergebnis zeigt, dass tatsächlich mehr Zeit aufgewendet wird, als die Befragten für notwendig erachten. Insgesamt betrachtet gaben 71 Personen an, dass sie mehr Zeit aufwenden, als sie eigentlich verwenden sollten. 41 Personen sollten nach ihrer eigenen Einschätzung mehr Zeit aufwenden, als sie es tun, und 37 Personen sehen ihren Zeitaufwand als der Aufgabe angemessen an. Auffällig ist in diesem Zusammenhang, dass gerade Personen, die relativ große Zeitspannen für die Erstellung eines Zeugnisses angeben, nach eigener Einschätzung mehr Zeit verwenden, als sie für angemessen erachten.

Wie oben beschrieben verwenden alle Antwortenden Arbeitszeugnisse für Bewerbungen. Eine weitere Frage richtete sich auf die Einschätzung der Befragten, für welchen Zweck Arbeitszeugnisse in Organisationen verwendet werden. Es waren fünf Antwortmöglichkeiten vorgegeben, von denen die Befragten mehrere angeben konnten. Für diese Auswertung wurden wiederum die Antworten von Profis und Laien getrennt. Die Antwortmöglichkeiten und Ergebnisse sind in Abbildung 4.5.12 dargestellt.

Abbildung 4.5.12: Verwendung von Arbeitszeugnissen in Organisationen (n=364)

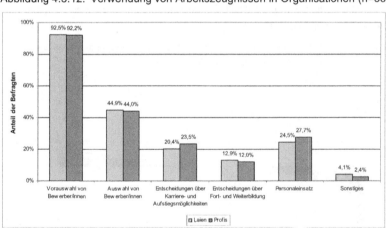

Offen für freie Eintragungen war das Item „Sonstiges". Diese Möglichkeit haben 6 Befragte genutzt. 3 Befragte gaben an, dass Zeugnisse in Organisationen während des Auswahlprozesses genutzt werden, um das Qualifikationsprofil abzugleichen, um Lebenslaufangaben zu verifizieren oder für einzelne Punkte, wie z.B. um Schwatzhaftigkeit zu prüfen. 3 Befragte gaben an, dass Arbeitszeugnisse als Vorlage für neue Zeugnisse genutzt werden, die in einer Organisation geschrieben werden müssen.

Von 364 Befragten, die diese Frage beantwortet haben, gehen 92 bzw. 93 % davon aus, dass Zeugnisse bei der Vorauswahl von Bewerber/inne/n eingesetzt werden. Zusätzlich nehmen weitere 44 bis 45 % an, dass sie bei der Auswahl von Bewerber/inne/n eingesetzt werden. Mehr als 20 % geben an, dass Zeugnisse bei Entscheidungen über Karriere- und Aufstiegsmöglichkeiten eingesetzt werden. Zwischen 12 und 13 % nennen die Verwendung für Entscheidungen über Fort- und Weiterbildungen und 25 bis 27 % die Verwendung für Personaleinsatzentscheidungen. Es zeigt sich deutlich, dass die Einschätzungen der Laien und Profis sich nur sehr gering unterscheiden. Diese Ergebnisse zeigen, dass Arbeitszeugnisse aus Sicht der Befragten eine Rolle in wichtigen Handlungsfeldern der betrieblichen Personalpolitik spielen. Überwiegend wird von einer Verwendung bei der Vorauswahl und der Auswahl des Personals ausgegangen, aber auch bei den Personalbewegungen, und zwar sowohl im Rahmen der Personalentwicklung als auch des Personaleinsatzes.

In einem letzten Schritt wurde gefragt, welche Bedeutung Arbeitgeber/innen aus Sicht der Befragten den einzelnen Teilen von Bewerbungsunterlagen bei der Vorauswahl beimessen (Ist-Bedeutung) und welche Bedeutung sie aus Sicht der Befragten haben sollten (Soll-Bedeutung).

Diese Frage haben 342 Personen beantwortet. Es wurde nach Anschreiben, Lebenslauf, Bewerbungsfoto (in der Befragung: Bild), Arbeitszeugnis, Ausbildungszeugnis und Schulzeugnis gefragt. Die einzelnen Ergebnisse sind in Abbildung 4.5.13 vergleichend dargestellt.

Die Auswertung der Antworten auf diese Frage zeigt, dass die Ist-Bedeutung und die Soll-Bedeutung der einzelnen Bewerbungsunterlagen bei den Befragten kaum voneinander abweichen. Es gab auch keine signifikanten Unterschiede in der Einschätzung von Profis und Laien. Die einzige Ausnahme stellt das Bewerbungsfoto bzw. Bild dar. Hier gehen 79 % der Befragten davon aus, dass es für Arbeitgeber/innen wichtig oder eher wichtig ist. Gleichzeitig geben 67 % der Befragten an, dass es aber eher unwichtig oder unwichtig sein sollte. Insgesamt wird dem Anschreiben und dem Lebenslauf die höchste Bedeutsamkeit zugesprochen, danach folgt die Bedeutsamkeit von Arbeitszeugnissen. Im Anschluss folgt das Ausbildungszeugnis und als deutlich unwichtiger werden Schulzeugnisse eingestuft. In Abschnitt 4.4.2 wurde die Frage gestellt, wie hoch die soziale Validität von Arbeitszeugnissen ist. Hier zeigt sich, dass die soziale Validität der Bewerbungsunterlagen hoch ist, ausgenommen das Bewerbungsfoto.

Abbildung 4.5.13: Einschätzung der Bedeutsamkeit (Ist und Soll) der einzelnen Bewerbungsunterlagen (n=342)

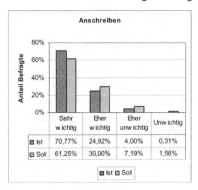

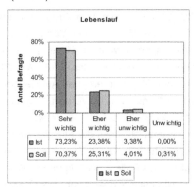

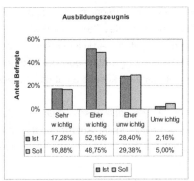

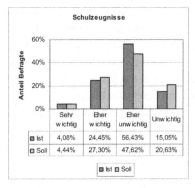

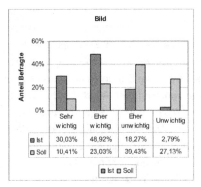

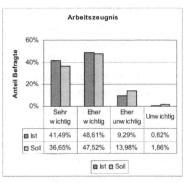

Die Bedeutung, die Arbeitszeugnissen von den Befragten beigemessen wird, kann auch anhand der Zahl der Auseinandersetzungen über Zeugnisse betrachtet werden (vgl. Abschnitt 4.3). In der Online-Befragung wurde die Frage gestellt, ob die Befragten aufgrund eines Arbeitszeugnisses Auseinandersetzungen mit den Arbeitgeber/inne/n hatten. Diese Frage haben 306 Personen beantwortet. 75 % der Antwortenden haben angegeben, keine Auseinandersetzungen gehabt zu haben, lediglich 25 % hatten bisher Auseinandersetzungen. Zur Art der Auseinandersetzung konnten nähere Angaben gemacht werden. Von den betreffenden 76 Personen wurden 112 solcher Angaben gemacht. Und zwar wurden die Auseinandersetzungen in 47 % der Fälle mit dem zuständigen Vorgesetzten und in 21 % mit der Personalabteilung geführt. Mithilfe von Anwält/inn/en wurden 13 % der Auseinandersetzungen geführt, über den Betriebsrat 9 %, mithilfe der Gewerkschaft 2 % und vor das Arbeitsgericht kamen 8 % der Auseinandersetzungen.

4.5.2.5 Erstellung von Arbeitszeugnissen

Eine Frage lautete, inwieweit die Befragten an der Erstellung ihrer Zeugnisse selbst beteiligt waren. Die Ergebnisse zur Mitwirkung bei der Erstellung von Arbeitszeugnissen sind in Abbildung 4.5.14 dargestellt.

Da eine Person mehrere Zeugnisse haben kann, wurden 7 Antwortmöglichkeiten vorgegeben. Bei jeder Antwort konnte die zutreffende Zeugniszahl eingetragen werden. Die Antworten auf diese Fragen waren die einzigen, unter denen sich eine hohe Zahl inkonsistenter Antworten befand. Es konnten daher insgesamt nur Antworten von 163 Personen ausgewertet werden. Die anderen Antworten wurden nicht einbezogen, da diese Befragten angaben, insgesamt weniger Zeugnisse bekommen zu haben, als sie in die verschiedenen Kategorien eingetragen hatten.

Abbildung 4.5.14: Mitwirkung bei der Erstellung der eigenen Arbeitszeugnisse (n=163)

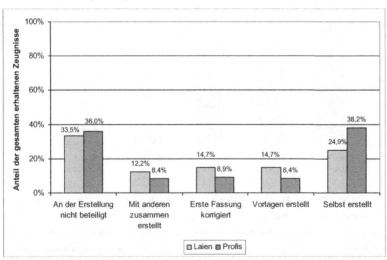

179

Die Angaben beziehen sich auf die Gesamtzahl der Zeugnisse, die eine Person erhalten hat. Dabei waren die Laien im Durchschnitt bei 34 % ihrer Zeugnisse nicht an der Erstellung beteiligt, von den Profis waren sogar 36 % an der Erstellung ihrer Zeugnisse nicht beteiligt. Auffallend ist, dass Profis seltener bei der Erstellung ihrer Zeugnisse mitwirken. Schließlich haben Profis für 47 % ihrer Zeugnisse Vorlagen oder das komplette Zeugnis erstellt, während Laien dies nur für 40 % ihrer Zeugnisse taten.

Im zweiten Schritt wurde gefragt, wer diejenigen Arbeitszeugnisse erstellt hat, die eine Person nicht selbst formuliert hat. Als Angaben standen Arbeitgeber/innen, Personalstelle, Abteilungsleitung, Kolleg/inn/en sowie die Rechtsabteilung zur Auswahl (Mehrfachnennungen waren möglich). Die Befragten konnten auch „sonstige Erstellende" angeben. Dabei wurden Lehrer/innen und Projektleiter/innen benannt. Aufgrund der wenigen Nennungen wurde dies nicht in der Grafik aufgenommen. Die Ergebnisse der entsprechenden Auswertung sind in Abbildung 4.5.15 dargestellt.

Auf diese Frage zur Erstellung von Arbeitszeugnissen haben 161 Personen geantwortet. Bei den Angaben dazu dominieren klar Arbeitgeber/innen (40 %), die Personalstelle (30 %) sowie die Abteilungsleitung (28 %). Als eher selten ist die Erstellung durch Kolleg/inn/en (2 %) oder die Rechtsabteilung (1 %) einzustufen.

Abbildung 4.5.15: Erstellende von Arbeitszeugnissen (n=161)

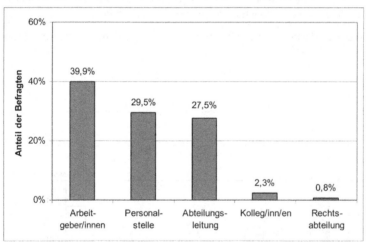

Im nächsten Schritt wurden alle Befragten, also Profis und Laien, gebeten, die Hilfsmittel zu bennen, die sie einsetzen, um Zeugnisse zu schreiben. Außerdem wurden die Laien gefragt, welche Hilfsmittel ihrer Vermutung nach in Organisationen zur Erstellung von Zeugnissen eingesetzt werden. Bei dieser Frage waren Mehrfachnennungen möglich. Die Ergebnisse sind in Abbildung 4.5.16 dargestellt. Auch „sonstige

Hilfsmittel" konnten angegeben werden, sie sind in der Abbildung nicht erfasst. Bei diesem Punkt nannten 12 Personen Vorlagen aus dem Internet. Einzelne Nennungen umfassten privat bekannte Fachleute, Rechtsanwält/inn/e/n, Unternehmensberater/innen und Outplacementberatungen.

Wie ersichtlich werden viele verschiedene Hilfsmittel zur Erstellung von Zeugnissen genannt. Auffällig ist, dass Zeugnissoftware im Vergleich zu anderen Mitteln deutlich seltener eingesetzt wird. Zeugnisse von anderen Arbeitnehmer/inne/n werden von Profis und Laien häufig benutzt und Laien gehen davon aus, dass sie ein in Organisationen häufig verwendetes Hilfsmittel sind. Auch eigene frühere Zeugnisse verwenden sowohl Profis als auch Laien oftmals.

Zeugnisse, sowohl von anderen Arbeitnehmer/innen als auch eigene, werden zum Schreiben von neuen Zeugnissen ausgesprochen häufig eingesetzt. Zusammen genommen stellen Zeugnisse 92 % der selbst verwendeten Hilfsmittel und 76 % der von professionell Zeugnisschreibenden verwendeten Hilfsmittel. Des Weiteren gehen 48 % der Antwortenden davon aus, dass in Organisationen für das Schreiben eines Arbeitszeugnisses frühere Beurteilungen der Person, für die das Zeugnis erstellt wird, hinzugezogen werden.

Abbildung 4.5.16: Einsatz von Hilfsmitteln

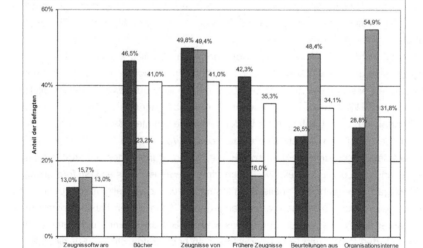

Bereits Weuster (1994) hatte diese Frage gestellt. Im Vergleich zu seinen Ergebnissen ist die Bedeutung von früheren eigenen Zeugnissen und den Zeugnissen von anderen gleich hoch geblieben. Weuster fragte allerdings nicht nach den Beurteilungen aus der Organisation, die nach den hier vorliegenden Ergebnissen eine wichtige Rolle bei der Erstellung von Zeugnissen spielen.

4.5.2.6 Geheimcodes in Arbeitszeugnissen

Wie schon mehrfach angesprochen wurde, werden Geheimcodes im Zusammenhang mit Arbeitszeugnissen oft thematisiert. In der Befragung wurde ermittelt, wie viele der befragten Personen davon ausgehen, dass Geheimcodes in Zeugnissen vorhanden sind und was sie als Geheimcode ansehen. So wurde unter anderem gefragt, ob die Befragten davon ausgehen, dass es geheime Informationen im Sinne von Geheimzeichen in Arbeitszeugnissen gibt. Auf diese Frage haben insgesamt 326 Personen geantwortet. Bejaht haben diese Frage 81 % der Befragten, verneint haben dies 13 % und 5 % gaben an, dass sie es nicht sagen können. Auch hier unterscheiden sich die Meinungen von Profis und Laien nicht deutlich: 79 % der Profis und 83 % der Laien gehen davon aus, dass es geheime Informationen gibt.

Die 265 Personen, die mit „ja" geantwortet haben, wurden gebeten, Beispiele für Geheimcodes (Formulierungen oder Zeichen) in Arbeitszeugnissen zu geben. 179 Personen haben solche Beispiele beschrieben. Diese Beispiele wurden zur Auswertung kategorisiert. Dies geschah anhand der Positiv-Skala der zusammenfassenden Verhaltensbeurteilung (vgl. Tabelle 3.2.3), der Positiv-Skala der zusammenfassenden Leistungsbeurteilung (vgl. Tabelle 3.2.2) und der Liste der Geheimcodes (vgl. Tabelle 3.3.1). Zum Teil wurden mehrere Beispiele gegeben, so dass die Zahl der Zuordnungen die Zahl der Antwortenden übersteigt.

Insgesamt wurden 198 Zuordnungen vorgenommen. Auffällig war dabei, dass 40 % der Beispiele der Positiv-Skala der Leistungsbeuteilung zugeordnet werden können. Es dominiert das Beispiel „hat sich bemüht" und die Abstufungen zur „vollen/vollsten Zufriedenheit". Weitere 12 % entsprechen den Angaben der Positiv-Skala der Verhaltensbeurteilung. Damit entfallen 52 % der 198 zugeordneten Beispiele auf die Formulierungen in diesen Skalen. Den Geheimcodes (vgl. Tabelle 3.3.1) können 35 % der Beispiele zugeordnet werden, so z.B. die Formulierungen des „toleranten Mitarbeiters" und das „gesunde Selbstvertrauen". Interessant ist, dass es kein formuliertes Beispiel gab, das nicht in Tabelle 3.3.1 enthalten und damit allgemein zugänglich war. Lediglich einzelne Zeichen wurden angegeben, die in diesen Tabellen nicht oder mit anderer Deutung enthalten waren. Das waren z.B. Punkte hinter der Unterschrift, Striche an den Seiten und Rechtschreibfehler an bestimmten Stellen. Für diese Zeichen wurden von den Befragten zum Teil auch widersprüchliche Deutungen angeführt. So wurde z.B. für einen Punkt nach der Unterschrift als Deutungsmöglichkeiten angegeben, dass die Arbeitnehmer/innen Gewerkschaftsmitglied oder Betriebsratsmitglied seien, zuviel Alkohol trinken würden oder ihnen am besten fristlos gekündigt worden wäre.

Insgesamt konnten 26 der 198 Beispiele nicht den Positiv-Skalen oder der Tabelle zugeordnet werden. In 7 davon wurde darauf hingewiesen, dass im Schlusssatz eine Benotung enthalten sei. Unter diesen Beispielen fanden sich drei, in denen die Bedeutungen näher erläutert werden, auch hier sind die Unterscheidungsmerkmale widersprüchlich. Im ersten Beispiel wird davon ausgegangen, dass „wir wünschen ihr weiterhin Erfolg" einer schlechteren Notenstufe entsprach als „wir wünschen ihr für ihre private und berufliche Zukunft weiterhin alles Gute und viel Erfolg". Im zweiten Beispiel wurde die Formel „wir wünschen für die Zukunft viel Erfolg" als Code für die Erfolglosigkeit im alten Unternehmen bezeichnet. Im dritten Beispiel wurde davon ausgegangen, dass fehlende Wünsche für die Zukunft die Bedeutung des gesamten Zeugnisses umkehren würden. In zehn weiteren Beispielen wurde auf die Formulierungstechnik des Weglassens und in fünf Beispielen auf die Reihenfolge hingewiesen. Die Reihenfolgenbeispiele bezogen sich vor allem auf die zusammenfassende Beurteilung der Leistung. In welcher Reihenfolge Vorgesetzte, Kolleg/inn/en und Kund/inn/en benannt werden, wurde dabei als wertend interpretiert. Vier Beispiele konnten nicht zugeordnet werden: Eine Person sah ein Ausstellungsdatum von bis zu einem Monat nach Beendigung des Arbeitsverhältnisses als Zeichen für eine Kündigung an. Eine schlechte Papierqualität wurde als Abwertung des gesamten Zeugnisses eingeschätzt. Ein Ausrufungszeichen hinter der Telefonnummer wurde als Beispiel ohne Deutung benannt. Eine Angabe lautete, Rechtschreibfehler würden an der Stelle, an der sie vorkommen, den Inhalt abwerten.

Damit konnten insgesamt 98 % der Beispiele den Positiv-Skalen, der Liste von Geheimcodes oder den Formulierungstechniken zugeordnet werden, die aus Veröffentlichungen der 1970er und 1980er Jahre stammen (vgl. Presch/Gloy 1976 und Presch 1985) und zudem durch Gerichtsurteile des LAG Hamm verbreitet wurden. Diese Geheimcodes und ihre Entschlüsselung sind damit heute über 20 Jahre alt. Presch ging davon aus, dass Fachleute Formeln in Arbeitszeugnissen nach einem weitgehend einheitlichen Schema deuten, während Laien dies nicht tun (vgl. Presch 1985, S. 321f.). Dieser These kann hier widersprochen werden, da die angegebenen Beispiele sowohl von Laien als auch von Fachleuten stammen. Daher kann geschlossen werden, dass die Deutung beiden Seiten bekannt ist. Zudem sind die Deutungen der Positiv-Skalen so unterschiedlich, dass weder bei Fachleuten noch bei Laien von einer einheitlichen Interpretation die Rede sein kann.

Im Vergleich zu den Ergebnissen bei Geheimcodes von Weuster zeigen sich kaum Unterschiede. In seiner Befragung von Personalberater/inne/n gingen 73 % der Befragten davon aus, dass Geheimzeichen verwendet werden (vgl. Weuster 1994, S. 157ff.). In der vorliegenden Befragung sind es 79 % der Profis, die von Geheimzeichen ausgehen. Die bei Weuster genannten Beispiele sind ebenso wie die in der vorliegenden Befragung fast ausnahmslos auf die oben genannten Listen zurückzuführen.

4.5.3 Zusammenfassung der Ergebnisse

Die befragten Personen sind überdurchschnittlich gut ausgebildet. Die Altersgruppe der 20- bis 40-Jährigen ist deutlich stärker vertreten als die der über 40-Jährigen. Außerdem haben viele Personen teilgenommen, die beruflich mit Arbeitszeugnissen Umgang haben. Damit handelt es sich bei den Befragten um eine überdurchschnittlich gut informierte Gruppe.

Fast alle Personen mit Arbeitserfahrung haben auch Arbeitszeugnisse erhalten. Durchschnittlich war eine Person an 4,9 Arbeitsstellen tätig und hat 4 Arbeitszeugnisse erhalten. Es zeigt sich auch, dass zwar von den meisten, aber nicht von allen Arbeitsstellen Zeugnisse gefordert werden. Die meisten Zeugnisse werden innerhalb eines Monats nach Beendigung des Arbeitsverhältnisses an die Arbeitnehmer/innen ausgehändigt, nur in wenigen Fällen musste länger gewartet werden.

Die meisten Befragten gehen davon aus, dass die Beurteilung in Arbeitszeugnissen zumindest teilweise zutreffend ist. Häufig wird die Beurteilung als zutreffend angesehen, seltener als unzutreffend. Für die Möglichkeit, dass in Arbeitszeugnissen auch negative Urteile formuliert werden, sprechen sich nur wenige Personen aus. Die meisten lehnen dies ab oder sind sich nicht sicher, ob es wünschenswert wäre. Die Notenstufen in Zeugnissen werden nicht einheitlich beurteilt. Die Befragten, die professionell mit Zeugnissen umgehen, haben zwar eine geringere Streuung in der Notenschätzung, dennoch variieren die Noteneinschätzungen stark. Auffällig ist, dass mehr Befragte angeben, sich über ein Arbeitszeugnis gefreut zu haben, als sich geärgert zu haben. Als Anlass zur Freude wurden vor allem Anerkennung genannt und dass Zeugnisse für sie individuell verfasst wurden. Anlass zum Ärger gaben Nachlässigkeiten, Fehler, Auslassungen, unpersönliche Formulierungen und als ungerecht erlebte Beurteilungen.

Wie erwartet, werden Arbeitszeugnisse vor allem für Bewerbungen eingesetzt. Die Befragten schätzen die Bedeutung von Arbeitszeugnissen dabei als durchaus wichtig ein. Interessant ist, wie wichtig für die Befragten ihre eigenen Zeugnisse als abschließende Leistungsbeurteilung sind. Dabei wird ein Spannungsverhältnis ersichtlich. Denn die Befragten erachten die Bedeutung der Arbeitszeugnisse bei der Bewerbung in Organisationen als durchaus wichtig. Dagegen schätzen sie die Bedeutung, die der Zeugniserstellung in einer Organisation beigemessen wird, als auffallend unwichtig ein. Die Zeugnisschreibenden unter den Befragten wurden nach der Zeit gefragt, die sie für ein Zeugnis tatsächlich aufwenden, und nach der, die sie ihrer Meinung nach aufwenden sollten. Dabei geht knapp die Hälfte der Personen davon aus, dass sie zu viel Zeit aufwendet. Ein Viertel der Personen schätzt die eingesetzte Zeit als zu knapp ein und ebenfalls nur ein Viertel sieht die Zeit als angemessen an.

Die Bewertung einzelner Teile der Bewerbungsunterlagen durch die Befragten zeigt, dass die Einschätzung der Bedeutsamkeit in Organisationen weitgehend mit derjenigen übereinstimmt, die die Befragten als wünschenswert ansehen. Lediglich die Bedeutsamkeit des Bewerbungsfotos in Organisationen wird höher eingeschätzt, als es die Befragten für sinnvoll halten. Daraus kann geschlossen werden, dass die soziale Validität von Bewerbungsunterlagen hoch ist, außer im Fall des Bewerbungsfotos. Gefragt nach den Auseinandersetzungen im Zusammenhang mit Arbeitszeugnissen ist die Zahl derer, die noch nie eine Auseinandersetzung geführt haben, mit 75 % ausgesprochen hoch.

Von den Laien wurde ca. ein Viertel der Arbeitszeugnisse selbst geschrieben, bei ca. einem Drittel der Zeugnisse haben sie nicht mitgewirkt. Bei allen anderen Zeugnissen wurden die Beurteilten einbezogen. Zeugnisse werden in den Organisationen überwiegend von Arbeitgeber/inne/n, der Personalstelle oder den Abteilungsleitungen geschrieben. Als Hilfsmittel für die Erstellung werden vor allem andere Zeugnisse eingesetzt, außerdem spielen Textbausteine und Beurteilungen der Organisation eine wichtige Rolle.

80 % der Befragten gehen davon aus, dass Geheimcodes existieren. Von den gegebenen Beispielen entstammten ca. die Hälfte den Positiv-Skalen der Beurteilung, die restlichen Beispiele finden sich nahezu vollständig in den Zusammenstellungen von Geheimcodes aus den 1970er und 1980er Jahren wieder.

4.6 Teilstudie E: Inhaltsanalyse von Arbeitszeugnissen

4.6.1 Fragestellung und Forschungsansatz

Mit dieser Teilstudie werden zwei Ziele verfolgt. Im ersten Schritt wird überprüft, ob und welche Veränderungen bei Arbeitszeugnissen im Laufe der Zeit festgestellt werden können. Für diesen Schritt werden die empirischen Befunde früherer Studien systematisch zusammengestellt und mit eigenen Analyseergebnissen verglichen. Diese Elemente einer Replikationsstudie können sowohl dazu verwendet werden, die empirischen Befunde früherer Studien nachzuprüfen, als auch zum Nachzeichnen von Entwicklungslinien. Im zweiten Schritt werden eigene Arbeitshypothesen zum Diskriminierungspotenzial von Arbeitszeugnissen aufgestellt und geprüft. Im Folgenden werden zuerst die Fragen dargestellt, die aus früheren Studien wieder aufgenommen werden. Anschließend werden die Hypothesen zur Diskriminierung formuliert. Es folgen Erläuterungen zur Zusammenstellung des Korpus an Zeugnissen sowie zur Vorgehensweise bei der Analyse.

4.6.1.1 Fragen zur Replikation von Studienergebnissen

Die Replikation von Studien bzw. von einzelnen Fragen kann dazu genutzt werden, den Kenntnisstand zu einem Thema zu festigen. Dabei ist es wichtig, dass die zu replizierende Studie systematisch dokumentiert ist, damit die Bedingungen wiederholbar sind und das Datenmaterial möglichst entsprechend gewählt werden kann (vgl. Bortz/Döring 2003, S. 36ff.).

Die Forschungsarbeiten von Presch, Ellerbrock und Gloy sowie von Möller beruhen auf der gleichen Sammlung von 802 Arbeitszeugnissen (vgl. Abschnitt 3.3). Diese Zeugnisse wurden zwischen 1949 und 1986 ausgestellt. Die Zusammenstellung ist unsystematisch, einige Zeugnisse stammen auch aus anderen Ländern und sind nicht in Deutsch geschrieben. Nähere Angaben zur Zahl, Herkunft und Sprache dieser Zeugnisse gibt es nicht. 58 Arbeitszeugnisse sind für Sekretärinnen ausgestellt worden; dies ist die größte vertretene Berufsgruppe (vgl. Möller 1990, S. 229f.).

Die Analyse von Preibisch beruht auf 659 Arbeitszeugnissen, die ihr von einem Unternehmen aus Norddeutschland zur Verfügung gestellt wurden (vgl. Preibisch 1982, S. 4). Diese Arbeitszeugnisse werden nicht näher spezifiziert. Schwarbs Untersuchung beruht auf 44 Arbeitszeugnissen (vgl. Schwarb 2000, S. 56). Unklar ist, ob diese Zeugnisse aus der Schweiz oder Deutschland stammen. Außerdem bleiben Ausstellungszeitraum, Art der Zeugnissammlung und Berufe der Zeugnisempfänger unklar. Weuster bezieht sich mit seiner Analyse auf insgesamt 1.000 Zeugnisse, die zwischen 1970 und 1991 ausgestellt wurden. Nur 669 Zeugnisse sind dabei qualifizierte Arbeitszeugnisse, die restlichen sind Zwischenzeugnisse und Zeugnisse über Ausbildung und Praktika (vgl. Weuster 1994, S. 73ff.).

Die Replikationsfragen, die aus den verschiedenen Studien in meine Analyse eingehen, lassen sich den vier thematischen Kategorien *Form*, *Inhalt*, *Geheimcodes* und *Gruppenunterschiede* zuordnen.

Die *Form* von Arbeitszeugnissen wurde vielfältig empirisch untersucht. In Weusters Analyse stimmen bei 76 % der Zeugnisse Ausstellungsdatum und Vertragsende überein (vgl. Weuster 1994, S. 107). Zudem sind die von ihm untersuchten Arbeitszeugnisse in ca. 72 % der Fälle mit zwei Unterschriften versehen, alle anderen Zeugnisse wurden von einer Person unterschrieben. Nur zwei Ausbildungszeugnisse tragen drei Unterschriften (vgl. Weuster 1994, S. 108). Ohne hierzu eine aus seinen Analysen bezogene quantitative Aussage zu treffen, gibt Weuster an, dass Geburtsorte in Zeugnissen regelmäßig aufgenommen werden (vgl. Weuster 2007, S. 58).

Preibisch stellt fest, dass der Name der Beurteilten, die Beschäftigungsdauer und die Art der Beschäftigung in fast allen von ihr analysierten Arbeitszeugnissen genannt werden. In ca. 25 % der Zeugnisse jedoch sind nur die Berufsbezeichnung des Beurteilten bzw. eine Tätigkeit oder ein Einsatzort erwähnt. Weitere Aufgabenbeschreibungen fehlen in diesen Fällen. In den Schlussbemerkungen enthalten 74 % der Zeugnisse die Angabe, dass die Arbeitnehmer/innen auf eigenen Wunsch gehen (vgl. Preibisch 1982, S. 34). Diesen Hinweis auf eine Kündigungsinitiative seitens der Arbeitnehmer/innen fand Weuster in 81 % der analysierten Zeugnisse. Entsprechend hoch ist hier auch die Zahl der Zeugnisse, die Zukunftswünsche enthalten (vgl. Weuster 1994, S. 109). Preibisch fand in 83 % aller Arbeitszeugnisse Grußworte am Schluss (vgl. Preibisch 1982, S. 38). Weuster stellte fest, dass Zukunftswünsche in 95 % aller Endzeugnisse enthalten sind. Sie gehören darum aus seiner Sicht zu den Standardformulierungen (vgl. Weuster 1994, S. 245). Weuster stellt zudem fest, dass die Hälfte (49 %) der analysierten Arbeitszeugnisse eine Dankes-Bedauern-Formel enthalten (vgl. Weuster 1994, S. 110).

Der *Inhalt* von Arbeitszeugnissen bezieht sich auf die Verwendung von Formeln, Formulierungstechniken und Noten. Presch und Ellerbrock stellten fest, dass in Zeugnissen eine formelhafte Leistungsbeurteilung verwendet wird (vgl. Presch/Ellerbrock 1978, S. 266). Des Weiteren werden die Formeln der Leistungs- und Verhaltensbeurteilung in Arbeitszeugnissen immer wieder verwendet (vgl. Presch/Gloy 1976, S. 175). Die von der Forschergruppe um Presch zusammenge-stellten Positiv-Skalen wurden durch das LAG Hamm in verschiedenen Urteilen fest-geschrieben. Anhand dieser Zusammenstellungen kann geprüft werden, ob die For-meln heute wortgleich verwendet werden. Weuster hat die verwendeten Positiv-Skalen-Formeln aus 881 Zeugnissen in Noten übertragen. Laut seiner Studie waren die Noten folgendermaßen verteilt: Sehr gut 10 %, Gut 47 %, Befriedigend 34 %, Ausreichend 9 % und Mangelhaft 0 % (vgl. Weuster 1994, S. 87). Dabei fiel Weuster auf, dass die Beurteilung des Sozialverhaltens regelmäßig deutlich besser ausfällt als die Beurteilung der Leistung (vgl. Weuster 1994, S. 109). Allerdings ist die von Weuster verwendete Positiv-Skala des Verhaltens nicht die gleiche, die in Gerichts-urteilen verwendet wurde. Schwarb untersucht die Zahl der Attribute, die in einem Arbeitszeugnis genannt sind, und stellt dazu die folgende These auf: Je besser die Beurteilung der Arbeitnehmer/innen in einem Arbeitszeugnis, desto mehr Attribute werden genannt. Außerdem stellt er fest, dass Attribute, die laut Schwarb „modernen Mitarbeitern" zugeschrieben werden, selten benutzt werden. Als „modern" bezeichnet er die Attribute Flexibilität, Lernwille, Kreativität und Teamfähigkeit (vgl. Schwarb 2000, S. 57).

Geheimcodes in Zeugnissen wurden von Presch und Gloy (1976) thematisiert. Sie haben die in Tabelle 3.3.1 vorgestellte Liste als erste veröffentlicht und besprochen. Ihre Annahme lautet, dass Geheimcodes in Zeugnissen verwendet werden (vgl. Presch/Gloy 1976, S. 170). Allerdings merkt Presch in einer späteren Veröffentli-chung an, er sei sich nach der Analyse seiner Zeugnissammlung sicher, „dass For-mulierungen dieser Art selten sind" (Presch 1980a, S. 245).

Gruppenunterschiede wurden von Möller und von Weuster näher untersucht. Möller stellt fest, dass die Beurteilungen in Arbeitszeugnissen von Sekretärinnen auf niedri-geren Hierarchiestufen tendenziell schlechter sind als auf höheren Hierarchiestufen. Er sah in diesem Hierarchieeffekt ein Indiz dafür, dass eine untergeordnete Position innerhalb einer Berufsgruppe zu einer tendenziell schlechteren Bewertung führen könnte (vgl. Möller 1990, S. 350f.) Zu einem entsprechenden Ergebnis kommt auch Weuster, der feststellt, dass Führungskräfte ausführlicher und besser beurteilt werden als Angestellte (vgl. Weuster 1994, S. 109). Möller stellt die These auf, dass sich die Arbeitszeugnisse von verschiedenen Berufsgruppen in dieser Hinsicht unterscheiden (vgl. Möller 1990, S. 349). Diese These konnte er anhand seiner willkürlich zusammengestellten Arbeitszeugnisse nicht näher betrachten und empfahl, diesen Aspekt in weiteren Studien näher zu beforschen.

Die Auswertungen, die den vorgestellten Ergebnissen der Studien zugrunde liegen, werden mit dem mir vorliegenden Korpus an Zeugnissen repliziert und die Ergebnisse in Abschnitt 4.6.2.3 dargestellt und verglichen. Zusammenfassend wird sodann überprüft, inwieweit Arbeitszeugnisse den grundlegenden rechtlichen Anforderungen genügen. Diese Schlussfolgerung kann aus den Gesamtergebnissen gezogen werden.

4.6.1.2 Hypothesen zum Diskriminierungspotenzial von Arbeitszeugnissen

Wie in Abschnitt 3.4.4 dargestellt, werden Arbeitszeugnisse vor allem im Rahmen der Personalauswahl eingesetzt. Sie sind also ein wichtiges Instrument der betrieblichen Personalpolitik und ermöglichen Personen den Zugang zu Organisationen. Ein wichtiger Aspekt in diesem Zusammenhang ist die potenzielle Diskriminierung von Personengruppen mit bestimmten Merkmalen. Das Diskriminierungspotenzial von Arbeitszeugnissen wurde in Abschnitt 3.4.6 ausführlich dargestellt. Bei der Inhaltsanalyse von Arbeitszeugnissen können die Merkmale Alter und Geschlecht für die Analyse des Diskriminierungspotenzials betrachtet werden. Dazu werden Arbeitszeugnisse von Männern und Frauen und von jüngeren Arbeitnehmer/inne/n und älteren Arbeitnehmer/inne/n verglichen. Diskriminierung liegt dann vor, wenn eine Gruppe ohne sachlichen Grund schlechter beurteilt wird als eine andere. Es wird davon ausgegangen, dass Frauen und Männer durchschnittlich eine gleich gute bzw. schlechte Beurteilung von Leistung und Verhalten erzielen sollten, genauso wie jüngere und ältere Arbeitnehmer/innen. Dabei kann allerdings in diesem Rahmen keine Aussage über die Richtigkeit der individuellen Beurteilung getroffen werden. Eine Diskriminierung einer Gruppe liegt dann vor, wenn diese Gruppe im Vergleich zur anderen systematisch schlechter beurteilt wird.

Darauf aufbauend werden zur Frage der Diskriminierung anhand von Arbeitszeugnissen drei Hypothesen aufgestellt:

1. In Arbeitszeugnissen sind Merkmale enthalten, die nicht arbeitsrelevant sind und die zu Diskriminierung führen können. Dazu gehören aus der Reihe der Merkmale, die im AGG genannt sind, insbesondere die Merkmale Rasse, ethnische Herkunft, Religion oder Weltanschauung, Behinderung und sexuelle Identität.

2. Frauen werden in Arbeitszeugnissen tendenziell schlechter beurteilt als Männer.

3. Ältere Arbeitnehmer/innen werden tendenziell schlechter beurteilt als jüngere Arbeitnehmer/innen.

Die erste Hypothese ergibt sich daraus, dass Merkmale in Arbeitszeugnissen benannt sein können, die nicht arbeitsrelevant sind. Die Nennung solcher Merkmale kann die Rezeption des gesamten Zeugnisses prägen, stereotype Zuschreibungen bewirken und auf diese Weise diskriminierend wirken. Gegen diese Hypothese spricht der hohe Regelungsgrad von Arbeitszeugnissen. Es gibt vielfältige Form- und Inhaltsregeln für Arbeitszeugnisse. Arbeitgeber/innen verstoßen gegen diese Formerfordernisse, wenn sie nicht arbeitsrelevante Merkmale in das Zeugnis aufzunehmen. Es ist fraglich, ob Arbeitgeber/innen dies in nennenswertem Umfang tun.

Die zweite und dritte Hypothese beziehen sich auf explizite und implizite Beurteilungen. In einzelnen Studien wurde festgestellt, dass die Beurteilung von Teilzeitbeschäftigten, Beschäftigten in frauendominierten Berufen und Frauen in männerdominierten Berufen bei der Personalbeurteilung schlechter ausfallen (vgl. Abschnitt 3.4.6.2). Außerdem hat sich bei Studien zur Personalauswahl gezeigt, dass es Hinweise auf Diskriminierung von Frauen gibt (vgl. z.B. Akman u.a. 2005). Auch bei der Gruppe der älteren Arbeitnehmer/innen gibt es bei der Personalauswahl Hinweise auf Diskriminierung. Aufgrund der Hinweise auf eine Diskriminierung von Frauen und älteren Arbeitnehmer/inne/n werden die Beurteilungen in Arbeitszeugnissen daraufhin überprüft, ob eine systematische Schlechterbeurteilung bei diesen beiden Gruppen zu finden ist. Es wird also mit der zweiten Hypothese davon ausgegangen, dass die Beurteilungen in Arbeitszeugnissen von Frauen schlechter sind als die von Männern, und mit der dritten Hypothese, dass die Beurteilungen von älteren Arbeitnehmenden schlechter sind als die von jüngeren. Treffen die Hypothesen zu, dann kann geschlossen werden, dass der Inhalt von Arbeitszeugnissen diskriminierend sein kann.

Explizite Beurteilungen können anhand der Positiv-Skalen verglichen werden. Implizite Beurteilungen sind in stereotypen Zuschreibungen enthalten. Dabei enthalten Stereotypen, die Frauen und Älteren zugeschrieben werden, in der Regel implizite Beurteilungen, die mit einer geringeren Wertschätzung einhergehen, als es bei den Männern und Jüngeren zugeschriebenen Stereotypen der Fall ist. Entsprechend werden in Hinblick auf Führungsverhalten und -eigenschaften die Männern bzw. Jüngeren zugeschriebenen Stereotypen höher gewertet (ausführlicher dazu vgl. Abschnitt 3.4.6). Wenn diese Hypothesen zutreffen, dann wird mithilfe von Arbeitszeugnissen diskriminiert. Bei der zweiten Hypothese muss darauf geachtet werden, dass sowohl Männer als auch Frauen bei der Leistungsbeurteilung diskriminiert werden können, wenn sie in nicht geschlechtstypischen Berufen arbeiten (vgl. Abschnitt 3.4.6). Auch dieser Effekt wird bei der Prüfung der Hypothese beachtet.

4.6.1.3 Auswahl und Beschaffung der Arbeitszeugnisse

Für diese Studie wurde ein Korpus von 411 Arbeitszeugnissen zusammengestellt. Diese Arbeitszeugnisse werden anhand einer qualitativen und quantitativen Inhaltsanalyse näher betrachtet. Die Methode der Inhaltsanalyse eignet sich zum einen für eine qualitative Einschätzung der Zeugnisse, die aufgrund vieler Textbesonderheiten notwendig ist. Zum anderen eignet sie sich für diese Studie, da darüber Entwicklungen, Veränderungen und Unterschiede quantifiziert werden können. Grundlegend für die Qualität und Aussagekraft dieser Studie sind die Auswahl der analysierten Arbeitszeugnisse und die Festlegung der Variablen, die der Auswertung zugrunde gelegt werden. Diese Schritte der Studie werden darum im Folgenden näher beschrieben, zunächst die Zusammenstellung des Korpus und im nächsten Abschnitt das methodische Vorgehen.

Sowohl die Tätigkeitsbeschreibung, die verschiedenen Leistungsmerkmale als auch die Verhaltensbeschreibungen in Arbeitszeugnissen sind abhängig von der betreffenden Branche, dem Berufsbild und der hierarchischen Stellung der beurteilten Person. Vor allem für die Prüfung der Hypothesen zur Diskriminierung ist es wichtig, diese Aspekte zu beachten. Daher ist es zweckmäßig, für die Analyse Berufsgruppen zu bilden und nach hierarchischer Stellung zu unterscheiden. Bestimmte Berufe werden mehr dem einen Geschlecht zugeschrieben als dem anderen. Daher wurde bei der Beschaffung der Arbeitszeugnisse der Schwerpunkt auf eine bestimmte Auswahl von Berufen gelegt.

Diese Berufe wurden anhand von vier Kriterien ausgewählt. Sie sollten erstens der Branche produzierendes Gewerbe und der Branche Dienstleistung entstammen. Zweitens sollten sowohl Berufszweige mit Ausbildungsberufen als auch Berufszweige für Arbeitnehmer/innen mit akademischen Abschlüssen einbezogen werden. Drittens wurden die Berufszweige so ausgewählt, dass sowohl frauendominierte, männerdominierte als auch relativ ausgeglichen besetzte Berufe vertreten sind. Und viertens sollten es Berufszweige sein, in denen ein möglichst großer Anteil von Arbeitnehmer/inne/n tätig ist. Die Auswahl der vier Kriterien beruht auf folgenden Erwägungen.

Im produzierenden Gewerbe arbeiten in Deutschland 28 % der abhängig Beschäftigten, im Dienstleistungsbereich sind es 71 %. Diese beiden Branchen decken somit 99 % der Arbeitsplätze für Arbeitnehmer/innen ab (vgl. Statistisches Bundesamt 2005b, S. 74). Die Branche Land- und Forstwirtschaft, Fischerei kann daher vernachlässigt werden. Zu beachten ist, dass sich die Verteilung der Arbeitnehmer/innen auf die Bereiche produzierendes Gewerbe und Dienstleistung deutlich bezüglich des Geschlechts unterscheidet (vgl. Bothfeld u.a. 2005, Tab. 3.A.20). Während ca. 39 %

der Männer im produzierenden Gewerbe tätig sind und ca. 60 % im Dienstleistungsbereich, arbeiten Frauen zu fast 84 % im Dienstleistungsbereich und nur zu ca. 14 %
im produzierenden Gewerbe. Aufgrund der hohen Bedeutung des produzierenden
Gewerbes und des Dienstleistungsbereichs und der ungleichen Verteilung der Ar-
beitnehmer/innen sollen Berufe aus beiden Bereichen in die Analyse einbezogen
werden.

Arbeitszeugnisse sind vor allem für Ausbildungsberufe und für akademisch gebildete
Arbeitnehmer/innen von Bedeutung (vgl. Weuster 1994, S. 252f.). Die Bedeutung
steigt mit der erforderlichen Qualifikation. So ist sie besonders hoch für Facharbeits-
kräfte sowie für Arbeitnehmer/innen im unteren und mittleren Management. Daher
sollten sowohl Berufszweige mit Ausbildungsberufen als auch Einsatzbereiche für
Arbeitnehmer/innen mit akademischen Abschlüssen einbezogen werden.

Die Beachtung der Berufszweige ist wichtig, da auf dem Arbeitsmarkt eine geschlechtstypische Segregation besteht. Das konnte bereits an der Verteilung der Ar-
beitnehmer/innen auf die Wirtschaftsbereiche gezeigt werden. Diese Segregation
setzt sich auch bei der Besetzung der Berufe bzw. Berufsgruppen fort (vgl. Statistisches Bundesamt 2003, S. 35ff.). Die geschlechtstypische Segregation hinsichtlich
bestimmter Berufe verändert sich zwar im Zeitverlauf, das Phänomen selbst besitzt
aber eine hohe Stabilität (vgl. Rüther 2001, S. 4ff.). Es bietet sich daher an, Berufe
aus den folgenden drei Gruppen zu wählen: von Männern dominierte Berufszweige,
von Frauen dominierte und möglichst ausgeglichen besetzte. Damit sind Vergleiche
zwischen diesen Berufszweigen möglich. Dabei soll darauf geachtet werden, dass
die Arbeitszeugnisse aller drei Gruppen möglichst ausgeglichen für Frauen und
Männer erstellt wurden. Zumindest sollte die Geschlechterverteilung dem Anteil des
jeweiligen Geschlechts in den betrachteten Berufszweigen entsprechen. Eine Segregation aufgrund des Alters kann nicht beobachtet werden. Daher wird in dieser Hinsicht der Aspekt des Alters nicht weiter berücksichtigt.

Überdies bietet es sich für die Analyse von Arbeitszeugnissen an, Berufszweige zu
wählen, die in Deutschland stark vertreten sind. Dies hat den Vorteil, dass es einfacher sein müsste, aufgrund der hohen Zahl von Arbeitnehmer/inne/n eine möglichst
große Zahl an Arbeitszeugnissen zu erhalten und zu analysieren.

Anhand dieser Kriterien wurden die sechs Berufsgruppen Krankenschwester/-
pfleger, Sozialarbeiter/innen und Sozialpädagog/inn/en, Arbeitnehmer/innen in der
Steuer- und Unternehmensberatung und -prüfung, Büro- und kaufmännische Angestellte, Tischler/innen und Ingenieur/inn/e/n ausgewählt. Dem Dienstleistungsbereich
können davon die ersten vier Berufsgruppen zugeordnet werden. Tischler/innen sowie Ingenieur/inn/e/n können dem produzierenden Gewerbe zugeordnet werden. In-
genieur/inn/e/n werden zwar in der Regel dem Bereich zugeordnet, in dem ihr Unternehmen tätig ist, die Art der Unternehmenstätigkeit ist aber zumeist dem produzie-

renden Gewerbe zuzurechnen. Zu den Ausbildungsberufen gehören Kranken-
schwester/-pfleger, Büro- und kaufmännische Angestellte sowie Tischler/innen. Aka-
demische Ausbildungen sind für Sozialarbeiter/innen und Sozialpädagog/inn/en, für
Berufe in der Steuer- und Unternehmensberatung und -prüfung sowie für Ingeni-
eur/inn/e/n erforderlich. In Abbildung 4.6.1 zeigt sich, dass in den ausgewählten Berufen bzw. Berufsgruppen die Verteilung nach Geschlecht breit gestreut ist.

Abbildung 4.6.1: Verteilung von Männern und Frauen in den ausgewählten Berufen

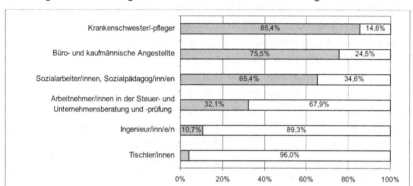

Quelle: eigene Berechnungen nach Statistisches Bundesamt 2003, Fachserie 1/Reihe 4.1.2.

Eine Tätigkeit kann dann als von einem Geschlecht dominiert bezeichnet werden,
wenn mehr als 75 % der Arbeitnehmer/innen das gleiche Geschlecht haben (vgl.
Bothfeld u.a. 2005, S. 10). Dies trifft auf die Berufe Krankenschwester/-pfleger, die
Büro- und kaufmännischen Berufe zu, die vor allem von Frauen ausgeübt werden.
Sie können demnach als frauendominiert bezeichnet werden. Der Beruf der Ingeni-
eur/inn/e/n und der Tischler/innen wird in entsprechend hohem Maße von Männern
ausgeübt, diese können also als männerdominiert bezeichnet werden. Entsprechend
können nach dieser Definition die Berufe in der Steuer- und Unternehmensberatung
und -prüfung sowie die Berufstätigkeiten von Sozialarbeiter/inne/n und Sozialpäda-
gog/inn/en als, zumindest relativ, ausgeglichen verteilt bezeichnet werden.
Zur Beschaffung der Zeugnisse dienten zunächst private Kontakte und E-
Mailverteiler. Anschließend wurden Anzeigen in Berufsfachverbandszeitschriften und
Pressemitteilungen zum Thema Arbeitszeugnisse mit der Bitte um Zusendung von
Arbeitszeugnissen veröffentlicht. Personen aus den genannten Berufsgruppen wurden direkt angesprochen und in verschiedenen Internetforen (wer-weiss-was und
open business club) wurden Aufrufe gepostet.
Die Beschaffung der Arbeitszeugnisse erwies sich als schwierig. Bereits zu Beginn
zeigte sich, dass fast ausschließlich die Beschaffung über private Kontakte und

Netzwerke erfolgreich war. Arbeitszeugnisse werden als etwas sehr Persönliches erlebt. Arbeitszeugnisse wurden vor allem dann zur Verfügung gestellt, wenn Vertrauen über persönliche Kontakte vorhanden war. Über Anzeigen, Postings und Foren konnten nur ausgesprochen wenige Arbeitszeugnisse für den Korpus gewonnen werden. Lediglich die Personen, die im Rahmen der Teilstudie C Fragen im Expertenforum gestellt haben, waren bisweilen auf Nachfrage bereit, Arbeitszeugnisse für diese Studie zur Verfügung zu stellen. Hilfreich waren einzelne professionelle Berater/innen und Personalverantwortliche, die in Absprache mit den beurteilten Personen kleine anonymisierte Sammlungen von Arbeitszeugnissen für die Analyse zur Verfügung gestellt haben. Aufgrund der Schwierigkeiten bei der Beschaffung von Arbeitszeugnissen konnten so die ausgewählten Berufe nicht vollständig abgedeckt werden, jedoch liegen von anderen Berufsgruppen zahlreiche Zeugnisse vor. Das Verhältnis von Zeugnissen für Frauen zu denen für Männer konnte trotz intensiver Bemühungen nicht wesentlich verändert werden. Die Beschreibung der Arbeitszeugnisse, die dieser Analyse zugrunde liegen, erfolgt in Abschnitt 4.6.2.1.

4.6.1.4 Methodisches Vorgehen bei der Inhaltsanalyse

Die Auswertung der Arbeitszeugnisse wurde mit SPSS 12.0 durchgeführt. Sowohl für die quantitative als auch für die qualitative Inhaltsanalyse wurden daher Variablen definiert. Die meisten Variablen wurden vor der Analyse definiert. Dabei wurde bei einzelnen Variablen darauf geachtet, dass Ausprägungen ergänzt werden konnten. So zeigte sich z.B. im Laufe der Datenerfassung, dass bei 9 Zeugnissen das Ausstellungsdatum vor 1945 lag. Diese Ausprägung konnte ergänzt und damit in der Auswertung beachtet werden. Jede genannte Eigenschaft oder Verhaltensweise wurde als eine Variable erfasst, damit eine Auswertung der stereotypen Zuschreibungen möglich ist. Dazu wurden alle Eigenschaften und Verhaltensweisen, die in den früheren Studien genannt wurden, als Variable definiert. Anschließend wurden alle neuen Begriffe beim ersten Erscheinen in einem Arbeitszeugnis neu als Variable definiert. So wurden die Arbeitszeugnisse schließlich anhand von 203 Variablen ausgewertet. Im Folgenden werden die zentralen Gruppen der Variablen vorgestellt.

Die erste Gruppe der Variablen dient der exakten Zuordnung der einzelnen Zeugnisse. Zuerst wurde ein Zeugnis einer Zeugnisart zugeordnet: qualifiziertes Zeugnis, einfaches Zeugnis, Zwischenzeugnis, Ausbildungszeugnis, Praktikumszeugnis, Beurteilung, sonstige Art eines Zeugnisses, Zeugnisse aus der DDR und Zeugnisse mit einem Ausstellungsdatum vor 1945. Im Anschluss wurde die äußere Form anhand der Seitenzahl, der Zahl der Unterschriften und der Art des verwendeten Briefbogens erfasst. Der formale Inhalt wurde anhand einer Vielzahl von einzelnen Merkmalen erfasst. Die Merkmale umfassen beispielsweise die exakte Überschrift des Zeugnisses, die Zeitform, in der es geschrieben ist, die Postleitzahl des Ausstellungsortes und die im Arbeitszeugnis erwähnten Daten wie Anfang und Ende des Arbeitsverhältnisses, Befristungen, Ausstellungsdatum und Arbeitsplatz- oder Arbeitszeitveränderungen. Weitere Merkmale sind die Daten der Arbeitnehmer/innen wie z.b. Wohnadresse, Geburtsort, Geburtsjahr und Geschlecht. Wichtig für die Auswertung nach Gruppen ist die Zuordnung zu Berufsgruppen, die im Anschluss an die Datenerfassung anhand von Häufigkeiten gebildet wurde. Die Berufe wurden anhand der Bezeichnung im Zeugnis erfasst und in einem zweiten Schritt einer Gruppe zugeordnet. Ergänzend wurden Daten der Organisation erfasst wie Branche, Größe und Beschreibung der Organisation.

Die zweite Variablengruppe erfasst die Erwähnung von bestimmten Begriffen der Eigenschafts- und Verhaltensbeschreibung in den oben genannten Ausprägungen. Diese Gruppe umfasst 127 Variablen, darunter z.b. Abstraktionsvermögen, Freundlichkeit, Durchsetzungsvermögen, effizient und ehrlich. Nur eindeutige Synonyme wurden unter einen Begriff gefasst wie „pünktlich" und „nie zu spät". Zu dieser Gruppe gehören auch Variablen, die sich auf die Personalführung beziehen, z.b. Teamverhalten, Führungsstil, Delegationsfähigkeit und Motivation der Mitarbeiter/innen.

Die dritte Gruppe der Variablen erfasst Art und Umfang der Formulierungen. Mit diesen Variablen werden der Umfang eines Themas im Zeugnis erfasst sowie die Art der Beschreibungen wie z.b. formelhaft. Darunter fallen die Aufgabenbeschreibung, Eingangsformel, zusammenfassende Verhaltens- und Leistungsbeurteilung, Beendigungsgründe, außerdienstliches Verhalten, Schlussformel, Erwähnungen von Krankheiten, Unterbrechungen, Erfolge und Aufstieg.

Die vierte Gruppe umfasst Variablen, die der qualitativen Interpretation dienen. Dazu gehören z.b. der Gesamteindruck für die Verwendung von Formeln, das Maß an Individualität, Auffälligkeiten und Besonderheiten. Besonderes Augenmerk galt der Verwendung von Geheimcodes. Dabei wurde darauf geachtet, ob bekannte Geheimcodes in irgendeiner Form zu finden sind und ob systematische Auffälligkeiten einen Hinweis auf andere bzw. neue Geheimcodes geben können. Auch diese Variablen wurden ordinalskaliert definiert, damit quantitative Auswertungen möglich sind.

Bei der Datenerfassung wurden die Arbeitszeugnisse zunächst mit einer fortlaufende Nummer versehen. Anschließend wurden alle Arbeitszeugnisse anonymisiert, d.h. Nachname, Tag und Monat des Geburtsdatums sowie Wohnort wurden geschwärzt. Bei einigen Zeugnissen waren diese Daten bereits geschwärzt und zum Teil auch andere Daten wie Ausstellungsort, Name der Unterzeichnenden und Ähnliches. Alle Arbeitszeugnisse wurden im November 2006 erfasst. Alle Eingaben, bei denen Stufungen oder Wertungen vorgenommen wurden, wurden am Ende des Datenerfassungszeitraums wiederholt und mit der Ersteingabe abgeglichen. So konnte sichergestellt werden, dass das Verständnis von Ausprägungen und deren Beurteilung konsistent blieb.

4.6.2 Darstellung der Ergebnisse

Insgesamt wurden 459 Zeugnisse gesammelt, sie wurden alle in Deutschland ausgestellt. Der Korpus umfasst 411 qualifizierte Arbeitszeugnisse, 10 Abschlussbeurteilungen aus der DDR, 11 Ausbildungszeugnisse, 1 einfaches Zeugnis, 17 Praktikumszeugnisse sowie 9 Zeugnisse aus der Zeit vor 1945. Im Folgenden beruhen alle Analysen, Aussagen und Interpretationen auf den 411 qualifizierten Arbeitszeugnissen aus den Jahren zwischen 1945 bis 2007.

Zuerst werden die analysierten Arbeitszeugnisse genauer beschrieben und kategorisiert. Die Beschreibung des Korpus erfolgt überwiegend mit absoluten Zahlen, um Größenordnungen klarer einschätzen zu können. Nur an einzelnen Stellen werden relative Zahlen verwendet, um Vergleiche nachvollziehbarer zu machen. Anschließend werden die Analysen zur Beantwortung der Replikationsfragen dargestellt und mit den Ergebnissen der früheren Studien verglichen. Am Ende dieses Abschnitts wird überprüft, inwieweit Zeugnisse heute den rechtlichen Anforderungen entsprechen und ob Problembereiche identifiziert werden können. Im nächsten Abschnitt werden die Analysen beschrieben, die für die Prüfung der Hypothesen zur Diskriminierung durchgeführt wurden. Daran schließt sich die Interpretation der Ergebnisse in Hinblick auf die Hypothesen an. Eine Zusammenfassung der Analyseergebnisse bildet den Schluss dieses Abschnitts.

4.6.2.1 Beschreibung der analysierten Arbeitszeugnisse

Der Korpus der 411 Arbeitszeugnisse wird zuerst anhand von formalen Kriterien beschrieben. In 264 Zeugnissen ist die Postleitzahl des Ausstellungsortes zu erkennen. In einigen wenigen Zeugnissen ist die Postleitzahl nicht enthalten, in den restlichen Zeugnissen konnte die Postleitzahl nicht erkannt werden, da die Daten geschwärzt waren. Aus allen 10 Postleitzahlenregionen Deutschlands sind Arbeitszeugnisse im Korpus enthalten. 98 Zeugnisse sind in Berlin ausgestellt worden, sie bilden die größte Gruppe an Zeugnissen aus einer Region. Diese Häufung kann mit den Schwierigkeiten bei der Beschaffung erklärt werden, da viele Zeugnisse über persönliche Kontakte und deren Netzwerke beschafft wurden. Allen anderen Regionen sind zwischen 10 und 30 Zeugnisse zuzuordnen. Das Ausstellungsdatum konnte bei 380 Zeugnissen erhoben werden. Diese Daten sind weit gestreut, wie Abbildung 4.6.2 zu entnehmen ist.

Keines der Zeugnisse wurde zwischen 1945 und 1950 ausgestellt. Aus den Jahren 1950 bis 1979 stammen insgesamt nur 20 Zeugnisse. Zwischen 1980 und 1989 wurden 39 Zeugnisse ausgestellt, 134 stammen aus dem Zeitraum 1990 bis 1999 und die weitaus meisten Zeugnisse, nämlich 187 wurden zwischen 2000 und 2006 erstellt. Im Korpus sind damit Zeugnisse aus verschiedenen Zeiträumen enthalten. 49 % der Arbeitszeugnisse stammen aus den letzten 6 Jahren und sind damit weitgehend aktuell.

Abbildung 4.6.2: Gruppierte Ausstellungsdaten der Zeugnisse (n=380)

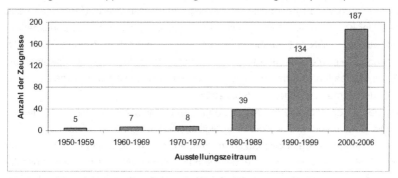

Das Alter, in dem die Person das Zeugnis erhalten hat, konnte anhand des Ausstellungsdatums und des Geburtsjahres berechnet werden. Beide Daten waren bei 337 Zeugnissen vorhanden. Die Verteilung der Altersgruppen bei Ausstellung des Zeugnisses ist in Abbildung 4.6.3 dargestellt.

Abbildung 4.6.3: Altersgruppen der beurteilten Personen zum Zeitpunkt der Zeugnisausstellung (n=337)

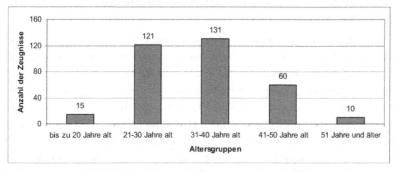

Das maximale Alter ist 58 Jahre; zwei Personen haben in diesem Alter ein Zeugnis erhalten. Die jüngste Person erhielt mit 17 Jahren ein Zeugnis. Die Gruppe der bis zu 20 Jahre alten Zeugnisempfänger/innen ist mit 15 Zeugnissen im Korpus vertreten, die 21- bis 30-Jährigen mit 121 und die 31- bis 40-Jährigen mit 131 Zeugnissen. Diese Gruppen können zur Gruppe der jüngeren Arbeitnehmer/innen zusammengefasst werden und ergeben zusammen 267 Zeugnisse. Ihr Anteil umfasst 79 %. Die älteren Arbeitnehmer/innen setzen sich zusammen aus der Gruppe der 41- bis 50-Jährigen mit 60 Zeugnissen und denen, die über 50 Jahre alt sind, mit 10 Zeugnissen.

Bei allen Zeugnissen ist anhand des Vornamens das Geschlecht der Person erkennbar, die das Zeugnis erhalten hat. Von den 411 Arbeitszeugnissen sind 333 für Frauen und 78 für Männer ausgestellt worden. Dies entspricht einem Anteil von 81 % an Zeugnissen für Frauen und 19 % für Männer. Ein systematischer Zusammenhang zwischen Geschlecht und Alter konnte nicht festgestellt werden (Man-Whitney-Test, Signifikanzniveau 0,190).

Die Dauer der Beschäftigungsverhältnisse konnte 325 Zeugnissen entnommen werden. Das längste Arbeitsverhältnis dauerte 25 Jahre, das kürzeste 3 Monate. Die Verteilung der Dauer der Arbeitsverhältnisse ist in Abbildung 4.6.4 wiedergegeben. Die Dauer ist in vollen Jahren dargestellt: Eine Dauer von 2 Jahren sagt aus, dass das Arbeitsverhältnis mindestens 2 Jahre und weniger als 3 Jahre gedauert hat. Deutlich zu sehen ist, dass eine Häufung bei den Arbeitsverhältnissen zwischen einem und zwei Jahren vorliegt: Diese Gruppe umfasst 79 Zeugnisse und entspricht damit einem Anteil von 24 %. Die kumulierten Werte zeigen, dass 163 aller Arbeitsverhältnisse weniger als 3 Jahre gedauert haben. 10 Jahre oder länger haben nur 30 der Arbeitsverhältnisse gedauert.

Die Dauer der Arbeitsverhältnisse ist negativ korreliert mit dem Geburtsjahr der Personen, über die das Zeugnis ausgestellt wurde (Korrelation, Signifikanzniveau: 0,010, Korrelationskoeffizient nach Pearson: -0,306). Daraus kann in dieser Studie Folgendes geschlossen werden: Je jünger die Personen sind, desto kürzer ist die Dauer des Arbeitsverhältnisses (bei steigendem Geburtsjahrgang sinkt die Dauer). Entsprechend verweilen die älteren Personen länger in einem Arbeitsverhältnis. Ein Zusammenhang zwischen Geschlecht und Dauer ist hingegen nicht festzustellen (T-Test für unabhängige Stichproben, Signifikanzniveau 0,146).

Abbildung 4.6.4: Dauer der den Zeugnissen zugrundeliegenden Arbeitsverhältnisse (n=325)

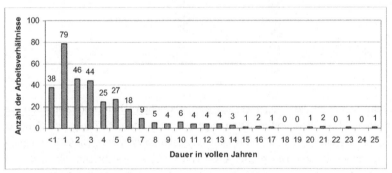

In 36 Zeugnissen ist angegeben, dass das Arbeitsverhältnis befristet war. Eine Angabe zur Arbeitszeit ist in 43 Zeugnissen enthalten. Darunter fallen bei den Frauen 16 Zeugnisse, in denen angegeben ist, dass es sich um eine Teilzeitbeschäftigung handelte, in 8 Zeugnissen ist angegeben, dass es sich um eine Vollzeitbeschäftigung handelte, und in 15 Zeugnissen ist erwähnt, dass die Arbeitszeit sich im Laufe des Arbeitsverhältnisses verändert hat. In 3 Zeugnissen von Männern wurde angegeben, dass es sich um eine Teilzeitstelle handelt, in einem Zeugnis wurde Vollzeit angege-

ben, eine Veränderung der vereinbarten Arbeitszeit war in keinem Zeugnis erwähnt. Auch wenn die Zahlen auf den ersten Blick unterschiedlich sind, so kann doch statistisch kein signifikanter Unterschied festgestellt werden (Chi-Quadrat nach Pearson, Signifikanzniveau 0,284). Das Testergebnis kann wegen der geringen Zahl an Zeugnissen für Männer zustande gekommen sein. Des Weiteren wurde in 21 Zeugnissen erwähnt, dass es Unterbrechungen im Arbeitsverhältnis gab, in 15 Zeugnissen wurden Erziehungszeiten erwähnt, in einem Zeugnis eine Weiterbildung und in 5 Zeugnissen war die Unterbrechung nicht näher bestimmt. Alle diese Unterbrechungen sind in Zeugnissen für Frauen erwähnt.

Von den 411 Zeugnissen wurden 58 im öffentlichen Dienst ausgestellt, 88 Zeugnisse von kleinen Organisationen, 62 von mittelgroßen und 71 von großen Organisationen. Bei 132 Zeugnissen ist die Größe der Organisation unklar. 372 Zeugnisse können einer Branche zugeordnet werden. Das Ergebnis dieser Zuordnung ist in Abbildung 4.6.5 dargestellt. 273 Zeugnisse entstammen den Branchen Gesundheit und Soziales sowie sonstigen Dienstleistungen. Dies entspricht einem Anteil von 73 % der Zeugnisse im Korpus. Während Zeugnisse aus Verkehr und Tourismus nur in geringer Zahl vertreten sind, lassen sich den Branchen Information und Kommunikation, Industrie, Handel und Handwerk 15 bis 37 Zeugnisse zuordnen.

Abbildung 4.6.5: Anzahl der Zeugnisse nach Branchen (n=372)

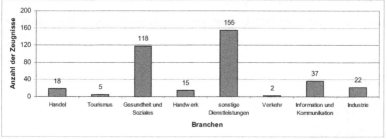

Insgesamt stammen die Zeugnisse aus allen Branchen. Dem produzierenden Gewerbe können Handwerk und Industrie zugerechnet werden, 37 Zeugnisse stammen aus diesem Bereich. Die restlichen 335 Zeugnisse können zum Dienstleistungsbereich gerechnet werden. Der große Anteil von 90 % entspricht zum einen der zunehmenden Bedeutung des Dienstleistungsbereichs (vgl. Abschnitt 4.6.1.3) und zum anderen dem hohen Anteil von Zeugnissen für Frauen in diesem Korpus, da Frauen wie bereits dargestellt überwiegend im Dienstleistungsbereich arbeiten.

Ein Ausbildungsgrad konnte 401 Zeugnissen entnommen werden. Es zeigte sich, dass 103 Zeugnisse von Personen mit akademischer Ausbildung stammen, dies entspricht 28 %. 288 Zeugnisse stammen von Personen mit beruflicher Ausbildung. Bei 10 Zeugnissen waren weder Ausbildung noch Beruf angegeben.

Ein wichtiger Punkt sind die Berufsgruppen, aus denen die Arbeitszeugnisse stammen. Wie oben erwähnt, war die gezielte Beschaffung ausgesprochen schwierig. Auffällig ist vor allem, dass nur sehr wenige Zeugnisse im Korpus enthalten sind, die aus von Männern dominierten Berufen stammen. Bei den von Frauen dominierten Berufen ist neben dem Ausbildungsberuf der Krankenschwester bzw. des Krankenpflegers auch eine große Zahl an Zeugnissen von Rechtsanwalts- und Notariatsfachangestellten sowie von Sekretär/inn/en vertreten.

Abbildung 4.6.6: Anzahl der Zeugnisse nach Berufsgruppen (n=346)

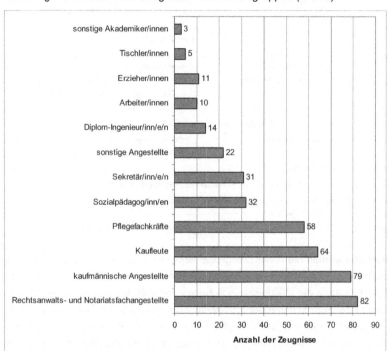

Als Gruppe werden im Folgenden nur Berufsgruppen geführt, die mit mehr als 30 Zeugnissen vertreten sind. Nur diese Gruppen sind statistisch verlässlich auswertbar. Sie sind mit der jeweiligen Anzahl der Zeugnisse in Abbildung 4.6.6 dargestellt. Die Gruppen mit 30 oder mehr Zeugnissen umfassen insgesamt 346 Zeugnisse, die verbleibenden 65 Zeugnisse gehören zu kleineren Gruppen oder zur Sammelkategorie Sonstige.

Von den 346 Zeugnissen entfallen 204 (59 %) auf von Frauen dominierten Berufsgruppen und die restlichen 142 auf nicht von einem Geschlecht dominierten Berufsgruppen. Die Gruppe der von Männern dominierten Berufe ist mit keiner Berufsgruppe vertreten. Daher wird zum Vergleich die Gruppe der Diplom-Ingenieur/inn/e/n ausgewertet, auch wenn aus dieser Berufsgruppe nur 14 Zeugnisse vertreten sind. In Tabelle 4.6.1 sind die Zielgruppen an Berufen (Soll) und die im Korpus enthaltenen Berufe (Ist) gegenübergestellt. In der linken Spalte finden sich die Berufe, die für den Korpus ausgewählt wurden. In der rechten Spalte finden sich die Berufsgruppen, die tatsächlich mit mehr als 30 Zeugnissen im Korpus vertreten sind.

Tabelle 4.6.1: Vergleich der Zielgruppen von Berufen (Soll) und den erreichten Berufsgruppen (Ist)

	Zielgruppe	Mit mehr als 30 Zeugnissen im Korpus enthalten
Von Frauen dominierte Berufe		
Studium	Sozialarbeiter/innen bzw. Sozialpädagog/inn/en	Sozialarbeiter/innen bzw. Sozialpädagog/inn/en
Ausbildung	Krankenschwester/-pfleger	Krankenschwester/-pfleger
		Rechtsanwalt- und Notariatsfachangestellte
		Sekretär/inn/e/n
Von Männern dominierte Berufe		
Studium	Ingenieur/inn/e/n	(Diplom-Ingenieur/inn/e/n mit 14 Zeugnissen zum Vergleich)
Ausbildung	Tischler/innen	
Nicht von einem Geschlecht dominierte Berufe		
Studium	Berufe in Steuer- und Unternehmensberatung	Kaufmann/-frau
Ausbildung	Kaufmännische Angestellte	Kaufmännische Angestellte

Im Folgenden werden die Arbeitszeugnisse selbst einer näheren Betrachtung unterzogen. Zunächst ist die Länge der Zeugnisse in Abbildung 4.6.7 grafisch dargestellt. Dabei ist die Länge der Zeugnisse in Schritten von 0,25 Seitenlängen kategorisiert. Die meisten Zeugnisse waren mit 1,5fachem Zeilenabstand und Seitenränder von 3-4 cm formatiert. Zeugnisse, die in anderer Weise formatiert waren, wurden entsprechend kategorisiert. Diese Unschärfe wurde akzeptiert, da auch die Leser/innen von Arbeitszeugnissen nur eine ungefähre Abschätzung der Länge intuitiv benutzen. In dieser Auswertung sollen vor allem die häufigsten Zeugnislängen und damit die Einschätzung von „normaler Länge" und die Abweichungen davon erfasst werden.

Die Länge der Zeugnisse variiert zwischen 0,5 und 3,0 Seiten. Im Durchschnitt sind die Zeugnisse 1,25 Seiten lang, die Standardabweichung liegt bei 0,4 Seitenlängen. Abbildung 4.6.7 verdeutlicht, dass bei kumulierter Betrachtung der weitaus größte Teil der Zeugnisse bis zu 1,5 Seiten umfasst. Dies sind 351 Zeugnisse, nur 60 Zeugnisse sind länger als 1,5 Seiten. Zudem sind nur 19 Zeugnisse länger als 2 Seiten, dies entspricht einem Anteil von 5 %.

Abbildung 4.6.7: Länge der Zeugnisse in Seiten (n=411)

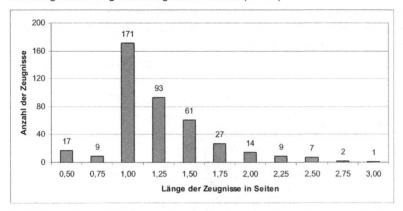

Bei 32 Zeugnissen (8 %) war nicht erkennbar, auf welchem Papier das Originalzeugnis ausgedruckt wurde. 379 Zeugnisse waren auf einen Firmenbogen gedruckt. Von den 379 auf einen Firmenbogen gedruckten Zeugnissen war bei 305 das Anschriftenfeld nicht ausgefüllt und somit die Anschrift der Empfänger/innen im Kopf nicht erkennbar. Bei 22 Zeugnissen war die Anschrift der Zeugnisempfänger/innen in das Anschriftenfeld gedruckt. Bei weiteren 52 fand sich die Anschrift zwar im Briefkopf, aber nicht im Anschriftenfeld. Insgesamt, sei es im Briefkopf oder im Zeugnistext, fand sich bei 78 Zeugnissen die Wohnanschrift der Arbeitnehmer/innen, in 333 Zeugnissen war sie nicht enthalten.

Die Überschrift lautete bei 358 Zeugnissen *Zeugnis*, was 87 % der insgesamt 411 analysierten Zeugnisse entspricht. 30 Zeugnisse waren mit *Arbeitszeugnis* überschrieben, 7 mit *Beurteilung* und die restlichen Zeugnisse waren mit *Dienstzeugnis* oder *qualifiziertes Zeugnis* überschrieben oder sie trugen keine Überschrift.

Bei 402 Zeugnissen konnte festgestellt werden, ob der Geburtsort der Arbeitnehmer/innen erwähnt wird. In 9 Zeugnissen konnte aufgrund der Schwärzungen nicht sicher beurteilt werden, ob der Geburtsort enthalten ist. In 265 Zeugnissen wird der Geburtsort nicht erwähnt, in 137 Zeugnissen ist er enthalten. Ein Zusammenhang zwischen der Erwähnung des Geburtsorts und dem Ausstellungsdatum konnte nicht festgestellt werden (Rangkorrelation, Signifikanzniveau 0,280).

In allen Zeugnissen ist der Name der ausstellenden Organisation benannt. Eine kurze Beschreibung der Organisation enthalten 86 Zeugnisse, eine ausführliche Beschreibung 34 Zeugnisse. Davon enthalten 17 eine Beschreibung, die mehr als eine halbe Seite in Anspruch nimmt. In 291 Zeugnissen ist die Organisation nicht näher beschrieben.

Die Position der Arbeitnehmer/innen in der Hierarchie der Organisation ist den Zeugnissen nicht explizit zu entnehmen. Sie wurde über die Aufgabenbeschreibung, Verantwortungsbereiche und die Personalverantwortung eingeschätzt. Unterschieden wurden dabei auf einer vierstufigen Skala untere Hierarchiestufe, mittlere Hierarchiestufe, Stufe zwischen Mitte und oben sowie obere Hierarchiestufe. Die Verteilung auf diese Hierarchiestufen ist in Abbildung 4.6.8 dargestellt.

Abbildung 4.6.8: Position der Beurteilten in der Organisationshierarchie (n=411)

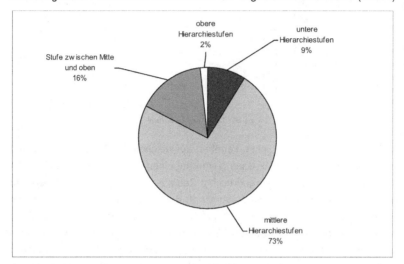

Es zeigte sich, dass von 411 Arbeitszeugnissen der Großteil auf einer mittleren Hierarchiestufe verortet werden kann. In die obere Hierarchiestufe wurden 7 Zeugnisse eingestuft, dies entspricht 2 %. In die untere Hierarchiestufe 37 Zeugnisse und damit 9 %. Die Stufe zwischen Mitte und oben unterscheidet sich von der mittleren und oberen Stufe dadurch, dass z.B. die Personalverantwortung für eine große Mitarbeiter/innen-Gruppe getragen wurde, aber keine finanzielle oder strategische Verantwortung im Zeugnis beschrieben ist. In diese Stufe wurden 65 Zeugnisse eingestuft, dies entspricht 16 %.

Die Überprüfung der Korrelation zwischen Geschlecht und Hierarchiestufe zeigte einen hoch signifikanten positiven Zusammenhang (Korrelation, Signifikanzniveau 0,010, Korrelationskoeffizient nach Pearson 0,270). Damit ist belegt, dass unter den Arbeitszeugnissen der hierarchisch höheren Stufen signifikant häufiger Zeugnisse von Männern vertreten sind als unter den Zeugnissen der unteren Stufen. Dieser Zusammenhang überrascht nicht, da er die gesellschaftliche Realität der strukturellen Integration von Männern und Frauen abbildet: In den höheren Hierarchiestufen arbeiten anteilig deutlich mehr Männer als Frauen. Auch die Überprüfung der Korrelation zwischen Altersstufen und Hierarchiestufen bestätigte die Erwartung, dass mit steigendem Alter auch die Hierarchiestufe steigt. Der Zusammenhang zwischen Altersstufe und Hierarchiestufe ist deutlich korreliert (Korrelation, Signifikanzniveau 0,011,

Korrelationskoeffizient nach Pearson -0,240. Der Korrelationskoeffizient ist negativ, da bei den Alterstufen die Gruppe der Ältesten mit 1 gewählt wurde, während die Hierarchiestufen umgekehrt skaliert sind, also der höchsten Stufe die höchste Zahl zugeordnet wurde). Dies bedeutet, dass mehr Zeugnisse höherer Hierarchiestufen von älteren als von jüngeren Personen stammen.

4.6.2.2 Auswertung zu den Replikationsfragen

Die Darstellung der Ergebnisse der Replikationsfragen folgt den oben vorgestellten Themenblöcken Form, Inhalt, Geheimcodes und Gruppenunterschiede. Bei der Beschreibung der ausgewerteten Arbeitszeugnisse wurde vor allem mit absoluten Zahlen gearbeitet, damit eine Einschätzung des Korpus besser möglich ist. Bei der Auswertung der Replikationsfragen wird nun vor allem mit relativen Zahlen argumentiert, da so der Vergleich mit den anderen Studien leichter möglich ist. Alle Prozentangaben, die größer als 1 sind, werden im Text auf volle Zahlen gerundet, da so die Lesbarkeit der Zahlenwerte verbessert wird. In den Abbildungen werden die Prozentzahlen mit einer Dezimalstelle angegeben.

Der erste Themenblock befasst sich mit der Form von Arbeitszeugnissen. Im ersten Vergleich wird das Ausstellungsdatum mit dem Enddatum verglichen. Sowohl Ausstellungsdatum als auch Enddatum sind bei 309 Zeugnissen erkennbar. Beim Vergleich des Ausstellungsdatums mit dem Ende des Arbeitsverhältnisses wurde deutlich, dass für 19 % der Arbeitnehmer/innen das Arbeitszeugnis bis zu 2 Monate vor Ende ihres Arbeitsverhältnisses ausgestellt wurde. Das exakt gleiche Datum befand sich auf 39 % der Arbeitszeugnisse. Auf einen Tag innerhalb der ersten Woche nach Ende des Arbeitsverhältnisses waren 7 % datiert. Bei der Betrachtung von kumulierten Werten zeigt sich, dass 74 % aller Arbeitszeugnisse innerhalb eines Monats nach Beendigung des Arbeitsverhältnisses ausgestellt sind, 80 % innerhalb von 2 Monaten und 86 % innerhalb von 3 Monaten. Die maximale Zeitspanne betrug 4 Jahre. Anhand der Zeugnisse kann nicht festgestellt werden, wer die Wartezeiten verursacht hat. Das Ergebnis der vorliegenden Studie entspricht den Wartezeiten, die sich im Rahmen meiner Befragung ergaben (vgl. Abschnitt 4.5.2.2). Dort haben 85 % der Befragten angegeben, durchschnittlich ca. einen Monat gewartet zu haben.

Weuster stellte in seiner Sammlung der Arbeitszeugnisse eine deutlich höhere Übereinstimmung zwischen Ausstellungsdatum und Ende des Beschäftigungsverhältnisses fest: In seiner Untersuchung stimmten bei 76 % der Zeugnisse Ausstellungsdatum und Vertragsende überein (vgl. Weuster 1994, S. 110). In dem vorliegenden Korpus zeigt sich, dass die Zeugnisse insgesamt ein späteres Ausstellungsdatum tragen, nur 80 % der Zeugnisse wurden innerhalb von 2 Monaten ausgestellt. 20 % der Zeugnisse wurden später als 2 Monate nach Ende des Arbeitsverhältnisses ausgestellt. In dem von Weuster analysierten Korpus sind hingegen nur 3 % der Zeugnisse später ausgestellt worden (vgl. Weuster 1994, S. 108).

Noch stärker weicht die Zahl der Unterschriften in den beiden Sammlungen voneinander ab. In der Zeugnissammlung von Weuster fanden sich 28 % Zeugnisse mit einer Unterschrift und 72 % mit zwei Unterschriften. Nur Ausbildungszeugnisse hatten mehr Unterschriften. Im vorliegenden Korpus konnte bei 403 Zeugnissen die Zahl der Unterschriften sicher festgestellt werden. Dabei zeigte sich, dass 71 % der Zeugnisse eine Unterschrift trägt, 28 % zwei Unterschriften und 0,7 % (3 Zeugnisse) drei Unterschriften. Ein Zeugnis trug vier Unterschriften. Eine entsprechende Prüfung zeigte, dass keine signifikante Korrelation zwischen Position in der Hierarchie und Zahl der Unterschriften besteht (Chi-Quadrat nach Pearson, Signifikanzniveau 0,590). Es lässt sich festhalten, dass im Vergleich zu Weusters Studie auf den Zeugnissen dieses Korpus deutlich weniger Unterschriften zu finden sind.

Der Geburtsort wurde in 136 von 402 Zeugnissen erwähnt. d.h. in 66 % der Zeugnisse wurde kein Geburtsort der Arbeitnehmer/innen erwähnt. Auch an dieser Stelle kann ein Unterschied zu Weusters Ergebnissen vermutet werden, denn er geht davon aus, dass der Geburtsort regelmäßig genannt ist (Weuster 1994, S. 187; genaue Zahlenangaben dazu sind jedoch nicht zu finden). Hinsichtlich des vorliegenden Korpus wurde zudem der Zusammenhang zwischen Ausstellungsdatum und Erwähnung des Geburtsortes überprüft. Vermutet wurde, dass ältere Zeugnisse eher den Geburtsort enthalten als jüngere Zeugnisse. Ein solcher Zusammenhang konnte jedoch nicht festgestellt werden (Korrelation, Signifikanzniveau 0,365).

Wie in den von Preibisch (1982) untersuchten Zeugnissen sind in dem hier analysierten Korpus Name, Beschäftigungsdauer und Art der Beschäftigung immer benannt. Preibisch stellte in ihrer Studie des Weiteren fest, dass in 25 % der Zeugnisse nur Berufsbezeichnung, Tätigkeit oder Einsatzort beschrieben sind und eine weitergehende Aufgabenbeschreibung fehlt (vgl. Preibisch 1982, S. 5). An dieser Stelle zeigen sich deutliche Unterschiede. Von den hier analysierten 411 Zeugnissen werden nur in 4 % der Fälle (18 Zeugnisse) die Aufgaben nicht näher beschrieben. In 35 % ist eine kurze standardisierte Beschreibung enthalten, in 31 % eine individuelle Beschreibung. Eine individuelle und detaillierte Beschreibung enthalten 30 % der Zeugnisse. Dabei wurden in 31 % der Zeugnisse die Aufgaben tabellarisch gelistet und in 54 % der Zeugnisse im Fließtext beschrieben. Eine Mischform wurde für 15 % der Zeugnisse gewählt. In jedem Fall zeigt sich, dass Aufgabenbeschreibungen in fast allen Zeugnissen enthalten sind.

Die Schlussformeln in Arbeitszeugnissen waren sowohl von Weuster als auch von Preibisch näher analysiert worden. Die Formulierung, dass die Arbeitnehmer/innen auf eigenen Wunsch gehen, fand Preibisch in 74 % der Zeugnisse (vgl. Preibisch 1982, S. 34), Weuster in 81 % der Zeugnisse (vgl. Weuster 1994, S. 101f.). Auch an dieser Stelle sind die Unterschiede zum vorliegenden Korpus sehr deutlich. Die Bemerkung, dass die Arbeitnehmer/innen auf eigenen Wunsch gehen, ist in diesem

Korpus nur in 43 % der Zeugnisse enthalten. In 15 % der Zeugnisse ändert sich das Arbeitsverhältnis in der Organisation und der damit ändert sich der Einsatzbereich. Die Beendigung des Arbeitsverhältnisses aus betrieblichen Gründen wird in 14 % der Zeugnisse angegeben, in 12 % der Zeugnisse ist kein Beendigungsgrund benannt. Eine Entsprechung zu den betrieblichen Gründen findet sich in früheren Studien nicht. Lediglich die Angabe Rationalisierung/Reorganisation verzeichnet Weuster in 4 % der Fälle (vgl. Weuster 1994, S. 103). Die Verteilung der Beendigungsgründe in diesem Korpus ist in Abbildung 4.6.9 grafisch dargestellt.

Abbildung 4.6.9: In den Zeugnissen angegebene Beendigungsgründe (n=411)

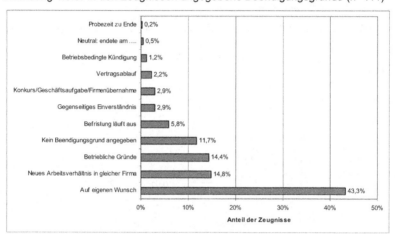

Bezogen auf diejenigen 43 % der Zeugnisse, in denen die Angabe „auf eigenen Wunsch" lautet, sind in 36 % der Zeugnisse genauere Gründe angegeben, warum die Arbeitnehmer/innen die Arbeitsstelle verlassen. Dies waren in 12 % der Fälle neue Aufgaben, in weiteren 12 % eine Weiterbildung oder ein Studium, in 6 % sind persönliche Gründe benannt und ein Wohnortwechsel in 3 % der Fälle. Erziehungszeiten sind nur in einem Zeugnis als Grund angegeben. Allerdings wird auch unter der Rubrik des Vertragsablaufs in sechs Zeugnissen der Vertragsablauf nach Erziehungszeit angegeben.

Die Zukunftswünsche in der Schlussformel, die Preibisch in 83 % und Weuster in 95 % der Zeugnisse fand, waren in diesem Korpus seltener zu finden. Nur in 80 % der Zeugnisse sind Zukunftswünsche genannt. Neben den Zukunftswünschen sind auch Ausdrücke des Dankes und des Bedauerns enthalten, Wünsche für den Erfolg, Empfehlungen und Wiedereinstellungswünsche. 15 % der Zeugnisse enthalten keine dieser Schlussformulierungen. Zusammengenommen enthalten 21 % der Zeugnisse einen dieser Ausdrücke, 33 % enthalten zwei Ausdrücke, 22 % enthalten drei Ausdrücke, 8 % 4 Ausdrücke, und 5 Ausdrücke finden sich in 1 % der Zeugnisse.

Weuster hat speziell für Items des Dankes und/oder Bedauerns festgestellt, dass 49 % der von ihm analysierten Zeugnisse eines oder beide Items enthalten. Im vorliegenden Korpus enthalten 59 % der Zeugnisse eines oder beide Items. Der zweite Auswertungsblock befasst sich mit dem Inhalt der Arbeitszeugnisse. Eine zusammenfassende Leistungsbeurteilung im Wortlaut der in Tabelle 3.2.2 genannten Notenstufen wird in 66 % der Zeugnisse verwendet, dies entspricht 272 Zeugnissen. In 59 Zeugnissen wurde eine Leistungsbeurteilung vorgenommen, die nicht genau einer dieser Notenstufen entspricht. In 80 Zeugnissen ist keine zusammenfassende Leistungsbeurteilung enthalten. Die Verteilung der Notenstufen der Arbeitszeugnisse ist in Abbildung 4.6.10 grafisch dargestellt.

Abbildung 4.6.10: Notenstufen der zusammenfassenden Leistungsbeurteilung (n=272)

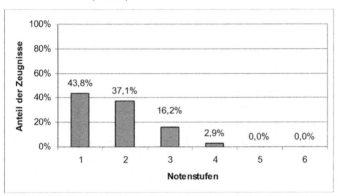

In 44 % der Zeugnisse der 272 Zeugnisse war die Notenstufe 1 (stets zu unserer vollsten Zufriedenheit) angegeben und in 37 % der Zeugnisse die Notenstufe 2 (stets zu unserer vollen Zufriedenheit). Damit sind 81 % der Beurteilungen Noten zwischen 1 und 2 zuzuordnen. Notenstufe 3 (zu unserer vollen Zufriedenheit) erhielten 16 % der Arbeitnehmer/innen und Notenstufe 4 (zu unserer Zufriedenheit) lediglich 3 %. Die Notenstufen 5 und 6 blieben unbesetzt. Die durchschnittliche Note der Leistungsbeurteilung beträgt 1,78, die Standardabweichung beträgt 0,820.

Eine zusammenfassende Verhaltensbeurteilung im Wortlaut der in Tabelle 3.2.3 genannten Notenstufen ist nur in 152 Zeugnissen enthalten, dies entspricht 37 %. Die Verteilung dieser Notenstufen ist in Abbildung 4.6.11 dargestellt. Eine Beurteilung ohne genaue Formelverwendung ist in weiteren 198 Zeugnissen enthalten, ohne Angaben sind 61 Zeugnisse.

Diese Verteilung auf die Notenstufen unterscheidet sich deutlich von derjenigen der Leistungsbeurteilung. 88 % der Zeugnisse enthalten eine Verhaltensbeurteilung mit der Notenstufe 1 (war stets/jederzeit/immer vorbildlich) und 11 % können der Notenstufe 2 (war vorbildlich) zugeordnet werden. Die Notenstufe 3 (war stets einwandfrei)

206

wurde nicht vergeben, die Notenstufe 4 (war ohne Tadel) nur in 1 % der Zeugnisse und die Notenstufe 5 (gab zu keiner Klage Anlass) ebenfalls nur in 1 % der Zeugnisse. Die Notenstufe 6 (ist uns nichts Nachteiliges bekannt geworden) wurde nicht gefunden. Die durchschnittliche Note ist 1,14 mit einer Standardabweichung von 0,446. Damit sind die Noten der zusammenfassenden Verhaltensbeurteilung sowohl deutlich besser als auch geringer gestreut als die der Leistungsbeurteilung.

Abbildung 4.6.11: Notenstufen der zusammenfassenden Verhaltensbeurteilung (n=152)

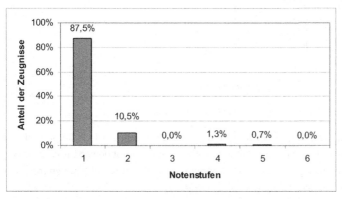

Ein wichtiges Indiz für die Verhaltensbeurteilung wird auch in der Erwähnung des Verhaltens gegenüber Vorgesetzten, Kolleg/inn/en sowie Kund/inn/en gesehen. Alle drei Gruppen werden in 354 Zeugnissen in diesem Korpus in 26 % der Zeugnisse erwähnt. Die Vorgesetzten sowie Kolleg/inn/en sind in insgesamt 65 % der Zeugnisse genannt. Lediglich eine der drei Gruppen wird in 9 % der Zeugnisse angesprochen, dies ist durchgehend die Gruppe der Kolleg/inn/en. Zusätzlich erwähnt wird in 13 % der Zeugnisse die Teamarbeit. In 14 % der Zeugnisse wird das Verhalten gegenüber anderen nicht beurteilt.

Insgesamt zeigen sich im Vergleich zu der Studie, die Weuster durchgeführt hat, deutliche Unterschiede. Die Angaben zur zusammenfassenden Leistungsbeurteilung in der Studie von Weuster sind so ausführlich, dass ein direkter Vergleich vorgenommen werden kann. In der Studie von Weuster enthielten 88 % der Zeugnisse eine Leistungsbeurteilung. Im vorliegenden Korpus dagegen enthalten nur 66 % der Zeugnisse eine Leistungsbeurteilung. Dabei zeigt sich, dass in der vorliegenden Studie die Beurteilungen deutlich besser sind. Die Notenunterschiede sind in Abbildung 4.6.12 dargestellt.

Es zeigen sich auch Unterschiede bei der zusammenfassenden Verhaltensbeurteilung: Während Weuster diese bei 89 % der Zeugnisse auswerten konnte, ist sie in der vorliegenden Studie nur in 37 % der Zeugnisse zu finden. Die Angaben über die zusammenfassende Verhaltensbeurteilung können nicht gegenübergestellt werden, da in dieser Studie die in Gerichtsurteilen verwendete Skalierung eingesetzt wurde, die sich von der von Weuster benutzten unterscheidet.

Abbildung 4.6.12: Notenstufen der zusammenfassenden Leistungsbeurteilung im Vergleich der Studie Weuster und der Studie Huesmann

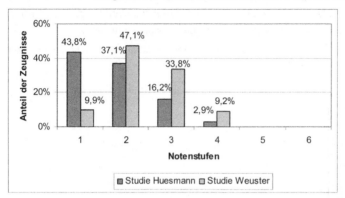

In dieser Studie korrelieren überraschenderweise die Noten der Leistungs- und Verhaltensbeurteilungen nicht miteinander (Rangkorrelation Signifikanzniveau 0,981). Damit muss die Nullhypothese angenommen werden, dass kein Zusammenhang zwischen den Noten dieser Beurteilungen besteht.

Als Teil der Verhaltensbeurteilung ist die Personalführung zu sehen. In 11 % der Zeugnisse ist Mitarbeiter/innen-Verantwortung angesprochen. Ergänzend dazu ist in 5 % der Führungsstil beschrieben und in 3 % die Motivation der Mitarbeiter/innen. Die Anleitung von Auszubildenden, Personen im Praktikum oder Hilfskräften wird in 12 % der Zeugnisse erwähnt.

Die Verhaltens- und Eigenschaftsbeschreibung wird üblicherweise mithilfe von Attributen vorgenommen. In den Zeugnissen dieser Studie wurden pro Arbeitszeugnis minimal 0 und maximal 27 Attribute verwendet. Die durchschnittliche Zahl an Attributen beträgt 9,2 mit einer Standardabweichung von 5,32. Schwarb (2000) prüfte und bestätigte die folgende Hypothese: Je besser die Note des Arbeitszeugnisses ist, desto mehr Attribute werden genannt (vgl. Abschnitt 3.4.2). Diese Hypothese von Schwarb wurde auch anhand dieses Korpus geprüft, indem die Korrelation der Zahl der genannten Attribute mit der zusammenfassenden Leistungsbeurteilung berechnet wurde (Korrelation, Signifikanzniveau 0,001, Korrelationskoeffizient nach Pearson -0,367). Schwarbs Hypothese kann also auch hier bestätigt werden: Je besser (kleiner) die Note, desto höher ist die Zahl der genannten Attribute.

Eine weitere Hypothese von Schwarb lautet, dass die „modernen" Attribute Flexibilität, Lernwille, Kreativität und Teamfähigkeit fast nie benutzt werden. Diese Hypothese kann hier nicht bestätigt werden. In der vorliegenden Studie wurden insgesamt 124 verschiedene Attribute in den Zeugnissen verwendet. Einzelne Attribute wurden in allen 411 Zeugnissen nur einmal genannt. Dieser minimale Wert trifft auf die Attribute bescheiden, integer, intelligent, konfliktfähig und tolerant zu. Am häufigsten genannt wurde das Attribut selbständig, es wurde in 130 von 411 Zeugnissen verwendet (weitere Ausführungen zu den Attributshäufigkeiten folgen in Abschnitt 4.6.2.3). Die Attribute wurden nach Anzahl der Nennungen in eine Rangreihe gebracht, wobei selbständig mit 130 Nennungen den 1. Rangplatz einnimmt und die Attribute bescheiden, integer, intelligent, konfliktfähig und tolerant den 47. Rangplatz mit je einer Nennung. In dieser Rangfolge kamen die Attribute Lernwille auf den 40. Rangplatz, Kreativität auf den 29. Rangplatz, Teamfähigkeit auf den 27. Rangplatz und Flexibilität auf den 18. Rangplatz. Diese Ergebnisse widersprechen der Hypothese von Schwarb. Die Attribute werden zwar nicht sehr häufig, jedoch durchaus regelmäßig verwendet. Diese laut Schwarb einen „modernen Mitarbeiter" beschreibenden Attribute sind damit durchaus üblich und werden verwendet.

Um die Verwendung von Formulierungen der Positiv-Skalen in den Zeugnissen insgesamt einschätzen zu können, wurde eine Variable für den Gesamteindruck dieser Formelverwendung definiert. Es wurde erfasst, ob die gesamten in einem Zeugnis verwendeten Formeln stimmig verwendet werden.

Abbildung 4.6.13: Gesamteindruck der Formelverwendung

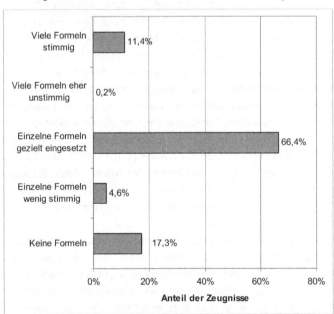

Anhand des Gesamteindrucks des Zeugnisses wurde es einer der folgenden fünf Stufen zugeordnet: keine Formeln verwendet, einzelne Formeln wenig stimmig ein-

gesetzt, einzelne Formeln gezielt eingesetzt, viele Formeln eher unstimmig eingesetzt, viele Formeln stimmig eingesetzt. Das Ergebnis dieser Eingruppierung ist in
Abbildung 4.6.13 dargestellt.

Es zeigt sich, dass in 66 % der Zeugnisse nur einzelne Formeln verwendet werden,
die aber den Eindruck erwecken, gezielt eingesetzt worden zu sein. 11 % der Zeugnisse enthalten viele Formeln, die auch stimmig wirken. In 17 % der Zeugnisse werden keine Formeln eingesetzt bzw. nur Bruchstücke davon. Nur in 5 % der Zeugnisse wirkt die Formelverwendung unstimmig. Aus der geringen Zahl an eingesetzten
Formeln ergibt sich ebenfalls, dass in den meisten Zeugnissen nicht nur Formeln verwendet werden, sondern individuelle Beschreibungen enthalten sind. Ob diese individuellen Beschreibungen in einzelnen Organisationen standardisiert sind, kann über
diese Analyse nicht festgestellt werden, da die meisten Zeugnisse von unterschiedlichen Organisationen stammen und deshalb nicht vergleichbar sind.

Der dritte Auswertungsblock befasst sich mit Geheimcodes. Überraschenderweise
enthielt kein einziges Zeugnis einen Geheimcode aus der Liste in Tabelle 3.3.1. Es
waren weder Zeichen zu finden noch eine Formulierung oder ein Satz aus dieser Liste. Auch auffällige Muster an Rechtschreib- oder Grammatikfehlern, Interpunktion
oder Format waren nicht zu entdecken. In Zeugnissen, die Fehler enthielten, waren
diese durchgehend über das gesamte Zeugnis verteilt, so dass dieses Problem deutlich der schreibenden Person zugeordnet werden konnte. Damit kann zwar nicht darauf geschlossen werden, dass es keinen Geheimcode gibt, die Wahrscheinlichkeit ist
jedoch ausgesprochen gering. Die spätere Aussage von Presch (1980a), dass Geheimcodes selten sind, kann damit nicht nur bestätigt werden. Anhand der vorliegenden Studie kann die Aussage dahingehend erweitert werden, dass Geheimcodes
bzw. Formulierungen, die als solche bezeichnet wurden, faktisch nicht verwendet
werden. Daher ist die Wahrscheinlichkeit hoch, dass es keine Geheimcodes gibt.

In drei Zeugnissen wurde der folgende Satz am Ende des Zeugnisses gefunden:
„Dieses Zeugnis enthält keine verschlüsselten Hinweise (§ 109 GewO, Abs. 2). Jede
Interpretation im Sinne so genannter Unternehmercodes würde unsere Aussagen
verfälschen." Problematisch an diesem Zeugniszusatz ist, dass er einerseits die Be-
fürchtung bestätigen kann, dass Geheimcodes existieren und andererseits kann er
auch als Geheimcode interpretiert werden.

Der vierte Auswertungsblock widmet sich den Gruppenunterschieden. Ein deutlicher
Zusammenhang zeigte sich zwischen der Hierarchiestufe und der Aufgabenbeschreibung: Je höher die Hierarchiestufe, desto detaillierter und individueller ist die
Beschreibung (Rangkorrelation, Signifikanzniveau 0,000, Korrelationskoeffizient nach
Spearman 0,232). Entsprechend, wenn auch weniger nachdrücklich, kann für die Art
und Weise der Aufgabenbeschreibung gesagt werden, dass die Aufgabenbeschreibung umso wahrscheinlicher tabellarisch ist, je niedriger die Hierarchiestufe ist

(Rangkorrelation, Signifikanzniveau 0,015, Korrelationskoeffizient nach Spearman 0,122). Daraus folgt, dass auf einer hohen Hierarchiestufe die Aufgabenbeschreibung sehr wahrscheinlich als Fließtext gestaltet ist.

Weitergehend wurde überprüft, ob ein Zusammenhang zwischen der Länge des Zeugnisses und der Hierarchiestufe festgestellt werden kann. Auch hier ist der Zusammenhang deutlich signifikant und positiv (Rangkorrelation, Signifikanzniveau 0,000 und Korrelationskoeffizient nach Spearman 0,286). Zeugnisse sind tendenziell umso länger, je höher die Person in der Hierarchie angesiedelt war, für die sie geschrieben wurden.

Überprüft wurde dann der Zusammenhang zwischen Zeugnislänge und Ausbildungsgrad. Es zeigt sich, dass Zeugnisse von Personen mit akademischer Ausbildung signifikant länger sind als von Personen mit einer beruflichen Ausbildung (Mann-Whitney-Test, Signifikanzniveau 0,000). Damit kann die Hypothese von Weuster (1994), dass Führungskräfte ausführlicher bewertet werden, klar bestätigt werden.

Offen ist noch, ob es einen Zusammenhang zwischen Notenstufen und den verschiedenen Hierarchiestufen gibt. Die Überprüfung der Korrelation ergab, dass der Zusammenhang nicht signifikant ist und eine Korrelation nicht festgestellt werden kann (Korrelation, Signifikanzniveau: 0,690). Es gibt zwar Mittelwertsunterschiede zwischen den durchschnittlichen Noten der einzelnen Hierarchiestufen (untere Hierarchiestufe: 2,0, mittlere Hierarchiestufe 1,8, Stufe zwischen Mitte und oben 1,5, obere Hierarchiestufe 2,2), diese Unterschiede sind aber nicht signifikant (univariate Varianzanalyse, Signifikanzniveau 0,090). Die Aussagen von Weuster und Möller, dass Führungskräfte besser beurteilt werden, kann damit nicht bestätigt werden.

Möller stellt die Hypothese auf, dass sich Arbeitszeugnisse von verschiedenen Berufsgruppen unterscheiden. Signifikante Unterschiede zwischen den Zeugnissen der Berufsgruppen bestehen im vorliegenden Korpus nur zwischen den Zeugnissen für Sozialpädagog/inn/en und allen anderen Berufsgruppen. So sind die Mittelwerte der Länge der Zeugnisse unterschiedlich: Die durchschnittliche Länge der Berufsgruppen liegt zwischen 1,1 Seiten bei Zeugnissen von Sekretär/inn/en sowie kaufmännischen Angestellten und 1,8 Seiten bei den Zeugnissen von Sozialpädagog/inn/en. Signifikant unterscheiden sich aber nur die Zeugnisse der Sozialpädagog/inn/en mit einer Länge von 1,8 Seiten von allen anderen Berufsgruppen (Kruskal-Wallis-Test, Signifikanzniveau 0,000). Das heißt, sie sind signifikant länger als die der anderen Berufsgruppen. Formeln werden in den Zeugnissen von Sozialpädagog/inn/en in hohem Maße und auch durchgehend stimmig verwendet. Bei allen anderen Berufsgruppen werden meist weniger oder gar keine Formeln eingesetzt. Signifikante Unterschiede zwischen den zusammenfassenden Leistungs- und Verhaltensbeurteilungen bestehen nicht. Insgesamt sind die Unterschiede zwischen den Berufsgruppen bezüglich

Form und Formelverwendung nicht gravierend. Lediglich die Zeugnisse der Sozial-
pädagog/inn/en unterscheiden sich von denen anderer Berufsgruppen, sie sind signifikant länger und formelreicher. Eine genauere Betrachtung der Unterschiede hinsichtlich Geschlecht und Alter unter Berücksichtigung der Berufsgruppen wird im
nächsten Abschnitt vorgenommen.

Abschließend kann zusammengefasst werden, dass die Zeugnisse die von der
Rechtsprechung aufgestellten formalen Anforderungen fast vollständig erfüllen. Abweichungen gibt es lediglich in einzelnen Punkten, die nicht unumstritten sind. Der
erste betrifft 5 % der Zeugnisse, bei denen die Anschrift der Arbeitnehmer/innen im
Adressenfeld des Zeugnisses gedruckt ist. Dies wurde in einem Urteil als Hinweis auf
die Zusendung des Zeugnisses per Post und damit als mögliche Unstimmigkeit zwischen Organisation und Arbeitnehmer/inne/n interpretiert (vgl. Abschnitt 3.2.3). Der
zweite Punkt betrifft das Ausstellungsdatum, dieses soll nach der Rechtsprechung
nicht weit nach dem Datum des Ausscheidens liegen. Allerdings ist aber aus dem
Zeugnis alleine nicht ersichtlich, warum das Zeugnis später ausgestellt wurde. Nach
der Rechtsprechung deutet dies auf Auseinandersetzungen hin. Es kann aber auch
die späte Bitte um ein Zeugnis sein, z.B. nach Ablauf von Erziehungszeiten (vgl.
hierzu Abschnitt 3.2.3). Der dritte Punkt betrifft die Erwähnungen von Arbeitsunter-
brechungen, vor allem bei Erziehungszeiten (vgl. Abschnitt 4.6.2.1). Erziehungszeiten müssen nur dann erwähnt werden, wenn die Ausfallzeit eine wesentliche Unterbrechung ist (vgl. Abschnitt 3.2.4.3). Dieser Punkt konnte bei den vorliegenden
Zeugnissen nicht geprüft werden, da keinem Zeugnis eine Angabe über die Dauer
der Erziehungszeit zu entnehmen war. Es kann aber insgesamt festgestellt werden,
dass die formalen Ansprüche an ein Arbeitszeugnis in der Regel eingehalten werden.

4.6.2.3 Prüfung der Hypothesen zum Diskriminierungspotenzial

Zur Frage, ob Arbeitszeugnisse diskriminierend gestaltet sind, wurden in Abschnitt
4.6.1.2 drei Hypothesen aufgestellt. Diese werden im Folgenden überprüft. Die erste
Hypothese lautet, dass in Arbeitszeugnissen Merkmale enthalten sind, die nicht arbeitsrelevant sind und die zu Diskriminierung führen können. Einbezogen werden
dabei mit Bezug auf das AGG die Merkmale Rasse, ethnische Herkunft, Religion o-
der Weltanschauung, Behinderung und sexuelle Identität. Bei der Datenerfassung
wurden die Arbeitszeugnisse dahingehend untersucht, ob eines oder mehrerer dieser
Merkmale festgestellt werden konnte. Dabei konnte in keinem Zeugnis explizit oder
implizit ein Hinweis auf Rasse, ethnische Herkunft, Religion oder Weltanschauung,
Behinderung oder sexuelle Identität gefunden werden. Auch in Zeugnissen, bei denen ein arbeitsrelevanter Zusammenhang vermutet werden könnte, so z.B. bei Sozi-
alarbeit im Rahmen der Kirchen oder Beratungstätigkeiten für Personen mit diesen
Merkmalen, war kein Hinweis enthalten. Auch Geheimcodes für eines der oben genannten Merkmale waren nicht zu finden, z.B. für die Aussage, dass Arbeitneh-

mer/innen homosexuell seien. Die erste Hypothese hat sich daher als unzutreffend erwiesen.

Die Überprüfung der zweiten und dritten Hypothese erfolgt wegen der gleichen methodischen Schritte parallel. Im ersten Schritt werden die expliziten Beurteilungen von Frauen und Männern sowie älteren und jüngeren Arbeitnehmer/inne/n verglichen. In einem zweiten Schritt folgt dann der Vergleich der impliziten Beurteilungen. Anschließend werden die Hypothesen überprüft.

Die zweite Hypothese lautet, dass Frauen in Arbeitszeugnissen tendenziell schlechter beurteilt werden als Männer. Zur Erinnerung: Von 411 Zeugnissen sind 333 Zeugnisse für Frauen geschrieben, was einem Anteil von 81 % entspricht. 78 Zeugnisse wurden für Männer geschrieben, das entspricht 19 %.

Die expliziten Beurteilungen lassen sich anhand der zusammenfassenden Leistungs- und Verhaltensbeurteilungen untersuchen. Bei der zusammenfassenden Leistungsbeurteilung zeigt sich, dass der Unterschied zwischen der Benotung anhand der Positiv-Skala von Frauen und Männern nicht signifikant ist (Mann-Whitney-Test Signifikanzniveau 0,060). Auch bei der zusammenfassenden Verhaltensbeurteilung zeigt sich kein signifikanter Unterschied (Mann-Whitney-Test Signifikanzniveau 0,100). Damit zeigen die Notenstufen keinen signifikanten Unterschied nach Geschlecht. Allerdings wird die Nullhypothese nur auf einem Niveau von 6 % angenommen, so dass die Überprüfung von weiteren Variablen sinnvoll erscheint.

Die Schlussformel wird von vielen Personen als Note gewertet, auch wenn es keine klar definierten Stufen gibt (vgl. Abschnitt 3.2.4.3). Auch die Länge der Aufgabenbeschreibung wird von einzelnen als Bestätigung der Noten oder deren Abwertung interpretiert (vgl. Weuster 1994, S. 154). Damit können sowohl die Ausführlichkeit der Aufgabenbeschreibung als auch die Schlussformel als beurteilungsrelevant gesehen werden. Daher werden diese beiden Variablen hier näher betrachtet. Die Ausführlichkeit der Aufgabenbeschreibung unterscheidet sich in den Zeugnissen von Männern und Frauen nicht signifikant (Mann-Whitney-Test Signifikanzniveau 0,994). Auch bei der Häufigkeit und Ausführlichkeit der Schlussformel konnten keine signifikanten Unterschiede festgestellt werden (Mann-Whitney-Test Signifikanzniveau 0,610).

Allerdings wurde bislang nicht in die Betrachtung einbezogen, dass die Verteilung von Männern und Frauen auf verschiedene Berufe nicht ausgewogen ist. Daher sollen die expliziten Beurteilungen in Abhängigkeit von verschiedenen Berufen und Geschlecht näher betrachtet werden. Zunächst soll die Verteilung der Zeugnisse in Bezug auf Geschlecht und auf verschiedene Berufe vorgestellt werden. Dies ist in Abbildung 4.6.14 grafisch dargestellt.

Abbildung 4.6.14: Verteilung der Zeugnisse nach Geschlecht und Berufen

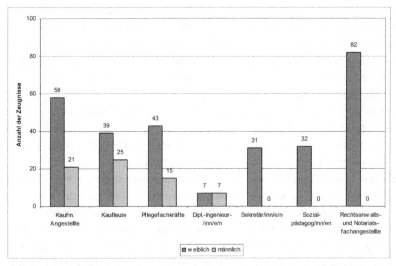

Anhand dieser Abbildung lässt sich erkennen, dass für einige Berufe nur geringe Fallzahlen vorliegen. Eine aussagekräftige statistische Auswertung des Korpus nach Beruf und Geschlecht ist daher nur bei wenigen Berufen möglich. In der folgenden Auswertung werden nur die Berufe kaufmännische Angestellte, Kaufleute und Pflegefachkraft einbezogen. Vergleichend wird trotz der geringen Zeugniszahlen die Berufsgruppe Diplom-Ingenieur/inn/e/n ausgewertet.

Für diese vier Berufsgruppen wurde der Mann-Whitney-Test durchgeführt, anhand dessen festgestellt werden kann, ob das Geschlecht Einfluss auf die Beurteilung hat. Entsprechend wurde Geschlecht als unabhängige Variable und die Beurteilungen als abhängige Variable definiert. In Tabelle 4.6.2 sind für alle Tests die jeweiligen 2-seitigen Signifikanzniveaus zusammengestellt.

Die erreichten Signifikanzniveaus liegen fast durchgehend weit über 5 %, d.h. die Leistungsbeurteilungen von Frauen und Männern unterscheiden sich nicht signifikant. Lediglich bei einer Ausnahme, der zusammenfassenden Leistungsbeurteilung bei Kaufleuten, wird ein Signifikanzniveau unter 5 % erreicht und zwar sind die durchschnittlichen zusammenfassenden Leistungsbeurteilungen von Frauen signifikant besser als die von Männern. Insgesamt kann aber trotz dieser einen Ausnahme die Nullhypothese angenommen werden: Es lassen sich keine Unterschiede der expliziten Beurteilungen in Abhängigkeit vom Geschlecht feststellen. Zusammenfassend lässt sich feststellen, dass sich die expliziten Beurteilungen von Frauen und Männern in Arbeitszeugnissen nicht signifikant unterscheiden.

Tabelle 4.6.2: Einfluss des Geschlechts auf die Beurteilung nach Berufen
(Signifikanzniveaus des Mann-Whitney-Test, 2-seitig)

	kaufmännische Angestellte	Kaufleute	Pflegefachkraft	Dipl.- Ingenieur/inn/e/n
zusammenfassende Leistungsbeurteilung	0,666	0,043	0,965	1,000
zusammenfassende Verhaltensbeurteilung	1,000	0,866	0,692	1,000
Aufgabenbeschreibung	0,259	0,144	0,534	1,000
Schlussformel	0,051	0,546	0,588	0,620

Die dritte Hypothese lautet, dass ältere Arbeitnehmer/innen tendenziell schlechter beurteilt werden als jüngere Arbeitnehmer/innen. Wie in Abschnitt 3.4.7 ausgeführt, wird in dieser Arbeit die Altersgrenze zwischen den älteren und den jüngeren Arbeitnehmer/inne/n bei 40 Jahren gesetzt. An einzelnen Stellen wird aber auch die Gruppe der über 50-Jährigen im Vergleich betrachtet. Diese Ergebnisse müssen aber vorsichtig interpretiert werden, da bei einer Grenze von 50 Jahren die Fallzahl im Korpus mit 10 älteren Arbeitnehmer/inne/n ausgesprochen klein ist und nur sehr eingeschränkt für statistische Aussagen verwendet werden kann. Das Alter der Arbeitnehmer/innen bei der Ausstellung der Zeugnisse konnte bei 337 Zeugnissen ermittelt werden. Der Gruppe der jüngeren Arbeitnehmer/innen bis 40 Jahre sind 267 Zeugnisse zuzurechnen, dies entspricht 79 %. Für die Gruppe der älteren Arbeitnehmer/innen wurden 70 Zeugnisse ausgestellt, dies entspricht 21 %.

Die expliziten Beurteilungen lassen sich wieder anhand der zusammenfassenden Leistungs- und Verhaltensbeurteilungen untersuchen. Bei der zusammenfassenden Leistungsbeurteilung ist der Unterschied zwischen der Benotung von jüngeren und älteren Arbeitnehmer/inne/n nicht signifikant (Mann-Whitney-Test Signifikanzniveau 0,960). Auch bei einer Verschiebung der Altersgrenze von 40 auf 50 Jahre zeigt sich kein signifikanter Unterschied. Das Signifikanzniveau sinkt zwar auf 0,260, ist aber nicht signifikant und bestätigt damit die Nullhypothese. Bei der zusammenfassenden Verhaltensbeurteilung ist, wie auch beim Vergleich zwischen Männern und Frauen, kein signifikanter Unterschied zu finden (Mann-Whitney-Test Signifikanzniveau 0,270).

Wie bei der zweiten Hypothese werden auch hier die Ausführlichkeit der Aufgabenbeschreibung und die Schlussformel in die Prüfung einbezogen. Hier zeigt sich der erste signifikante Unterschied: Die Ausführlichkeit der Aufgabenbeschreibung unterscheidet sich deutlich im Vergleich zwischen den Zeugnissen von jüngeren und älteren Arbeitnehmer/inne/n. Ältere Arbeitnehmer/innen haben eine ausführlichere Aufgabenbeschreibung im Zeugnis als jüngere (Mann-Whitney-Test Signifikanzniveau 0,012). Als Erklärungsansatz für diesen Unterschied kann aber auch die Position innerhalb der Hierarchie herangezogen werden. Bei der Überprüfung zeigt sich, dass ein stark signifikanter Unterschied zwischen den Positionen in der Hierarchie in Abhängigkeit von diesen Altersgruppen besteht, wie in Abschnitt 4.6.2.2 ausgeführt wurde. Eine Regressionsanalyse der beiden Prädiktoren, der Altersgruppen und der Hierarchieposition, zeigt, dass die Varianzaufklärung der Regression bei 6,3 % liegt. Die Signifikanz der Koeffizienten unterscheidet sich dabei deutlich. Der Prädiktor Altersgruppe ist nicht signifikant, während der Prädiktor Position in der Hierarchie mit einem Niveau von 0,000 hoch signifikant ist. Der hohe standardisierte Beta-Koeffizient (0,23) zeigt, dass die Position in der Hierarchie praktisch alleine für die Varianzaufklärung von 6 % sorgt. So ist deutlich, dass die Ausführlichkeit der Aufgabenbeschreibung von der Hierarchieposition abhängt und nicht davon, ob die Arbeitnehmer/innen jünger oder älter sind.

Auch bei der Häufigkeit und Ausführlichkeit der Schlussformel kann kein Unterschied nach Altersgruppen festgestellt werden (Mann-Whitney-Test Signifikanzniveau 0,750). Zusammenfassend lässt sich festgestellen, dass sich die expliziten Beurteilungen von jüngeren und älteren Arbeitnehmer/inne/n in Arbeitszeugnissen nicht signifikant unterscheiden.

Die impliziten Beurteilungen in Arbeitszeugnissen können durch einen Vergleich der Zuschreibung von Verhaltens- und Eigenschaftsbeschreibungen eingeschätzt werden. Es wird davon ausgegangen, dass die Unterschiede innerhalb der Gruppen sowohl der Männer und Frauen als auch innerhalb derjenigen der älteren und jüngeren Arbeitnehmer/innen größer sind, als die Unterschiede zwischen den Gruppen (ausführlich dazu vgl. Abschnitt 3.4.6). Das hat zur Folge, dass die Verhaltens- und Eigenschaftsbeschreibungen keinen deutlichen Unterschied in der Häufigkeit der Zuschreibungen zwischen den Gruppen aufweisen dürften. Falls es einen deutlichen Unterschied zwischen den Beschreibungen der Gruppen gibt, kann davon ausgegangen werden, dass die Beschreibungen in Arbeitszeugnissen durch stereotype Zuschreibungen geprägt sind und damit diskriminierend wirken können. Der Vergleich dieser Zuschreibungen wird anhand der absoluten Häufigkeiten vorgenommen. Der Vorteil der absoluten Häufigkeiten ist, dass vor allem bei kleinen Fallzahlen eine klarere Einschätzung der Unterschiedlichkeiten vorgenommen werden kann. Relative Häufigkeiten könnten bei kleinen Zahlen zu einer Überschätzung der Unterschiede führen.

Für die Erfassung der Verhaltens- und Eigenschaftsbeschreibungen wurden 124 Variablen definiert. In dieser Variablenliste wurden Übereinstimmungen mit den Listen stereotyper Zuschreibungen gesucht, die in Abschnitt 3.4.6.3 zusammengestellt sind. Anschließend wurden für jede der Gruppen Listen der genannten Verhaltens- und Eigenschaftsbeschreibungen erstellt und nach Häufigkeit der Nennung in eine Rangreihe gebracht. Die Plätze in der Rangreihe werden durch Nummern bezeichnet, mit 1 wird dabei der Rangplatz bezeichnet, der die häufigsten Nennungen aufweist. Zum Vergleich der Gruppen wurden zunächst die Rangplätze der Beschreibungen generell verglichen. Dann wurde überprüft, ob die einer Gruppe stereotyp zugeschriebenen Attribute häufiger in der Liste vertreten sind. Anhand dieser beiden Vergleiche kann festgestellt werden, ob sich die Verhaltens- und Eigenschaftsbeschreibungen zwischen den Gruppen unterscheiden. Außerdem wird so geprüft, ob diese Unterscheidungen auf stereotype Zuschreibungen zurückgeführt werden können. Falls die Unterschiede anhand der stereotypen Zuschreibungen begründet werden können, wird für die impliziten Beurteilungen die Hypothese bestätigt, dass Frauen bzw. ältere Arbeitnehmer/innen schlechter beurteilt werden (zur Wertigkeit der stereotypen Zuschreibungen vgl. Abschnitt 3.4.6.3). Falls keine Unterschiede vorliegen bzw. diese nicht über stereotype Zuschreibungen begründet werden können, sind die impliziten Beurteilungen von Frauen bzw. älteren Arbeitnehmer/inne/n nicht schlechter als die der Männer bzw. der jüngeren Arbeitnehmer/innen.

Tabelle 4.6.3: Geschlechterstereotype Attribute aus der Variablenliste in Tabelle 3.4.1 und den Variablen dieser Studie

Männern zugeschriebene Attribute	Frauen zugeschriebene Attribute
zielstrebig, effizient, eigenverantwortlich, sachlich, leistungsfähig, systematisch, Durchsetzungsvermögen, aktiv, analytisch, konzeptionell, strukturiert, bestimmt, tatkräftig, professionell, rationell, souverän, diszipliniert, ehrgeizig	freundlich, gewissenhaft, hilfsbereit, fleißig, kooperativ, empathisch, zuvorkommend, genau, positiv, harmonisch, kontaktfähig, verständnisvoll, verlässlich, respektvoll, Anteil nehmend, fürsorglich, sozial kompetent, geduldig, liebenswürdig, sensibel, besonnen, bescheiden

Die zweite Hypothese lautet, dass Frauen in Arbeitszeugnissen tendenziell schlechter beurteilt werden als Männer. Der Vergleich der Variablen in dieser Studie mit den geschlechterstereotypen Zuschreibungen in Tabelle 4.6.3 zeigt, dass es Übereinstimmungen bei 18 Beschreibungen, die Männern stereotyp zugeschrieben werden, und 21, die den Frauen zugeschrieben werden, gibt. Diese übereinstimmenden Attribute sind in Tabelle 4.6.3 gegenübergestellt.

Anhand der Häufigkeit der Nennungen in den Arbeitszeugnissen wurden Rangreihen gebildet, die Attribute konnten anschließend entsprechend geordnet werden. Das Ergebnis der ersten 30 Rangplätze im Vergleich ist in Tabelle 4.6.4 dargestellt. Anhand dieser Gegenüberstellung zeigt sich, dass nur wenige Unterschiede in der allgemeinen Attributszuschreibung festzustellen sind. Abweichungen von mehr als 10 Rangplätzen ist nur bei den Attributen offen, aufgeschlossen (Männer 14, Frauen 26), Eigeninitiative (Männer 18, Frauen 35), zielstrebig (Männer 20, Frauen 34), effizient (Männer 23, Frauen 52), motiviert (Männer 26, Frauen 57), empathisch (Männer 47, Frauen 20) und Softwarebeherrschung (Männer 29, Frauen 19) festzustellen. Insgesamt sind bei 15 Attributen die Rangplätze nur bis zu 5 Plätze verschoben.

Daraus kann geschlossen werden, dass die Verhaltens- und Eigenschaftszuschreibungen im Vergleich zwischen Männern und Frauen sich nicht auffällig unterscheiden.

Tabelle 4.6.4: Die ersten 30 Rangplätze im Vergleich der Attribute von Männern und Frauen

Männer		Frauen	
Rangplatz	Attribut	Rangplatz	Attribut
1	Fachwissen	1	selbständig
2	zuverlässig	2	Fachwissen
3	Fachwissen anwenden	3	zuverlässig
4	selbständig	4	freundlich
5	freundlich	5	Engagement
6	Engagement	6	Einsatzbereitschaft
7	Einsatzbereitschaft	7	schnelle Einarbeitung
8	Weiterbildung	8	Fachwissen anwenden
9	verantwortungsbewusst	9	sorgfältig
10	sorgfältig	10	verantwortungsbewusst
11	schnelle Einarbeitung	11	gewissenhaft
12	Belastbarkeit und Ausdauer	12	hilfsbereit
13	gewissenhaft	13	schnell
14	offen/aufgeschlossen	14	Weiterbildung
15	Auffassungsgabe	15	Belastbarkeit und Ausdauer
16	hilfsbereit	16	fleißig
17	umsichtig	17	Auffassungsgabe
18	Eigeninitiative	18	Interesse
19	fleißig	19	Softwarebeherrschung
20	zielstrebig	20	empathisch
21	kompetent	21	Flexibilität
22	vertrauenswürdig	22	korrekt
23	effizient	23	kompetent
24	höflich umgänglich	24	umsichtig
25	kooperativ	25	vertrauenswürdig
26	motiviert	26	offen/aufgeschlossen
27	schnell	27	genau/präzise
28	zuvorkommend	28	kooperativ
29	Softwarebeherrschung	29	zuvorkommend
30	korrekt	30	höflich umgänglich

Beim Vergleich der Rangplätze der geschlechterstereotypen Zuschreibungen bestätigt sich das Ergebnis (vgl. Tabelle 4.6.5). Beim Vergleich der Positionen der Rangplätze ist zu beachten, dass ab Rangplatz 50 bei den Männern nur maximal vier Nennungen in den einzelnen Zeugnissen vorkommen. Daher sollte der Vergleich des Rangplatzes vor allem anhand der Rangplätze bis 50 vorgenommen werden. Bei der Beschränkung auf diese Rangplätze zeigt sich, dass die Unterschiede in den Positionen nur gering sind. Auch die Richtung der Verschiebungen ist nicht systematisch.

Tabelle 4.6.5: Vergleich der Rangplätze der geschlechterstereotypen Zuschreibungen

Männern zugeschriebene Attribute	Rang-plätze Männer	Rang-plätze Frauen	Frauen zugeschriebene Attribute	Rang-plätze Männer	Rang-plätze Frauen
zielstrebig	20	34	freundlich	5	4
effizient	23	52	gewissenhaft	13	11
eigenverantwortlich	42	76	hilfsbereit	16	12
sachlich	68	53	fleißig	19	16
leistungsfähig	50	56	kooperativ	25	28
systematisch	51	51	empathisch	47	20
Durchsetzungsvermögen	46	70	zuvorkommend	28	29
aktiv	45	75	genau	30	27
analytisch	55	80	positiv	66	74
konzeptionell	49	94	harmonisch	61	77
strukturiert	100	88	kontaktfähig	62	79
bestimmt	72	102	verständnisvoll	103	60
tatkräftig	86	107	verlässlich	123	82
professionell	116	63	respektvoll	84	99
rationell	118	58	Anteil nehmend	104	92
souverän	99	106	fürsorglich	90	104
diszipliniert	107	110	sozial kompetent	85	109
			geduldig	91	68
			liebenswürdig	114	105
			sensibel	120	100
			besonnen	58	123
			bescheiden	106	117

Diese Ergebnisse zeigen, dass die impliziten Beurteilungen von Frauen und Männern sich nicht systematisch unterscheiden. Auch bei den impliziten Beurteilungen werden jetzt die Unterschiede zwischen Männern und Frauen unter Einbeziehung der Berufe geprüft. Entsprechend den oben vorgestellten Rangreihen wurden die Rangreihen pro Beruf nach Häufigkeit der Nennung zusammengestellt. Bei den berufsbezogenen Rangplätzen wurden aufgrund der kleineren Fallzahlen nur die ersten 10 Plätze einbezogen. Aus Tabelle 4.6.6 wird ersichtlich, dass die Unterschiede zwischen den Berufen größer sind als die Unterschiede zwischen Männern und Frauen in den einzelnen Berufen.

Tabelle 4.6.6: Vergleich der Rangplätze der Zuschreibungen nach Beruf und Geschlecht

kaufmännische Angestellte

Männer		Frauen	
Rangplatz	Attribut	Rangplatz	Attribut
1	Fachwissen	1	zuverlässig
2	zuverlässig	2	selbständig
3	freundlich	3	Fachwissen
4	selbständig	4	schnelle Einarbeitung
5	Fachwissen anwenden	5	freundlich
6	Weiterbildung	6	Einsatzbereitschaft
7	Engagement	7	Gewissenhaft
8	gewissenhaft	8	hilfsbereit
9	Einsatzbereitschaft	9	Auffassungsgabe
10	hilfsbereit	10	sorgfältig

Kaufleute

Männer		Frauen	
Rangplatz	Attribut	Rangplatz	Attribut
1	Fachwissen	1	selbständig
2	selbstständig	2	Fachwissen
3	Engagement	3	Einsatzbereitschaft
4	Fachwissen anwenden	4	Engagement
5	Eigeninitiative	5	zuverlässig
6	Einsatzbereitschaft	6	freundlich
7	sorgfältig	7	verantwortungsbewusst
8	verantwortungsbewusst	8	Belastbarkeit und Ausdauer
9	zuverlässig	9	Kreativität
10	Auffassungsgabe	10	Fachwissen anwenden

Pflegefachkraft

Männer		Frauen	
Rangplatz	Attribut	Rangplatz	Attribut
1	Fachwissen	1	Fachwissen
2	freundlich	2	freundlich
3	Fachwissen anwenden	3	Engagement
4	Einsatzbereitschaft	4	verantwortungsbewusst
5	zuverlässig	5	zuverlässig
6	Weiterbildung	6	Fachwissen anwenden
7	empathisch	7	selbständig
8	fleißig	8	Weiterbildung
9	offen/aufgeschlossen	9	empathisch
10	selbständig	10	Interesse

In allen Berufen werden die Attribute zuverlässig, selbständig und Fachwissen häufig genannt. Es sind weder berufliche noch geschlechtstypische Unterschiede ersichtlich. Bei der Pflegefachkraft sind freundlich, empathisch und die Anwendung von Fachwissen oft benannte Merkmale, bei Kaufleuten das Engagement und die Einsatzbereitschaft und bei kaufmännischen Angestellten die Zuverlässigkeit sowie die Hilfsbereitschaft. Insgesamt können keine geschlechtstypischen Unterschiede unter Berücksichtigung des Berufs festgestellt werden. Somit unterscheiden sich die impliziten Beurteilungen zwischen Frauen und Männern in Arbeitszeugnissen nicht systematisch.

Zusammenfassend lässt sich die zweite Hypothese nicht bestätigen. Frauen werden in den hier überprüften Punkten weder explizit noch implizit in Arbeitszeugnissen schlechter beurteilt als Männer.

Die dritte Hypothese lautet, dass ältere Arbeitnehmer/innen in Arbeitszeugnissen tendenziell schlechter beurteilt werden als jüngere.

Tabelle 4.6.7: Altersstereotype Attribute aus der Variablenliste in Tabelle 3.4.2 und den Variablen dieser Studie

Jüngeren Arbeitnehmer/inne/n zugeschriebene Attribute	Älteren Arbeitnehmer/inne/n zugeschriebene Attribute
offen, belastbar, flexibel, Initiative, Kreativität, kritisch, ideenreich, anpassungsfähig, lernbereit, innovativ, vielseitig, dynamisch, motiviert	zuverlässig, sorgfältig, korrekt, umsichtig, ruhig, loyal, Ausdauer, verbindlich, pflichtbewusst, kontinuierlich

Beim Vergleich der im vorliegenden Korpus gefundenen Adjektive mit den in Tabelle 3.4.2 aufgeführten altersstereotypen Merkmalen zeigt sich, dass 10 Beschreibungen älteren Arbeitnehmer/inne/n stereotyp zugeschrieben werden und 13 jüngeren Arbeitnehmer/inne/n. Diese übereinstimmenden Attribute, die in sowohl in den Studien als auch in den analysierten Arbeitszeugnissen auftreten, sind in Tabelle 4.6.7 gegenübergestellt. Anhand der Häufigkeit der Nennungen in den Arbeitszeugnissen wurden Rangreihen gebildet, anschließend konnten den Attributen entsprechende Rangplätze zugeordnet werden. Das Ergebnis des Vergleichs der ersten 30 Rangplätze zeigt Tabelle 4.6.8.

Tabelle 4.6.8: Die ersten 30 Rangplätze im Vergleich der Attribute von jüngeren und älteren Arbeitnehmer/inne/n

Jüngere Arbeitnehmer/innen		Ältere Arbeitnehmer/innen	
Rangplatz	Attribut	Rangplatz	Attribut
1	selbständig	1	Fachwissen
2	Fachwissen	2	selbständig
3	zuverlässig	3	zuverlässig
4	freundlich	4	freundlich
5	Einsatzbereitschaft	5	Engagement
6	Engagement	6	Fachwissen anwenden
7	schnelle Einarbeitung	7	Einsatzbereitschaft
8	Fachwissen anwenden	8	sorgfältig
9	sorgfältig	9	verantwortungsbewusst
10	schnell	10	Belastbarkeit und Ausdauer
11	fleißig	11	schnelle Einarbeitung
12	hilfsbereit	12	Weiterbildung
13	Auffassungsgabe	13	gewissenhaft
14	verantwortungsbewusst	14	Softwarebeherrschung
15	gewissenhaft	15	hilfsbereit
16	Belastbarkeit, Ausdauer	16	Interesse
17	Weiterbildung	17	vertrauenswürdig
18	Softwarebeherrschung	18	kompetent
19	umsichtig	19	fleißig
20	Interesse	20	Auffassungsgabe
21	kompetent	21	Eigeninitiative
22	empathisch	22	Flexibilität
23	Flexibilität	23	loyal
24	offen/aufgeschlossen	24	schnell
25	korrekt	25	korrekt
26	zuvorkommend	26	zielstrebig/-orientiert/-bewusst
27	genau/präzise	27	ehrlich
28	pünktlich	28	empathisch
29	vertrauenswürdig	29	höflich/umgänglich
30	höflich/umgänglich	30	kooperativ

Anhand dieser Gegenüberstellung zeigt sich, dass auch hier nur wenige Unterschiede in der Zuschreibung festzustellen sind. Abweichungen von mehr als 10 Rangplätzen sind nur bei den Attributen schnell (Jüngere 10, Ältere 24), umsichtig (Jüngere 19, Ältere 36) und pünktlich (Jüngere 28, Ältere 49) festzustellen. Daraus kann geschlossen werden, dass sich die Verhaltens- und Eigenschaftszuschreibungen im Vergleich zwischen jüngeren und älteren Arbeitnehmer/inne/n nicht auffällig unterscheiden. Beim Vergleich der Rangplätze der altersstereotypen Zuschreibungen bestätigt sich das Ergebnis. Dieser Vergleich ist in Tabelle 4.6.9 dargestellt.

Tabelle 4.6.9: Vergleich der Rangplätze der altersstereotypen Zuschreibungen

Jüngeren Arbeitnehmer/inne/n zugeschriebene Attribute			Älteren Arbeitnehmer/inne/n zugeschriebene Attribute		
	Rangplätze Jüngere	Rangplätze Ältere		Rangplätze Jüngere	Rangplätze Ältere
offen	24	31	zuverlässig	3	3
belastbar	16	10	sorgfältig	9	8
flexibel	23	22	korrekt	25	25
Initiative	33	21	umsichtig	19	36
Kreativität	37	46	ruhig	41	52
kritisch	52	79	loyal	38	23
ideenreich	48	34	Ausdauer	47	38
anpassungsfähig	105	56	verbindlich	55	87
lernbereit	80	113	pflichtbewusst	49	47
innovativ	103	75	kontinuierlich	117	76
vielseitig	64	68			
dynamisch	91	105			
motiviert	53	35			

Es ist zu sehen, dass weder die Zuschreibung an eine Gruppe systematisch vorgenommen wird, noch die Abstände zwischen den Plätzen der Attribute innerhalb der beiden Rangreihen kohärent sind. Anhand dieser Ergebnisse ist deutlich, dass die impliziten Beurteilungen von älteren Arbeitnehmer/inne/n nicht schlechter sind als die der jüngeren Arbeitnehmer/innen. Bei einem Vergleich älterer Arbeitnehmer/innen (ab 51 Jahren) mit jüngeren Arbeitnehmer/inne/n wird das Ergebnis bestätigt. Aufgrund der kleinen Fallzahl ergeben sich nur 7 Rangplätze mit mehr als einer Nennung. Auf den ersten fünf Plätzen liegen die Attribute sorgfältig (Ältere 1, Jüngere 9), zuverlässig (Ältere 2, Jüngere 3), Fachwissen (Ältere 3, Jüngere 2), selbständig (Ältere 4, Jüngere 1) und Belastbarkeit (Ältere 5, Jüngere 16).

Zusammenfassend lässt sich damit auch die dritte Hypothese nicht bestätigen. Ältere Arbeitnehmer/innen werden in den hier überprüften Punkten in Arbeitszeugnissen weder explizit noch implizit schlechter beurteilt als jüngere Arbeitnehmer/innen.

4.6.3 Zusammenfassung der Ergebnisse

Die Zusammenfassung der Ergebnisse wird durchgehend anhand von relativen Zahlenwerten vorgenommen, um so einen einheitlichen Eindruck erhalten zu können. Die Arbeitszeugnisse waren durchschnittlich 1,25 Seiten und maximal 3 Seiten lang. Der Geburtsort der Arbeitnehmer/innen wurde nur in 34 % der Zeugnisse erwähnt, der Vorname der Arbeitnehmer/innen war in allen Arbeitszeugnissen enthalten. Der Name der Organisation, die das Zeugnis ausstellt, war immer benannt, eine kurze Beschreibung der Organisation war dagegen nur in 29 % der Zeugnisse zu finden. Die Arbeitszeugnisse trugen in 87 % der Fälle die Überschrift *Zeugnis*.

Die Arbeitszeugnisse wurden durchschnittlich etwas später nach Ende des Arbeitsverhältnisses ausgestellt als dies bei Zeugnisse in früheren Studien der Fall war. Auch die Zahl der Unterschriften war geringer, so waren die Zeugnisse in 71 % der Fälle mit nur einer Unterschrift versehen. Zeugnisse enthielten nahezu immer eine Aufgabenbeschreibung, die in 96 % aller Zeugnisse zu finden war. Der Hinweis auf eine Kündigung seitens der Arbeitnehmer/innen kam im Vergleich zu früheren Studien seltener vor: Der Anteil sank von ca. 80 % auf 43 %. Darunter fanden sich in 36 % der Zeugnisse eine Angabe von Gründen wie z.B. Wohnortwechsel oder neue Aufgaben. Neu war der Hinweis auf eine Kündigung seitens der Arbeitgeber/innen aus betrieblichen Gründen. Formalisierte Schlussformeln tauchten seltener auf, Ausdrücke des Bedauerns oder des Danks hingegen etwas häufiger.

Die formalisierten Notenstufen der Leistungs- und Verhaltensbeurteilung fanden sich zwar noch häufig in Zeugnissen, gegenüber früheren Studien aber insgesamt weniger. Die Noten der Verhaltensbeurteilung waren deutlich besser als die Noten der Leistungsbeurteilung. Die durchschnittlichen Noten waren im Vergleich der Studien insgesamt besser. Auffällig ist, dass die Notenstufen der Leistungs- und der Verhaltensbeurteilung nicht korrelierten. Dies dürfte jedoch vor allem an den ausgesprochen guten Verhaltensbeurteilungen liegen. Auffallend ist, dass in 14 % der Zeugnisse keine explizite Beurteilung des Verhaltens gegenüber anderen enthalten war. Die durchschnittlich zur Verhaltensbeschreibung verwendete Zahl an Attributen lag bei 9,2. Je besser die Note des Zeugnisses war, desto mehr Attribute wurden verwendet. Darunter befanden sich auch „moderne" Attribute wie flexibel oder innovativ. Der Gesamteindruck der Formelverwendung zeigte, dass in 77 % der Zeugnisse Formeln stimmig eingesetzt wurden, bei 11 % der Zeugnisse wurden viele Formeln stimmig eingesetzt und bei 66 % wurden wenige Formeln stimmig eingesetzt. Einen unstimmigen Eindruck machten nur 5 % aller analysierten Zeugnisse. Auffallend ist, dass in 17 % der Zeugnisse keine Formeln verwendet wurden.

Geheimcodes konnten in den analysierten Zeugnissen nicht gefunden werden. Weder Formulierungen aus der in Tabelle 3.3.1 zusammengestellten Liste noch auffallende Muster der Interpunktion oder Rechtschreibung waren zu finden.

Hinsichtlich der Gruppenunterschiede konnte Folgendes festgestellt werden: Je höher die beurteilte Person in der Organisationshierarchie stand, desto detaillierter und individueller war die Aufgabenbeschreibung und desto länger war das Zeugnis. Die Noten korrelierten jedoch nicht mit der Hierarchiestufe. Unterschiede zwischen den Zeugnissen verschiedener Berufsgruppen konnten nicht regelmäßig festgestellt werden. Lediglich die Zeugnisse von Sozialpädagog/inn/en waren länger und enthielten mehr Formeln als die Zeugnisse anderer Berufe.

Die untersuchten Arbeitszeugnisse erfüllten im Wesentlichen die rechtlichen Anforderungen. Alle erforderlichen Angaben waren enthalten, Formvorschriften wurden eingehalten und die grundlegenden Anforderungen an qualifizierte Zeugnisse waren erfüllt.

In den Arbeitszeugnissen gab es durchgehend keine Hinweise auf Merkmale wie Rasse, ethnische Herkunft, Religion oder Weltanschauung, Behinderung oder sexuelle Identität. Die Hypothese, dass Frauen in Arbeitszeugnissen schlechter beurteilt werden, wurde nicht bestätigt. Weder die expliziten noch impliziten Beurteilungen zeigten signifikante Unterschiede in Zeugnissen von Männern und Frauen. Ebensowenig wurde die Hypothese bestätigt, dass ältere Arbeitnehmer/innen in Zeugnissen schlechter beurteilt werden als jüngere. Auch hier ergab der Vergleich der Beurteilungen keine signifikanten Gruppenunterschiede. Die Annahme, dass der Inhalt von Arbeitszeugnissen diskriminierend sei, konnte hier nicht bestätigt werden.

4.7 Teilstudie F: Printmedienanalyse zu Geheimcodes in Arbeitszeugnissen

4.7.1 Fragestellung und Forschungsansatz

In der Kommunikationstheorie werden unter dem Begriff Medien diejenigen Mittel verstanden, die Kommunikation unabhängig von Raum und Zeit unterstützen bzw. ermöglichen. Massenmedien zielen dabei auf die Ansprache der Öffentlichkeit bzw. Gruppen ab, darunter fallen Film, Fernsehen, Radio, Zeitschriften, Zeitungen und Literatur (vgl. Bertrand/Hughes 2005, S. 4ff.). Printmedien zeichnen sich dadurch aus, dass die gedruckten Dokumente in unveränderter Form erhalten bleiben. Bei der Analyse kann somit auf Originale zurückgegriffen werden, die auch nicht durch die Analyse verändert werden. Vor allem in zwei Sorten von Printmedien werden Arbeitszeugnisse thematisiert, in Ratgeberliteratur und in Tageszeitungen. Ratgeberliteratur hat den Anspruch, Personen oder Personengruppen eine Anleitung für die Lösung von Problemen zu bieten. Dies bezieht sich bei Arbeitszeugnissen vor allem auf das Gestalten und Verstehen von Zeugnissen. Tageszeitungen haben das Ziel, tagesaktuell zu informieren und zu unterhalten. In ihnen werden Arbeitszeugnisse zumeist als Instrument im Arbeitsleben beschrieben. Die Thematisierung von Arbeitszeugnissen in Verbindung mit dem Thema Geheimcodes innerhalb dieser beiden Medien wird in dieser Studie näher betrachtet.

In der Teilstudie D zeigte sich, dass viele Personen davon ausgehen, dass Geheimcodes in Arbeitszeugnissen verwendet werden (vgl. Abschnitt 4.5). Teilstudie E ergab, dass in den analysierten Arbeitszeugnissen keiner der bekannten Geheimcodes zu finden war (vgl. Abschnitt 4.6). Geheimcodes werden in der Rechtsprechung immer wieder thematisiert (vgl. Abschnitt 3.2.4.4). Ein ausdrückliches Verbot von Geheimcodes wurde mit der Novellierung der Gewerbeordnung in § 109 Abs. 2 Satz 2 GewO aufgenommen. Wie in Abschnitt 3.2.7 ausgeführt, beschäftigt sich Rottleuthner mit der Frage, wie der Inhalt eines Gesetzes zu erklären ist. Er führt in diesem Zusammenhang aus, dass die Konjunktur eines Themas sowie die mediale Auseinandersetzung damit wichtige Erklärungsansätze bieten können (vgl. Rottleuthner 1987, S. 48f.). In diesem Zusammenhang wird untersucht, ob die mediale Diskussion dazu beiträgt, diese beiden Themen so eng zu verknüpfen.

Diese Studie setzt sich aus zwei Teilen zusammen. Der erste Teil umfasst eine Analyse von Ratgeberliteratur, der zweite von Tageszeitungen. Anhand der Analyse der beiden Medien wird die Verbindung des Themas Arbeitszeugnis mit Geheimcodes näher untersucht. Einerseits wird analysiert, wie häufig diese Verbindung hergestellt wird und welche Bedeutung ihr beigemessen wird. Andererseits wird ermittelt, was als Geheimcode bezeichnet wird und auf welche Quellen Bezug genommen wird. Die Ratgeberliteratur und die Berichterstattung in Tageszeitungen werden getrennt betrachtet, da sich das methodische Vorgehen und die Analysekategorien aufgrund der Unterschiede der Medien unterscheiden muss. Im Folgenden werden jeweils das methodische Vorgehen, der Ablauf der Analyse und die Auswertung beschrieben. Die Interpretation der Ergebnisse erfolgt für beide Teile gemeinsam in Abschnitt 4.7.4.

4.7.2 Analyse von Ratgeberliteratur

Ratgeber gehören zum Genre Sachbuch. Der Marktanteil dieses Genres umfasst ca. 80 % des gesamten Buchmarkts in Deutschland. Die Warengruppe Hobby und Ratgeber bilden dabei den größten Anteil. Sie umfasste im 1. Quartal 2007 bereits 45 % des gesamten deutschen Buchmarkts (vgl. Börsenverein des Deutschen Buchhandels 2007). Ratgeberliteratur über Arbeitszeugnisse wird sowohl von Arbeitnehmer/inne/n als auch von Arbeitgeber/inne/n verwendet. Sie werden sowohl zum Gestalten als auch zum Verstehen von Arbeitszeugnissen genutzt. Beispielsweise geht aus der in Abschnitt 4.5 dargestellten Befragung hervor, dass 47 % der Laien, die Zeugnisse selbst schreiben oder Teile davon formulieren, Ratgeber verwenden. Auch 41 % der professionellen Zeugnisschreibenden setzen Ratgeber ein und Arbeitnehmer/innen gehen zu 23 % davon aus, dass in Organisationen Ratgeber als

Hilfsmittel verwendet werden. Bücher über Arbeitszeugnisse sind damit ein weit verbreitetes und häufig eingesetztes Medium.

Schwarb hat in der Schweiz Ratgeberliteratur daraufhin analysiert, ob die Notenstufen in allen Ratgebern gleich beschrieben wurden (vgl. Schwarb 2000, S. 13f.). Die Zahl der analysierten Ratgeber ist der Untersuchung nicht zu entnehmen. Er kam zu dem Ergebnis, dass die Notenstufen nicht immer gleich eingeteilt werden; die Eingruppierungen variierten um eine Notenstufe. Außerdem wurden manche Formulierungen von einigen Autor/inn/en als Klartext interpretiert, während andere Autor/inn/en die gleichen Formulierungen als Codesprache interpretierten (vgl. Schwarb 2000, S. 20f.).

Tabelle 4.7.1: In die Anaylse einbezogene Ratgeber

Backer, A. (2000):	Arbeitszeugnisse entschlüsseln und mitgestalten, Planegg: STS.
Beden, M./Janßen, V. (2002):	Arbeitszeugnisse, München: Gräfe und Unzer.
Begemann, P. (2004):	Das Arbeitszeugnis. Was unbedingt drinstehen muss. Mit Musterzeugnissen und typischen Formulierungen. Was zwischen den Zeilen steht, Frankfurt am Main: Eichborn.
Derken, K. (2005):	Arbeitszeugnisse. Bedeutung – Analyse – Formulierungen, 2. Aufl., Berlin: Cornelsen.
Farda, D.P. (1989):	Arbeitszeugnisse richtig deuten, 4. Aufl., Rastatt: Verlagsunion Erich Pabel-Arthur Moewig.
Friedrich, H. (2006):	Zeugnisse im Beruf, München: Goldmann.
Hesse, J./Schrader, H.C. (2001):	Arbeitszeugnisse: professionell erstellen, interpretieren, verhandeln, Frankfurt am Main: Eichborn.
Höfers, P. (2004a):	Arbeitszeugnisse schreiben, Rechtsgrundlagen, Zeugnistypen, München: Goldmann.
Huber, G. (2004):	Mein Arbeitszeugnis. So entschlüsseln Sie den Zeugniscode, München: Haufe.
Knobbe, T./Leis, M./Umnus, K. (2007):	Arbeitszeugnisse für Führungskräfte qualifiziert gestalten und bewerten. Mit 60 deutschen und englischen Musterzeugnissen, Planegg: Haufe.
List, K.-H. (2005):	Zeugnisse ergebnis- und stärkenorientiert schreiben. Stuttgart: Deutscher Sparkassenverlag.
Müller, B. (1999):	Arbeitszeugnisse für Rechtsanwaltsfachangestellte und Referendare, Neuwied/Kriftel: Luchterhand.
Schulz, G.R. (2003):	Alles über Arbeitszeugnisse. Zeugnissprache - Haftung - Rechtschutz, 7. Aufl., München: dtv.
Teschke-Bährle, U. (2004):	Arbeitszeugnis, 3. Aufl., München: dtv-nomos.
Vogel, W.-H. (1996):	Geheim-Code Arbeitszeugnis: so sichern Sie ihre Berufs- und Verdienstmöglichkeiten, 4. Aufl., Regensburg/Bonn: Walhalla.
Weuster, A./Scheer, B. (2007):	Arbeitszeugnisse in Textbausteinen. Rationelle Erstellung, Analyse, Rechtsfragen, 11. Aufl., Stuttgart: Boorberg.

Als Datenbasis für die vorliegende Studie wurden im Verzeichnis lieferbarer Bücher unter dem Stichwort Arbeitszeugnisse alle zurzeit in Deutschland lieferbaren Ratgeber gesucht. Als Ergebnis erschienen 23 Ratgeber. Von den Autor/inn/en, die mehr als ein Buch veröffentlicht haben, ist nur ein Buch in die Analyse aufgenommen worden. Diejenigen 16 Ratgeber, die in die Analyse aufgenommen wurden, sind in Tabelle 4.7.1 alphabetisch nach Autor/inn/en aufgelistet. Alle Ratgeber wurden daraufhin ausgewertet, ob und wie Geheimcodes thematisiert werden. Zunächst wurde verglichen, wie zentral dieses Thema angesprochen wird, welche Stellung es im Ratgeber hat und was als Geheimcode bezeichnet wird. Zudem wurde beachtet, ob Ziele angesprochen werden, die bei der Verwendung von Geheimcodes verfolgt würden und ob auf Quellen wie Studien oder Gerichtsurteile Bezug genommen wird.

Von den 16 analysierten Ratgebern führt nur ein Ratgeber (Vogel 1996) den Begriff Geheimcode im Titel, ein weiteres Buch (Huber 2004) führt den Begriff im Untertitel. Im Klappentext von 8 Ragebern, also bei der Hälfte der Bücher, werden Geheimcodes angesprochen. Ein eigenes Kapitel bzw. Unterkapitel zu diesem Thema ist in 11 Ratgebern vorhanden. Eine zusammenfassende Darstellung dieser Ergebnisse findet sich in Tabelle 4.7.2.

Tabelle 4.7.2: Thematisierung von Geheimcodes auf verschiedenen Ebenen
(Legende: 0 keine Erwähnung, 1 erwähnt)

	Titel	Untertitel	Klappentext	Kapitel oder Unterkapitel
Backer (2000)	0	0	1	1
Beden/Janßen (2002)	0	0	0	1
Begemann (2004)	0	0	0	1
Derken (2005)	0	0	1	1
Farda. (1989)	0	0	0	0
Friedrich (2006)	0	0	1	1
Hesse/Schrader (2001)	0	0	0	1
Höfers (2004a)	0	0	1	0
Huber (2004)	0	1	1	1
Knobbe u.a. (2007)	0	0	0	1
List (2005)	0	0	0	1
Müller (1999)	0	0	0	0
Schulz (2003)	0	0	1	1
Teschke-Bährle (2004)	0	0	1	1
Vogel (1996)	1	0	1	0
Weuster/Scheer (2007)	0	0	0	0

Die Klappentexte enthalten auffallend oft reißerische Formulierungen, insbesondere mit Bezug auf Geheimcodes. So findet sich z.b. bei Derken (2005) die Behauptung, dass Arbeitszeugnisse an das jeweils nächste einstellende Unternehmen gerichtete geheime Botschaften enthalten können. Bei Vogel (1996) findet sich das Versprechen, dass mithilfe dieses Ratgebers jeder Geheimcode „geknackt" werden kann. Interessant ist, dass die Ratgeber von Höfers (2004a) und Vogel (1996) zwar im Klappentext Geheimcodes erwähnen, im Buch selbst werden sie aber nicht thematisiert. Bei drei Ratgebern mit Ankündigungen im Klappentext findet sich im Buch dann die Aussage, dass es Geheimcodes nicht gebe. So schreibt beispielsweise Huber, dass es Geheimcodes nicht gibt (vgl. Huber 2004, S. 57). Bei Vogel wird sowohl im Titel als auch im Klappentext auf Geheimcodes hingewiesen. Im Text führt der Autor dann aber aus, dass Geheimcodes ein weit verbreiteter Irrglaube seien (vgl. Vogel 1996, S. 12).

Die Bezeichnungen der Kapitel bzw. Unterkapitel variieren von „Giftliste", „Knacken Sie den Code" bis hin zu „Verdeckte Beurteilungen". Auch hier fällt auf, wie widersprüchlich einzelne Autor/inn/en mit diesem Thema umgehen. Beispielsweise betont Backer in der Einleitung des Kapitels „Geheimcode und Geheimzeichen in Zeugnissen", es sei sicher, dass es „einen Geheimcode im Sinne einer geheimen Vereinbarung über die Verschlüsselung nicht" gibt (Backer 2007, S. 78). Darauf folgt eine 2,5seitige Auflistung mit verschlüsseltem Zeugnistext, der überwiegend aus der in Tabelle 3.3.1 dargestellten Liste stammt.

In 69 % der Ratgeber, also in 11 Büchern, findet sich ein Kapitel bzw. ein Unterkapitel zum Thema Geheimcodes. In 5 Ratgebern findet sich als Begründung für das Entstehen von Geheimcodes die Spannung zwischen Wahrheit und Wohlwollen. In 2 der 11 Bücher, nämlich bei Friedrich (2006) und Schulz (2003), werden die Stufen der Leistungsbeurteilung oder Formulierungstechniken als Geheimcode beschrieben. In allen anderen Ratgebern wird eine Zusammenstellung bzw. Auswahl aus der bekannten Liste (Tabelle 3.3.1) vorgestellt, die gelegentlich durch einzelne ähnlich klingende Items ergänzt wurde. Als Geheimcode werden durchgehend nur die Zeichen aus dieser Liste aufgeführt (Tabelle 3.3.1). Quellen für das Thema Geheimcode werden durchgängig nicht angegeben.

Von den 11 Büchern, die explizit Aussagen zu Geheimcodes machen, wird in vier Ratgebern klar Stellung bezogen, dass es Geheimcodes nicht gibt, der Code längst geknackt ist bzw. alle diesen Geheimcode lernen können. Nur in einem Ratgeber findet sich die Aussage, dass Geheimcodes verwendet werden: Teschke-Bährle geht davon aus, dass „Geheimcodes […] insbesondere in sogenannten problematischen Zeugnissen verwendet" werden (Teschke-Bährle 2004, S. 73). In sechs Ratgebern werden Beispiele aus der bekannten Liste (Tabelle 3.3.1) genannt und kurz beschrieben.

Zusammenfassend kann festgestellt werden, dass ca. 70 % aller Ratgeber ein Kapitel bzw. Unterkapitel zum Thema Geheimcode haben. Alle greifen auf die Formulierungen und Zeichen aus der bekannten Liste zurück, sie erwähnen diese Liste aber nicht als Quelle. Der Umgang mit dem Thema ist ambivalent, zum Teil sind die Klappentexte reißerisch formuliert, dagegen wirken die Ausführungen im Buchinneren eher kurz und skizzenhaft. Die Ausführungen zum Thema sind weitgehend inhaltsgleich. Einige Autor/inn/en distanzieren sich von der Idee, dass Geheimcodes tatsächlich verwendet werden.

4.7.3   Analyse von Zeitungsartikeln

Für die Analyse der Berichterstattung in Zeitungen wurden vier Tageszeitungen ausgewählt, zwei regionale und zwei überregionale. Als regionale Zeitungen wurden der Berliner Morgenpost und dem Tagesspiegel Artikel entnommen. Als überregionale Zeitungen wurden die Süddeutsche Zeitung und die taz ausgewählt. Bei allen vier Zeitungen konnte eine Volltextsuche in einer Artikeldatenbank durchgeführt werden.

Da alle Datenbanken übereinstimmend nur ab 2003 vollständig sind, wurden sie nur ab dem Jahr 2003 ausgewertet. Es wurde in allen Archiven eine Volltextsuche mit dem Begriff *Arbeitszeugnis* für den Publikationszeitraum zwischen dem 1.1.2003 und dem 30.5.2007 durchgeführt. Für diesen Zeitraum sind unter dem Suchbegriff Arbeitszeugnis in den Archiven der Berliner Morgenpost 11 Artikel gelistet, im Archiv des Tagesspiegels 8 Artikel, bei der Süddeutschen Zeitung 16 Artikel und im Archiv der taz 12 Artikel. Insgesamt wurden somit 47 Artikel in die Analyse einbezogen. Auf eine gesonderte Aufstellung dieser Artikel wird hier verzichtet, da sie über eine entsprechende Recherche in den online-Archiven verfügbar sind.

Für die Analyse wurde zuerst die Verteilung der Zeitungsartikel über die Jahre betrachtet. Diese ist in Abbildung 4.7.1 grafisch dargestellt. Aus der Grafik ist ersichtlich, dass das Thema Arbeitszeugnis zwar nicht häufig, aber regelmäßig in Zeitungsartikeln aufgegriffen wird. Eine längere Zeitreihe bis 1997 konnte sowohl für die taz als auch den Tagesspiegel erstellt werden. Beide Zeitreihen bestätigen auch dieses Ergebnis, dass pro Jahr zwischen 1 und 5 Artikel zum Thema Arbeitszeugnisse erscheinen. Daraus kann geschlossen werden, dass das Thema keinen Konjunkturverlauf im Sinne von deutlichen Schwankungen in der Artikelhäufigkeit hat.

In einem zweiten Schritt wurden die 47 Artikel inhaltlich ausgewertet. Dabei ergab sich, dass in 23 Artikeln das Thema Arbeitszeugnis nur erwähnt wurde. Zentral in diesen Artikeln waren verschiedene Themen wie z.B. Kündigung, Insolvenz, Arbeitspolitik, Sport oder Theater. 24 Artikel widmen sich ganz dem Thema Arbeitszeugnisse. Diese wurden einer näheren Betrachtung unterzogen. Durchgehend wird dort erwähnt, wie schwer es für Laien sei, Zeugnisse zu verstehen. Genau in der Hälfte dieser Artikel werden Geheimcodes explizit thematisiert. Dabei werden Begriffe wie „versteckte Warnungen", „Vorsicht Falle" sowie „Tücken und Lücken im Zeugnis" verwendet. Als Beispiele für Geheimcodes werden auch hier vor allem Formulierungen aus der bekannten Liste in Tabelle 3.3.1 aufgeführt. Auffällig ist, dass bei 17 der 24 Artikel zum Thema Arbeitszeugnis als Autor/inn/en oder Interviewpartner/innen Personalberatungen, Zeugnisberatungen oder Fachanwält/inn/e/n für Arbeitsrecht mitwirkten. In allen 17 Artikeln wird empfohlen, Zeugnisse von Expert/inn/en prüfen, schreiben oder entwerfen zu lassen.

Abbildung 4.7.1: Anzahl an Zeitungsartikeln zum Thema Arbeitszeugnis pro Jahr

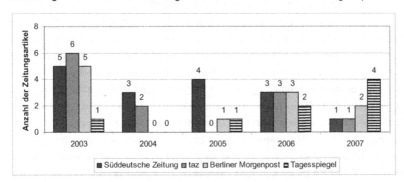

4.7.4 Zusammenfassung der Ergebnisse

Die Analyse der Tageszeitungen hat ergeben, dass ein Konjunkturverlauf des Themas nicht festgestellt werden kann. Arbeitszeugnisse werden zwar nicht sehr häufig, aber beständig thematisiert. Bei beiden Teilstudien zeigt sich deutlich, dass Arbeitszeugnisse und Geheimcodes häufig in Verbindung gebracht werden. In 70 % der Ratgeber und 50 % der Zeitungsartikel werden Geheimcodes explizit mit Beispielen erwähnt. Als Geheimcode werden auch hier fast immer diejenigen Formulierungen bezeichnet, die aus der bekannten Liste in Tabelle 3.3.1 stammen. In der anderen Hälfte der Zeitungsartikel werden durch Begriffe wie Tücke oder Falle Assoziationen zu Geheimcodes geweckt. Eine Veränderung der Verbindung dieser Themen im Zeitablauf kann nicht festgestellt werden.

Daraus kann geschlossen werden, dass die enge Verbindung der Themen Arbeitszeugnis und Geheimcode sowohl in der Ratgeberliteratur als auch in Zeitungsartikeln immer wieder hergestellt bzw. bestätigt wird. Diese Verbindung wird auch durch die wiederholte Aufforderung verstärkt, Expert/inn/en zu Rate zu ziehen. Es zeigt sich, dass die mediale Auseinandersetzung mit dem Thema Arbeitszeugnis stark durch die Verbindung von Arbeitszeugnis und Geheimcode geprägt ist. Es finden sich dabei keine Hinweise auf andere Geheimcodes oder neuere Erkenntnisse, als die in Tabelle 3.3.1 aufgelisteten.

5. Zusammenführung der Ergebnisse und Konsequenzen für die Praxis

5.1 Zusammenführung der Ergebnisse

Wie in Abschnitt 2.2 ausgeführt, können Instrumente und Verfahren, die im Umgang mit Personal eingesetzt werden, als Politikum betrachtet werden. Bereits ihre Entwicklung, aber auch ihr Einsatz erfolgt interessenbezogen, sie positionieren Akteure und geben ihnen Handlungsmöglichkeiten und -grenzen vor (vgl. z.B. Laske/Weiskopf 1996, S. 325f.). Entsprechend sind Arbeitszeugnisse, ihre Gestaltung und ihr Einsatz von politischer Bedeutung im Rahmen des Geschehens in Organisationen und damit zugleich von Interesse für eine personalpolitische Analyse. Ausgehend von dieser Überlegung werden bei der folgenden Zusammenführung der Ergebnisse relevante Rahmenbedingungen, Akteure und ihre Interessen in der Arena Arbeitszeugnisse wie auch die dort stattfindenden Aushandlungsprozesse nachgezeichnet. Die Ergebnisse dieser Analyse bilden zugleich die Grundlage, um Konsequenzen für Gestaltung und Einsatz in der betrieblichen Praxis zu erarbeiten (vgl. Abschnitt 5.2). Der Vorteil dieser Vorgehensweise ist, dass Perspektiven verschiedener Akteure, deren Interpretationen und Interessen und die daran geknüpften Spannungsfelder in die Erarbeitung der Konsequenzen einfließen können. Auf diese Weise wird zudem berücksichtigt, dass Instrumente eben nicht nur ein Ergebnis rationaler Entscheidungen sind, sondern in ihnen Interessen geronnen sind (vgl. dazu näher Abschnitt 2.2). Im Folgenden werden in einem ersten Schritt die rechtlichen Regelungen als Rahmenbedingungen zusammenfassend dargestellt. Im zweiten Schritt werden die zentralen Akteure, ihre Interessen und Ressourcen näher beleuchtet. Daran schließen sich Überlegungen zu Aushandlungsprozessen und Machtstrukturen in dieser Arena an.

5.1.1 Rechtliche Regelungen als Rahmenbedingungen

Wie in Abschnitt 3.1 und 3.2 dargelegt, ist das Themengebiet Arbeitszeugnisse durch vielfältige rechtliche Entwicklungen und Regelungen geprägt. Wie in Abschnitt 3.1.1 ausgeführt, ist Recht kein unabhängiger Faktor. Das Rechtssystem einer Gesellschaft ist kulturabhängig und das Ergebnis von Aushandlungsprozessen. Recht stützt sich auf Macht und es bedarf der Macht, um Recht aufrechtzuerhalten und durchzusetzen. Recht beschränkt gleichzeitig Macht und kanalisiert die Machtausübung. Macht und Recht sind damit aufeinander bezogene soziale Tatbestände, wobei Recht die bestehenden Machtverhältnisse in einer Gesellschaft legitimiert. In diesem Sinne dient das Arbeitsrecht der Regelung der Herrschaftsverhältnisse zwischen Arbeitgeber/inne/n und Arbeitnehmer/inne/n (vgl. Raiser 1987, S. 281ff.).

Die historische Analyse hat ergeben, dass für Arbeitszeugnisse bereits seit dem frühen Mittelalter rechtliche Regelungen galten. Auch wenn sich die Begründungen und Gestaltungsvorschriften für Arbeitszeugnisse ständig wandelten, so zeigt sich doch eine stete Entwicklung von partiellen Normen für einzelne Berufe oder Personengruppen hin zu universellen Normen für alle abhängig Beschäftigten (vgl. Abschnitt 3.2.7). Damit sind sie heute ein tief verwurzelter Bestandteil des Arbeitsrechts.

Zentrales Ziel der in Abschnitt 3.1 vorgenommen historischen Analyse war es, die Entwicklung der rechtlichen Regelungen nachzuzeichnen, um eine Einschätzung des Veränderungspotenzials von Arbeitzeugnissen vornehmen zu können. Dabei wurde deutlich, dass Arbeitszeugnisse mehrfach den Wandel von Gesellschaftsformen überlebt haben. Allerdings zogen, wie in Abschnitt 3.2.7 dargelegt, nicht immer die gleichen gesellschaftlichen Gruppen Nutzen aus den Zeugnisregelungen. So profitierten davon wechselweise die Arbeitgeber/innen, die staatliche Ordnungsmacht und die Arbeitnehmer/innen.

Wie in Abschnitt 3.1 gezeigt, ist die Beständigkeit und Beharrlichkeit des Zeugnisrechts auffällig. Das zeigt sich vor allem beim Vergleich des Zeugnisrechts mit anderen arbeitsrechtlichen Regelungen, die sich auf Arbeitszeit, Kündigung, Erziehungszeiten oder Gleichstellung beziehen. Diese änderten sich häufiger und passten sich so gesellschaftlichen Entwicklungen an. Einerseits zeigen die zeugnisrechtlichen Regelungen eine hohe Anpassungsfähigkeit an wechselnde Interessenlagen, andererseits blieben sie durchgehend Teil des Rechtssystems. Bei der Einschätzung der Entwicklungsmöglichkeiten bzw. Beharrungstendenzen des Zeugnisrechts muss einbezogen werden, dass sich Arbeitszeugnisse seit Jahrhunderten in die heute übliche Form entwickelt haben, ohne dass es dabei große Brüche gegeben hätte. Es ist daher davon auszugehen, dass Änderungen von Form, von Inhalt und Umgang mit Arbeitszeugnissen nicht einfach umsetzbar sind, sondern eher durch vorsichtige Anpassungen möglich sind.

Mit der Kodifizierung des BGB im Jahr 1900 wurden große Teile des Arbeitsrechts als Schutzrecht für Arbeitnehmer/innen interpretiert, darunter fallen auch die Regelungen zum Arbeitszeugnis. Aufgabe des Arbeitsrechts ist es, die Arbeitnehmer/innen vor Nachteilen und Gefahren ihrer Stellung zu schützen (vgl. Abschnitt 3.2.2). Der Gedanke des Schutzrechts durchbricht die Grundidee des BGB, welches von gleichberechtigten mündigen Bürgern ausgeht. Diese Interpretation berücksichtigt die hohe Machtasymmetrie zwischen Arbeitnehmer/inne/n und Arbeitgeber/inne/n. Mit der Fortgeltung des BGB in der Bundesrepublik Deutschland hat sich weder am Wortlaut, noch an der Auslegung oder der Rechtsprechung Bedeutsames geändert.

Anhand der vorangegangen Analyse aktueller Arbeitszeugnisse konnte in Abschnitt 4.6.2.2 zusammenfassend festgestellt werden, dass Arbeitszeugnisse in hohem Maße den rechtlichen Anforderungen genügen. Daran zeigt sich, dass die Form- und Inhaltsanforderungen weit verbreitet und bekannt sind. Dabei fällt gerade im Zeugnisrecht auf, dass es viele und detaillierte Anforderungen gibt, die durchaus verwirrend wirken könnten. Die Mehrzahl der Anforderungen wurde durch die Rechtsprechung der Arbeitsgerichte aufgestellt. Sie sind sehr differenziert, zum Teil auch sehr weitreichend und manchmal auch widersprüchlich (vgl. Abschnitt 3.2). Gerade aus diesem Grund ist es besonders bemerkenswert, dass kaum Abweichungen von den Anforderungen zu finden sind.

Des Weiteren wurde in Abschnitt 4.3 gezeigt, dass Zeugnisrecht lebendes Recht ist. Die Rechtsstreitigkeiten im Zeugnisrecht sind nach Klagen zu Kündigung und Entgelt der drittgrößte thematische Block. Zeugnisrechtsstreitigkeiten nahmen im Laufe der Zeit immer weiter zu (vgl. Abschnitt 4.3.2).

Weitere wichtige Rahmenbedingungen für die Ausgestaltung von Instrumenten der betrieblichen Personalpolitik in Deutschland ergeben sich aus dem AGG. Wie in den Abschnitten 3.4.4 und 3.4.5 ausgeführt wurde, ist sowohl bei der Personalfreisetzung als auch der Personalauswahl die Benachteiligung von Personen bzw. Personengruppen aufgrund bestimmter Merkmale verboten. Für Organisationen ist es daher von besonderem Interesse, das Diskriminierungspotenzial von einzelnen Instrumenten einschätzen zu können. Das kann z.B. im Rahmen eines Gleichstellungscontrollings geschehen, wie es Krell vorschlägt. Dies geht über eine einfache Prüfung auf mögliche Diskriminierungen hinaus, denn es sollen „alle personalpolitischen Instrumente, Kriterien, Verfahren und Praktiken […] zum einen auf ihr Diskriminierungspotenzial und zum anderen auf ihr Gleichstellungspotenzial untersucht und entsprechend den Ergebnissen angepasst" werden (Krell 2004b, S. 24, im Original z.T. hervorgehoben).

Die arbeitsrechtlichen Regelungen bilden die zentralen Rahmenbedingungen für die Aushandlungsprozesse, die die Erstellung von Arbeitszeugnissen und den Umgang mit ihnen bestimmen. Die Akteure gehen mit diesen Rahmenbedingungen um, ungeachtet dessen, ob die Akteure die rechtlichen Regelungen einhalten, ignorieren oder gegen sie verstoßen. Damit wirken sie auf alle Handlungen und Verhandlungen in der Arena Arbeitszeugnisse. Nachdem anhand dieser rechtlichen Regelungen der Rahmen abgesteckt ist, in dem die Akteure handeln, werden im folgenden Abschnitt die zentralen Akteure, ihre Interessen und Machtressourcen dargestellt.

5.1.2 Zentrale Akteure und ihre Interessen

In Abschnitt 3.2.7 wurden zunächst Arbeitgeber/innen und Arbeitnehmer/innen als zentrale Akteure herausgearbeitet. In diese Analyse werden vertiefend auch die Arbeitgeberverbände und die Gewerkschaften als kollektive Interessenvertretungen einbezogen. Als betriebliche Akteure werden die Organe der betrieblichen Mitbestimmung, Betriebsrat bzw. Personalrat, betrachtet. Zudem spielen Personalberater/innen und Rechtsanwält/inn/e/n, Akteure in der Wissenschaft und Verlage eine wichtige Rolle.

5.1.2.1 Arbeitgeber/innen und ihre Interessen

Arbeitgeber/innen erstellen und verwenden Arbeitszeugnisse. Da die Interessen in den beiden Handlungsfeldern nicht gleichgerichtet sind, werden zunächst die Interessen beim Einsatz und dann die Interessen bei der Erstellung von Zeugnissen beschrieben. Anschließend wird das Spannungsfeld der gesamten Interessen umrissen.

Arbeitgeber/innen verwenden Arbeitszeugnisse vor allem bei der Personalauswahl (vgl. Abschnitt 3.4.5). Sie entnehmen Arbeitszeugnissen Informationen über Leistungen und Verhalten von Arbeitnehmer/inne/n und bilden sich anhand der Arbeitszeugnisse ein Bild über Bewerber/innen. Sie versuchen aus dem bisherigen Verhalten und der erbrachten Leistung eine Vorhersage über zukünftiges Verhalten und mögliche Leistungen zu treffen. Deshalb haben sie ein Interesse daran, dass in Arbeitszeugnissen die frühere Leistung und das gezeigte Verhalten möglichst genau und umfassend beschrieben werden. Nur so können ihre Vorhersagen auf einer zuverlässigen Datenbasis beruhen. Demnach dienen auch Arbeitszeugnisse den zentralen Zielen der Arbeitgeber/innen bei der Personalauswahl. Zentrale Ziele sind die optimale Besetzung von Stellen unter Beachtung der Auswahlkosten sowie die Vermeidung von Folgekosten durch falsche Auswahlentscheidungen.

Für Arbeitgeber/innen ist bei der Personalauswahl bzw. bei den dafür eingesetzten Verfahren zu beachten, dass die soziale Validität der Verfahren nicht nur direkt auf den Auswahlprozess wirkt, sondern auch auf die Akzeptanz einer Ablehnung. Akzeptieren Bewerber/innen eine Ablehnung, so ist es weniger wahrscheinlich, dass sie die Organisationen als künftige potenzielle Arbeitgeber/innen ausschließen und negative Bewertungen an andere Arbeitnehmer/innen weitergeben. Dies ist vor allem für das Organisationsimage bei potenziellen Arbeitnehmer/inne/n wichtig, an denen die Organisation Interesse hat.

Mit Blick auf das Handlungsfeld Personalfreisetzung (vgl. Abschnitt 3.4.4) haben Arbeitgeber/innen die Pflicht, Arbeitszeugnisse nach Beendigung eines Arbeitsverhältnisses zu erstellen. Dabei wird von den Arbeitgeber/inne/n gefordert, dass Arbeitszeugnisse wahr und wohlwollend formuliert sind. Diese Forderung kann als Auslöser für Konflikte gesehen werden, sowohl mit den ausscheidenden Arbeitnehmer/inne/n als auch mit potenziellen neuen Arbeitgeber/inne/n. So geht Weuster davon aus, dass der Konflikt zu Formulierungen führen kann, die die Validität von Zeugnissen einschränken (vgl. Weuster 1991, S. 180, ausführlicher dazu vgl. Abschnitt 3.4.2). Bereits 1878 beschrieb Ebhardt den Konflikt einer Dienstherrin, die andere vor schlechtem Personal schützen und gleichzeitig das Personal nicht bei der neuen Arbeitsaufnahme behindern sollte (vgl. Ebhardt 1878, S. 115, ausführlicher dazu Abschnitt 3.1.2.3). Abgesehen davon, dass die Existenz von Geheimcodes bezweifelt werden kann (vgl. Abschnitt 4.6.3), ist es doch auffällig, dass in einem Teil der Ratgeberliteratur eben diese Spannung zwischen Wahrheit und Wohlwollen als deren Ursache angeführt wird (vgl. Abschnitt 4.7.2).

Ein Ziel der Arbeitgeber/innen bei der Erstellung von Arbeitszeugnissen ist auch in der Minimierung des Aufwands unter Berücksichtigung der Anforderungen zu sehen. Arbeitszeugnisse müssen auf Verlangen der Arbeitnehmer/innen erstellt werden. Dabei sind, wie in Abschnitt 3.2 ausgeführt, zahlreiche Anforderungen zu beachten. Diese Anforderungen an Arbeitszeugnisse werden von Arbeitgeber/inne/n heute weitgehend erfüllt, wie in Abschnitt 4.6.2.2 festgestellt werden konnte.

Wie in Abschnitt 3.4.5 ausgeführt, wird sowohl von Arbeitnehmer/inne/n als auch Arbeitgeber/inne/n davon ausgegangen, dass Formulierungen im Arbeitszeugnis auch gewählt werden, um Konflikte mit Arbeitnehmer/inne/n bzw. den Organen der betrieblichen Mitbestimmung zu vermeiden. Dies könnte zu einer Einschränkung der Validität führen, da nicht die wahrheitsgemäße Leistungsbeurteilung im Zentrum steht.

Als Aufwand bei der Erstellung von Arbeitszeugnissen können einerseits die verwendete Arbeitszeit und andererseits die Vermeidung des Kostenrisikos von Zeugnisklagen angesehen werden. Das Kostenrisiko besteht darin, dass in der ersten Instanz eines arbeitsgerichtlichen Verfahrens beide Parteien die Kosten der Rechtsbeistände und einen Teil der Gerichtskosten selbst tragen müssen, unabhängig davon, ob das Verfahren begründet ist und welches Ergebnis erzielt wird (vgl. § 12a Arbeitsgerichtsgesetz). Kostenminimierung ist ein rationales Ziel von Organisationen. Allerdings kann nicht davon ausgegangen werden, dass rationale Gründe die einzigen bestimmenden Faktoren im Prozess der Zeugniserstellung sind.

Als eine Folge von nicht-rationalen Erwägungen kann ein Teil der Rechtsstreitigkeiten gesehen werden, die auf die Erstellung eines Zeugnisses gerichtet sind. Wie in Abschnitt 4.3.2 ausgeführt werden ca. 60 % aller Zeugnisrechtstreite mit dem Ziel der Erteilung eines Zeugnisses geführt. Angesichts des Umstandes, dass Arbeitgeber/innen zur Erteilung des Zeugnisses rechtlich verpflichtet sind, ist eine Weigerung ein Zeugnis zu erteilen daher als nicht rational anzusehen. Umgekehrt handelt es sich bei Arbeitszeugnissen um eine Holschuld der Arbeitnehmer/innen, so dass es auch als wenig rational angesehen werden muss, wenn auf Erteilung eines Zeugnisses geklagt wird, ohne dass es zuvor von den Arbeitgeber/innen selbst eingefordert wurde.

Wie im Zusammenhang mit ihrem Einsatz im Rahmen der Personalfreisetzung ausgeführt (vgl. Abschnitt 3.4.4), wird auch der Inhalt von Arbeitszeugnissen durch andere Einflüsse mitbestimmt. Auch wenn überwiegend davon ausgegangen wird, dass Arbeitgeber/innen Arbeitszeugnisse eher wohlwollend als wahrheitsgemäß formulieren, darf nicht außer Acht gelassen werden, dass auch andere Interessen den Inhalt von Arbeitszeugnissen prägen können. Die Beendigung eines Arbeitsverhältnisses kann sowohl von Arbeitgeber/inne/n als auch von Arbeitnehmer/inne/n vorgenommen werden. Die Trennung kann auf höchst unterschiedliche Weise den Interessen der Arbeitgeber/innen dienen oder entgegenlaufen. Auch Arbeitgeber/innen können geschockt sein von der Kündigung, Schuldzuweisungen vornehmen und Verhandlungsangebote machen. So kann bei Arbeitgeber/inne/n auch Rache, Enttäuschung, distanzierte Sachlichkeit und Freude in die Erstellung von Arbeitszeugnissen einfließen.

Insgesamt betrachtet sind die Interessen der Arbeitgeber/innen nicht gleichgerichtet, sondern stehen in einem Spannungsverhältnis. Arbeitszeugnisse werden häufig als wohlwollend und daher nicht wahrheitsgemäß eingeschätzt, gleichzeitig wird ihnen eine hohe Bedeutung bei der Vorauswahl beigemessen (vgl. Abschnitt 3.4.5). Dieses Spannungsfeld wird auch von Arbeitnehmer/inne/n gesehen, wie die Ergebnisse der Befragung zeigten (vgl. Abschnitt 4.5.2.4). Sie erleben Arbeitszeugnisse als wichtiges Instrument in Personalauswahlverfahren. Gleichzeitig gehen sie davon aus, dass Arbeitgeber/innen die Erstellung von Arbeitszeugnissen nicht im gleichen Maße wichtig nehmen. Entsprechend besteht die Gefahr, dass die Verringerung der eingesetzten Arbeitszeit bei der Erstellung zwar zur Kostensenkung führen kann, dass Zeugnisse dann aber weniger individuell und eher zu positiv geschrieben werden. Die Befragung hat ergeben, dass die Einschätzung besteht, dass zuviel Zeit für die Erstellung von Arbeitszeugnissen eingesetzt wird (vgl. Abbildung 4.5.11). Offen bei dieser Einschätzung bleibt allerdings, aus welchen Gründen sie getroffen wird.

Arbeitszeugnisse, die weniger ein realistisches Bild von Leistungen und Verhalten zeichnen, sondern eher aufgrund politischer Erwägungen erstellt werden, erschweren die Verwendung im Personalauswahlprozess bzw. eine valide Prognose zukünftiger Arbeitsleistungen. Dies spricht dafür, dass angemessen viel Zeit und Sorgfalt auf ihre Erstellung verwendet werden sollte. Eine individuelle Nutzenoptimierung kann jedoch zur Erstellung von weniger aussagekräftigen Zeugnissen führen. Schadensersatzforderungen der neuen Arbeitgeber/innen aufgrund von fehlerhaften Zeugnissen sind in Deutschland eher selten, so dass die Vermeidung solcher Forderungen keine entscheidende Rolle spielen dürfte.

Arbeitgeber/innen haben ebenso wie Arbeitnehmer/innen ein Interesse daran, dass Instrumente der betrieblichen Personalpolitik möglichst diskriminierungsfrei gestaltet sind. Ein Argument ist die Vermeidung von Klagen gegen Diskriminierung auf der Grundlage des AGG. Neben rechtlichen Erwägungen ist ein zentrales Argument für dieses Interesse der Arbeitgeber/innen, dass Diskriminierung ökonomisch nicht sinnvoll ist. So wird bei der Personalauswahl davon ausgegangen, dass eine optimale Passung der Bewerber/innen auf eine Stelle erreicht werden soll. Die Verengung des Pools der Bewerber/innen über Merkmale, die nicht relevant für die Passung sind, ist daher nicht zielführend (vgl. Abschnitt 3.4.5).

Die gesellschaftlichen Interessenvertretungen der Arbeitgeber/innen, darunter der Bund der Deutschen Arbeitgeber BDA, die Deutsche Industrie- und Handelskammer DIHK und der Bund der Deutschen Industrie BDI, äußern sich auf ihren Homepages nicht explizit zu Regelungen in Bezug auf Arbeitszeugnisse. Weder im Entwurf für ein Arbeitsrechtskonzept des BDA (2005), noch im Recherchepool des BDI finden sich Stellungnahmen zu diesem Thema.

5.1.2.2 Arbeitnehmer/innen und ihre Interessen

Arbeitnehmer/innen haben nach Beendigung ihres Arbeitsverhältnisses Anspruch auf ein Arbeitszeugnis, gleichgültig, von welcher Seite und aus welchem Grund das Arbeitsverhältnis beendet wird. Allerdings unterscheiden sich die Situationen, in denen die Arbeitszeugnisse erstellt werden. So ist beispielsweise von Bedeutung, ob Arbeitnehmer/innen ein Arbeitszeugnis benötigen und welche Absichten sie mit dem Zeugnis für die Zukunft verfolgen. Aber auch Konflikte prägen die Situation, sowohl während des Arbeitsverhältnisses als auch bei dessen Beendigung (vgl. Abschnitt 3.4.4).

Arbeitszeugnisse sind in Deutschland ein üblicher Teil der Bewerbungsunterlagen (vgl. Abschnitt 3.4.5). Wie die Befragung zeigte, verwenden Arbeitnehmer/innen Arbeitszeugnisse vor allem für die Bewerbung um neue Stellen. So setzten 77 % der Antwortenden Arbeitszeugnisse für Bewerbungen und nur 12 % zum Nachweis von Arbeitszeiten sowie 7 % zur Vorlage bei Behörden ein (vgl. Abschnitt 4.5.2.4). Aufgrund der Funktionen von Arbeitszeugnissen kann davon ausgegangen werden, dass Arbeitnehmer/innen ein großes Interesse an deren Inhalt haben. In der Tat wurde die Bedeutung von Arbeitszeugnissen bei der Personalauswahl von über 80 % der Befragten als sehr wichtig oder wichtig eingeschätzt. Arbeitszeugnisse werden als etwas sehr Persönliches erlebt. Dies zeigt sich an dem Umstand, dass die Beschaffung der Arbeitszeugnisse für diese Studie sehr schwierig war. So war fast ausschließlich die Beschaffung über private Kontakte und Netzwerke erfolgreich. Arbeitszeugnisse wurden vor allem dann zur Verfügung gestellt, wenn Vertrauen über persönliche Kontakte vorhanden war (vgl. Abschnitt 4.6.1.3).

Arbeitnehmer/innen erhalten mit dem Arbeitszeugnis eine abschließende Leistungs- und Verhaltensbeurteilung durch ihre Arbeitgeber/innen. Dieser Aspekt von Arbeitszeugnissen fand bislang nur wenig Beachtung. Die Befragung zeigte jedoch, dass für 83 % der Befragten diese Beurteilung sehr wichtig oder wichtig ist (vgl. Abschnitt 4.5.2.4). Auffallend ist auch, dass sich mehr Befragte an positive Beurteilungen in

Arbeitszeugnissen erinnern als an negative. Als positiv werden vor allem Anerkennung sowie individuelle und persönliche Beurteilungen gewertet. Ärger über Arbeitszeugnisse wurde vor allem ausgelöst durch Beurteilungen, die als ungerecht erlebt wurden, durch unpersönliche und fehlerhaft verwendete Textbausteine, durch nachlässige Erstellung sowie durch Unsicherheiten über die genaue Bedeutung von Formulierungen (vgl. Abschnitt 4.5.2.3).

Die Beendigung eines Arbeitsverhältnisses kann in sehr unterschiedlichen Situationen geschehen und damit auch mit unterschiedlichen Emotionen besetzt sein. Daraus folgt auch, dass Arbeitnehmer/innen bei den Arbeitgeber/inne/n verschiedene Motive bei der Erstellung von Arbeitszeugnissen vermuten. Diese können von wohlwollend über freundlich bis hin zur Rache reichen. Je nach Motivation, die den Arbeitgeber/inne/n unterstellt wird, kann Misstrauen gegenüber dem Zeugnisinhalt entstehen. Dieses Misstrauen wurde in Teilstudie C deutlich. Fast die Hälfte aller Fragen, die im Expert/inn/en-Forum gestellt wurden, enthielten Vermutungen über den Zeugnisinhalt sowie Äußerungen zur Unsicherheit darüber (vgl. Abschnitt 4.4.2). Dass solche Misstrauensvermutungen den Umgang mit Arbeitszeugnissen prägen, lässt sich ebenso aus den Ergebnissen der Printmedienanalyse schließen. Die verwendeten Andeutungen über Geheimcodes in Klappentexten von Ratgebern deuten darauf hin, dass die Ratgeberverlage davon ausgehen, dass diese zur Steigerung des Verkaufs beitragen können (vgl. Abschnitt 4.7.2).

Das Zeugnisrecht wird in der BRD als Schutzrecht für Arbeitnehmer/innen interpretiert. In früheren Zeiten wurde das Zeugnis hingegen auch explizit zur Kontrolle und Disziplinierung von Arbeitnehmer/inne/n, sowohl durch Arbeitgeber/innen als auch durch die staatliche Ordnungsmacht, eingesetzt (vgl. Abschnitt 3.2.7). Aus diesem Wechsel der Normenbenefiziare kann auch geschlossen werden, dass bei anderen Formen des Umgangs mit Arbeitszeugnissen und anderen Inhalten Zeugnisse durchaus auch zur Kontrolle oder auch zum Nachteil von Arbeitnehmer/inne/n eingesetzt werden können (vgl. Abschnitt 3.2.7). In Verbindung mit den Unsicherheiten über den Zeugnisinhalt und dem Kontroll- bzw. Disziplinierungspotenzial von Zeugnissen kann hier eine wichtige Ursache für Misstrauen und Unsicherheit von Arbeitnehmer/inne/n gegenüber den ein Zeugnis schreibenden Arbeitgeber/inne/n gesehen werden.

Arbeitnehmer/innen wirken bisweilen bei der Erstellung von Arbeitszeugnissen mit. Wie Teilstudie D zeigte, beteiligen sich ca. 67 % der Arbeitnehmer/innen, die nicht professionell mit Arbeitszeugnissen Umgang haben, an der Erstellung ihrer Zeugnisse. Personen, die professionell damit Umgang haben, wirken 64 % bei der Erstellung ihrer Zeugnisse mit. Demgegenüber haben 25 % der Laien bzw. 38 % der Profis bereits Zeugnisse selbst geschrieben (vgl. Abschnitt 4.5.2.5). Offen bleibt bei diesen Angaben, ob Arbeitgeber/innen diese Zeugnisse unterschrieben haben, da sie der

Selbstbeurteilung beipflichten, oder ob sie diese unterzeichnet haben, ohne der darin enthaltenen Beurteilung zuzustimmen. In jedem Fall zeigte sich bei einigen Bemerkungen von Arbeitnehmer/inne/n, dass die Übernahme der Zeugnisvorlage durchaus als positiv wahrgenommen wird und als Anerkennung erlebt werden kann (vgl. Abschnitt 4.5.2.3).

Arbeitnehmer/innen haben schließlich ein Interesse daran, dass personalpolitische Instrumente möglichst wenig diskriminierend ausgestaltet sind. Ein besonders starkes Interesse daran haben Arbeitnehmer/innen, die aufgrund bestimmter Merkmale selbst gefährdet sind, diskriminiert zu werden, z.b. Personen mit nicht-deutscher Herkunft oder anderer Hautfarbe. Entsprechend hohes Interesse haben Arbeitnehmer/innen, die bei der Personalbeurteilung zu potenziell diskriminierungsgefährdeten Gruppen gehören, z.B. Teilzeitbeschäftigte oder Männer in frauendominierten Berufen (vgl. Abschnitt 3.4.6).

Bei den Gewerkschaften als den kollektiven Interessenvertretungen der Arbeitnehmer/innen finden sich auf den Internetseiten des Deutsche Gewerkschaftsbundes DGB, dem Dachverband der Gewerkschaften, Informationen über Arbeitszeugnisse (vgl. z.b. die Formulierungsvorschläge in DGB o.J.). Die Gewerkschaft vereinigte Dienstleistungen ver.di bietet kostenpflichtige telefonische Zeugnisberatung sowie eine Broschüre mit Basisinformationen zum Arbeitszeugnis an. Auf den Zeugnisberatungsseiten von ver.di findet sich eine Mustervereinbarung zu Arbeits- und Ausbildungszeugnissen (vgl. Höfers 2004b). Auf den Informationsseiten zum Thema heißt es überdies: „ver.di stellt sich der großen Bedeutung von Arbeitszeugnissen" (ver.di o.J.). Insgesamt wird deutlich, dass einige Gewerkschaften in irgendeiner Weise Informationen über Arbeitszeugnisse auf ihren Internetseiten zur Verfügung stellen. Daraus ist ersichtlich, dass Gewerkschaften Arbeitszeugnisse als wichtig für Arbeitnehmer/innen einschätzen.

5.1.2.3 Organe der betrieblichen Mitbestimmung und ihre Interessen

Aufgabe der Betriebsräte bzw. Personalräte ist es, die Interessen der Arbeitnehmer/innen in Betrieben zu vertreten und die betriebliche Mitbestimmung umzusetzen. Betriebs- und Personalräte können Arbeitnehmer/innen bei der Lösung von Konflikten mit Arbeitgeber/inne/n unterstützen. Da das Recht auf ein Arbeitszeugnis eine Nebenpflicht aus dem Arbeitsvertrag ist, können Betriebs- und Personalräte sowohl bei individuellen Zeugniskonflikten vermitteln als auch mit den Arbeitgeber/inne/n Grundsätze der Zeugniserstellung vereinbaren. Jedoch scheinen sie diese Möglichkeiten eher selten auszuschöpfen. Dies geht z.B. aus der Studie von Weuster hervor. Nach seinen Ergebnissen kümmern sich in 61 % der befragten Unternehmen die Betriebsräte nie um Zeugnisse. Lediglich in 0,4 % der befragten Unternehmen kümmern sich die Betriebsräte häufig (vgl. Weuster 1994, S. 41). Auch Arbeitnehmer/innen scheinen die Organe der betrieblichen Mitbestimmung in dieser Hinsicht eher selten in Anspruch zu nehmen. So zeigte sich in der Befragung, dass Auseinandersetzungen um Arbeitszeugnisse vor allem mit den zuständigen Vorgesetzten und der Personalabteilung geführt werden. Nur 9 % der Befragten hatten die Unterstützung von Betriebsräten gesucht (vgl. Abschnitt 4.5.2.4).

Damit wird deutlich, dass Betriebs- und Personalräte sich überwiegend nicht mit Arbeitszeugnissen befassen und Arbeitnehmer/innen sie im Konfliktfall auch eher selten hinzuziehen. Dies fällt vor allem deshalb auf, weil Arbeitszeugnisse von Arbeitnehmer/inne/n als ausgesprochen wichtig empfunden werden. Der Grund dafür könnte darin liegen, dass die meisten Konflikte um Zeugnisse sich erst nach Ende des Arbeitsverhältnisses zuspitzen, wenn die Arbeitnehmer/innen nicht mehr im Betrieb sind. Dies kann dazu führen, dass Arbeitnehmer/innen Betriebs- und Personalräte nicht als zuständig wahrnehmen bzw. sich Betriebs- und Personalräte für nicht zuständig erklären.

5.1.2.4 Personalberater/innen und Rechtsanwält/inn/e/n und ihre Interessen

Personalberater/innen haben vor allem in zwei Funktionen im Umgang mit Arbeitszeugnissen: Auf der einen Seite wirken sie als unterstützende Expert/inn/en an Personalauswahlprozessen in Organisationen mit. Dabei nehmen sie in ihrer Funktion die Interessen der Arbeitgeber/innen wahr. Auf der anderen Seite beraten sie Arbeitnehmer/innen zu deren Arbeitszeugnissen. Dies geschieht vor allem im Rahmen von Karriere- und Bewerbungsberatungen. Hier übernehmen sie die Interessen der Arbeitnehmer/innen. In beiden Fällen ist es für die Berater/innen von großem Interesse, dass sie von ihren Kund/inn/en als Expert/inn/en auf diesem Gebiet wahrgenommen werden.

Expertentum kann auf verschiedene Weisen demonstriert werden. So können Publikationen oder Vorträge in einem Fachgebiet als Hinweis auf Expertentum gedeutet werden, ebenso Empfehlungen und Qualitätssiegel (vgl. Posner 1988, S. XXXIV). Ein anderer Weg ist die Demonstration exklusiven Wissens. Das ist bei Zeugnissen beispielsweise durch eine Demonstration von exklusivem Wissen um Entschlüsselungscodes möglich. Der Besitz dieses exklusiven Wissens kann entweder selbst behauptet oder von anderen zugeschrieben werden. In jedem Fall haben Personalberater/innen ein Interesse daran, dass ihr Wissen zu Arbeitszeugnissen als komplexes Fachwissen wahrgenommen wird, da nur so die Notwendigkeit ihrer Beratungsleistung erhalten bleibt.

In diesem Zusammenhang ist von Bedeutung, dass die enge Verzahnung der Themen Arbeitszeugnisse und Geheimcodes sowohl in der Ratgeberliteratur als auch in Zeitungsartikeln hergestellt wird. Viele Autor/inn/en von Ratgebern sind gleichzeitig Personalberater/innen. In diesem Fall unterstreichen sie selbst die Expertise auf diesem Gebiet. In der Analyse von Zeitungsartikeln zu Arbeitszeugnissen (vgl. Abschnitt 4.7.3) konnte zudem festgestellt werden, dass in den meisten Artikeln empfohlen wird, Expert/inn/en Zeugnisse prüfen, schreiben oder entwerfen zu lassen. Auch dies kommt dem Interesse der Personalberater/innen entgegen, die Notwendigkeit ihrer Dienstleistung zu unterstreichen bzw. unterstreichen zu lassen. Mit den Hinweisen auf Geheimcodes und die Notwendigkeit von Expertentum beleben Personalberater/innen die Arena Arbeitszeugnisse. Auch wenn Arbeitszeugnisse kein Modethema sind und diese Arena nicht ständig ausgeweitet wird (vgl. ausführlicher zu Modethemen Kieser 1996), so haben doch Personalberater/innen ein Interesse, die Arena aufrecht zu erhalten.

Auch im Arbeitsrecht tätige Rechtsanwält/inn/e/n sind Teil der Arena. Sie können darin zwei Funktionen wahrnehmen: Auf der einen Seite treten sie als Expert/inn/en für Arbeitszeugnisse auf, also in der gleichen Funktion wie Personalberater/innen. In dieser Funktion liegt bei ihnen die gleiche Interessenlage vor, wie sie soeben für Personalberater/innen beschrieben wurden. Auf der anderen Seite übernehmen sie die Rechtsvertretung von Arbeitnehmer/inne/n oder Arbeitgeber/inne/n in gerichtlichen oder außergerichtlichen Verhandlungen. In dieser Funktion vertreten sie zunächst die Interessen ihrer Mandant/inn/en, seien es Arbeitgeber/innen oder Arbeitnehmer/innen. Eigene Interessen liegen dann in der Gestaltung der Vergütungsstruktur. Wie in Abschnitt 4.3.2 dargestellt, können die zunehmenden gerichtlichen Zeugnisstreitigkeiten auch als Folge von Gebührenmaximierungsbemühungen von Rechtsanwält/inn/en gesehen werden.

5.1.2.5 Akteure in der Wissenschaft und ihre Interessen

Arbeitszeugnisse werden aus verschiedenen disziplinären Perspektiven beforscht, es gibt aber nur wenige Akteure, die sich ausführlich mit Arbeitszeugnissen beschäftigen. Aus dem Bereich der Sprachwissenschaft hat sich insbesondere die Forschergruppe um Presch hervorgetan. Betriebswirtschaftliche Forschung haben Weuster und Schwarb betrieben.

Wie in Abschnitt 3.3 ausgeführt, waren es Presch und Gloy, die 1976 zum ersten Mal die seitdem oft diskutierten Geheimcodes veröffentlichten. Ihre Grundannahme war, dass Arbeitnehmer/innen in der Regel nur die alltagssprachliche Bedeutung des Zeugnisinhaltes kennen, während Arbeitgeber/innen über den Geheimcode einen exklusiven Bedeutungsschlüssel haben. Darum sehen sie Arbeitszeugnisse als Machtmittel der Arbeitgeber/innen (vgl. auch Presch/Ellerbrock 1978, S. 269f.). Als Interesse der Forschergruppe kann die Entkräftung dieses Machtmittels gesehen werden: „Diejenigen Manipulationstechniken und Befriedigungstaktiken der Herrschenden, die durchschaut worden sind, sollten bekanntgemacht werden, um die

Auseinandersetzungen auf der vom Manipulierenden jeweils tatsächlich eingenommenen Ebene zu ermöglichen" (Presch/Gloy 1976, S. 180).

Die Veröffentlichung dieser Geheimcodes liegt nun mittlerweile mehr als 30 Jahre zurück. Die Autoren haben unbestritten erreicht, dass die von ihnen veröffentlichen Codes bekannt geworden sind. Die sogenannten Positiv-Skalen sind bis heute regelmäßig als Standardformulierungen in Arbeitszeugnissen enthalten, auch aufgrund der wiederholten Zitierung in Urteilsbegründungen und damit durch nachdrückliche Unterstützung von rechtlicher Seite. Zudem werden sie über Ratgeberliteratur und Zeitungsartikel beständig weiter verbreitet. Insgesamt hat die Forschergruppe damit einen hohen Bekanntheitsgrad der Geheimcodes erzielt. Allerdings führte die Aufdeckung der Geheimcodes nicht dazu, dass Arbeitszeugnisse als klarer oder unmissverständlicher wahrgenommen werden, sondern eher zu einer Verunsicherung darüber, ob und welche Geheimcodes in Zeugnissen enthalten sind.

Weuster und Schwarb haben Arbeitszeugnisse als Instrumente der betrieblichen Personalpolitik beforscht. Sie fokussierten vor allem darauf, wie Arbeitszeugnisse in der betrieblichen Praxis wirken und wie sie verbessert werden können. Sie interessierten sich für den Stellenwert von Arbeitszeugnissen bei der Personalauswahl. Weuster hat darüber hinaus zusammen mit Scheer einen Ratgeber (Weuster/Scheer 2007) herausgegeben. Dessen erklärtes Ziel ist die rationelle Erstellung von Arbeitszeugnissen.

Schließlich zählt auch die vorliegende Arbeit zu den betriebswirtschaftlich orientierten, wissenschaftlichen Auseinandersetzungen mit dem Thema Arbeitszeugnisse. In ihr spiegeln sich ähnliche Interessen wie diejenigen, die zuvor für andere Akteure in der Wissenschaft benannt wurden. So kann insgesamt betrachtet festgehalten werden, dass es Wissenschaftler/inne/n zunächst darum geht, das Wissen zu Arbeitszeugnissen zu erweitern. Neben dem eigenen Erkenntnisinteresse wird dabei das Ziel verfolgt, diese Erkenntnisse an andere Akteure weiterzugeben. In dieser Hinsicht steht zumeist eine Information bzw. Aufklärung der zentralen Akteure im Vordergrund. Ob dies Arbeitgeber/innen bzw. Personalverantwortliche oder Arbeitnehmer/innen oder beide sind, hängt von der eingenommenen Perspektive und Gewichtung ab.

Nicht zuletzt haben Wissenschaftler/innen ein Interesse an Reputation (vgl. dazu z.B. Kieser 1997). So sollen Forschungsergebnisse publiziert und von anderen Forscher/innen zitiert und diskutiert werden. Wie in der Aufbereitung des Forschungsstandes gezeigt sowie an dieser Arbeit ersichtlich, ist dies ebenso in der Arena um Arbeitszeugnisse der Fall. Dabei ist die Zahl der wissenschaftlichen Akteure in dieser Arena eher klein. Es scheint sich aber um eines der Themen zu handeln, bei dem Forschungsergebnisse eher nicht exklusiv in einer wissenschaftlichen Gemeinde verbleiben. Vielmehr werden sie zum einen zwischen verschiedenen Disziplinen verhandelt und werden zum anderen vor allem auch über deren Grenzen hinausgetragen, sei es über rechtliche oder mediale Diskussionen. Auch hieran sind Interessen der wissenschaftlichen Akteure geknüpft: Sie wollen als Expert/inn/en in der Arena wahrgenommen werden und sich auch als Expert/inn/en immer wieder neu zeigen. Es lässt sich festhalten, dass auch die Akteure in der Wissenschaft ein Interesse daran haben, das Thema Arbeitszeugnisse am Leben zu erhalten.

5.1.2.6 Verlage und ihre Interessen

Verlage haben ein Interesse daran, die angebotenen Printmedien als Kommunikationsmittel für Menschen interessant zu machen, um ihre Produkte verkaufen zu können. Wie in der Printmedienanalyse in Abschnitt 4.7 herausgearbeitet, wird das Thema Geheimcodes in Arbeitszeugnissen in der medialen Diskussion, in der Ratgeberliteratur wie auch in Zeitungsartikeln, immer wieder aufgegriffen. An den Analyseergebnissen zur Ratgeberliteratur fällt auf, dass häufig im Klappentext noch in reißerischer Form eine Verbindung zwischen Arbeitszeugnissen und Geheimcodes hergestellt oder zumindest angedeutet wird. Im Ratgeber selbst ist dann auch oft ein Kapitel bzw. Abschnitt zu dieser Verbindung enthalten. Allerdings behauptet nur ein Ratgeberautor ausdrücklich, dass Geheimcodes auch verwendet werden. Deutlich häufiger gehen die Autor/inn/en hingegen davon aus, dass Geheimcodes nicht verwendet werden.

Wie in Abschnitt 4.7.4 argumentiert, steht zu vermuten, dass die entsprechende mediale Diskussion zur Aufnahme des Geheimcodeverbotes in die Gewerbeordnung beigetragen hat. Dabei ist nicht geklärt, ob in den Medien Geheimcodes immer wieder thematisiert werden, um so Interesse an den Publikationen zu wecken, oder ob damit latente Befürchtungen in der Gesellschaft immer neu aufgegriffen werden. In jedem Fall scheint es sich um ein verkaufsträchtiges Thema zu handeln.

Eine Erklärung dafür könnte sein, dass es sich dabei um Verschwörungstheorien handelt. Diese erklären Entwicklungen und Ereignisse durch das zielgerichtete Wirken von Personen zu einem illegalen Zweck oder zur Erreichung von Macht (vgl. Lehmhöfer 2004, S. 21f.). Verschwörungstheorien faszinieren und wecken Neugier. Sie reduzieren Komplexität und bieten einfache Erklärungsmuster. Gleichzeitig bieten sie exklusive Informationen, die die Informierten im Vergleich zu den Nicht-Informierten überlegen machen. Sie handeln von Gegebenheiten, die tatsächlich oder scheinbar nicht nachprüfbar sind (vgl. Jaworski 2004, S. 36f.). In diesem Sinne kann der Thematisierung von Geheimcodes in Arbeitszeugnissen eine Verschwörungstheorie unterliegen. Dann erscheinen Geheimcodes als Ergebnis von verschwörerischen, gezielten und illegalen Absprachen zwischen Arbeitgeber/inne/n. Die Aufnahme eines Verbots von Geheimcodes in die rechtliche Norm unterstreicht zwar einerseits, dass diese illegal sind, belegt aber auch andererseits, dass der Gesetzgeber ihre Existenz zumindest für möglich hält. Verschwörungstheorien eignen sich dazu, Spannung zu erzeugen. Die Spannungselemente können dazu benutzt werden, den Absatz von Printmedien zu steigern. Dabei ist es unwichtig, ob Verlage darauf drängen, dass Geheimcodes in den Ratgebern zu Arbeitszeugnissen, oder auch nur im Klappentext, erwähnt werden oder die Autor/inn/en sie von sich aus thematisieren. Dem Interesse von Verlagen kommt es in jedem Fall entgegen, wenn die sich um Geheimcodes rankende Verschwörungstheorie dauernd am Leben gehalten wird.

5.1.3 Arbeitszeugnisse als Ergebnis von Aushandlungsprozessen

Die Machtasymmetrie zwischen Arbeitgeber/inne/n und Arbeitnehmer/inne/n führte dazu, dass das Arbeitsrecht in der BRD vor allem als Schutzrecht für Arbeitnehmer/innen aufgefasst wird. Dies bedeutet nicht, dass die Interessen der Arbeitnehmer/innen Vorrang haben. Vielmehr soll die Rechtsprechung zwischen den verschiedenen Interessen vermitteln. So haben die konfligierenden Interessen von zukünftigen Arbeitgeber/inne/n und Arbeitnehmer/inne/n in der Rechtsprechung dazu geführt, dass inhaltliche Anforderungen an ein Arbeitszeugnis entwickelt wurden. Dazu gehören das Gebot der Zeugniswahrheit und das der Zeugnisklarheit (vgl. Abschnitt 3.2.2.3).

Die Machtverhältnisse zwischen Arbeitgeber/inne/n und Arbeitnehmer/inne/n haben sich im Laufe der Zeit immer wieder verschoben und damit auch die Möglichkeiten zur Durchsetzung der jeweiligen Interessen. Diese Verschiebungen der Durchsetzungskraft sind auch bei Arbeitszeugnissen zu beobachten (vgl. Abschnitt 3.2.7). So lag z.B. zu Beginn der Industrialisierung die Macht bei den Arbeitgeber/inne/n. Sie konnten die Arbeitszeugnisse zur Disziplinierung und Kontrolle von Arbeitnehmer/inne/n einsetzen. In der weiteren Entwicklung stärkte sich die Position der Arbeitnehmer/innen. Arbeitszeugnisse müssen heute wohlwollend und wahr sein und sollen Arbeitnehmer/inne/n als Bewerbungsunterlage und zukünftigen Arbeitgeber/inne/n als Informationsbasis dienen.

Die Machtausübung durch Arbeitszeugnisse, sei es als Kontroll- oder als Disziplinierungsmittel (vgl. Abschnitt 3.1.3), erfolgte einerseits auf Grundlage der rechtlichen Regelungen, die Kontrolle bzw. Disziplinierung legitimierte. Zugleich beschränken rechtliche Regelungen jedoch auch die Machtausübung (vgl. Abschnitt 5.1.1). Belege für diese Beschränkungen finden sich z.B. in den Verboten von Geheimcodes (vgl. Abschnitt 3.1.3 und 3.2.4.4) oder dem Recht des Gesindes auf polizeiliche Untersuchung von Anschuldigungen in Zeugnissen (vgl. Abschnitt 3.1.2.1). Eine andere Form der Machtbeschränkung wird durch die Rechtsprechung ausgeübt. Die Rechtsprechung zu Arbeitszeugnissen regelt bestimmte Fragen bis ins Detail, etwa die

Gestaltung der Unterschrift, die Beschaffenheit des Briefpapiers oder die Frage der Kopierfähigkeit des Zeugnisses (vgl. Abschnitt 3.2.3).

In Abschnitt 3.2.7 wurde die Frage aufgeworfen, ob Arbeitszeugnisse als Disziplinierungsmittel gegenüber Arbeitnehmer/inne/n interpretiert werden können bzw. ob sie heute noch so interpretiert werden. Bei der Inhaltsanalyse der Arbeitszeugnisse (vgl. Abschnitt 4.6) fanden sich keine Hinweise in diese Richtung. Auch bei den Ergebnissen der Befragung (vgl. Abschnitt 4.5) zeigen sich auf den ersten Blick keine entsprechenden Hinweise. Die Befragten schätzen Leistungs- und Verhaltensbeurteilungen eher als zutreffend ein (vgl. Abschnitt 4.5.2.3) und die Bedeutung von Arbeitszeugnissen in der Personalauswahl als hoch. Dass ihnen dabei eine hohe Bedeutung zukommt, ist den Befragten auch wichtig (vgl. Abschnitt 4.5.2.4).

Lediglich ein immer wieder auftauchendes Thema kann als Hinweis darauf gedeutet werden, dass Arbeitszeugnisse als Disziplinierungsmittel von Arbeitgeber/inne/n gegen Arbeitnehmer/innen interpretiert werden. Dieses Thema sind Geheimcodes. Die Analyse der Zeugnisse erbrachte, dass Geheimcodes faktisch nicht verwendet werden (vgl. Abschnitt 4.6.3). Nach den Befragungsergebnissen gehen aber ca. 81 % der Laien und 79 % der Profis davon aus, dass in Zeugnissen Geheimcodes verwendet werden (vgl. Abschnitt 4.5.2.6). Diese Einschätzung ist zum Teil darauf zurückzuführen, dass Geheimcodes in Ratgebern und Zeitungsartikeln immer wieder thematisiert werden (vgl. Abschnitt 4.7). Als Zweck von Geheimcodes gilt die geheime Übermittlung von Informationen zwischen früheren Arbeitgeber/inne/n und potenziellen künftigen Arbeitgeber/inne/n. Auf diese Weise können sie zur Disziplinierung von Arbeitnehmer/inne/n führen, da sie nicht wissen, ob und welche Informationen über sie übermittelt werden. Wie in Teilstudie E festgestellt wurde, werden Geheimcodes faktisch nicht verwendet. Offenbar werden sie also nicht zur Übermittlung von geheimen Informationen verwendet, die Vermutung, dass dies geschieht, wirkt aber dennoch.

Presch führte in seiner Analyse aus, dass Arbeitgeber/innen auch ohne Geheimcodes Kontrolle über den Inhalt von Arbeitszeugnissen haben, da sie das Arbeitszeugnis erstellen. Laut Presch sichern Geheimcodes nicht einfach die Kontrolle, sondern machen die Arbeitnehmer/innen systematisch machtlos, indem sie ihnen die Kontrolle entziehen und eine Gegenwehr verhindern (vgl. Presch 1976, S. 177). Ein solches Gefühl der Machtlosigkeit spiegelt sich in vielen Fragen zu Arbeitszeugnissen wider, die im Expert/inn/en-Forum gestellt wurden (vgl. Abschnitt 4.4). Der Verdacht, dass Arbeitgeber/innen Geheimcodes einsetzen, führt also zu Unsicherheiten, Misstrauen und einem Gefühl von Machtlosigkeit auf Seiten der Arbeitnehmer/innen. Arbeitnehmer/innen kennen zwar die Formulierungen der Positiv-Skalen, die Notenwerte vermögen sie jedoch nicht sicher zuzuordnen. Auffallend ist dabei, dass auch Personen, die professionell mit Zeugnissen umgehen, diese weitgehend festgeschriebenen Stufen nicht sicherer interpretieren als Laien. Die Annahme, es gebe Geheimcodes weckt Unsicherheit und Misstrauen, die sich auf die Interpretation von Arbeitszeugnissen auswirken.

Die Wahrnehmung des Zeugnisinhalts durch die Arbeitnehmer/innen ist in hohem Maße durch Vermutungen und Unsicherheiten geprägt. Diese Unsicherheit führt wiederum zu Interesse an Ratgeberliteratur und Zeitungsartikeln, die genau an dieser Stelle Informationen versprechen (vgl. Abschnitt 4.7.4). Zudem führt sie zu einer kontinuierlichen Nachfrage nach Dienstleistungen von Personalberater/inne/n und auch zu wissenschaftlicher Auseinandersetzung mit dem Thema. Da Vermutungen und Unsicherheiten die Wahrnehmung des Zeugnisinhalts prägen, kann auch davon ausgegangen werden, dass Arbeitnehmer/innen die Situation, in der das Zeugnis erstellt wird, für die Interpretation heranziehen. So werden Konflikte, Schwierigkeiten oder Unstimmigkeiten am Ende des Arbeitsverhältnisses als Motivation für eine bestimmte Gestaltung der Arbeitszeugnisse gesehen. Dies kann auch aus den Fragen geschlossen werden, die an das Expert/inn/en-Forum gestellt wurden. Immer wieder wurden Streit oder Konflikte als wichtige Interpretationsinformation formuliert (vgl. Abschnitt 4.4.2). Es ist durchaus möglich, dass der Inhalt des Arbeitszeugnisses durch eine Konfliktsituation, in der es entstanden ist, geprägt ist. Führt man sich jedoch vor Augen, wie wenig Auffälligkeiten in den Formulierungen von Arbeitszeugnissen zu finden sind und dass Arbeitszeugnisse meist als zutreffend beurteilt werden, scheint dies eher unwahrscheinlich. Konflikte scheinen Arbeitszeugnisse in weitaus geringerem Maß zu prägen, als es im Konfliktfall vermutet wird.

5.2 Konsequenzen für die betriebliche Praxis

Im Folgenden werden die zentralen Interessen der Arbeitgeber/innen und der Arbeitnehmer/innen kurz zusammengeführt. Auf dieser Basis werden dann in drei Schritten Konsequenzen für die betriebliche Praxis abgeleitet.

Arbeitgeber/innen erstellen und verwenden Arbeitszeugnisse und haben daher auch je nach Situation unterschiedliche Interessen: Bei der *Personalauswahl* haben sie das Interesse, anhand des Arbeitszeugnisses einen möglichst zutreffenden Eindruck von Bewerber/inne/n zu gewinnen. Arbeitszeugnisse sollen daher möglichst individuell auf eine Person abgestimmt sein und ihre Aufgaben, Verhalten, Leistungen und Erfolge möglichst vollständig beschreiben. In Deutschland haben alle Arbeitnehmer/innen mit Arbeitserfahrung Arbeitszeugnisse und sie werden Arbeitgeber/inne/n von Bewerber/inne/n zur Verfügung gestellt. Arbeitszeugnisse sind in großen Teilen standardisiert und üblicherweise nicht länger als drei Seiten. So können ihnen die interessierenden Informationen mit relativ geringem Aufwand entnommen werden. Arbeitszeugnisse sind daher vergleichsweise einfach zu handhaben. Arbeitszeugnisse haben, wie sich in der Befragung gezeigt hat, eine hohe soziale Validität (vgl. Abschnitt 4.5.2.4). Ihre Validität für die Prognose der Arbeitsleistung von potenziellen Arbeitnehmer/inne/n ist hingegen eher gering (vgl. Abschnitt 3.4.5).

Bei der *Personalfreisetzung* ist es für Arbeitgeber/innen von Interesse, dass der Nutzen von Arbeitszeugnissen in einem möglichst guten Verhältnis zu den durch die Erstellung anfallenden Kosten steht. Arbeitgeber/innen haben die Pflicht, Arbeitszeugnisse auf Verlangen auszustellen, und dabei eine wahrheitsgemäße und wohlwollende Beurteilung abzugeben. Arbeitgeber/innen haben ein Interesse daran, Klagen von Arbeitnehmer/inne/n zu vermeiden, da Klagen vor dem Arbeitsgericht in erster Instanz immer Kosten verursachen. Seltener sind Schadensersatzforderungen von künftigen Arbeitgeber/inne/n als Folge von nicht wahrheitsgemäßen Arbeitszeugnissen. Aber auch dies sind Kosten, die vermieden werden sollen.

Arbeitnehmer/innen wie auch Arbeitgeber/innen sind daran interessiert, dass Arbeitszeugnisse den rechtlichen und formalen Anforderungen genügen. Für beide verursacht eine Klage vor dem Arbeitsgericht Kosten. Außerdem haben Arbeitnehmer/innen ein Interesse an einem wohlwollenden Arbeitszeugnis, um ihre Chancen bei Bewerbungen zu verbessern. Hinzu kommt, dass für Arbeitnehmer/innen eine abschließende Leistungsbeurteilung durch die Arbeitgeber/innen von großer Bedeutung ist. Der Inhalt des Arbeitszeugnisses prägt die Erinnerung der Arbeitnehmer/innen an die Arbeitgeber/innen. So zeigten die Befragungsergebnisse, dass individuelle und persönliche Zeugnisse positiv in Erinnerung bleiben. Negativ in Erinnerung bleiben formelhafte und standardisierte Zeugnisse, die nachlässig erstellt wurden.

Auf der Basis dieser unterschiedlichen Interessen werden im Folgenden in drei Schritten Konsequenzen für die betriebliche Praxis abgeleitet:

- Im ersten Schritt wird geprüft, ob die Funktionen, für die in Deutschland bisher Arbeitszeugnisse eingesetzt werden, weiterhin von Bedeutung sind. Wenn diese Funktionen immer noch wichtig sind, so muss das eingesetzte Instrument diese möglichst gut erfüllen.

- Im zweiten Schritt wird geprüft, ob Arbeitszeugnisse oder Referenzen besser zur Erfüllung dieser Funktionen geeignet sind. Dazu werden die Vor- und Nachteile von Arbeitszeugnissen und Referenzen bei der Erfüllung dieser Funktionen verglichen.

- Im dritten Schritt werden Vorschläge für die Gestaltung entwickelt, um den Einsatz dieses Instruments zu optimieren.

Zum ersten Schritt: Die Funktionen von Arbeitszeugnissen wurden im Laufe dieser Arbeit mehrfach angesprochen und werden hier nur kurz zusammenfassend wiedergegeben. Aus Sicht der Organisationen ist die Bedeutung von Arbeitszeugnissen bei der Personalauswahl hoch, da mithilfe der Bewerbungsunterlagen der Pool an Bewerber/inne/n gefiltert wird (vgl. Abschnitt 3.4.5). Je größer dieser Pool, desto größer ist die Bedeutung von Arbeitszeugnissen, da diese einfach und relativ kostengünstig zu handhaben sind. Dafür wird in Kauf genommen, dass die Validität nicht sehr hoch ist. Aus Sicht der Arbeitnehmer/innen steigt mit der Größe des Bewerber/innen-Pools auch die Bedeutung ihrer Arbeitszeugnisse. Wie in Abschnitt 4.2 dargestellt, ist davon auszugehen, dass Arbeitnehmer/innen in Zukunft häufiger ihre Arbeitsstellen wechseln werden. Aus diesem Grund werden Arbeitgeber/innen künftig auch häufiger Personal neu auswählen müssen. in Deutschland kommt hinzu, dass die derzeit hohe Zahl von arbeitssuchenden Menschen hohe Bewerbungszahlen in Organisationen zur Folge hat. Mit der Zahl der Bewerber/innen steigt die Bedeutung der Arbeitszeugnisse als Informationsquelle für Organisationen und als Werbungsinstrument für Bewerber/innen. Es lässt sich also festhalten, dass die Bedeutung der Funktionen von Arbeitszeugnissen hoch ist und die Bedeutung in Zukunft noch zunehmen wird. Arbeitszeugnisse sollten daher ihre Funktionen möglichst gut erfüllen.

Nun zum zweiten Schritt, in dem Vor- und Nachteile von Arbeitszeugnissen und Referenzen bei der Erfüllung der Funktionen bei der Personalauswahl verglichen werden. Wie in Abschnitt 3.4.7 festgestellt wurde, erfüllen Referenzen und Arbeitszeugnisse weitgehend die gleichen Funktionen: sowohl für Arbeitgeber/innen bei der Personalauswahl als auch für Bewerber/innen bei ihrer Bewerbung. Dabei können Arbeitszeugnisse als Teilmenge der Referenz gelten. Es gibt jedoch vier Punkte, hinsichtlich derer sich Arbeitszeugnisse und Referenzen deutlich unterscheiden: Arbeitszeugnisse werden immer von Arbeitgeber/inne/n ausgestellt, Arbeitnehmer/innen haben einen Anspruch auf sie, es gibt Vorgaben für ihre Form und ihren Inhalt und nicht zuletzt werden sie immer den Arbeitnehmer/inne/n ausgehändigt. Entsprechend werden in Bezug auf Referenzen erstens die Einbeziehung eines breiten Personenkreises als Referenzgeber/innen, zweitens die Freiwilligkeit der Erstellung und drittens ihre freie Form hervorgehoben (Andler 1998, S. 129ff.). Zudem können viertens Referenzen sowohl Arbeitnehmer/inne/n als auch potenziellen Arbeitgeber/inne/n ausgehändigt werden. Hinsichtlich dieser vier Punkte werden Referenzen häufig als vorteilhaft gegenüber Arbeitszeugnissen eingeschätzt. Darum setzt die folgende kritische Betrachtung bei genau diesen Punkten an, um anschließend abzuwägen, ob sich Referenzen oder Arbeitszeugnisse in dieser Hinsicht besser eignen, die oben herausgestellten Funktionen zu erfüllen.

Erstens muss davon ausgegangen werden, dass Referenzen von verschiedenen Personen geschrieben werden. Die Validität der Aussagen in Referenzen von verschiedenen Personengruppen wurde in einigen Studien verglichen. Dabei zeigt es sich, dass die Validität von Referenzen nicht sehr hoch ist. Nach den Ergebnissen von Caroll und Nash weisen Referenzen, die von direkten Vorgesetzen bzw. Arbeitgeber/inne/n ausgestellt werden, die relativ höchste Validität auf (vgl. Caroll/Nash 1972, S. 46).

Zweitens werden Referenzen freiwillig ausgestellt. Sowohl in Großbritannien als auch in den USA wird festgestellt, dass Arbeitgeber/innen immer weniger bereit sind, Referenzen auszustellen. Referenzen werden jedoch in Ländern, in denen Arbeitszeugnisse nicht verbreitet sind, bei der Personalauswahl genauso häufig eingesetzt wie Arbeitszeugnisse in Deutschland. Damit sind Arbeitnehmer/innen auf Referenzen für Bewerbungen angewiesen, da sie von Organisationen verlangt werden. Gleichzeitig sinkt die Bereitschaft von Arbeitgeber/innen Referenzen auszustellen. Dieses Phänomen nannten Harshman und Chachere das Referenz-Dilemma (vgl. Harshman/Chachere 2000, S. 31). Sie fordern von Arbeitgeber/inne/n, dass sie dieses Problem lösen, indem sie sich als verantwortungsbewusste Mitglieder der Gesellschaft am Informationsaustausch beteiligen (vgl. Abschnitt 3.4.7.2). Arbeitnehmer/innen stehen vor dem Problem, dass sie Referenzen benötigen. Wie in Abschnitt 3.4.4 ausgeführt, geht Sehringer davon aus, dass Arbeitnehmer/innen auf ihre sozialen Netzwerke zurückgreifen, um Referenzen zu erhalten. Sie bezeichnet daher Referenzen als einen Beleg für soziale Ressourcen (vgl. Sehringer 1989, S. 109). Cahill hat sich mit den Auswirkungen des Einsatzes von Referenzen auf den Arbeitsmarkt beschäftigt (vgl. Abschnitt 3.4.7.2). Laut Cahill ist bei volkswirtschaftlicher Betrachtung der Nutzen der besseren Information über Bewerber/innen größer einzuschätzen als die Kosten, die für die Erstellung und Überprüfung von Referenzen anfallen (vgl. Cahill 2000, S. 473).

Drittens gibt es für Referenzen grundsätzlich keine Inhalts- oder Formvorgaben. Allerdings gehen Beason und Belt davon aus, dass die Verwendung von freien Referenzen zu Diskriminierungen führen kann, da nicht alle Referenzen die gleichen Informationen enthalten (vgl. Beason/Belt 1976, S. 345). Wie in Abschnitt 3.4.7.2 ausgeführt, haben in den USA Arbeitnehmer/innen gegen diskriminierendes Verhalten geklagt, da Referenzgeber/inne/n nicht die gleichen Fragen gestellt wurden (vgl. Disney 1994, S. 31). Zudem haben sich auch bei Referenzen bestimmte Sprachregelungen verbreitet (vgl. Abschnitt 3.4.7.2). Peres und Garcia untersuchten verschiedene Formulierungstechniken in Referenzen. Sie fanden heraus, dass positiv klingende Formulierungen auch verwendet wurden, wenn die Referenzgeber/innen die Arbeitnehmer/innen für nicht geeignet hielten. Bei Personen, die als nicht geeignet eingeschätzt wurden, enthielt die Referenz vergleichsweise mehr Formulierungen zu deren sozialen Fähigkeiten (vgl. Peres/Garcia 1962, S. 285).

Viertens haben Arbeitnehmer/innen in vielen Ländern das Recht, Einblick in ihre Referenzen zu nehmen. Das führte auf der einen Seite dazu, dass Arbeitnehmer/innen gegen ihre Referenzen rechtlich vorgingen, wenn sie diese als sachlich falsch einschätzten. Die sinkende Bereitschaft Referenzen auszustellen, wird zum Teil auf diese Klagen zurückgeführt (vgl. Abschnitt 3.4.7.2). Auf der anderen Seite verzichten Arbeitnehmer/innen in den USA immer häufiger auf das Einsichtsrecht in ihre Referenzen und sind so der Gefahr ausgesetzt, dass sie negative Referenzen erhalten, ohne es zu wissen (vgl. Abschnitt 3.4.7.3).

Dies zeigt, dass Referenzen an genau den Punkten, die oft als Vorteil gegenüber Arbeitszeugnissen herausgestellt werden, auch kritisch zu beurteilen sind. Daraus kann allerdings nicht geschlossen werden, dass Arbeitszeugnisse prinzipiell Referenzen überlegen sind. Eine derart generalisierende Aussage ist nicht möglich, da die Instrumente der betrieblichen Personalpolitik nur in ihrer jeweiligen historischen, rechtlichen und politischen Einbettung beurteilt werden können. Aus den genannten Argumenten kann jedoch gefolgert werden, dass Arbeitszeugnisse als Instrument gegenüber Referenzen eindeutig nicht unterlegen sind. Mit Blick auf Deutschland kann daraus geschlossen werden, dass es keinen Grund gibt, Arbeitszeugnisse durch Referenzen zu ersetzen. Wie oben ausgeführt, sind einzelne Punkte von Vorteil, diese bringen jedoch wiederum auch Nachteile mit sich.

Ein weiterer wichtiger Punkt bei der Gegenüberstellung von Referenzen und Arbeitszeugnissen ist das Diskriminierungspotenzial. Wie in Abschnitt 4.6.2.3 festgestellt, ist in den analysierten Arbeitszeugnissen kein Indiz dafür zu finden, dass Personen oder Personengruppen aufgrund bestimmter Merkmale benachteiligt werden. Dieser Befund ist überraschend, da bei anderen Formen von Personalbeurteilungen immer wieder Hinweise auf Diskriminierungen festgestellt wurden. Auch bei Referenzen wurden in verschiedenen Studien Hinweise auf Diskriminierungen gefunden (vgl. Abschnitt 3.4.7.2). Daraus lässt sich schließen, dass Arbeitszeugnisse in dieser Hinsicht Referenzen überlegen sind.

Diesen zweiten Schritt zusammenfassend kann gesagt werden, dass Arbeitszeugnisse die oben genannten Funktionen bei der Personalauswahl erfüllen können. Arbeitszeugnisse und Referenzen sind sich weitgehend substituierende Instrumente. In Deutschland gibt es keinen Anlass, Arbeitszeugnisse durch Referenzen zu ersetzen, denn Referenzen bieten keine eindeutigen Vorteile. Außerdem haben Arbeitszeugnisse im Gegensatz zu Referenzen den deutlichen Vorteil, dass sie nach den vorliegenden Ergebnissen kein Diskriminierungspotenzial aufweisen.

Im dritten Schritt werden nun Konsequenzen für die Gestaltung von Arbeitszeugnissen unter Berücksichtigung der unterschiedlichen Interessen erarbeitet. Dabei kann vor allem an vier Punkten angesetzt werden, um den Einsatz von Arbeitszeugnissen zu optimieren:

Einen *ersten* Anknüpfungspunkt bietet das Interesse der Arbeitnehmer/innen an einer abschließenden Verhaltens- und Leistungsbeurteilung. In Teilstudie D (vgl. Abschnitt 4.5) zeigte sich, dass für Arbeitnehmer/innen die Beurteilung wichtig ist und sie positive bzw. negative Erinnerungen daran knüpfen. Aufgrund der Bedeutung, die Arbeitszeugnisse für sie haben, sammeln Arbeitnehmer/innen alle Arbeitszeugnisse im Laufe ihres Erwerbslebens. Diese erinnern die Arbeitnehmer/innen immer wieder an vergangene Arbeitgeber/innen. So prägen Arbeitszeugnisse das Bild dieser Organisation mit. Daraus folgt, dass Arbeitszeugnisse nicht nur für den Zeitpunkt der Beendigung eines Arbeitsverhältnisses wichtig sind, sondern auch darüber hinaus eine nachhaltige Wirkung haben. Dieses Bild der Organisation tragen Arbeitnehmer/innen in ihr soziales Netzwerk. Arbeitszeugnisse wirken sich also auf die Bildung des Images einer Organisation aus. Aus Sicht der Arbeitgeber/innen bringt dieser Punkt neue Aspekte für die Gestaltung von Arbeitszeugnissen mit sich. Die Erstellung ist damit nämlich nicht nur als Pflicht und als Kostenfaktor anzusehen. Bei der Erstellung von Arbeitszeugnissen ist vielmehr zu beachten, dass individuell und persönlich formulierte Zeugnisse von Arbeitnehmer/inne/n positiv beurteilt werden, standardisierte und nachlässig formulierte hingegen negativ. Daran sind langfristige Auswirkungen auf das Image einer Organisation geknüpft. Ein weiterer Aspekt ist zu berücksichtigen. Wenn Arbeitnehmer/innen ihre Arbeitszeugnisse als individuelle und persönliche Beurteilungen erleben, dann erhöht dies auch die soziale Validität von Arbeitszeugnissen im Rahmen der Personalauswahl.

Einen *zweiten* Anknüpfungspunkt bildet der Umgang mit dem Thema Geheimcodes. Die Wahrnehmung von Arbeitszeugnissen wird durch die Annahme, es gebe Geheimcodes, in hohem Maße beeinflusst. Misstrauen und Unsicherheiten auf Seiten der Arbeitnehmer/innen prägen ihre Einschätzung des Inhalts von Arbeitszeugnissen. Auch für Arbeitgeber/innen ist es nicht von Vorteil, dass Arbeitnehmer/innen vermuten, Geheimcodes würden verwendet. Diese Vermutungen sind jedoch nicht leicht zu entkräften, da die Frage nach ihrer Existenz paradox ist, wie in Abschnitt 3.3.4 gezeigt wurde. Daher ist es wichtig, geeignete Formen des Umgangs mit diesen Vermutungen zu entwickeln.

Aus der Perspektive von Organisationen bietet es sich in dieser Hinsicht an, alle verwendeten Formeln zu standardisieren und offen zu legen. Dies gilt vor allem für die Formeln zur Leistungs- und Verhaltensbeurteilung. Hierfür bieten sich die in Abschnitt 3.2.4.2 vorgestellten Positiv-Skalen (vgl. Tabellen 3.2.2 und 3.2.3) an. Die Formulierungen der Positiv-Skalen sind weitgehend festgelegt und variieren auch in der Ratgeberliteratur nur gering. Auf ihrer Grundlage lassen sich Beurteilungen eindeutig formulieren und einer festen Bedeutung zuordnen. Es bietet sich also an, verbindliche Vorgaben in Anlehnung an diese Positiv-Skalen zu entwickeln oder sie einfach zu übernehmen. Ein transparenter Umgang mit diesen Formeln hätte vor allem zwei weitreichende Folgen:

- Zum einen wird in Organisationen eine verbindliche Vorgabe dazu geschaffen, welche Skalen verwendet werden. Diese verbindliche Vorgabe führt zu einer organisationsinternen Vereinheitlichung, wie es für alle Verfahren der Personalbeurteilung gefordert wird. Da nach den Befragungsergebnissen auch Personen, die professionell mit Arbeitszeugnissen umgehen, Notenstufen höchst unterschiedlich einschätzen, kann vermutet werden, dass teilweise sogar innerhalb einer Organisation mit verschiedenen Stufungen gearbeitet wird. Mit einer expliziten Vorgabe könnten solche Unwägbarkeiten in der Zuordnung von Notenstufen zu den Formulierungen innerhalb einer Organisation vermieden werden.

- Zum anderen wird auf diese Weise mit den Formulierungen offen umgegangen. Arbeitnehmer/innen, die einer verbindlichen Vorgabe ihre in Noten übersetzte Beurteilung zuverlässig entnehmen können, werden deutlich sicherer mit dem Zeugnis umgehen. Dies dürfte dazu führen, dass weniger Expert/inn/en und Ratgeber zur Übersetzung eines Zeugnisses herangezogen werden. Es könnte auch dazu führen, dass weniger Klagen wegen des Zeugnisinhalts geführt werden. Die Arbeitnehmer/innen hätten so eine höhere Sicherheit, was die Bedeutung ihres Zeugnisses angeht. Auch die Interpretationsvielfalt der Auswählenden dürfte sich bei klarer Orientierung an den Positiv-Skalen verringern.

Der *dritte* Anknüpfungspunkt betrifft die Partizipation bei der Erstellung von Arbeitszeugnissen in Organisationen. Wie in Abschnitt 4.5.2.5 gezeigt wurde, sind die Arbeitnehmer/innen in ca. 1/3 der Fälle nicht an der Erstellung ihrer Zeugnisse beteiligt. In dieser Beziehung stellt sich die Frage, ob die Erstellung von Zeugnissen mit Unterstützung der Arbeitnehmer/innen nicht erleichtert werden könnte und gleichzeitig deren Akzeptanz erhöhen könnte. Erleichtert würde vor allem die Beschreibung der Aufgaben, die eine Person ganz allgemein zu erledigen hatte, sowie der Sonderaufgaben, Projekte, besonderen Erfolge und Leistungen. Eine solche Unterstützung verbessert einerseits den Überblick über das gesamte Arbeitsgebiet der zu beurteilenden Person. Negative Erinnerungen aufgrund von nachlässigen und unvollständigen Zeugnissen könnten damit verringert werden. Andererseits ist die ausstellende Person davon entlastet, alle Details zu erinnern und zu erfassen. Dies ist besonders bedeutsam im Fall von langjährigen Arbeitnehmer/inne/n. Damit eine solche Kooperation bei der Zeugniserstellung nicht zu Konflikten führt, wäre es zweckmäßig, dass Arbeitnehmer/innen lediglich die Aufgaben, besonderen Einsatzgebiete, Karriereschritte und Erfolge zusammenstellen. Die Wertung des Verhaltens und der Leistungen sollte dann die Person vornehmen, die das Arbeitszeugnis ausstellt und verantwortet.

Auch der *vierte* Anknüpfungspunkt bezieht sich auf den Inhalt der Zeugnisse. Arbeitszeugnisse sind zwar eine lange eingeführte, an vielen Stellen von rechtlichen Anforderungen geprägte und damit auch inhaltlich recht festgefügte Institution. Dennoch hat sich im Zeitablauf der Inhalt von Zeugnissen auch verändert. So hat die Zahl der Aufgabenbeschreibungen deutlich zugenommen und die Zahl der formelhaften Beurteilungen abgenommen. Auch die zur Beurteilung verwendeten Attribute haben sich verändert. Beispielsweise werden heute auch Beschreibungen benutzt, die das Bild „moderner" Arbeitnehmer/innen kennzeichnen (vgl. Abschnitt 4.6.1.1). Daran zeigt sich, dass der Inhalt von Arbeitszeugnissen auch unter Beachtung rechtlicher Anforderungen durchaus verändert werden kann.

Arbeitszeugnisse unterscheiden sich also, und zwar vor allem hinsichtlich der Schilderung der Aufgaben, der persönlichen Erfolge und Leistungen sowie der individuellen Karrierewege. List geht davon aus, dass die Fokussierung auf Stärken und Fähigkeiten und Ergebnisse bzw. auf Erfolge von Arbeitnehmer/inne/n die Arbeitszeugnisse aussagekräftiger machen (vgl. List 2005, S. 36). Eine solche Konzentration auf Aufgaben und mit Beispielen belegte Erfolge bzw. Leistungen erscheint auch nach den in dieser Arbeit vorliegenden Analyseergebnissen für sinnvoll, denn sie führt zu einem individuellen und persönlichen Zeugnis. Dabei können Arbeitnehmer/innen, wie in Punkt drei empfohlen, die das Zeugnis erstellende Person durch eine Zusammenstellung ihrer Aufgaben und Leistungen unterstützen. Diese Grundlage zur Zeugniserstellung kann ergänzt werden durch die in der Organisation vorhandenen Beurteilungen der betreffenden Arbeitnehmer/innen, so wie es auch bisher in der betrieblichen Praxis der Fall ist (vgl. Abschnitt 4.5.2.5). Durch eine solche Kombination von Informationen wird der Inhalt von Zeugnissen sachlich überprüfbarer, transparenter und nachvollziehbarer.

Zusammenfassend lassen sich individuellere und persönlichere Beurteilungen, eine erhöhte Transparenz der Beurteilung und eine größere Beteiligung der Arbeitnehmer/innen am Erstellungsprozess erreichen. Auf diese Weise werden Arbeitszeugnisse als Instrument für die Personalauswahl aussagekräftiger. Im Hinblick auf die Personalfreisetzung ergeben sich positive Wirkungen auf die Imagebildung der Organisationen. Nicht zuletzt können Arbeitnehmer/innen ihre Zeugnisse besser verstehen und die Zeugnisse lösen weniger Misstrauen aus.

6. Schluss

Nach den Analysen und Erkenntnissen der vorliegenden Arbeit sind einzelne Ergebnisse hervorzuheben. Erstens sind Arbeitszeugnisse ein Instrument, das seit vielen Jahrhunderten in Deutschland eingesetzt wird. Arbeitszeugnisse gab und gibt es in ganz verschiedenen Wirtschaftsformen. Ihre Rolle wandelte sich immer wieder. So wurden z.B. die Wanderungen von Gesellen eingeschränkt oder Arbeitgeber/innen kontrolliert, indem diese nur Arbeiter/innen mit Arbeitszeugnissen einstellen durften. In anderen Zeiten dienten sie der staatlichen Ordnungsmacht zur Machtausübung oder sie schützten Arbeitnehmer/innen vor der Willkür der Arbeitgeber/innen. Daran zeigt sich, dass Arbeitszeugnisse höchst flexibel und extrem anpassungsfähig sind. Auch in den letzten Jahrzehnten haben sich Arbeitszeugnisse gewandelt. Arbeitnehmer/innen werden z.B. heute auch mit Attributen wie flexibel und kreativ beschrieben, die als moderne Attribute eingeschätzt werden. Immer mehr Arbeitszeugnisse weisen Aufgabenbeschreibungen auf und enthalten gleichzeitig weniger Formeln.

Zweitens erfüllen Arbeitszeugnisse die Informations- und Werbungsfunktion auch im Vergleich mit Referenzen im Wesentlichen gut. Auch wenn Unsicherheiten in Bezug auf die Interpretation des Inhaltes bestehen, so werden sie doch als Teil der Bewerbungsunterlagen durchaus geschätzt

Drittens werden Arbeitszeugnisse in einem hohen Maß den rechtlichen Anforderungen gerecht. Die Rechtsprechung hat im Laufe der Jahrzehnte einen umfangreichen und detaillierten Anforderungskatalog entwickelt. Darunter fallen z.B. Regelungen über das zu verwendende Papier, die Überschrift, das Datum, die Unterschrift oder darüber, wie ein Zeugnis geknickt werden darf. Auch wenn solche Anforderungen schwer erfüllbar erscheinen, lassen sich bei den analysierten Arbeitszeugnissen kaum Verstöße gegen diese Anforderungen finden. Dies kann auf der einen Seite so interpretiert werden, dass Arbeitgeber/innen ausgesprochen gut informiert sind und der Rechtsprechung folgen. Auf der anderen Seite kann aber auch die Rechtsprechung so interpretiert werden, dass sie sich an den Gegebenheiten bzw. dem herrschenden Rechtsempfinden orientiert. Nach dieser Lesart würde die Art und Weise, in der wohlwollende Arbeitgeber/innen ein Arbeitszeugnis interpretieren, als Maß für die Anforderungen an Arbeitszeugnisse zu gelten haben. Das heißt, die Rechtsprechung verlangt von Arbeitgeber/inne/n, Arbeitszeugnisse so zu verfassen, wie sie die Mehrheit der Arbeitgeber/innen auch ausstellt.

Viertens finden sich in den in der vorliegenden Arbeit analysierten Arbeitszeugnissen keine Hinweise darauf, dass sie diskriminierenden Inhalt haben. Zum einen wurden keine Bemerkungen gefunden, die auf im AGG genannte Merkmale hinweisen. Zum anderen konnte keine systematische Benachteiligung bei der Beurteilung von Frauen bzw. älteren Arbeitnehmer/inne/n gefunden werden, weder anhand von expliziten Formulierungen entsprechend der Positiv-Skalen noch anhand von impliziten Beurteilungen. Dieses Ergebnis überrascht vor allem, weil immer wieder festgestellt wurde, dass Personalbeurteilungen diskriminierungsanfällig sind. Demgegenüber finden sich bei Referenzen Indizien dafür, dass sie Diskriminierungspotenzial aufweisen. Arbeitszeugnisse unterscheiden sich damit deutlich von Referenzen. Eine Erklärung hierfür ist meiner Einschätzung nach, dass dies auf den hohen Formalisierungsgrad und die vorformulierten Beurteilungen zurückzuführen ist. Dies entspricht den gängigen Empfehlungen, die für Personalbeurteilungen gegeben werden. Personalbeurteilungen sollen systematisch und transparent erfolgen (vgl. dazu ausführlicher Becker 2003, S. 377ff.). Um diese Einschätzung zu untermauern, wären jedoch weitere Forschungen erforderlich.

Der fünfte Punkt sind die Schätzungen der Noten für Formulierungen aus den Positiv-Skalen der Verhaltens- und Leistungsbeurteilung. Diese Formulierungen wurden vor ca. 30 Jahren mit einer Notenskala verbunden. Seit ca. 20 Jahren werden diese Skalen von Arbeitsgerichten zur Noteneinschätzung von Arbeitszeugnissen verwendet und sie sind über die Ratgeberliteratur weit verbreitet worden. Dennoch waren nach den Ergebnissen der Befragung weder Fachleute noch sonstige Arbeitnehmer/innen sicher bei der Zuordnung der Noten zu den Formulierungen. Nicht einmal der Durchschnitt der geschätzten Noten entsprach der durch die Skalen vorgegebenen Note und bei fast allen Formulierungen waren die Schätzungen über das gesamte Notenspektrum verteilt.

Der sechste Punkt betrifft Geheimcodes in Arbeitszeugnissen, ein Thema, das immer wieder aufgegriffen wird. Die häufige Thematisierung von Geheimcodes führt zu Misstrauen und Unsicherheiten im Umgang mit Arbeitszeugnissen, sowohl bei deren Interpretation als auch bei ihrer Gestaltung. Die Liste von Geheimcodes, auf die fast durchgehend Bezug genommen wird, wurde 1976 von Presch und Gloy veröffentlicht. Ebenso überraschend wie paradox ist, dass die dort aufgelisteten Formulierungen auch nach über 30 Jahren noch als Beispiele für Geheimcodes angeführt werden. Vor diesem Hintergrund ist auch erstaunlich, dass ca. 80 % der im Rahmen dieser Arbeit Befragten davon ausgehen, dass Geheimcodes verwendet werden (vgl. Abschnitt 4.5.2.6). Demgegenüber findet sich in keinem der analysierten Arbeitszeugnisse auch nur einer dieser Geheimcodes, oder ein Hinweis auf neue Codes (vgl. Abschnitt 4.6.2.2).

Anknüpfend an die Einleitung kann bestätigt werden, dass Arbeitszeugnisse typisch deutsch sind. Sie haben sich als Teil des deutschen Rechtssystems über Jahrhunderte entwickelt. Arbeitszeugnisse können in der Tat als genau und bürokratisch bezeichnet werden, da der Anforderungskatalog an Arbeitszeugnisse ausgesprochen umfangreich ist und vielfältige detaillierte Formvorschriften enthält. Aber die Einschätzung von Arbeitszeugnissen als veraltetes personalpolitisches Instrument ist nicht gerechtfertigt. Für Arbeitnehmer/innen handelt es sich um ein sensibles Thema. Insbesondere die vermeintlichen Geheimcodes geben immer wieder Anlass zu Diskussionen. Überdies haben sich Arbeitszeugnisse als flexibel und anpassungsfähig erwiesen. Vor allem aber ließen sich keine Anhaltspunkte dafür finden, dass Arbeitszeugnisse Diskriminierungspotenzial aufweisen. Insofern werden sie in einem erstaunlich hohen Maß den Anforderungen des noch neuen Allgemeinen Gleichbehandlungsgesetzes gerecht. Arbeitszeugnisse sind daher besser als ihr Ruf.

Literaturverzeichnis

Aamondt, M.G./Bryan, D.A./Whitcomb, A.J. (1989): Validation of the Peres und Garcia Technique for Predicting Performance with Letters of Recommendation, in: Proceedings of the Annual Meeting of the International Personnel Management Association, Assessment Council, Orlando, pp. 151-154.

Aamondt, M.G./Bryan, D.A./Whitcomb, A.J. (1993): Predicting Performance with Letters of Recommendation, in: Public Personnel Management, Vol. 22, No. 1, pp. 81-90.

Åberg, E. (2006): Bra betyder dalig, http://webnews.textalk.com/se/article_-print.php?id=194163, 20.5.2007.

Abrams, P. (1982): Historical Sociology, Bath: Pitman.

ADP, Automatic Data Processing, Inc. (2004): Hiring Index 2004, www.adpselect.com/images/2004HiringIndexCard.gif, 16.11.2004.

Akman, S./Gülpinar, M./Huesmann, M./Krell, G. (2005): Auswahl von Fach- und Führungsnachwuchskräften: Migrationshintergrund und Geschlecht bei Bewerbungen, in: Personalführung, 38. Jg., H. 10, S. 72-76.

Albs-Personalberatung (2001): Die Stellenanzeige in Printmedien, in: Der Markt in Mitteldeutschland, IHK Magdeburg, o. Jg., H. 7, o.S.

Amrhein, L./Backes, G.M. (2007): Alter(n)sbilder und Diskurse des Alter(n)s. Anmerkungen zum Stand der Forschung, in: Zeitschrift für Gerontologie und Geriatrie, 40. Jg., H. 2, S. 104-111.

Andler, E.C. (1998): The Complete Reference Checking Handbook. Smart, Fast, Legal Ways to Check out Job Applicants, New York et al.: Amacom.

Anwaltformulare (2002), hg. von Heidel, T./Pauly, S./Amend, A., Bonn: Deutscher Anwaltverlag.

Arbeitsgerichtsverband (2005): Ergebnisse der Statistik der Arbeitsgerichtsbarkeit, Bundesministerium für Wirtschaft und Arbeit, Berlin (Referat III A 1), www. Arbeitsgerichtsverband.de/Statistik%20ArbGe.htm, 16.8.2005.

Arvey, D.R./Falley R.H. (1988): Fairness in Selecting Employees, 2. Ed., Reading, Mass. et al.: Addison-Wesley.

Backer, A. (2000): Arbeitszeugnisse entschlüsseln und mitgestalten, Planegg: STS.

Ballam, D.A. (2002): Employment References - Speak no Evil, Hear no Evil: a Proposal for Meaningful Reform, in: American Business Law Journal, Vol. 39, No. 44, pp. 445-466.

Baitsch, C./Katz, C.P.(2006): Personalbeurteilung und Geschlecht: Einige Probleme und das »Gegenmittel« Abakaba.[Person], in: Baer, S./Englert, D. (Hg.): Gender Mainstreaming in der Personalentwicklung. Diskriminierungsfreie Leistungsbewertung im öffentlichen Dienst, Bielefeld: Kleine, S. 103-122.

BDA, Bund der Deutschen Arbeitgeber (2005): Das Arbeitsrechtskonzept der BDA, http://www.bda-online.de/www/bdaonline.nsf/id/4FA17D66DF085112C12-570B40046C973/$file/Arkonzept102005.pdf, 10.5.2007.

Beason, G./Belt, J. (1976): Verifying Applicant's Background, in: Personnel Journal, Vol. 55, No. 7 (July), pp. 345-348.

Becker, F.G. (2003): Grundlagen betrieblicher Leistungsbeurteilungen, Leistungsverständnis und -prinzip, Beurteilungsproblematik und Verfahrensprobleme, 4. Aufl., Stuttgart: Schäffer-Poeschel.

Beden, M./Janßen, V. (2002): Arbeitszeugnisse, München: Gräfe und Unzer.

Begemann, P. (2004): Das Arbeitszeugnis. Was unbedingt drinstehen muss. Mit Musterzeugnissen und typischen Formulierungen. Was zwischen den Zeilen steht, Frankfurt am Main: Eichborn.

Bem, S.L. (1974): The Measurement of Psychological Androgyny, in: Journal of Consulting and Clinical Psychologie, Vol. 42, No. 41, pp. 155-162.

Berchthold, M. (2005): Häufigste Auswahlverfahren in der Personalselektion, http://www.hrtoday.ch/Artikel_Detail_de.cfm?MsgID=4070, 29.4.2007.

Berthel, J./Becker, F.G. (2007): Personal-Management, Grundzüge für Konzeptionen betrieblicher Personalarbeit, 8. Aufl., Stuttgart: Schäffer-Poeschel.

Bertrand, I./Hughes, P. (2005): Media Research Methods. Audiences, Institutions, Texts, Houndmills: Palgrave.

BGBl., Bundesgesetzblatt (1957): Seemannsgesetze, Teil II, ohne Nummer, 25.7.1957.

BGBl., Bundesgesetzblatt (1999): Neufassung der Gewerbeordnung, Teil I, Nr. 9, 2. 3.1999.

BGBl., Bundesgesetzblatt (2001): Gesetz zur Anpassung der Formvorschriften des Privatrechts und anderer Vorschriften an den modernen Rechtsgeschäftsverkehr, Teil I, Nr. 35, 18.7.2001.

BGBl., Bundesgesetzblatt (2002): Drittes Gesetz zur Änderung der Gewerbeordnung und sonstiger gewerberechtlicher Vorschriften, Teil I, Nr. 62, 30.8.2002.

BGBl., Bundesgesetzblatt (2005): Gesetz zur Reform der beruflichen Bildung, Teil I, Nr. 20, 31.3.2005.

BGBl., Bundesgesetzblatt (2006): Gesetz zur Umsetzung europäischer Richtlinien zur Verwirklichung des Grundsatzes der Gleichbehandlung, Teil 1, Nr. 39, 17.8.2006.

Bielenski, H./Hartmann, J./Mauer, A./Seifert, H. (2002): Übergänge zu einem neuen Arbeitsplatz, in: WSI Mitteilungen, 55. Jg., H. 8, S. 442-450.

Bielenski, H./Ullmann, K. (2005): Arbeitgeberkündigungen und Klagequote, in: Bundesarbeitsblatt, o. Jg., H. 10, S. 4-13.

Bierhoff-Alfermann, D. (1989): Androgynie. Möglichkeiten und Grenzen der Geschlechterrollen, Opladen: Westdeutscher Verlag.

Blindert, U. (2007): Lebenslauf & Anschreiben: Die perfekte Mappe - so kann's gehen, http://www.karrierefuehrer.de/bewerbung/job-strategie.html, 20.5.2007.

Block, B. (1981): Die Eignungsprofilerstellung von Führungspersonen des mittleren Managements zur Auslese externer Bewerber, Bochum: Brockmeyer.

BMFSFJ, Bundesministerium für Familie, Senioren, Frauen und Jugend (2005): Potenziale des Alters in Wirtschaft und Gesellschaft. Der Beitrag älterer Menschen zum Zusammenhalt der Generationen. Bericht der Sachverständigenkommission an das Bundesministerium für Familie, Senioren, Frauen und Jugend, Berlin: o.V.

Böhm, M. (1999): Zwischen den Zeilen. Wie man den Geheimcode von Arbeitszeugnissen lesen und verstehen kann, in: Der Tagesspiegel, 4.9.1999, S. 6.

Böhm, W./Poppelreuter, S. (2003): Bewerberauswahl und Einstellungsgespräch. Psychologische und arbeitsrechtliche Grundlagen für die Praxis, 6. Aufl., Berlin: Schmidt.

Bornhak, C. (1892): Das deutsche Arbeiterrecht. Systematisch dargestellt, München/Leipzig: Hirth's Verlag.

Borowsky, P./Vogel, B./Wunder, H. (1989): Einführung in die Geschichtswissenschaft I. Grundprobleme, Arbeitsorganisation, Hilfsmittel, 5. Aufl., Opladen: Westdeutscher Verlag.

Börsenverein des deutschen Buchhandels (2007): Branchen-Monitor BUCH 1. Quartal 2007, www.boersenverein.de/de/141101?template=content_print, 28.5.2007.

Bortz, J./Döring, N. (2003): Forschungsmethoden und Evaluation für Human- und Sozialwissenschaftler, 3. Aufl., Berlin u.a.: Springer.

Bothfeld, S./Klammer, U. /Klenner, C./Leiber, S./Thiel, A./Ziegler, A. (2005): WSI-FrauenDatenReport 2005 - Handbuch zur wirtschaftlichen und sozialen Situation von Frauen, Berlin: Sigma.

Brenner (2003): Neue Mitarbeiter, suchen, auswählen, einstellen, München: Luchterhand.

Breisig, T. (1998): Personalbeurteilung-Mitarbeitergespräch-Zielvereinbarungen: Grundlagen, Gestaltungsmöglichkeiten und Umsetzungen in Betriebs- und Dienstvereinbarungen, Frankfurt am Main: Bund.

Brinker, K. (2005): Linguistische Textanalyse. Eine Einführung in Grundbegriffe und Methoden, 6. Aufl., Berlin: Schmidt.

Brown, R. (2002): Beziehungen zwischen Gruppen, in: Stroebe, W./Jonas, K./Hewstone, M. (Hg.): Sozialpsychologie: Eine Einführung, 4. Aufl., Berlin: Springer, S. 537-576.

Browning, R.C. (1968): Validity of Reference Ratings from Previous Employers, in: Personnel Psychology, Vol. 21, No. 3, pp. 389-393.

Bühl, A./Zöfel, P. (2005): SPSS 12, Einführung in die moderne Datenanalyse unter Windows, 9. Aufl., München: Pearson.

Brussig, M. (2005): Die „Nachfrageseite des Arbeitsmarktes": Betriebe und die Beschäftigung Älterer im Lichte des IAB-Betriebspanels 2002, Altersübergangsreport 2005-02, http://iat-info.iatge.de/auem-report/2005/2005-02/auem2005-02.pdf, 1.6.2007.

Bucher, H.-J./Fritz, G. (1989): Sprachtheorie, Kommunikationsanalyse, Inhaltsanalyse, in: Baacke, D./Kübler, H.D. (Hg.): Qualitative Medienforschung, Tübingen: Niemeyer, S. 135-160.

Bundesvorstand des Freien Deutschen Gewerkschaftsbundes (1977): Unser Arbeitsgesetzbuch. Eine Einführung, Berlin: Tribüne.

Cahill, M. (2000): Truth or Macroeconomic Consequences: Theoretical Implications of the Decline and Rise of Job References in the United States, in: Journal of Post Keynesian Economics, Vol. 22, No. 3, pp. 451-476.

Carroll, S.J. Jr./Nash, A.N. (1972): Effectiveness of a Forced-choice Reference Check, in: Personnel Administration, Vol. 35, No. 2, pp. 42-46.

Cascio, W.F. (1998): Applied Psychology in Human Resource Management, 5. Ed., New York: Prentice Hall.

Conring, H. (1994): Der Ursprung des Deutschen Rechts (Übersetzung des lateinischen Originals: de origine juris germanice commentarius historicus, 1643), Frankfurt am Main/Leipzig: Nomos.

Cook, M. (1988): Personnel Selection and Productivity, Liverpool: Bath Press.

Cowan, G./Kasen, J. (1979): The Letter of Recommendation: A Key to Women's Career Equity, in: Journal of Personality and Social Psychology, Vol. 46, No. 3, pp. 636-645.

Cranet (o.J.): About us, http://www.cranet.org/about/about.htm, 15.8.2007.

Deetz, S. (1996): Describing Differences in Approaches to Organization Science: Exploring the Construction of Science Claims, in: Organization Science, 7. Jg., H. 2, S. 191-207.

Derken, K. (2005): Arbeitszeugnisse. Bedeutung - Analyse - Formulierungen, 2. Aufl., Berlin: Cornelsen.

263

Deutscher Bundestag (2002): Entwurf eines Dritten Gesetzes zur Änderung der Gewerbeordnung und sonstiger gewerberechtlicher Vorschriften, Bundestags-Drucksache 14/8796.

Deutscher Bundestag (2004): Entwurf eines Gesetzes zur Reform der beruflichen Bildung (Berufsbildungsreformgesetz), Bundestags-Drucksache 15/3980.

Deutscher Bundestag (2006): Entwurf eines Gesetzes zur Umsetzung europäischer Richtlinien zur Verwirklichung des Grundsatzes der Gleichbehandlung, Bundestags-Drucksache 16/1780.

DGB, Deutscher Gewerkschaftsbund (o.J.): Zeugnis, http://www.dgb.de/themen/arbeitsrecht/informationen/zeugnis.pdf, 28.4.2007.

Dimter, M. (1981): Textklassenkonzepte heutiger Alltagssprache. Kommunikationssituation, Textfunktion und Textinhalt als Kategorien alltagssprachlicher Textklassifikation, Tübingen: Niemayer.

Disney, M. (1994): Reference Checking to Improve Hiring Decisions, in: Industrial Management, Vol. 36, No. 2, pp. 31-32.

Dobson, P. (1989): Reference Reports, in: Herriot, P. (Ed.): Assessment and Selection in Organizations. Methods and Practice for Recruitment and Appraisal, New York: Wiley, pp. 455-468.

Domsch, M./Gerpott, T.J. (2003): Personalbeurteilung, in: Gaugler, E./Oechsler, W.A./Weber, W. (Hg.): Handwörterbuch des Personalwesens, 3. Aufl., Stuttgart: Schäffer-Poeschel, Sp. 1431-1441.

Eagly, A.H./Steffen, V.J. (1984): Gender Stereotypes Stem from the Distribution of Women and Men into Social Roles, in: Journal of Personality and Social Psychology, Vol. 46, No. 4, pp. 735-754.

Ebhardt, F. (1878): Der gute Ton in allen Lebenslagen. Ein Handbuch für den Verkehr in der Familie, in der Gesellschaft und im öffentlichen Leben, 3. Aufl., Berlin: Ebhardt.

Englert, D. (2006): Die Bedeutung von Gender Mainstreaming für die Leistungsbewertung im öffentlichen Dienst, in: Baer, S./Englert, D. (Hg.): Gender Mainstreaming in der Personalentwicklung. Diskriminierungsfreie Leistungsbewertung im öffentlichen Dienst, Bielefeld: Kleine, S. 19-33.

Ernst, P. (2002): Pragmalingusitik: Grundlagen - Anwendungen - Probleme, Berlin/New York: de Gruyter.

European Fishbowl (2004): Arbeit, Bildung und Soziales, Die Zukunft der Erwerbsarbeit, www.fgje.de/szenarien/fishbowl/themen/5/a-flexibilitaet.htm, 18.3.2007.

Farda, D.P. (1989): Arbeitszeugnisse richtig deuten, 4. Aufl., Rastatt: Pabel-Moewig.

Fiedler, K./Bless, H. (2002): Soziale Kognition, in: Stroebe, W./Jonas, K./Hewstone, M. (Hg.): Sozialpsychologie: Eine Einführung, 4. Aufl., Berlin: Springer, S. 125-163.

Filipp, S.-H./Mayer, A.-K. (1999): Bilder des Alters. Altersstereotype und die Beziehungen zwischen den Generationen, Stuttgart/Berlin/Köln: Kohlhammer.

Finzer, P./Mungenast, M. (1992): Personalauswahl, in: Gaugler, E./Weber, W. (Hg.): Handwörterbuch des Personalwesens, 2. Aufl., Stuttgart: Poeschel, Sp. 1583-1596.

Fix, U./Poethe, H./Yos, G. (2003): Textlinguistik und Stilistik für Einsteiger, 3. Aufl., Frankfurt am Main: Lang.

Flick, U./Kardorff, E. von/Keupp, H./Rosenstiel, L. von/Wolff, S. (1995): Handbuch qualitative Sozialforschung, Grundlagen, Konzepte, Methoden und Anwendungen, 2. Aufl., Weinheim: Beltz.

Freimuth, J./Elfers, C. (1992): Die organisatorische Verarbeitung von Mitarbeiterkündigungen - Verdrängung oder Reflexion?, in: Zeitschrift für Personalforschung, 6. Jg., H. 1, S. 49-57.

Friedrich, H. (2006): Zeugnisse im Beruf, München: Goldmann.

Frohme, K. (1905): Arbeit und Kultur. Eine Kombination naturwissenschaftlicher, anthropologischer, kulturgeschichtlicher, volkswirtschaftlicher und sozialpolitischer Studien, Hamburg: o.V.

Gawlitta, W. (1999): Die Analyse der Bewerbungsunterlagen, in: Sattelberger, T. (Hg.): Handbuch Personalberatung. Realität und Mythos einer Profession, München: Beck, S. 191-201.

Gbl., Gesetzblatt (der Deutschen Demokratischen Republik) (1966): Gesetzbuch der Arbeit, Gesetzblatt 1966 II, Nr. 111.

Giddens, A. (1979): Central Problems in Social Theory: Action, Structure and Contradiction in Social Analysis, Los Angeles: University of California Press.

Gilberg, R./Hess, D./Schröder, H. (2001): Struktur der Arbeitslosigkeit im Frühjahr 2000: Suchverhalten und Eingliederungschancen, in: Mitteilungen aus der Arbeitsmarkt- und Berufsforschung, 34. Jg., H. 4, S. 376-401.

Gmür, M. (2004): Was ist ein ‚idealer Manager‘ und was ist eine ‚ideale Managerin‘? Geschlechtsrollenstereotypen und ihre Bedeutung für die Eignungsbeurteilung von Männern und Frauen in Führungspositionen, in: Zeitschrift für Personalforschung, 18. Jg., H. 4, S. 396-417.

google blogoscoped (2006): The Prejudice Map, http://blog.outer-court.com/archive-/2006-01-11-n83.html, 6.6.2007.

Graser, K./Kriegel, K.-U. (1983): Handbuch für den Vertrauensmann, 15. Aufl., Berlin: Tribüne.

Grieger, J./Bartölke, K. (1992): Beurteilungen als Systembestandteil wirtschaftlicher Organisationen, in: Selbach, R./Pullig, K.-K. (Hg.): Handbuch Mitarbeiterbeurteilung, Wiesbaden: Gabler, S. 67-105.

Grotmann-Höfling, G. (2003): Wohlwollende Wahrheit, Zeugnisse vor dem Arbeitsgericht, in: Arbeit und Recht, 51. Jg., H. 6, S. 210-213.

Hachtmann, R. (1989): Industriearbeit im „Dritten Reich", Untersuchungen zu den Lohn- und Arbeitsbedingungen in Deutschland 1933-1945, Göttingen: Vandenhoeck & Ruprecht.

Hagberg, J. (2007): Hemligt som rövarspraket - lär dig läsa intyg!, http://content.-monster.se/78_sv_pf.asp, 21.5.2007.

Hahlen, J. (1998): Statement von Präsident Johann Hahlen zum Pressegespräch „Leben und Arbeiten in Deutschland", http://www.destatis.de/press/deutsch/ pm1998/mz_stat1.htm, 18.3.2007.

Harshman, E./Chachere, D.R. (2000): Employee References: Between the Legal Devil and the Ethical Deep Blue Sea, in: Journal of Business Ethics, Vol. 23, No. 1, pp. 29-39.

Hausen, K. (1977): Die Polarisierung der „Geschlechtscharaktere" - eine Spiegelung der Dissoziation von Erwerbs- und Familienleben, in: Conze, W. (Hg.): Sozialgeschichte der Familie in der Neuzeit Europas, Stuttgart: Klett-Cotta, S. 363-393.

Hecht, O. (1905): Das Dienstzeugnis, Erlangen: METZ.

Hedemann, J. (1910): Die Fortschritte des Zivilrechts im XIX. Jahrhunderts. Ein Überblick über die Entfaltung des Privatrechts in Deutschland, Österreich, Frankreich und der Schweiz. Erster Teil: Die Neuordnung des Verkehrslebens, Berlin: Heymann.

Hepple, B. (1986): The Making of Labour Law in Europe. A Comparative Study of Nine Countries up to 1945, London: Mansell.

Herkner, H. (1921): Die Arbeiterfrage. Eine Einführung, 7. Aufl., Berlin/Leipzig: de Gruyter.

Herschel, W. (1940): Arbeitsrecht II: Die gesetzliche Regelung des Arbeitsrechts, 7. Aufl., Leipzig: Kohlhammer.

Hesse, J./Schrader, H.C. (2001): Arbeitszeugnisse: professionell erstellen, interpretieren, verhandeln, Frankfurt am Main: Eichborn.

Hirsch, E. (1966): Das Recht im sozialen Ordnungsgefüge, Beiträge zur Rechtssoziologie, Berlin: Duncker & Humblot.

Höfers, P. (2004a): Arbeitszeugnisse schreiben, Rechtsgrundlagen, Zeugnistypen, München: Goldmann.

Höfers, P. (2004b): Mustervereinbarung zu Arbeits- und Ausbildungszeugnissen, http://www.verdi-arbeitszeugnisberatung.de/freie_seite.php3?hauptkategorie =basisinformationen&unterkategorie=br_muster&view=&si=4587acab08504&l ang=1, 8.5.2007.

Hohmeier, J. (1978): Alter als Stigma, in: Homeier, J./Pohl, H.-J. (Hg.): Alter als Stigma oder wie man alt gemacht wird, Frankfurt am Main: Suhrkamp, S. 10-30.

Höland, A./Zeibig, N. (2007): Fairness bei Kündigungen des Arbeitsverhältnisses durch Arbeitgeber, in: WSI Mitteilungen, 59. Jg., H. 5, S. 246-251.

Hollmann, H./Reitzig, G. (2000): Referenzen- und Dokumentenanalyse, in: Sarges, W. (Hg.): Management-Diagnostik, 3. Aufl., Göttingen u.a.: Hofgrefe, S. 463-470.

Huber, G. (2004): Mein Arbeitszeugnis. So entschlüsseln Sie den Zeugniscode, München: Haufe.

Huber, G. (2006): Arbeitszeugnis. Der Teufel steckt im Detail, http://www.focus.de/-jobs/bewerbung/arbeitszeugnis_nid_40946.html, 10.5.2007.

Hunold, W. (2001): Die Rechtsprechung zum Zeugnisrecht, in: Neue Zeitschrift für Arbeitsrecht, 18. Jg., H. 3, S. 113-121.

Hwb AR, Handwörterbuch des Arbeitsrechts für die tägliche Praxis (1994), hg. von Bürger, K./Oehmann, W./Matthes, H., Heidelberg: Forkel., Loseblattwerk.

Inama-Sternegg, K.T. von (1899): Deutsche Wirtschaftsgeschichte, III. Band, 1. Teil, Leipzig: Duncker & Humblot.

IAB, Institut für Arbeitsmarkt- und Berufsforschung, hessisches Landesarbeitsamt (2000): Der hessische Arbeitsmarkt in Zahlen, http://www.sozialnetz-hessen.de/ca/dl/chf/, 2.3.2007.

Janik, F. (2005): Personalabgänge 2005. Wie trennen sich Beschäftigte und Betrieb?, Bundesagentur für Arbeit, IAB: Ergebnisse aus dem Betriebspanel, S. 1-2.

Jaworski, R. (2004): Verschwörungstheorien aus psychologischer und historischer Sicht, in: Pöhlmann, M. (Hg.): „Traue niemandem!", Verschwörungstheorien, Geheimwissen, Neomythen, Berlin: Evangelische Zentralstelle für Weltanschauungsfragen, EZW-Texte Nr. 177, S. 19-32.

jobnews (2007): Geheimsprache Dienstzeugnis, http://www.jobnews.at/services.-php?artikelid=1132, 29.4.2007.

jobware (2001): Junge Generation offen für Jobwechsel, http://www.jobware.de-/pz/pm/meldungen/17.html, 18.3.2007.

Jürgensen, H. (2006): Zehn Jahre wer-weiss-was.de, www.wer-weiss-was.de/-presse/Pressemeldung-11-04.2006.txt., 09.08.2006

Kabst, R./Giardini, A. (2006): Einblicke in das internationale Personalmanagement: Die deutsche Perspektive, Cranet Ergebnisbericht 2005, Universität Gießen, Lehrstuhl für Allgemeine BWL.

Kadel, P. (2004): Personalabbau/-freisetzungsplanung, in: Gaugler, E./Weber, W. (Hg.): Handwörterbuch des Personalwesens, 3. Aufl., Stuttgart: Schäffer-Poeschel, Sp. 1357-1366.

Kaiser, C./Kirschner, G./Schulz, W. (1974): Der Arbeitsvertrag - Abschluß, Änderung, Auflösung. Schriftenreihe über Arbeitsrecht, Bd. 21, Berlin: Tribüne.

Kalin, R./Hodgins, D.C. (1984): Sex Bias in Judgements of Occupational Suitability, in: Canadian Journal of Behavioral Science, Vol. 16, No. 4, pp. 311-325.

Kammel, A. (2004): Personalabbau/-freisetzung, in: Gaugler, E./Weber, W. (Hg.): Handwörterbuch des Personalwesens, 3. Aufl., Stuttgart: Schäffer-Poeschel, Sp. 1344-1357.

Karr, W. (1999): Kann der harte Kern der Arbeitslosigkeit durch einen Niedriglohnsektor aufgelöst werden? Eine Analyse der Arbeitslosen nach Verweildauer und Reintegration, IAB kurzbericht, Nr. 3, 7.5.1999.

Karr, W./Apfelthaler, G. (1981): Zur Dauer der Arbeitslosigkeit, in: Mitteilungen aus der Arbeitsmarkt- und Berufsforschung, 14. Jg., H. 4, S. 384-390.

Kay, R. (1998): Diskriminierung von Frauen bei der Personalauswahl, Problemanalyse und Gestaltungsempfehlungen, Wiesbaden: Deutscher Universitätsverlag.

Kienbaum Consultants (2002): Kienbaum Personalmarketing-Studie 2002, http:www.kienbaum.de/cms/internal/printview.cfm?objektID=00E2E35-Ba0D, 18.3.2007.

Kieser, A. (1996): Moden & Mythen des Organisierens, in: Die Betriebswirtschaft, 56. Jg., H. 1, S. 21-39.

Kieser, A. (1997): Moden & Mythen des Theoretisierens über die Organisation, in: Scholz, C. (Hg.): Individualisierung als Paradigma. Festschrift für Hans-Jürgen Drumm, Stuttgart u.a.: Kohlhammer, S. 235-259.

Kley, A. zum (1921): Das Dienstzeugnis im mitteleuropäischen Privatrecht (eine rechtsvergleichende Darstellung), Bonn: Hessische Ludwigsuniversität Giessen.

Klimecki, R./Gmür, M. (2005): Personalmanagement. Strategien, Erfolgsbeiträge, Entwicklungsperspektiven, 3. Aufl., Stuttgart: Lucius & Lucius.

Knapp, W. (2005): Die Inhaltsanalyse aus linguistischer Sicht, in: Mayring, P./Gläser-Zikuda, M. (Hg.): Die Praxis der Qualitativen Inhaltsanalyse, Weinheim/Basel: Beltz, S. 20-36.

Knebel, H. (1978): Das Vorstellungsgespräch, München: moderne industrie.

Knieper, R. (1996): Gesetz und Geschichte: Ein Beitrag zu Bestand und Veränderung des Bürgerlichen Gesetzbuches. Baden-Baden: Nomos.

Knights, D./Raffo, C. (1990): Milkround Professionalism in Personnel Recruitment: Myth or Reality?, in: Personnel Review, Vol. 19, No. 1, pp. 28-37.

Knobbe, T./Leis, M./Umnus, K. (2007): Arbeitszeugnisse für Führungskräfte qualifiziert gestalten und bewerten. Mit 60 deutschen und englischen Musterzeugnissen, Planegg: Haufe.

Knoll, L./Dotzel, J. (1996): Personalauswahl in deutschen Unternehmen. Eine empirische Untersuchung, in: Personal, 48. Jg., H. 7, S. 348-353.

Köbler, G. (1996): Deutsche Rechtsgeschichte, ein systematischer Grundriß, 5. Aufl., München: Vahlen.

Köchling, A.C. (2000): Bewerberorientierte Personalauswahl: ein effektives Instrument des Personalmarketings, Frankfurt am Main: Lang.

Köhler, H. (2004): Einführung, in: BGB, Bürgerliches Gesetzbuch, 55. Aufl., München: dtv, S. IX-XXXII.

König, S. (2003): Personalauswahl, Frankfurt am Main: Bund.

Könnecke, O. (1912): Rechtsgeschichte des Gesindes in West- und Süd-Deutschland, in: Hermann, E. (Hg.): Arbeiten zum Handels-, Gewerbe- und Landwirtschaftsrecht, Nr. 12, Marburg: Elwertsche Verlagsbuchhandlung, S. 856-882.

Krell, G. (1996): Orientierungsversuche einer Lehre vom Personal, in: Weber, W. (Hg.): Grundlagen der Personalwirtschaft, Wiesbaden: Gabler, S. 19-37.

Krell, G. (1999): Geschichte der Personallehren, in: Lingenfelder, M. (Hg.): 100 Jahre Betriebswirtschaftslehre in Deutschland, München: Vahlen, S. 125-139.

Krell, G. (2004a): „Vorteile eines neuen, weiblichen Führungsstils": Ideologiekritik und Diskursanalyse, in: Krell, G. (Hg.): Chancengleichheit durch Personalpolitik. Gleichstellung von Frauen und Männern in Unternehmen und Verwaltungen. Rechtliche Regelungen - Problemanalysen - Lösungen, 4. Aufl., Wiesbaden: Gabler, S. 377-392.

Krell, G. (2004b): Einleitung: Chancengleichheit durch Personalpolitik - Ecksteine, Gleichstellungscontrolling und Geschlechterverständnis als Rahmen, in: Krell, G. (Hg.): Chancengleichheit durch Personalpolitik. Gleichstellung von Frauen und Männern in Unternehmen und Verwaltungen. Rechtliche Regelungen - Problemanalysen - Lösungen, 4. Aufl., Wiesbaden: Gabler, S. 15-32.

Krell, G. (2006): Leistungsbewertung als Gegenstand des Gleichstellungscontrollings, in: Baer, S./Englert, D. (Hg.): Gender Mainstreaming in der Personalentwicklung. Diskriminierungsfreie Leistungsbewertung im öffentlichen Dienst, Bielefeld: Kleine, S. 44-61.

Kremsberger, S. (2007): Alter und Arbeit, http://www.carelounge.de/altenarbeit/wissen/themen_stereotype.php, 27.4.2007.

Landau, P. (1985): Rechtsgeschichte und Soziologie, in: Killias, M./Rehbinder, M. (Hg.): Rechtsgeschichte und Rechtssoziologie: zum Verhältnis von Recht, Kriminalität und Gesellschaft in historischer Sicht, Berlin: Duncker & Humblot, S. 11-28.

Landmann, R. von (1932): Kommentar zur Gewerbeordnung für das Deutsche Reich, München: Becksche Verlagsbuchhandlung.

Laske, S./Weiskopf, R. (1996): Personalauswahl - was wird denn da gespielt? Ein Plädoyer für einen Perspektivenwechsel, in: Zeitschrift für Personalforschung, 10. Jg., H. 4, S. 295-330.

Lehmhöfer, L. (2004): Reiz und Risiko von Verschwörungstheorien, Verschwörungen und kein Ende, in: Pöhlmann, M. (Hg.): „Traue niemandem!", Verschwörungstheorien, Geheimwissen, Neomythen, Berlin: Evangelische Zentralstelle für Weltanschauungsfragen, EZW-Texte Nr. 177, S. 19-32.

Liebel, H.J./Oechsler, W.-A. (1992): Personalbeurteilung: neue Wege zur Bewertung von Leistung, Verhalten und Potential, Wiesbaden: Gabler.

List, K.-H. (2005): Zeugnisse ergebnis- und stärkenorientiert schreiben, Stuttgart: Deutscher Sparkassenverlag.

Lohmann, U. (1987): Das Arbeitsrecht der DDR, Analyse und Texte, Berlin: Spitz.

Long, A. (1997): Addressing the Cloud over Employee References: A Survey of Recently Enacted State Legislation, in: William and Mary Law Review, Vol. 33, No. 5, pp. 177-228.

Lotmar, P. (1902): Der Arbeitsvertrag, nach dem Privatrecht des Deutschen Reiches. Erster Band, Leipzig: Duncker & Humblot.

Lovatt, C./Potter, S. (2004): Employment References - Caveat Scriptor, http://www.cheshire.mmu.ac.uk/bms/home/research/pdf-doc/doc-12.pdf, 1.5.2007.

Löw, S. (2005): Aktuelle Rechtsfragen zum Arbeitszeugnis, in: Neue Juristische Wochenzeitung, 58. Jg., H. 50, S. 3605-3609.

Lueger, G. (1993): Die Bedeutung der Wahrnehmung bei der Personalbeurteilung. Zur psychischen Konstruktion von Urteilen über Mitarbeiter, 2. Aufl., München/Mering: Hampp.

Luhmann, N. (1983): Rechtssoziologie, 2. Aufl., Band 1/2, Opladen: Westdeutscher Verlag.

Marsh, A./Sahin-Dikmen, M. (2003): Diskriminierung in Europa, Eurobarometer 57.0, Die Europäische Kommission, http://ec.europa.eu/employment_social/publications/2003/cev403001_de.html, 27.4.2007.

Martin, M./Dellenbach, M. (2007): Lebensstil und Lebensqualität, http://www.seniorenuni.uzh.ch/services/events/Handout.pdf, 27.4.2007.

Marx, K. (1941): Grundrisse der Kritik der politischen Ökonomie, Frankfurt am Main/Wien: Europäische Verlagsanstalt.

Marx, K. (1957): Das Kapital, Kritik der politischen Ökonomie, Berlin: Duncker & Humblot.

Mayrhofer, W. (1989): Trennung von der Organisation, vom Outplacement zur Trennungsberatung, Wiesbaden: Deutscher Universitätsverlag.

Mayring, P. (2001): Kombination und Integration qualitativer und quantitativer Analyse, in: Forum Qualitative Sozialforschung, 2. Jg., H. 1, http://qualitative-research.net/fqs/fqs.htm, 2.5.2007.

Mayring, P. (2003): Qualitative Inhaltsanalyse, Grundlagen und Techniken, 8. Aufl., Weinheim/Basel: Beltz.

Menger, A. (1904): Das Bürgerliche Recht und die besitzlosen Volksklassen, 3. Aufl., Tübingen: Lauppsche Buchhandlung.

Meyer, J.-A. (2005): Ältere Mitarbeiter - Chance oder Risiko?, http://www.handelsblatt.com/news/Default.aspx?_p=203993&_t=ft&_b=99111 1, 28.4.2007.

Meyer, W. (2004): Arbeitsrecht für die Praxis, 10. Aufl., Baden-Baden: Nomos.

Möller, P. (1990): Bedeutungen von Einstufungen in qualifizierten Arbeitszeugnissen. Möglichkeitsbedingungen zur Identität sprachlicher Zeichen als Problem einer pragmalinguistischen Untersuchung von normierten Texten, eine empirische Fallstudie, in: Hennig, J./Straßner, E./Rath, R. (Hg.): Sprache in der Gesellschaft, Beiträge zur Sprachwissenschaft, Band 17, Frankfurt am Main u.a.: Lang.

Morrell, K./Loan-Clark, J./Wilkinson, A. (2004): The Role of Shocks in Employee Turnover, in: British Journal of Management, Vol. 15, No. 4, pp. 335-349.

Mosel, J. N./Goheen, H. W. (1958): The Validity of the Employment Recommendation Questionnaire in Personnel Selection: 1. The Skilled Trades, in: Personnel Psychology, Vol. 11, No. 4, pp. 481-490.

Muchinsky, P.M. (1979): The Use of Reference Reports in Personnel Selection: a Review and Evaluation, in: Journal of Occupational and Organizational Psychology, Vol. 52, No. 4, pp. 287-297.

Mugdan, B. (1899): Die gesammten Materialien zum Bürgerlichen Gesetzbuch für das Deutsche Reich, II. Band, Recht der Schuldverhältnisse, Berlin: R.V. Decker`s Verlag.

Müller, B. (1999): Arbeitszeugnisse für Rechtsanwaltsfachangestellte und Referendare, Neuwied/Kriftel: Luchterhand.

Müller-Erzbach, R. (1916): Das Bergrecht Preußens und des weiteren Deutschlands, zweite Hälfte, Königsberg: Eigenverlag.

Münchner Anwaltshandbuch Arbeitsrecht (2005), hg. von W. Moll, München: Beck.

Neuhaus, D./Neuhaus, K. (1998): Das Bewerbungshandbuch für die USA, 2. Aufl., Bochum: ILT-Europa-Verlag.

Niederfranke, A./Kühne, D. (1990): Frauen in Führungspositionen, in: Methner, H./Gebert, A. (Hg.): Psychologen gestalten die Zukunft, Bonn: Deutscher Psychologenverlag, S. 340-348.

Nienhüser, W./Krins, C. (2005): Betriebliche Personalforschung. Eine problemorientierte Einführung, München/Mering: Hampp.

Noll, H.-H./Weick, S. (2002): Informelle Kontakte für Zugang für Jobs wichtiger als Arbeitsvermittlung, in: Informationsdienst Soziale Indikatoren, o. Jg., Ausgabe 28, Juli 2002, S. 6-10.

Nöth, W. (1993): Rechtssoziologie. Inhalte und Probleme im Überblick, Pfaffenweiler: centaurus.

o.V. (2005): Die Geheimsprache der Personalchefs, in: BZ, 21.4.2005, S. 14.

o.V. (2006): Certificat de Travail, http://www.aidadomicil.com/sections.-php?-op=viewarticle&artid=220, 22.12.2006.

o.V. (2007a): Auf Dauer arbeitslos, http://www.sueddeutsche.de/jobkarriere/-erfolggeld/artikel/257/35222/, 28.4.2007.

o.V. (2007b): 1,6 Millionen offene Stellen in Deutschland, in: handelsblatt.com vom 17.3.2007, 18.03.2007.

o.V. (o.J.): Pressemitteilungen, http://www.wer-weiss-was.de/content/press.shtml, 12.6.2007.

Oechsler, W. (2006): Personal und Arbeit. Grundlagen des Human Resource Management und der Arbeitgeber-Arbeitnehmer-Beziehung, 8. Aufl., München/Wien: Oldenbourg.

Örjestål, C. (2006): Bakom beygets fina fraser, http://www.stpress.se/-zino.aspx?articleID=10962, 20.5.2007.

Ortlieb, R. (2002): Betrieblicher Krankenstand als personalpolitische Arena. Eine Längsschnittanalyse, Wiesbaden: Deutscher Universitätsverlag.

Otte, S./Kusior, S./Rösler, H. (1978): Die Konfliktkommission. Arbeitsmaterialien für die Tätigkeit der gesellschaftlichen Gerichte in den Betrieben, Berlin: Tribüne.

Palandt, O. (Begr.) (2005): Bürgerliches Gesetzbuch, 64. Aufl., München: Beck.

Palme, A. (1979): Das Arbeitszeugnis in der neueren Rechtsprechung, in: Blätter für Steuerrecht, Sozialversicherung und Arbeitsrecht, o.Jg., H. 17, S. 261-264.

Pauer, F. (1933): Das Dienstzeugnis, München: Laßleben.

Peppler, K. (1940): Die Deutsche Arbeitskunde, Leipzig: Stubenrauch.

Peres, S.H./Garcia R.J. (1962): Validity and Dimensions of Descriptive Adjectives Used in Reference Letters for Engineering Applicants, in: Personnel Psychology, Vol. 15, No. 3, pp. 279-286.

Persson, H. (2006): Ansökningshandlingar, Vilka blir intressanta för en anställningsintervju, http://www.urn_nbn_se_kau_diva-330-1__fulltext[1].pdf, 2.5.2007.

Petersen, R. (2002): Biographie-orientierte Personalauswahl im Kontext angewandter Eignungsdiagnostik, http://deposit.ddb.de/cgi-bin/dokserv?-idn=969952872&dok_var=d1&dok_ext=pdf&filename=969952872.pdf, 14.5.2006.

Point of Career (2007a): Karriere im Ausland, Leben und Arbeiten in Frankreich, http://www.pointofcareer.de/index.php?a=194, 1.5.2007.

Point of Career (2007b): Karriere im Ausland, Leben und Arbeiten in England, http://www.pointofcareer.de/index.php?a=191, 1.5.2007.

Point of Career (2007c): Karriere im Ausland, Leben und Arbeiten in Schweden, http://www.pointofcareer.de/index.php?a=202, 1.5.2007.

Posner, M.I. (1988): Introduction: What Is It to Be an Expert?, in: Chi, M.T.H./Glaser, R./Farr, M.J. (Eds.): The Nature of Expertise, Hillsdale et al.: Erlbaum, pp. XXIX-XXXVI.

Preibisch, A. (1982): Das Arbeitszeugnis im kommunikativen Handlungsumfeld eines Arbeitsplatzwechsels. Eine empirische Untersuchung, Universität Siegen, Siegen: o.V.

Prenner, J. (1902): Der gewerbliche Arbeitsvertrag nach deutschem Recht. Ein Leitfaden vornehmlich für Arbeitgeber und Arbeitnehmer, München: Beck.

Presch, G. (1980a): Arbeitszeugnisse: Entstehung, Wandel und Funktion von verschlüsselten Formulierungen, in: Zeitschrift für Semiotik, Band 2/1980, S. 233-251.

Presch, G. (1980b): Über Schwierigkeiten zu bestimmen, was als Fehler gelten soll, in: Cherubim, D. (Hg.): Fehlerlinguistik, Beiträge zum Problem der sprachlichen Abweichung, Tübingen: Niemeyer, S. 224-252.

Presch, G. (1985): Verdeckte Beurteilungen in qualifizierten Arbeitszeugnissen, in: Januschek, F. (Hg.): Politische Sprachwissenschaft. Zur Analyse von Sprache als kultureller Praxis, Opladen: Westdeutscher Verlag, S. 307-361.

Presch, G./Ellerbrock, J. (1978): Arbeitszeugnisse als Teil alltäglicher Sprachpraxis, in: Kreuzer, H./Bonfig, K.W. (Hg.): Entwicklungen der 70er Jahre, Studien aus der Gesamthochschule Siegen, Teil I: Sozial- und Geisteswissenschaft, Gerabronn: Hohenloher Druck- und Verlagshaus, S. 264-286.

Presch, G./Gloy, K. (1976): Exklusive Kommunikation: Verschlüsselte Formulierungen in Arbeitszeugnissen, in: Presch, G./Gloy, K. (Hg.): Sprachnormen II, Stuttgart/Bad Cannstatt: Fromann, S. 168-181.

Proesler, H. (1954): Das gesamtdeutsche Handwerk im Spiegel der Reichsgesetzgebung von 1530-1806, Berlin: Duncker & Humblot.

Raiser, T. (1987): Rechtssoziologie, Frankfurt am Main: Metzner.

Ramm, T. (1970): Zur Bedeutung der Rechtssoziologie für das Arbeitsrecht, in: Naucke, W./Trappe, P.(Hg.): Rechtssoziologie und Rechtspraxis, Neuwied/Berlin: Luchterhand, S. 154-187.

Rastetter, D. (1996): Personalmarketing, Bewerberauswahl und Arbeitsplatzsuche, Stuttgart: Enke.

Rehbinder, M. (2003): Rechtssoziologie, 5. Aufl., München: Beck.

Reilly, R./Chao, G. (1982): Validity and Fairness of Some Alternative Employee Selection Procedures, in: Personnel Psychology, Vol. 35, No. 1, pp. 1-62.

RGBl., Reichsgesetzblatt (1934): Gesetz zur Ordnung der nationalen Arbeit, Reichsgesetzblatt 1934 I vom 23. Januar 1934, Nr. 7, S.45-56.

RGBl., Reichsgesetzblatt (1935a): Gesetz über die Einführung eines Arbeitsbuches, Reichsgesetzblatt 1935 I vom 26. Februar 1935, Nr. 23, S. 311.

RGBl., Reichsgesetzblatt (1935b): Gesetz über Arbeitsvermittlung, Berufsberatung und Lehrstellenvermittlung, Reichsgesetzblatt 1935 I vom 5. November 1935, Nr. 121, S. 1281-1282.

Richardi, R. (2002): Arbeitsrecht als Teil freiheitlicher Ordnung. Von der Zwangsordnung im Arbeitsleben zur Arbeitsverfassung der Bundesrepublik Deutschland, Baden-Baden: Nomos.

Richardi, R. (2006): Einführung, in: ArbG, Arbeitsgesetze, 69. Aufl., München: dtv, S. XIII-XLII.

Ridder, H.-G. (2007): Personalwirtschaftslehre, 2. Aufl., Stuttgart: Kohlhammer.

Riehle, D. (1995): Personalbeurteilung vor dem Hintergrund sozialer Kategorisierungsprozesse, Berlin u.a.: Pabst.

Rottleuthner, H. (1987): Einführung in die Rechtssoziologie. Darmstadt: Wissenschaftliche Buchgesellschaft.

Rudelt, W./Kaiser, C./Neumann, H. (1987): Frist für den Einspruch gegen eine Beurteilung, in: Autorenkollektiv: Arbeitsrechtliche Entscheidungen für die Praxis, Band 2, Berlin: Tribüne, S. 4-5.

Rüther, B. (2001): Geschlechtsspezifische Allokation auf dem Arbeitsmarkt. Eine ökonomisch orientierte Analyse, München/Mering: Hampp.

Ryan, A.M./McFarland, L./Baron, H./Page, R. (1999): An International Look at Selection Practices: Nation and Culture as Explanations for Variability in Practice, in: Personnel Psychology, Vol. 52, No. 2, pp. 359-391.

Sandner, K. (1989): Unternehmenspolitik – Politik im Unternehmen. Zum Begriff des Politischen in der Betriebswirtschaftslehre, in: Sandner, K. (Hg.): Politische Prozesse in Unternehmen, Berlin u.a.: Springer, S. 45-76.

Schade, V. (2001): Personalauswahlinstrumente in der modernen Arbeitswelt. Eine kritische Bestandsaufnahme aus Sicht des Praktikers, in: Kadishi, B. (Hg.): Schlüsselkompetenzen wirksam erfassen, Personalselektion ohne Diskriminierung, Altstätten: Tobler, S. 81-110.

Scheer, B. (1995): Die Analyse von Arbeitszeugnissen durch Personalberater, in: Personal, 47. Jg., H. 8, S. 396-399.

Schettgen, P. (1996): Arbeit, Leistung, Lohn. Analyse- und Bewertungsmethoden aus sozioökonomischer Perspektive, Stuttgart: Enke.

Schieck, D. (2007): Allgemeines Gleichbehandlungsgesetz (AGG). Ein Kommentar aus europäischer Perspektive, ohne Ort: Sellier.

Schleßmann, H. (1975): Arbeitszeugnis, 4. Aufl., Frankfurt am Main: Recht und Wirtschaft.

Schleßmann, H. (1988): Das Arbeitszeugnis, in: Betriebs-Berater, 43. Jg., H. 19, S. 1320-1326.

Schleusener, A./Suckow, J./Voigt, B. (2007): AGG. Kommentar zum Allgemeinen Gleichbehandlungsgesetz, Neuwied: Luchterhand.

Schmidt, S.J. (1973): Texttheorie. Probleme einer Linguistik der sprachlichen Kommunikation, München: Fink.

Schöne, S. (2002): Die Novellierung der Gewerbeordnung und die Auswirkungen auf das Arbeitsrecht, in: Neue Zeitschrift für Arbeitsrecht, 28. Jg., H. 15, S. 829-833.

Schrader, T. (2003): Zur Steigerung der Zahl der Zeugnisrechtsstreite, in: Arbeit und Recht, 51. Jg., H. 6, S. 214.

Schreyögg, F. (1996): Die Rolle der Kategorie Geschlecht in Personalbeurteilungsverfahren, in: Zeitschrift für Personalforschung, 10. Jg., H. 2, S. 155-175.

Schröder, R. (2001): Das Bürgerliche Gesetzbuch im 20. Jahrhundert, in: Der Dekan der Juristischen Fakultät der Universität Potsdam (Hg.): Juristische Fakultät: 100 Jahre BGB, Potsdam: Universität Potsdam, S. 7-26.

Schuler, H. (1996): Psychologische Personalauswahl. Einführung in die Berufseignungsdiagnostik, Göttingen/Stuttgart: Verlag für Angewandte Psychologie.

Schuler, H. (2004): Personalauswahl, in: Gaugler, E./Weber, W. (Hg.): Handwörterbuch des Personalwesens, 3. Aufl., Stuttgart: Schäffer-Poeschel, Sp. 1366-1379.

Schuler, H./Frier, D./Kauffmann, M. (1993): Personalauswahl im europäischen Vergleich, Göttingen/Stuttgart: Verlag für Angewandte Psychologie.

Schulz, G.R. (2003): Alles über Arbeitszeugnisse. Zeugnissprache - Haftung - Rechtschutz, 7. Aufl., München: dtv.

Schumpeter, J. (1965): Geschichte der ökonomischen Analyse, erster Teilband, Göttingen: Vandenhoeck & Ruprecht.

Schwarb, T. (1996): Die wissenschaftliche Konstruktion der Personalauswahl, München/Mering: Hampp.

Schwarb, T. (2000): Das Arbeitszeugnis als Instrument der Personalpraxis, Reihe B: Sonderdruck 99-04, Fachhochschule Solothurn Nordwestschweiz, Solothurn: ohne Verlag.

Schwarb, T. (2003): Arbeitszeugnisse - Praxis in der deutschsprachigen Schweiz, Diplom Projektarbeit, Fachhochschule Solothurn Nordwestschweiz, SNP 22.

Sehringer, R. (1989): Betriebliche Strategien der Personalrekrutierung, Frankfurt am Main/New York: Campus.

Seibt, H./Kleinmann, M. (1991): Personalvorauswahl von Bewerbern: Derzeitiger Stand und Alternativen, in: Schuler, H./Funke, U. (Hg.): Eignungsdiagnostik in Forschung und Praxis, Psychologische Information für Auswahl, Beratung und Förderung von Mitarbeitern, Stuttgart: Hogrefe, S. 174-177.

Sieben, B. (2007): Management und Emotionen. Analyse einer ambivalenten Verknüpfung, Frankfurt am Main/New York: Campus.

Stadthagen, A. (1900): Das Arbeiterrecht. Rechte und Pflichte des Arbeiters in Deutschland aus dem gewerblichen Arbeitsvertrag, der Unfall-, Kranken-, Invaliden- und Altersversicherung, Stuttgart: Dietz.

Stahl, W. (1874): Das deutsche Handwerk. Erster Band, Gießen: Rickersche Buchhandlung.

Statistisches Bundesamt (2002): 10 Jahre Erwerbsleben in Deutschland. Zeitreihen zur Entwicklung der Erwerbsbeteiligung 1991-2001, Band 1 - Allgemeiner Teil, Wiesbaden: Statistisches Bundesamt.

Statistisches Bundesamt (2003): Bevölkerung und Erwerbstätigkeit, Fachserie 1/Reihe 4.1.2, Wiesbaden: Metzler Poeschel.

Statistisches Bundesamt (2005a): Leben und Arbeiten in Deutschland, Ergebnisse des Mikrozensus 2004, Wiesbaden: Statistisches Bundesamt.

Statistisches Bundesamt (2005b): Statistisches Jahrbuch 2005 für die Bundesrepublik Deutschland, Wiesbaden: Statistisches Bundesamt.

Statistisches Bundesamt (2006a): Informationstechnologie in Haushalten 2005, http://www.destatis.de/download/d/veroe/Tabellenanhang_Haushalte_IKT2005 .pdf, 2.5.2007.

Statistisches Bundesamt (2006b): Bildungsabschluss, http://www.destatis.de-/basis/d/biwiku/bildab1.php, 5.5.2007.

Statistisches Bundesamt (2006c): Arbeitsmarkt Deutschland, offene Stellen, http://www.destatis.de/indicators/d/tkarb830.htm, 20.3.2007.

Steinmann, H./Schreyögg, G. (2005): Management. Grundlagen der Unternehmensführung. Konzepte-Funktionen-Fallstudien, 6. Aufl., Wiesbaden: Gabler.

Stopp, K. (1982): Die Handwerkskundschaften mit Ortsansichten. Beschreibender Katalog der Arbeitsattestate wandernder Handwerksgesellen 1731-1830, Band 1: Allgemeiner Teil, Stuttgart: Hiersemann.

Sünner, S. (2001): Zur Entwicklung des Arbeitsrechts zwischen Weimar, dem Dritten Reich und der Bundesrepublik: Kontinuität oder Diskontinuität, Lohmar/Köln: Eul.

Teschke-Bährle, U. (2004): Arbeitszeugnis, 3. Aufl., München: dtv-nomos.

Tucker, D.H./Rowe, P.M. (1979): Relationship between Expectancy, Causal Attributions, and Final Hiring Decisions in the Employment Interview, in: Journal of Applied Psychology, Vol. 64, No. 1, pp. 27-34.

Türk, K. (1981): Personalführung und soziale Kontrolle, Stuttgart: Enke.

Türk, K. (1989): Neuere Entwicklungen in der Organisationsforschung. Ein Trend Report, Stuttgart: Enke.

Uggelberg, G. (2004): Att skriva och tolka tjänstgöringsbetyg, 5. Aufl., Stockholm: Fakta.

Ullrich, S./Wilke, T. (2006): Was ist Interdisziplinarität? Eine Einführung, http://www.interdisziplinaritaet.eu/dateien/papers/Interdisziplinaritaet_Einfuehr ung.pdf, 2.6.2007.

ulmato (2007): Tipps zur Bewerbung in den USA - Leben in Amerika, http://www.ulmato.de/bewerbung_tipps_usa.asp, 1.5.2007.

Universität Wien (o.J.): Ethische und gesellschaftliche Perspektiven des Alterns (universitärer Forschungsschwerpunkt), http://www.qs.univie.ac.at/?id=12262, 15.8.2007.

ver.di, Gewerkschaft vereinigte Dienstleistungen (o.J.): Zeugnis, http://www.verdi-arbeitszeugnisberatung.de/index.php3?si=466e7c2de4799&lang=1&view=, 28.5.2007.

Vogel, W.-H. (1996): Geheim-Code Arbeitszeugnis: so sichern Sie ihre Berufs- und Verdienstmöglichkeiten, 4. Aufl., Regensburg/Bonn: Walhalla.

Watzlawick, P./Beavin, J.H./Jackson, D.D. (2003): Menschliche Kommunikation, Formen, Störungen, Paradoxien, 10. Aufl., Bern u.a.: Huber.

Weichselbaumer, D. (1999): Sally and Peppermint Patty Looking For A Job, Geschlechtsspezifische Diskriminierung am Arbeitsmarkt, in: Freisler-Traub, A./Innereiter-Moser, C. (Hg.): Zerreißproben: Frauen im Spannungsfeld von Gesellschaft - Beruf - Familie, Linz: Trauner, S. 67-105.

Westley, B./MacLean, M. (1957): A Conceptual Model for Mass Communication Research, in: Journalism Quarterly, Vol. 34, No. 1, pp. 31-38.

Weuster, A. (1991): Das Arbeitszeugnis als Instrument der Personalauswahl, in: Schuler, H./Funke, U. (Hg.): Eignungsdiagnostik in Forschung und Praxis, Psychologische Information für Auswahl, Beratung und Förderung von Mitarbeitern, Stuttgart: Hogrefe, S. 177-181.

Weuster, A. (1992): Zeugnisgestaltung und Zeugnissprache zwischen Informationsfunktion und Werbefunktion, in: Betriebs-Berater, 47. Jg., H. 1, S. 58-66.

Weuster, A. (1994): Personalauswahl und Personalbeurteilung mit Arbeitszeugnissen, Göttingen/Stuttgart: Verlag für angewandte Psychologie.

Weuster, A. (1995): Arbeitsgerichtliche Zeugnisprozesse, in: Arbeitsrecht im Betrieb, 16. Jg., H. 11, S. 701-708.

Weuster, A. (2004): Personalauswahl. Anforderungsprofil, Bewerbersuche, Vorauswahl und Vorstellungsgespräch, Wiesbaden: Gabler.

Weuster, A. (2007): Notwendige und empfehlenswerte Neuerungen. Allgemeines
Gleichbehandlungsgesetz und Zeugnisausstellung, in: Personalführung,
40. Jg., H. 5, S. 52-57.

Weuster, A./Braig-Buttgereit, S. (1995): Die Referenzeinholung durch Personalberater als Auswahlinstrument, in: Personal, 47. Jg., H. 8, S. 405-411.

Weuster, A./Scheer, B. (2007): Arbeitszeugnisse in Textbausteinen. Rationelle Erstellung, Analyse, Rechtsfragen, 11. Aufl., Stuttgart: Boorberg.

Williams, A. (2004a): Appraising the Scope of Employer's Obligations to Provide Employment References, in: Business Law Review, Vol. 25, No. 11, pp. 286-292.

Williams, A. (2004b): Opening Pandora's Box - Appraising the Tortious Liability of
Employers in Respect of Employment References, in: Business Law Review,
Vol. 25, No. 12, pp. 308-316.

Wuttke, R. (1893): Gesindeordnungen und Gesindezwangsdienst in Sachsen bis
zum Jahre 1835, eine wirtschaftsgeschichtliche Studie, in: Schmoller, G. (Hg.):
Staats- und socialwissenschaftliche Forschungen, Band 12, Leipzig: Duncker
& Humblot, S. 3-23.

Zöllner, W. (1977): Arbeitsrecht, München: Beck.

Zweigert, K./Kötz, H. (1996): Einführung in die Rechtsvergleichung, 3. Aufl., Tübingen: Mohr.

Zycha, A. (1900): Ein altes soziales Arbeiterrecht, in: Zeitschrift für Bergrecht,
41. Jg., o. H., S. 445-470.

Made in the USA
Las Vegas, NV
13 November 2024

11642246R00167